U0637743

ECONOMIC HISTORY

历史与理论

赵德馨 易棉阳 著

社会科学文献出版社

SOCIAL SCIENCES ACADEMIC PRESS (CHINA)

序　言

"经济史理论"与"经济史学理论"是内涵不同的两个概念。它们是经济史学科中两种性质不同的理论，在学科结构中属于不同分支。经济史理论以经济史实为对象。经济史实是不以人的意志为转移的客观存在。经济史学理论以经济史学为研究对象。经济史学是人类思维的产物，属于人的主观领域。对于经济史学理论与经济史理论这两个概念的区别，一些学者早就注意到了，并能够正确地使用。如希克斯将他从研究人类社会经济形态演变客观过程中抽象出的理论称为《经济史理论》，罗仲言将研究经济史学抽象出的理论称为《经济史学原论》。可能是由于人们没有注意到经济史学科的结构，也可能由于习惯，一些学者在论著中，或是对"经济史"与"经济史学"两个概念不予区分，混同使用，或是只有"经济史"这一个概念，"经济史学"被简称为"经济史"，"经济史学科"也被简称为"经济史"。正是由于这种情况，为了便于读者了解本书所用的术语，我们先从学科的结构写起。

经济史学理论是一门关于经济史学科的学问。这门学问包括两个部分的内容：一是什么是经济史学科，二是怎样研究经济史学科。

"什么是经济史学科"要回答的问题主要有六个。第一，它是研究什么事物的学问，或者说它的研究对象是什么。第二，这门学科的内涵包括哪些内容，有哪些分支学科，它的内在结构是怎样的。第三，这门学科的外延边界在哪里，与哪些学科相邻，它们之间是一种怎样的关系。第四，它是一门什么性质的学科，在社会科学体系中处于什么地位。第五，这门学科是怎样产生和发展的，有无自身发展的规律，积累了哪经验教训。第六，这门学科为什么会产生并得到发展，它能满足社会与学术发展的哪些需求，或者说对社会和学术的发展有什么作用，即它的功能、任务与意义。

"怎样研究经济史学科"要回答的问题主要有四个。第一，用什么理论做指导，设计怎样的理论框架，最后要得出什么样的理论结论。第二，用什么方法去研究，包括研究工作程序、分析综合方法和表述研究成果的方法。第三，研究者应该遵循怎样的学术规范。第四，研究者应该具备怎样的素养才能取得好的研究成果，怎样养成这种适合研究经济史学科特性的素养。赵德馨的《社会科学研究工作程序与规范》① 有 48 万余字，对包括从选题到成果表述方式在内的研究工作程序与学术规范说得比较翔实，但对上述内容只是提及而没有展开论证，这是要请读者注意的。

笔者在 20 世纪 50 年代决心以经济史学为志业时，就想弄清楚两个问题：什么是经济史学科，中国经济是怎样发展过来的。对这两个问题的研究都是从那时开始的。这里只简略地介绍对前一个问题的研究过程。受学术热点和工作任务的影响，我的研究是从分期问题开始的，后来逐步扩展到研究对象、学科结构、与相邻学科的关系、学科的功能和任务、学科的产生和发展历史、学科的指导理论、从研究成果中抽象出理论、研究工作程序和学术规范等方面。研究的成果体现在 60 多篇专题论文和以它们为基础的两本书里。

第一本书是上文说的《社会科学研究工作程序与规范》，它是综合 10 多篇相关论文形成的。第二本书是《经济史学概论文稿》，它汇集了有关经济史学研究对象、构成、功能、理论与方法、分期、历史与表述等方面的专题论文 56 篇。它们发表的时间从 1957 年到 2009 年，前后相距 50 多年。笔者在《经济史学概论文稿》的前言中已指出该书的缺点是不系统。正是为了弥补这个不系统的缺憾，笔者于 2015 年申报了"经济史学理论与历史"课题，通过课题组成员的集体研究，将空白处予以补齐，

---

① 赵德馨：《社会科学研究工作程序与规范》，湖北人民出版社，2016。

构建出一个比较系统的作品。

我们之所以将经济史学的理论与经济史学的历史合并在一起研究，是因为经济史学理论伴随着经济史学发展的始终。理论来源于历史。无论是关于什么是经济史学科的理论，还是关于怎样研究经济史学科的理论，都是在经济史学研究的实践中产生和形成的，都是历史经验的升华。史学出理论。本书中讨论的每一个理论，都有它的历史。所以我们对它们的叙述与分析也总是从叙述其历史开始。经济史学理论中每一个理论的细节都来自经济史学史的研究成果，这可能是本书的特色之一。

对经济史学理论的研究始于经济史学科产生之时，一百多年来已经取得很大的成就，有关的论著难以胜计。我们搜集的资料与视野有限。就我们的目力所及，研究成果可以分为两类。一类是专题性质的论著，它们涉及的是经济史学理论中某个方面，如研究对象、指导理论、研究方法、经济史学产生、某国经济史学的发展过程、经济史学的功能等。另一类是综合性质的论著，有的以"经济史学原理"命名，有的以"经济史学概论"命名。检索其内容，简略的只涉及前列十个问题中之二三，丰厚的也不过十之五六，尚未读到全面论及这十个问题的著作。在这个意义上，本书是一个尝试。当然，经济史学理论绝非局限于这十个方面，它还有不少新的领域等待经济史学工作者去开拓。这也是我们努力的方向。

目　录

目　录

第一章　经济史学科的结构

经济史学科成为一门独立学科已有 100 多年历史，然而，国内外经济史学界均未对经济史学科的结构做出清晰的划分。所谓研究经济史学科的结构，就是回答三个问题：经济史学科由哪些分支学科构成？每个分支学科的内涵是什么？各个分支学科之间是什么样的逻辑关系？本章逐一回答上述三个问题。

第一节　经济史学科的分支学科

一　对经济史学科分类的必要性

任何一门独立的学科，都有其特定的研究对象。根据研究对象的不同，可以细分每个学科的分支学科。对经济史学科到底有哪些分支学科这个问题，经济史学界的认识有一个发展的过程。1990 年以前，大约有三种分类法。第一种，按空间（地域）分类，如世界经济史、国别经济史、中国经济史，外国经济史。第二种，按时间分类，如古代经济史、近代经济史、现代经济史。高等学校的经济学院系就是按上述两个分类法进行课程设置的。中国经济史学会也是按上述两个分类法设置专业委员会（分会）的。[①] 第三种，把经济史区分为社会经济史和国民经济史，

---

① 中国经济史学会下设四个专业委员会：中国古代经济史专业委员会、中国近代经济史专业委员会、中国现代经济史专业委员会、外国经济史专业委员会。

社会经济史是按研究理论、方法分类的产物，国民经济史是按研究的经济领域分类的产物。与社会经济史相对应的是经济学经济史、历史学经济史、地理学经济史，等等。与国民经济史相对应的是部门经济史，如农业经济史、商业经济史、工业经济史，等等。[①] 可见，国民经济史与社会经济史不在一个层次上，不是按一个标准进行的分类。这些分类法的共同点是只限于"经济史"层次。在 1990 年以前，经济史学界尽管已经出版了有关经济史学理论的著作，但没有把经济史学理论当作经济史学科中的一个分支看待；尽管已经发表了有关经济史学概论的论文，但没有把经济史学概论当作经济史学科中的一个分支看待。因此，学界没有从经济史学科的层次上去进行分类。

由此带来的是有关学科分类术语的混同。虽说早就有经济史学者提出并使用了"经济史学科""经济史学""经济史学理论""经济史学概论"等术语，但不少同行忽视了他们的贡献。大概是出于习惯，人们往往把经济史学科、经济史实、经济史学和经济史学理论一概简称为"经济史"。在此想要强调的是，笔者在自己的论著中特别是在 1990 年之前的论著中，在行文中对"经济史""经济史学""经济史学科"三个术语也没有做严格的区分。在经济史学科日益细分的当代，这种混同和习惯用语不利于学科的建设和发展。本章的目的之一，就是将学科的分支结构说明白，同时给各个分支学科一个科学的术语。

二　经济史学科的分类

从 1980 年起，我们开始思考经济史学科的分类法，在公开发表的文章和谈话中先后五次表述了关于经济史学科分类的认识。

第一次，1990 年，在《财经大辞典》中，提出了经济史学科、经济史（又称社会经济史）、经济史通论和经济史学概论等概念和它们的不同

---

① 《〈中国社会经济史研究〉发刊词》，《中国社会经济史研究》1982 年第 1 期，第 1 页。

研究对象,① 也就是经济史学科的构成问题。

第二次,1999 年,在《经济史学科的分类与研究方法》一文中写道:"从学科研究对象区分,经济史学科分为两大类。一类是以人类经济生活演变过程及其规律为研究对象的经济史学。另一类是以经济史学为研究对象的经济史学概论（或简称'经济史论'）。"②

第三次,2009 年,在《学科与学派:中国经济史学的两种分类——从梁方仲的学术地位说起》一文中,对经济史学科的构成做如下表述。经济史科学（学科）由经济史学和经济史学概论两个大的分支构成。经济史学又由经济史实（简称"经济史"）和经济史论（即经济史理论）构成。经济史实主要叙述和分析人类社会经济发展过程,经济史论是在叙述和分析经济发展过程的基础之上抽象出理论。经济史学概论以经济史学为研究对象,研究经济史学的对象、功能、理论、方法、历史等,它回答经济史学是一门怎样的学科和怎样研究这门学科这两个问题。③ 这次的表述有两个变动。第一,1990 年在《财经大辞典》中将经济史理论称为经济史学通论,后来感到这个称谓容易与通论古今之事的通论相混淆,改称经济史理论,简称经济史论。第二,不再把经济史学概论简称为经济史论。

第四次,2011 年,在一次访谈中,将经济史学科划分为两个层次,第一个层次是经济史学科,它包括两个分支——经济史学与经济史学概论,第二个层次是经济史学,它包括经济史实与经济史论两个部分。经济史实就是人们通常说的经济史,它主要是叙述经济发展的过程;经济史论是从经济发展过程中概括与抽象出的理论;经济史学概论是以经济史学为研究对象的学问,包括经济史学的研究对象、理论、方法、历史、相邻学科,等等。

---

① 何盛明主编《财经大辞典》,中国财政经济出版社,1990。
② 赵德馨:《经济史学科的分类与研究方法》,《中国经济史研究》1999 年第 1 期,第 120 页。
③ 赵德馨:《学科与学派:中国经济史学的两种分类——从梁方仲的学术地位说起》,《中国社会经济史研究》2009 年第 3 期,第 1 页。

第五次，在开展国家社科基金重点项目"中国经济史学的理论与历史研究"过程中，随着研究的深入，我们认为，经济史学理论的提法比经济史学概论更贴切，因此将经济史学概论改称为经济史学理论，研究内容保持不变。

图1-1中的第一层次可称为经济史学的分学科，第二层次可称为经济史学的支学科。各分支学科或包含多个层次，或包含多个细学科。

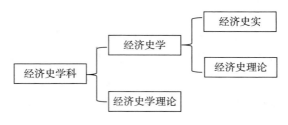

图1-1　经济史学科的结构

第二节　经济史学科各分支学科的内涵

一　经济史学科中的第一个分支学科——经济史学

关于"经济史学"，以往有两种解释。第一，1947年，罗仲言在《经济史学原论》和王亚南在《中国经济原论》中都使用了"经济史学"这个概念。罗仲言做了简明扼要的说明。王亚南则与广义经济学做对比。王亚南认为二者的区别在于："广义经济学所着重的是原理，是各个别历史社会的经济法则，而经济史学所着重的则宁是史实及各（个）别历史社会相续转变的经济法则"，二者都有助于对落后社会的经济形态的研究，只是经济史学"已经成功为一种较完整科学"。[①] 王亚南的说法被多数人接受。朱伯康认为："经济史是宏观经济科学的一个分支，是历史学和经济学的边缘学科，是在时间上研究经济变化和发展的科学，亦可说

---

① 王亚南：《中国经济原论》，生活·读书·新知三联书店，1950，第16页。

是经济范围内的历史科学。它所研究的是经济如何变化和发展，……再进一步可以说是：一个国家的政策决定者要发展本国的经济，如何应用发展规律？吸取哪些经验教训？避免那（哪）些错误，才能制定出符合历史发展规律，切合实际而有成效的政策？要发展经济有那（哪）些需要配合的因素和条件？在什么环境下才能影响和促进经济发展达到成功？怎样才能达到目的？这些都是经济史学研究的范围和任务。经济史学的实用性就在于它的科学性，它明确指出经济变化和发展的必然性、规律性，及其因果关系和发展的连锁性，提供现代人在长途行程中一枚指针。"① 在此文中，"经济史学"和"经济史"是同一个意思，"经济史"成了"经济史学"的简称，这是将科学术语与日常的习惯用语（习惯的称谓或通俗的称呼）混同的一例。

第二，陈绍闻在《中国经济史学之回顾与展望》一文中写道："中国经济史学包括中国经济史和中国经济思想史。"② 他始终没有用文字说明为什么要将这两门学科称为中国经济史学，也没有说明过这两门学科之间的关系。

本书同意第一种解释，并认为经济史学包括经济史实和经济史理论两个分支学科。下面分别说明两个分支学科的内涵。

第一，关于经济史实（简称经济史），经济史实以研究人类社会经济生活演变过程为对象，着重揭示它的变迁的过程和状态，即以说明研究对象是什么为主要任务。它是用实证的方法弄清研究对象是怎样演变的，在演变的各个阶段上处于何种状态，进而考究引起这种变迁的环境、原因（包括必然的因素与偶然的因素）等具体因素。经济史实着重于弄清史实。正是在这个意义上，将它称为"经济史实"。在习惯用语上，人们往往将它简称为"经济史"。

---

① 朱伯康：《经济史问答》，载复旦大学经济学系编《复旦经论丛》第二集，上海社会科学院出版社，1986，第 327 页。
② 陈绍闻：《中国经济史学之回顾与展望》，载复旦大学经济学系编《复旦经论丛》第一集，上海社会科学院出版社，1985，第 238 页。

经济史实在历史逻辑与理论逻辑的结合上，主要遵循历史逻辑。在分析方法与叙述方法的结合上，主要采用叙述方法。经济史实论著一般是按事实发展的过程，以时间为经，按时序叙述经济生活（或其中的某个方面）演变的具体时间、地点、表现、数量等，从史实中概括出就事而论的结论（论从史出）。经济史实是事实形态，属于事实性经济史学研究。

可以把事实性经济史学论著划分为三个层次。第一层次，弄清史实的论著，说明某种经济现象"是什么"。论著的体裁是叙述性的，用的方法是考证与考释。第二层次，解释史实的论著，用已有的理论来解释某种史实，在说明"是什么"的同时，也做分析。论著的体裁是史论结合，夹叙夹议。第三层次，从分析经济史实中得出新的理论结论。论著的体裁是论从史出，它得出的理论结论是论点形态，而不是理论体系。如傅衣凌在《明清时代商人及商业资本　明代江南市民经济试探》等著作中，通过分析具体经济史实，得出了中国传统社会"弹性论""多元结构论""明清社会变迁论"等重要的理论结论，具有浓重的理论色彩。集许许多多的这种个别理论观点，可以构成一个理论体系。任何一种经济史论的理论体系，都是以上述几种论著所阐释的情况、过程和所得出的论点为基础的。以上三个层次的论著，在表述上的共同点都是按时序的。

第二，关于经济史理论（简称经济史论），自我们提出经济史理论是经济史学的一个分支学科之后，同行提出如下问题：什么是经济史理论？哪些论著属于经济史理论范畴？经济史理论有哪些类型？经济史理论包括哪些层次？下面试图对这些问题做出回答。

首先，什么是经济史理论？

"经济史理论"这个概念被中外学者广泛使用。希克斯把它作为书名，吴承明先生去世后，刘兰兮在编吴承明先生的一个文集时，起的书名是《经济史理论与实证》。至今没有人把经济史理论作为经济史学科的一个分支来讨论过。

经济史理论是经济史的理论形态。理论是从具体事实（实践）中抽象出来的系统性知识。理论的功能是一种解释系统。每种理论都有自己特定的逻辑。因此，第一，经济史理论必然是抽象的形态。这使它与描述具体形态或过程的论著相区别，从而也与实证的经济史实论著相区别。第二，经济史理论必须是系统的。这使它与个别的理论观点相区别，也区别于只得出个别理论观点的分析性经济史实论著。第三，经济史理论有自己特定的、能自圆其说的逻辑。这种逻辑就是理论逻辑。因此，经济史理论论著的叙述形式是理论逻辑。第四，经济史理论是可以被检验的。经济史上的现象不可能完全重演，经济史理论的正确与否，不能通过实验的办法去检验，但可以通过后来的实践，特别是类似事件去检验，还可以检验它的逻辑推理是否严密。这一点使它与按时间逻辑、按时序叙述的经济史实不同。第五，经济史理论能用于解释条件类似的经济史现象。经济史理论是从经济史实中抽象出来的带规律性的知识，因而这种知识既可以被用于解释历史上的经济现象，也可以被用于解释现实的经济现象。理论解释范围的大小区分经济史理论的层次。解释的范围越广泛，它的层次越高；解释的范围越窄，它的层次越低。这一点使它与所得理论观点只能说明研究对象本身的分析性经济史实不同。

其次，哪些论著属于经济史理论范畴？

人类的知识主要有两种产生途径，一是采用演绎的方法进行思考而得出，二是采用归纳的方法从历史经验中得出。凡是建立在历史经验的归纳基础之上的经济学论著，都是经济史理论论著。国外学者所撰写的经济史理论论著主要有：斯密的《国民财富的性质和原因的研究》（特别是其中的第三编），马克思的《资本论》（特别是其中的第三卷），恩格斯的《家庭、私有制和国家的起源》，列宁的《俄国资本主义的发展》，李斯特的《政治经济学的国民体系》，马克斯·韦伯的《经济通史》和《韦伯：人类社会经济史》，布罗代尔的《法国经济与社会史》《十五至十八世纪的物质文明、经济和资本主义》《资本主义论丛》，熊彼特的《经济发展理论：对于利润、资本、信贷、利息和经济周期的考察》，奇波拉的《世界人口经济史》，罗斯托的《经济成长的阶段：非共产党宣言》《经济增长过程》《这一切是怎么开始的：现代经济的起源》《世界经济：历史与展望》，希克斯的《经济史理论》，诺思的《经济史上的结构和变革》，于尔根·库钦斯基的《生产力的四次革命：理论和对比》，托马斯·皮凯蒂的《21世纪资本论》，安格斯·迪顿的《逃离不平等》、德隆·阿西莫格鲁和詹姆斯·罗宾逊的《国家为什么会失败》①、卡尔·瑞斯金的《中国的政治经济学：自1949年对发展的追求》，罗纳德·哈里·科斯和王宁的《变革中国：市场经济的中国之路》。

国内学者撰写的经济史理论论著主要有王亚南的《中国半封建半殖民地经济形态研究》，傅筑夫的《中国古代经济史概论》②，胡如雷的《中国封建社会形态研究》，李文治和江太新的《中国地主制经济论》，傅衣凌的《明清时代商人及商业资本　明代江南市民经济试探》，方行的《中国封建经济论稿》，刘玉峰的《唐代经济结构及其变化研究：以所有权结构为中心》，许涤新的《中国过渡时期国民经济的分析》③，张五常

① 该书作者整理了罗马帝国、玛雅城市国家、中世纪威尼斯、苏联、拉美、英格兰、欧洲、美国和非洲的大量历史证据，建立了一个跟当今社会下列重大问题高度相关的新政治经济学理论：中国会以如此快的速度持续增长吗？中国能够超越西方吗？美国的最好时光过去了吗？我们正在从限制精英人物扩张权力的良性循环走向使少数人致富和扩张权力的恶性循环吗？什么是帮助数十亿贫困人口走向繁荣的最有效方式呢？为了回答国家兴衰、国富国穷、国家间不平等和经济发展差距等的根源，阿西莫格鲁和罗宾逊在对不同国家（或地区）进行比较研究的基础上，提出了制度是根本原因的观点，即人为的政治和经济制度对经济成功（或经济不成功）至关重要。这种观点与新制度经济学家诺思等在《西方世界的兴起》《经济史上的结构和变革》等著作中提出的"制度是重要的"观点一致。但是，他们没有局限于"制度是重要的"这个一般性的说法，而是做了更深入的制度分析。

② 该书围绕中国的封建制度为什么长期存在这一问题进行探讨。作者认为，在西周时期，中国就确立了封建制度，一直延续到20世纪上半叶。封建制度为什么会长期存在？根本原因是没有代替它的新制度。由于中国资本主义没有发展起来，当然就不可能发生上述两种形式的革命（即英国式的和法国式的资产阶级革命）。这样，历史悠久、根深蒂固的封建制度当然就不会自动退出历史舞台，封建制度的幽灵当然还会忽隐忽现地到处出没。他又发现，战国秦汉时期的商品经济中含有资本主义因素，唐宋时期的商品经济孕育了资本主义因素萌芽，这种萌芽长期停滞，没能正常发育，他解释了背后的原因。其说自成系统，自成一家。

③ 该书是许涤新对中国过渡时期（1949～1956年）经济的理论概括。作者从社会主义工业化和社会主义改造事业的角度，论述了在国家的社会主义工业化和国家对农业、手工业和对资本主义工商业进行社会主义改造的过程中，中国怎样从多成分的新民主主义经济过渡到社会主义经济。

的《佃农理论：应用于亚洲的农业和台湾的土地改革》和《中国的经济制度》，林毅夫、蔡昉、李周的《中国的奇迹：发展战略与经济改革》。

再次，经济史理论有哪些类型？

根据不同的标准，可以对经济史理论进行不同的分类。按理论的内涵，经济史理论可以分为三大类型。第一种类型，对经济史过程（纵断面）做抽象，如对经济发展过程的分期。有马克思的三分法和五分法，希克斯的三分法，罗斯托夫的四分法，还有六分法、七分法等其他多种分法。第二种类型，对经济史中的运行机制、绩效（横断面）做抽象，如马克思的《资本论》、诺思的《经济史上的结构和变革》、托马斯·皮凯蒂的《21世纪资本论》。同是对中国封建社会经济做理论分析，傅筑夫、李文治、江太新是做纵向分析，胡如雷、方行是做横断面分析。第三种类型，对经济在社会发展史中的作用与地位做抽象，如马克思的经济史观（唯物史观）。

最后，经济史理论包括哪些层次？

根据理论的表达方式，可以把经济史理论划分为两大层次：第一层次是以理论逻辑为主线，是理论逻辑与历史逻辑相结合的；第二层次是纯理论逻辑的。

经济史论著都采用理论体裁，按某一理论本身的逻辑展开，但展开的方式有两种。第一种，理论按时序展开，以此实现理论逻辑与历史逻辑的结合。此类理论论著较多，如罗纳德·哈里·科斯、王宁的《变革中国：市场经济的中国之路》，傅筑夫的《中国古代经济史概论》，李文治和江太新的《中国地主制经济论》，赵德馨的小文《中国历史上的城与市》。第二种，理论不按时序展开，只引征经济史实做论据或证明。历史逻辑隐藏在理论逻辑的背后，因而成了纯理论形态。此类理论论著主要有希克斯的《经济史理论》、马克斯·韦伯的《经济通史》、王亚南的《半殖民地半封建社会经济形态分析》、胡如雷的《中国封建社会形态研究》、笔者团队的《近代中西关系与中国社会》、赵德馨的小文《市场化与工业化：经济现代化的两个主要层次》和《中国社会主义经济历史前提的特殊性——对中国半殖民地半封建经济形态的分析》。这类论著大都是分析经济演变机制与原理的，对某个国家的经济史（通史）或其中的某个长时段、某种社会经济形态、某个经济领域的经济结构、运行机制、经济增长动因做理论的分析与概括，提出关于经济结构、经济运行机制、经济增长动因一类的概念。

根据理论的适用性范围，可以将经济史理论划分为两个层次：第一层次是特殊性理论，第二层次是普遍性理论。某种理论如果只适用于解释特定国家、地区、部门的经济，则是特殊性理论。如果某种理论能适用于解释多个或所有国家、地区、部门的经济，则是普适性理论。我们要注意两种情况，第一种情况是普适性理论的特殊性，第二种情况是特殊性理论的普适性。

先看普适性理论的特殊性。例如，马克思关于资本主义的产生和发展的理论，人们普遍认为它带有普适性，但是马克思很严谨，他认为他的这个理论只适用于欧洲。马克思在给俄国学者的信中严肃地指出："他一定要把我关于西欧资本主义起源的历史概述彻底变成一般发展道路的历史哲学理论，一切民族，不管他们所处的历史环境如何，都注定要走这条道路……他这样做，会给我过多的荣誉，同时也会给我过多的侮辱。"[①] 再看特殊性理论的普适性。经济史理论中另有一种理论具有特殊性，这种理论只适用于某些国家、某些地区或者某些特殊现象。例如，列宁《俄国资本主义的发展》一书中的理论，主要适用于俄国，但某些论点，如社会分工、市场与资本主义的关系，也适用于其他国家，带有普适性。又如中国共产党的新民主主义理论、社会主义初级阶段理论、中国特色社会主义经济理论，是对中国发展道路的抽象，所以带有特殊性。若对它再进一步抽象，如从多种经济成分的相互关系可以抽象出互补论，就带有普适性。

普适性的理论与特殊性的理论并不是绝对的，有些普适性的理论并

---

① 《马克思恩格斯全集》第 19 卷，人民出版社，1963，第 130 页。

不适用于一切国家，有些特殊性的理论中寓有某些普适性或可以提升为普适性理论。经济史学研究的对象是具体的经济现象，因而是特殊的。得出的结论可以是特殊性的。因为事物的共性寓于个性之中，因而也可以从中抽象出共性理论。至于能否从个性中抽象出共性，这取决于研究对象的典型度和理论抽象的高度。研究中国经济史，如果只看到其中的中国特点，很容易使研究对象成为特例，得出的结论只有特殊性，很难得出有一般性的结论。在抽象过程中，只有尽可能地舍弃中国特点的具体性，摆脱中国特例的这种束缚，使结论在没有这些特点时也能适用，才会具有一般性理论的品格。这是从中国具体理论到一般理论的过程。要做到这一点，必须把中国问题放到更宽广的分析框架中和更多国家的经验中去。

二 经济史学中的第二个分支学科——经济史学理论

经济史学理论探讨经济史学科的基本问题，诸如经济史学产生与发展的历史、研究对象、研究工作程序与规范、研究方法、指导理论、分期标准、体裁与体例、与相关学科的关系、经济史学者的素养构成与形成路径。具体一点讲，经济史学理论就是回答两个问题：一是什么是经济史学？二是怎样研究经济史学？

由于缺乏对经济史学科结构的全面认识，经济史学理论常被忽视。经济史学科之所以存在所谓的"危机"，在一定程度上就是因为经济史学界缺乏对经济史学理论的深刻认识。要深入研究经济史学，必须深入研究经济史学理论。正因为如此，中外一些经济史学家已经充分注意到经济史学理论的重要性。

在国内，1947 年罗仲言出版了《经济史学原论》一书。这是中国第一部经济史学理论著作。[1] 罗仲言曾游学德国，在他看来，科学的经济

---

① 罗仲言：《经济史学原论》，经济新潮社，1947。对这本书的评介，可参见杨祖义：《罗章龙经济史学思想述评》，《聊城大学学报》（社会科学版）2005 年第 6 期，第 42 页；杨祖义、冯兵兵：《走出"欧洲中心论"：罗章龙的经济史思想探研》，《湖北大学学报》（哲学社会科学版）2019 年第 2 期，第 112～118 页。

史研究本起源于欧洲，而尤盛于德国。[①] 他在书中罗列了多部有名的有关著作。

　　1947 年之后，德国经济史学家的相关著作亦多。其中有的被译成日文。如 Ludwig Beutin 教授的经济史学专著 *Einführung in die Wirtschaftsgeschichte*，*Böhlau* 于 1958 年问世。日本学者大岩信太郎和林达共同翻译了该书，日文名为《经济史学概论》，于 1962 年出版。该书分为三大部分：第一部分介绍了史料学和方法论；第二部分介绍了经济史中自然、空间、人口、技术、社会、国家等个性问题；第三部分阐述了经济史及其关联的叙述形式、时代区分的构想、经济史学史、研究课题等要素。该书涉及经济史学的多方面内容，原作者独特的经济史观贯穿其中。1977 年，神户大学西洋经济史研究室的研究者翻译了德国从事经济史研究的学者赫尔曼·克伦伯恩茨（Hermann Kellenbenz）出版的专著《经济史学之路》（*Historiographie der Wirtschaftsgeschichte*）。该书分为四大部分：第一部分为经济史学的摇篮期，介绍了从古希腊的经济思想到重商主义者和百科全书学派；第二部分为新经济史方法的探索时期；第三部分介绍了 19 世纪到 20 世纪初期的经济史研究；第四部分介绍了第二次世界大战后的经济史研究。同时期，日本从事经济史研究的学者也在努力进行独特的经济史学理论的探索，代表作为 1970 年伊藤幸一出版的专著《经济史学的方法》。该书分为绪论、基础篇和经济发展概要篇的三大部分：第一部分系统地介绍了经济史学的内涵、研究对象以及研究方法等理论体系；第二部分介绍了东洋经济史的发展和地位、亚洲经济史的发展和地位；第三部分从经济发展的角度介绍了东洋经济、亚洲经济、西欧经济的发展状况。

　　1982 年，陈振汉先生在北京大学给经济史专业研究生开设"经济史学概论"课程，内容主要涉及经济史学史、经济史学的主要研究方法等问题。陈振汉的授课内容被学生整理成文稿，收入《步履集》一书之

---

　　① 罗仲言：《经济史学原论》，经济新潮社，1947，第 108 页。

中。1984 年，赵德馨在中南财经政法大学给经济史学专业研究生讲授"经济史学概论"课程，内容主要包括经济史学的研究对象、发展历史、社会历史观、研究任务、与相关学科关系、分期、研究方法和叙述方法、学术流派。[①] 严中平的《科学研究方法十讲——中国近代经济史专业硕士研究生参考讲义》[②]、吴承明的《市场·近代化·经济史论》中的经济史论部分、傅衣凌的《我是怎样研究中国社会经济史的》等，都属于经济史学理论。

三　"经济史学"与"经济史"

"经济史学"与"经济史"这两个术语各有自己的内涵。1984 年，赵德馨在《关于经济史学历史问题的一点补充意见》一文中写道："经济史是社会生产力和生产关系发展的客观过程。研究这个过程的经济学科称为'经济史学'（Economic History）。"[③]"经济史"是经济发展史的简称，经济发展史是客观事物。"经济史学"是研究这个客观事物所获得的认识，属于主观范畴。"经济史学"与"经济史"这两个术语内涵的区分是十分明确的。

上文说过，在经济史学论著中有一种术语混同的现象。这种现象不仅发生在有关经济史学科内部各分支学科的称谓上，还出现在经济史学科和它的认识对象上。朱伯康在《经济史问答》[④] 一文中说，"经济史学"和"经济史"是同一个意思，而"经济史学"是一门学科。这样，"经济史"、"经济史学"和"经济史学科"三个术语的内涵就没有什么区别，类似的情况很普遍。一些经济史学大师的著作也未能幸免。中国经济史学会首任会长严中平著有《科学研究方法十讲——中国近代经济

[①]　赵德馨：《经济史学概论文稿》，经济科学出版社，2009，第 151 页。
[②]　严中平：《科学研究方法十讲——中国近代经济史专业硕士研究生参考讲义》，人民出版社，1986。其中的第二讲专题讨论了经济史的研究对象问题。
[③]　赵德馨：《关于经济史学历史问题的一点补充意见》，《中央电大经济》1984 年第 1 期。
[④]　复旦大学经济学系编《复旦经济论丛》第二集，上海社会科学院出版社，1986，第327 页。

史专业硕士研究生参考讲义》一书。中国经济史学会第二任会长吴承明著有《经济史：历史观与方法论》一书。如若按照上文我们关于"经济史学"与"经济史"这两个术语内涵的理解和该书的内容，书名中的"经济史"三个字之后加上一个"学"字，是否会更准确一点？因为作为客观事物的经济史，是无所谓研究方法论和价值观问题的。作为研究经济史这个客观事物的经济史学，一定会有研究方法论与价值观。必须再次强调的是，笔者的小作中也有没有对经济史与经济史学做严格区分的情形。我们反复思考出现这种情况的原因如下：一是学科发展不成熟时期必然出现的暂时现象，二是出于同行中约定俗成的习惯。语言文字本来就是一种约定俗成的产物。在约定俗成的环境里，只要读者明白一个术语所指的内涵就可以了。因此，对过去发生这类现象，可以理解，也不是什么大问题。但是在学科内各分支学科分化日益明显的今天和今后，在行文中注意这些学科术语内涵的区分，对读者和学科发展可能是有益的。

结　语

通过上面的分析，我们可以清晰地揭示经济史学科各分支学科的逻辑关系：经济史学科包括经济史学和经济史学理论两个分支学科，经济史学又由经济史实和经济史论两个分支学科构成。

经济史论是在经济史实研究成果的基础上，对经济生活演变过程进行理论的分析、概括与抽象，着重揭示它演变的运行机制与机理，即以说明研究对象的"为什么"为主要任务。在分析方法与叙述方法中，在历史逻辑与理论逻辑的结合上，主要遵循理论逻辑。其论著一般是按照理论逻辑的框架，运用分析经济生活演变过程各种因素的内在（本质）联系与规律，或概括出特定空间（国家或地区）、特定时间经济生活演变的特点，或抽象出经济发展模式、学术范畴与理论（经济学的、历史学的、社会学的，等等）。它以理论分析和抽象（舍弃了对经济生活演变过程的具体叙述和那些偶然的因素）为特征。经济史论是理论形态，属于理论性经济史学研究。

经济史实是经济史论的基础，经济史论是对经济史实的理论抽象。概括起来，经济史论与经济史实的区别是：就研究的目的与论著内容来说，一个是要说明理论，一个是要说明事实。就结论来说，一个是系统的理论，一个是只说明事实，没有理论，或只是有关研究对象的个别的理论性观点，不成系统。就论著的内在逻辑与叙述形式来说，一个是理论逻辑，一个是历史（时间）逻辑。就结论的适用性来说，一个能用于解释条件类似的经济史现象，一个只能说明本身的情况。

经济史学科的理论有两种。第一种是分析经济史上客观事实而得出的理论，这就是经济史理论。这种理论若是从中国经济史中抽象出来的，是有中国话语权的。第二种是关于经济史学科本身的理论，就是本书所说的经济史学理论，它的对象不是客观经济，而是经济史学科，属于意识形态范畴，即主观的领域。在这两种理论中，经济史学理论占据主要地位。

经济史学理论建立在经济史学的基础之上。没有经济史学，就没有经济史学理论，所以，经济史学是经济史学科的重点。经济史学的重点又是经济史实，没有扎实的经济史实研究，就不可能抽象出科学的经济史理论。

第二章　经济史学的产生与发展

经济史学是一门既古老又年轻的学问。它经历了传统形态与现代形态两个发展阶段。传统形态经济史学的产生以中国为典型，发端于西汉司马迁所著之《史记》，成型于 200 年后东汉班固所著之《汉书》。现代形态经济史学以西欧为典型，发端于 16 世纪的荷兰，① 成型于 200 年后的英国。现在人们所说的"经济史学"，通常指的是它的现代形态。本书所研究的亦是经济史学的现代形态。了解经济史学的产生与发展过程，是了解经济史学科的逻辑起点。

第一节　外国经济史学的产生与发展

一　经济史学在英国产生

19 世纪 40 年代，德国崛起了一个新的经济学流派——历史学派。历史学派主张运用历史学方法研究经济学。如罗雪尔认为："对过去各文化阶段的研究，完全具有同观察现代经济关系一样的重要性，并且只有采用这种历史的方法，才能完成'经济学的主要任务'，即为何以及如何逐渐发生所谓从合理的变为不合理的，从幸福的变为有害的演变过

---

① 格拉斯：《经济史的兴起》，鞠清远译，《食货》第 2 卷第 3 期，1935 年；〔英〕克拉判（潘）：《经济史的纪律》，连士升译，《食货》第 2 卷第 2 期，1935 年，第 6～9 页。关于欧洲经济史学产生和发展的过程，在以上两篇文章中有简明的叙述。

程。"① 历史学派注重经济史资料的搜集、整理与研究，产生了一批颇具分量的经济史论著。如桑巴特的《现代资本主义》就是一部阐述和解释资本主义国家经济发展史的论著。囿于时代和识见的限制，历史学派虽然认识到了经济史学的重要性，但还没有认识到要构建经济史学科。尽管如此，历史学派的探索为经济史学科的构建奠定了基础。②

作为独立学科的经济史学，最早产生于英国。在 19 世纪中期以前，英国大学的学科设置很宽泛，道德科学和历史科学两个学科就几乎涵盖了所有的社会科学。亚当·斯密 14 岁进了格拉斯哥大学学习伦理学、数学和政治经济学，后来又到牛津大学的巴利奥尔学院学习道德与政治科学、语言学。1751 年，斯密就被聘为格拉斯哥大学的逻辑学教授和道德哲学教授，1759 年出版了《道德情操论》；此后，斯密将重点转向了法学和政治经济学，曾在两所大学先后讲授自然神学、伦理学、法学和政治经济学。1776 年，亚当·斯密出版了划时代的经济学著作《国民财富的性质和原因的研究》（简称《国富论》）。《国富论》是一部史论结合的著作，斯密通过阐述欧洲产业和商业发展的历史，从中抽象出经济理论。所以，斯密的经济理论属于经济史理论范畴。《国富论》的出版，标志着古典政治经济学的产生。自此以后，政治经济学在英国、法国获得快速的发展，出现了诸如李嘉图、穆勒、马尔萨斯、魁奈、萨伊等著名经济学家。19 世纪 70 年代，英国经济学家杰文斯、奥地利经济学家门格尔、法国经济学家瓦尔拉斯在事先没有交流的情况下，同时提出了边际效用理论，由此引发了西方经济学说史上的第二次革命——边际主义革命。边际主义革命把西方经济学从古典经济学阶段推到新古典经济学阶段，经济学成为西方国家的一门显学。不过，成为显学的经济学在此时还不是一个独立学科，仅是道德科学和历史学荣誉学位考试的从属性科目。例如，

① 转引自汤在新、颜鹏飞：《近代西方经济学》，上海人民出版社，2002，第 299 页。
② 下文将要论及，经过英国历史经济学家的努力，经济史学科率先在英国产生。英国历史经济学家大都受到德国历史学派的影响，或者说，德国历史学派理论传播英国以后，产生了英格兰历史学派，英格兰历史学派创造了经济史学科。

在剑桥大学，政治经济学和经济史学只是历史学荣誉学位考试中的一门科目。① 在伦敦大学，"经济学仅仅是一般学士学位的一个组成部分而已，尚未跻身伦敦大学的考试科目"。② 经济学不是一门独立的学科，这显然与经济学的显学地位不相称。于是，经济学家们开始谋求经济学的独立学科地位。

使经济学成为独立学科，是经济学家的共同诉求。但独立成为什么样的经济学，在经济学家内部则有明显的分歧。

经济学家的分歧起因于经济学方法论之争。斯密在研究政治经济学时，使用的是二元方法论：一是内在观察法，即科学抽象法，用它探索各种经济范畴的历史或逻辑的内在联系，以揭示资本主义经济制度的内在结构；二是外在观察法，即归纳法，利用这种方法把生活过程中外部表现出来的东西，按照它的表现形式加以描写、分类、叙述，归入概念规定之中。③ 斯密之后的古典经济学家在方法论上，或者倾向于科学抽象法，或者倾向于归纳法，或者将两种方法综合在一起。在李嘉图那里，这种情况发生了变化。李嘉图完全否定归纳法，他运用抽象方法，以逻辑推论来揭示经济现象之间的内在联系、发现经济学法则。在斯密的著作里，历史、制度、文化是经济学的研究对象。但在李嘉图的著作里，历史、制度和文化都被看作一种背景，他把复杂的经济现象高度抽象成为若干个变量，然后通过对这些变量的解释进而对整个社会经济的运行进行解释。马克思对李嘉图的研究方法做了客观的评价，既肯定李嘉图的逻辑演绎具有"历史合理性"和"在经济学史上的科学必然性"，又指出其中存在的严重缺陷，具有"科学上的不完备性"，主要表现在"这种方法跳过必要的中间环节，企图直接证明各种经济范畴相互一致"。④ 熊

---

① Moggridge D. E. , "Method and Marshall", in P. Koslowski, ed. , *Methodology of the Social Sciences, Ethics, and Economics in the Newer Historical School*, Springer, 1997, p. 346.

② 〔英〕杰拉德·M·库特：《英国历史经济学：1870～1926——经济史学科的兴起与新重商主义》，乔吉燕译，中国人民大学出版社，2010，第 192 页。

③ 汤在新、颜鹏飞：《近代西方经济学》，上海人民出版社，2002，第 88 页。

④ 《马克思恩格斯全集》第 34 卷，人民出版社，2008，第 182 页。

彼特对李嘉图的研究方法持否定态度，他把这种将高度抽象的经济模型直接应用于错综复杂的现实世界的倾向称为"李嘉图恶习"。

李嘉图之后，方法论的争论演化成为尖锐的、难以调和的矛盾。一部分经济学家认为，经济学应该承袭李嘉图基于推理的演绎方法，即经典假设——逻辑演绎——政策结论的研究方法。这些经济学家一般属于新古典经济学阵营。一部分经济学家主张运用历史归纳法研究经济学，这一部分经济学家被称为历史经济学家。[①] 无论是新古典经济学还是历史经济学，都属于经济学，都是斯密开创的古典政治经济学在 19 世纪后期的新发展。新古典经济学家和历史经济学家都认为经济学应该从道德科学中分立出来，成为单独的学科。不过，新古典经济学家认为，分立出来的经济学应该是基于逻辑推理的演绎经济学，而历史经济学家则认为分立出来的经济学应该是使用归纳法的历史经济学。

19 世纪末 20 世纪初，历史经济学家与新古典经济学家在公共政策的制定上展开了激烈的争论。新古典经济学家认为自由贸易政策是英国兴起与繁荣的关键原因，并据此认为，各国应实行自由贸易政策。德国历史学派的重要创始人李斯特对英国的经济史资料进行分析，发现英国经济的繁荣不是自由贸易政策的结果，而是由于"英国实施了重商主义的政策"。[②] 重商主义反对自由贸易，主张贸易保护。李斯特基于对德国、意大利经济史资料的研究，"建立了经济增长阶段理论。根据这一理论，一个发展中国家会先实行自由贸易政策，然后转为实行贸易保护主义，然后在最后阶段或成熟阶段又回到自由贸易政策上来"。[③] 李斯特认为，

---

① 没有人对历史经济学做过精确的定义。克里夫·莱斯利和英格拉姆都提出，通过开展经济史及对当今经济和社会问题进行归纳性研究，可以创立一门历史经济学学科。他们还提倡把统计法当作历史经济学家的一个主要研究工具来使用。〔英〕杰拉德·M·库特：《英国历史经济学：1870～1926——经济史学科的兴起与新重商主义》，乔吉燕译，中国人民大学出版社，2010，第 58 页。

② 转引自〔英〕杰拉德·M·库特：《英国历史经济学：1870～1926——经济史学科的兴起与新重商主义》，乔吉燕译，中国人民大学出版社，2010，第 37 页。

③ 转引自〔英〕杰拉德·M·库特：《英国历史经济学：1870～1926——经济史学科的兴起与新重商主义》，乔吉燕译，中国人民大学出版社，2010，第 37 页。

经济思想和经济政策必须与文明的特定阶段相适应，这就是说，国家之间的经济政策应有不同，同一国家在不同阶段的经济政策也应有所区别。他的这一观点被经济学界广泛接受。① 德国历史学派的另一创始人罗雪尔在《历史方法的国民经济学讲义大纲》和《国民经济学体系》两书中指出，政治经济学不仅是一门科学，还是一门制定政策的艺术，经济学的主要任务是对各国在经济领域中所讲授、所努力研究和所发现的知识，外加对它们的研究情况和取得的成果进行历史的描述。他还认为，经济学必须从大量经济现象中提炼本质规律，而不是错误地创造建立在假设基础上的所谓规律，为此，经济学家必须运用比较分析法和历史分析法来发掘历史与现实的一致性。② 1903 年，英国首相张伯伦提议推行帝国特惠制，即对英国与其殖民地国家之间的贸易实行关税特惠制。同年 8 月 15 日，马歇尔、埃奇沃思、庇古、坎南等 14 名经济学家在《泰晤士报》上撰文反对。历史经济学家普赖斯、阿什利、坎宁安、休因斯等人从历史的角度对马歇尔等人的观点予以反驳。普赖斯通过分析英国的贸易史，指出英国与帝国体系外国家的出口额在不断下降，但英国与"帝国成员国"（英属殖民地国家）之间的贸易额近年来却有所增长，"这就使得英国可能通过实行关税改革，用帝国内贸易的收益来弥补国外贸易的损失"。③ 普赖斯认为，经济史学在公共政策的制定上应发挥举足轻重的作用，因为"他们比那些不愿意细致地考察历史资料的人更能理解，当理论和政策最初适用的环境被改变或发生转化时，必须要对理论加以限制，并对政策做出修正"。④ 普赖斯还强调："归纳性

① 转引自〔英〕杰拉德·M·库特：《英国历史经济学：1870～1926——经济史学科的兴起与新重商主义》，乔吉燕译，中国人民大学出版社，2010，第 37 页。

② 转引自〔英〕杰拉德·M·库特：《英国历史经济学：1870～1926——经济史学科的兴起与新重商主义》，乔吉燕译，中国人民大学出版社，2010，第 39～40 页。

③ Price L. L. , "The Economic Possibilities of an Imperial Fiscal Policy", *Economic Journal*, 1903, 13 (52), p. 496.

④ Price L. L. , "Economic Theory and Fiscal Policy", *Economic Journal*, 1904, 14 (55), p. 375.

研究和经济史本质上对经济理论起限制和校正的作用。"① 阿什利也认为："如果经济学家比现在更加用心地聆听过克利夫·莱斯利、英格拉姆和汤因比等人的历史经济学，那么，英国很可能已经采取了更适合自己所处生产阶段的经济政策。"② 休因斯辞去伦敦政治经济学院院长一职，受聘担任关税委员会干事，成为张伯伦关税改革的首席经济顾问。当张伯伦遭到马歇尔等人的抨击时，张伯伦告诉休因斯："我并不想假装是经济学专家。我曾经读过穆勒的著作，还尽力去读马歇尔的著作。你一定要提供经济学论据。"休因斯从英国经济历史出发，撰写了系列文章回应古典经济学家的反击，"休因斯的经济史现在已变成公共政策指南"。③

　　直到 19 世纪 80 年代，英国的经济学还未成为一门专门的学科。④ 1890 年英国经济学家成立了经济学会，学会的成立加速了经济学科的成长。马歇尔出版《经济学原理》，使得经济学成为一门专业的学术性学科，并奠定了新古典经济学在经济学界的主流地位。⑤ 1903 年，剑桥大学设立经济学荣誉学士学位考试，标志着经济学在经过了数十年的努力之后终于成为一门真正的独立学科。

　　在方法论上，马歇尔崇尚逻辑演绎，但不反对历史归纳。19 世纪 80 年代之后，马歇尔对演绎经济学和历史经济学的争论进行了调和，他认为："对于经济学究竟是一门归纳性的学科还是一门演绎性的学科，一直以来，人们总是众说纷纭。其实，经济学两者都是：它的归纳连贯起来

① 转引自〔英〕杰拉德·M·库特：《英国历史经济学：1870～1926——经济史学科的兴起与新重商主义》，乔吉燕译，中国人民大学出版社，2010，第 106 页。
② 转引自〔英〕杰拉德·M·库特：《英国历史经济学：1870～1926——经济史学科的兴起与新重商主义》，乔吉燕译，中国人民大学出版社，2010，第 131 页。
③ 转引自〔英〕杰拉德·M·库特：《英国历史经济学：1870～1926——经济史学科的兴起与新重商主义》，乔吉燕译，中国人民大学出版社，2010，第 199 页。
④ Coats A. W. , "Sociological Aspects of British Economic Thought (ca. 1880 - 1930)", *Journal of Political Economy*, 1967, 75 (5), pp. 706 - 729.
⑤ 转引自〔英〕杰拉德·M·库特：《英国历史经济学：1870～1926——经济史学科的兴起与新重商主义》，乔吉燕译，中国人民大学出版社，2010，第 25 页。

就是演绎；它的演绎连贯起来则是新的归纳"。① 成为独立学科之后的剑桥经济学按照马歇尔的思想发展。他在剑桥大学建立了以演绎经济学为主体、以经济史为补充的经济学学科体系。在设置经济学学科课程时，把学生前两个学年的一半学习时间和最后一个学年的全部学习时间均分配给经济理论，给应用经济学、经济史和政治科学这三门学科总共才分配了一个学年的时间。所要教的经济史，也主要是 19 世纪经济史，即当时的当代经济史。这"标志着经济理论作为一门专业性学科在剑桥大学取得了胜利"。② 马歇尔很注意维护新古典经济学的正统地位，他退休时，仍然不允许这门由他创立的新学科回到历史和制度主义者的手中。在 1908 年剑桥大学政治经济学教授选举中，尽管历史学派的福克斯韦尔和阿什利的资历更深，马歇尔还是不遗余力地帮助资历最浅，但方法论与自己一致的庇古成功当选。

马歇尔关于演绎经济学学科体系的思想遭到了坎宁安的激烈反对。坎宁安是著名的历史经济学家。他的关于英国经济史的巨著，为这一学科在英格兰成为一个学术研究领域奠定了基础。他与马歇尔是同事，但两人的学术兴趣迥异。为此，两人经常发生激烈的争吵。马歇尔在《经济学原理》中对世界经济史做了较为深入的考察，坎宁安对马歇尔侵犯自己的研究领域深表不满："经济学家（马歇尔）不让它（经济史）独立发展；但是，他们又不严肃对待它，而是将其得出的一些结论掺入经济传统主体这个奇怪的混合物；其结果就是对经济史的滥用。"③ 马歇尔把经济史看作"经济理论的婢女"，"坎宁安努力使人们认识到经济史是一门独立的学科"。坎宁安和马歇尔的争论进一步证实，经济史学是从经

---

① 转引自〔英〕杰拉德·M·库特：《英国历史经济学：1870～1926——经济史学科的兴起与新重商主义》，乔吉燕译，中国人民大学出版社，2010，第 27 页。

② 转引自〔英〕杰拉德·M·库特：《英国历史经济学：1870～1926——经济史学科的兴起与新重商主义》，乔吉燕译，中国人民大学出版社，2010，第 168 页。

③ 转引自〔英〕杰拉德·M·库特：《英国历史经济学：1870～1926——经济史学科的兴起与新重商主义》，乔吉燕译，中国人民大学出版社，2010，第 164 页。

济学中分立出来的。①

历史经济学家试图把经济学发展成为以归纳法为基础的经济学。1894 年，坎宁安、福克斯韦尔等人在提交的关于经济学教育的报告中指出："在那些采用归纳的方式研究经济学的国家，这门学科的学术威望更高，也更受欢迎。"报告建议"将英国经济学教育的侧重点放在归纳性研究上，这种研究所具有的实际应用性要优于经济理论"。② 马歇尔对此坚决反对，他认为"如果有人说那些不做任何科学分析而只学习作为一系列纯粹事实材料堆积的经济史的人是经济学专业的学生，我认为那纯属无稽之谈"。③

演绎经济学与历史经济学之间的针锋相对，引起了边际学派杰出代表杰文斯的注意。他提出了一个折中方案：把经济学划分为经济理论、应用经济学和经济史三门子学科，并允许各门子学科运用各自的特定方法开展研究。④ 历史经济学家赞同杰文斯的方案。1889 年，坎宁安明确提出"经济研究分为三个部分——纯理论、应用经济学与经济史，这种分法，即使不在本质上至少也可以说在形式上与杰文斯相

---

① 〔英〕杰拉德·M·库特：《英国历史经济学：1870～1926——经济史学科的兴起与新重商主义》，乔吉燕译，中国人民大学出版社，2010，第 156 页。
② 转引自〔英〕杰拉德·M·库特：《英国历史经济学：1870～1926——经济史学科的兴起与新重商主义》，乔吉燕译，中国人民大学出版社，2010，第 167 页。
③ 转引自〔英〕杰拉德·M·库特：《英国历史经济学：1870～1926——经济史学科的兴起与新重商主义》，乔吉燕译，中国人民大学出版社，2010，第 167 页。
④ 转引自〔英〕杰拉德·M·库特：《英国历史经济学：1870～1926——经济史学科的兴起与新重商主义》，乔吉燕译，中国人民大学出版社，2010，第 24 页。需进一步指出的是，杰文斯的数学功底很好，他认为历史统计很重要，他运用历史统计的方法撰写过数篇关于经济周期和物价波动等问题的论文，但他不赞同历史经济学家的关于政治经济学建立在历史归纳法基础上的说法，他认为这样会使得政治经济学"成为纷杂的不连贯的事实之结合"，或者"沦为斯宾塞社会学的一支"。他不赞同李嘉图学说，但他并不认为演绎法有问题，相反，他认为，政治经济学成为一门真正的科学，仅靠逻辑推理还不够，还必须从数学的基础出发，才能进行圆满的探究。为此，杰文斯建议把"政治经济学"（Political Economics）这一学科名称改为"经济学"（Economies），去除其中附着有历史和制度因素的修饰词"政治"，同时加上象征普适科学的"－ics"后缀。〔英〕杰文斯：《政治经济学理论》，郭大力译，商务印书馆，1984，第 7、30 页。

同"。① 1895 年，历史经济学家休因斯出任伦敦政治经济学院的首任院长。休因斯对马歇尔在剑桥大学以演绎经济学为主体的培养模式颇有微词，他"希望让归纳精神来主导自己创办的学院"。在休因斯的推动下，伦敦政治经济学院"以历史为导向"，"以经济史和应用经济学为中心"，推行的是完全有别于剑桥大学的培养模式。② 休因斯在伦敦政治经济学院设置独立的经济历史专业。经过 100 多年的发展，伦敦政治经济学院建立了从本科到硕士、博士的完整经济史学学科体系和教育体系。该院迄今仍然是世界上著名的经济史教育和研究重镇。在伦敦政治经济学院的带动下，英国的大学纷纷设立经济史教席。1904 年，伦敦大学设立了英国第一个经济史讲师职位。1905 年，曼彻斯特大学第二个设立了讲师职位。1907 年，牛津大学第三个设立了讲师职位。1908 年，爱丁堡大学第四个设立了讲师职位。1910 年，曼彻斯特大学设立了英国第一个经济史教授职位。1921 年，伦敦大学第二个设立了教授职位。剑桥大学和牛津大学分别于 1928 年和 1931 年设立了经济史教授职位。③

英国历史经济学家阿什利是使经济史学成为一门独立学科的奠基人之一。他求学于牛津大学，毕业后留校任助教。1888 年，他接受加拿大多伦多大学的邀请，出任宪政史和政治经济学教授，讲授政治经济学原理、经济理论历史与批判、经济发展史、现代经济问题等课程，为开创多伦多大学经济史学派奠定了基础。出于对经济史学的爱好和执着追求，1892 年，阿什利离开多伦多大学，受聘于美国哈佛大学，专门讲授和研究经济史学，开哈佛大学经济史专业研究之先河，并成为英语国家第一位经济史教授。1901 年，阿什利回到英国，出任新成立的伯明翰大学商

---

① 转引自〔英〕杰拉德·M·库特：《英国历史经济学：1870～1926——经济史学科的兴起与新重商主义》，乔吉燕译，中国人民大学出版社，2010，第 162 页。

② 〔英〕杰拉德·M·库特：《英国历史经济学：1870～1926——经济史学科的兴起与新重商主义》，乔吉燕译，中国人民大学出版社，2010，第 194～195 页。

③ 〔英〕杰拉德·M·库特：《英国历史经济学：1870～1926——经济史学科的兴起与新重商主义》，乔吉燕译，中国人民大学出版社，2010，第 8 页。

学院首任院长兼商学教授，从事应用经济学和经济史学的教学与研究。在当时，应用经济学和经济史学研究都采用归纳法。由于在方法论上具有趋同性，应用经济学家在研究现实经济问题时大都注重从历史中寻找智慧，经济史学研究者也很注重研究结论对现实的指导作用。阿什利的应用经济学研究"包含着大量的经济史"，他的经济史学研究"是为了预测未来"。所以，阿什利出任商学院院长同时从事应用经济学和经济史的研究属于正常现象。1926 年，英国经济史协会成立，阿什利出任第一任主席。他在成立大会的演说中指出："虽然经济学的历史运动成功地使经济史作为一个独立研究领域的地位获得了学术界的认可，但是，它并未如罗雪尔所希望的那样，创立'国家经济发展学说'。"[①] 该协会创办了自己的专业期刊《经济史评论》。当一个学科处在初创阶段时，缺乏稳定而专业的研究队伍，也没有明确的研究对象，更缺乏科学的研究方法，无队伍、无对象、无方法，当然就无专业期刊。当这个学科经过若干年的发展达到比较成熟的阶段时，就会形成稳定而专业的研究队伍、明确的研究对象和科学的研究方法，这就必然产生对专业学术期刊的强烈需求，专业学术期刊就会应时而生。因此，专业学术期刊的创办是独立学科产生的一个重要标志。

　　上面的讨论表明，经济史学科是新古典经济学家和历史经济学家争论的产物。正是因为历史经济学被边缘化，英国历史经济学家不得不另辟蹊径。一方面，在伦敦政治经济学院建立了经济史学教育体系，以区别于剑桥大学的经济学教育体系；另一方面，把经济史学发展成为独立的学科，以区别于新古典经济学。由此可见，建立经济史学科的是历史经济学家。历史经济学家是与新古典经济学家并肩的经济学家，不是历史学家。所以，经济史学科应是从经济学中分立出来的。正如有的学者所指出的："经济史学和新古典经济学分别源自英国古典政治经济学的历

---

① 转引自〔英〕杰拉德·M·库特：《英国历史经济学：1870～1926——经济史学科的兴起与新重商主义》，乔吉燕译，中国人民大学出版社，2010，第 125 页。

史学派和演绎学派，新古典取代古典并发展成为西方主流经济学的过程，也正是历史学派在经济学科内部被边缘化，并最终独立成为经济史学的过程。"①

经济史学成为独立学科以后，英国出现了专业的研究机构和研究队伍，从而推动了经济史研究的深入。据统计，1925～1947 年，英国出版的经济史著作共有 564 种。② 这个时期，英国出现了两个负有盛名的经济史学家——克拉潘（Clapham）和波斯坦（Postan）。两人均为剑桥大学经济史学教授。克拉潘是继阿什利之后的第二任英国经济史学协会主席，1938 年克拉潘退休，波斯坦继任剑桥大学经济史学教授。克拉潘专攻近代经济史，而波斯坦则侧重于中世纪经济史。克拉潘所著的三卷本《现代英国经济史》、波斯坦主编的八卷本《剑桥欧洲经济史》，在学术界产生了重大影响。

20 世纪上半叶，经济史学与经济学的界限越来越清晰，二者渐行渐远。与此同时，经济史学却受到了历史学家的欢迎，经济史学与历史学的关系越来越密切。经济史学科产生以后，经济学家留给经济史学的"领地"很小。正如阿什利所言："经济学家们认为，只要给我们一小块属于我们自己的田地，就可以让我们保持沉默了；而我们这些谦卑的历史学家们也应当为这一小块没有争议的领地而感激庆幸。"③ 阿什利、普赖斯、昂温等历史经济学家设立经济史学科的初衷，是要与马歇尔为首的演绎经济学派开展竞争。因此，在他们的眼中，经济史学在本质上是经济学而不是历史学。阿什利和昂温还特别指出，经济学与经济史学的区别主要在于，前

---

① 关永强、张东刚：《英国经济学的演变与经济史学的形成（1870～1940）》，《中国社会科学》2014 年第 4 期，第 64 页。

② 政府档案和私人笔记为形式的经济史资料 138 种，占 24%；地方史 71 种，占 13%；土地和农村经济 42 种，占 7%；工人阶级状况、工人运动 43 种，占 8%；通史 34 种，占 6%；对外贸易及其组织 27 种，占 5%；货币金融和保险 26 种，占 5%；企业和企业家 17 种，占 5%；教科书 16 种，占 3%。陈振汉：《步履集》，北京大学出版社，2005，第 114 页。

③ Ashley W. J. , "The Place of Economic History in University Studies", *The Economic History Review*, 1927, 1 (1), p. 4.

者更注重个人和心理分析，后者则强调组织和制度的重要性。[①] 从克拉潘开始，英国经济史学界日益强调经济史学的历史学性质，开列的历史学书目越来越多，演讲的内容也越来越历史化，淡化了历史学派面向现实的研究风格。[②] 经济史学向历史学靠拢，成为历史学的一个分支学科。[③] 到了 20 世纪 30 年代，新古典经济学越来越明显地表现出过度依赖抽象演绎和忽视现实的倾向，并因此备受批评。而经济史学的研究也逐渐淡化了历史学派面向现实的研究风格，日益将研究对象限定在历史领域，忽视了运用历史和制度的方法贯通古今、关注现实经济问题的传统。到了 20 世纪 40 年代，不仅新古典经济学家认为，经济史学只是过去时代的经济学和为经济学研究提供历史资料，某些经济史学家也默认了这一点。[④]

英国是经济史学的发源地。20 世纪 20 年代以后，经济史学从英国传播到世界各地。因不同国家的理论范式不尽一致，不同国家的经济史学

① 关永强、张东刚：《英国经济学的演变与经济史学的形成（1870 ~ 1940）》，《中国社会科学》2014 年第 4 期，第 59 页。

② Hartwell R. M. , "Good Old Economic History", *Journal of Economic History*, 1973, 33（1）, pp. 28 – 40.

③ 20 世纪上半叶，部分国家的经济史学属于历史学的分支学科，或者说，经济史学作为历史学的一门分支学科而存在。在法国，经济史学是历史学科的一部分，法国学者认为历史是一个不可割裂的整体，历史中的各个部分不宜专门化，应该相互渗透。历史研究不应严格区分经济史、政治史、文化史。历史学教授均可讲授经济史，不少历史系教授都是经济史专家。法国的大学课程中找不到"经济史"课程，但不能说法国没有经济史。二战以后崛起的法国年鉴学派强调整体史研究，经济史就是他们整体史中的一个主要内容。在某些小国，一个著名的经济史教授可能就会影响一国经济史研究的方向和水平。比利时有一个具有国际影响的经济史学家皮瑞纳（Pirenne）。他对经济史学的贡献主要在于提出了欧洲经济发展中城市起源的学说。皮瑞纳在历史系设置独立的经济史学科，所以，比利时的经济史学是从历史学科中独立出来的。皮瑞纳培养了大批经济史学家。由于皮瑞纳是历史学家，他的弟子也主要从事历史研究。比利时的经济史一直是历史学家的而不是经济学家的经济史。20 世纪上半叶，瑞典经济学家赫克舍（Heckscher）投身于经济史研究。他于 1929 年在斯德哥尔摩大学成立经济史研究所，被聘为经济史教授，经济史成为独立课程和学位考试科目。赫克舍于 1926 年发表《呼吁运用经济理论来研究经济史》，从这篇文章中可以看出，赫克舍的经济史研究属于经济学的范畴。

④ Hicks J. R. , Hart A. G. , *The Social Framework of the American Economy：An Introduction to Economics*, Oxford University Press, 1945, pp. 10 – 11.

理论范式也各具特色。美国经济史学家偏爱运用新古典经济学理论范式研究经济史，形成了新经济史学。英国经济史学家擅长从社会大视角研究经济史，形成了社会经济史学。苏联经济史学家运用马克思主义经济学理论范式研究经济史，形成了马克思主义经济史学。中国经济史学从产生之日起，就既坚持自身的传统优势，又注意吸收外国的新理论、新范式，中国经济史学在理论范式上不拘于一派，百花齐放，但尚未构建起中国特色经济史学。

二　新经济史学在美国的发展

二战以后，随着世界经济中心从英国转移到美国，美国成为世界上经济学和经济史学的研究中心。20 世纪 50 年代，数学化的浪潮席卷美国经济学界，形成了所谓的经济学"形式主义革命"。与此相适应，计量经济史学也逐渐成为经济史学的主流，罗伯特·福格尔、道格拉斯·诺思等致力于经济史研究的学者，因不满传统经济史研究局限于单纯史料考证、不能对现实经济发展提供有益的见解，而采用现代经济学方法，遵循规范的经济学范式重新研究美国经济史，产生了一批在经济学界、历史学界振聋发聩的成果。在美国学者的带动下，英国、意大利等国家的一些经济史学家也竞相运用新方法研究经济史。经过半个世纪的努力，一个新的经济史学流派——新经济史学派形成。[①] 1993 年，新经济史学家道格拉斯·诺思、罗伯特·福格尔同获诺贝尔经济学奖，新经济史学被推向了一个前所未有的高度。[②] 新经济史学的代表人物主要有道格拉斯·诺思、罗伯特·福格尔、斯坦利·恩格尔曼、保罗·大卫、彼得·特明、

[①] 据孙圣民考证，"New Economic History""Cliometrics""Econometric History""Quantitative History"都是含义相近的词，也就是说，"新经济史学""计量历史学""计量史学""计量经济史学""经济计量史学""历史计量学"等可看作同义词汇，中国学术界习惯上采用"新经济史学"这个概念。孙圣民：《历史计量学五十年：经济学和史学范式的冲突、融合与发展》，《中国社会科学》2009 年第 4 期，第 143 页。

[②] 诺贝尔奖评奖委员会在颁奖公告中说，1993 年将诺贝尔经济学奖授予福格尔和诺思，是表彰他们在对经济史进行定量研究中做出了先驱性贡献。

乔尔·莫克、兰斯·戴维斯、罗伯特·托马斯、唐纳德·麦克洛斯基、约翰·奈、阿弗纳·格雷夫、加里·李贝开普、李·阿尔斯顿、约瑟夫·弗瑞尔、巴里·温加斯特、卡洛·奇波拉等。

新经济史学自20世纪50年代产生至今，大体经历了两个发展阶段。

第一阶段是20世纪50年代到70年代，经济史学家运用计量经济学方法和新古典经济学理论研究经济史，得出与新古典经济学不同的结论，凸显了经济史学在经济学界不可替代的重要地位。诺思使用"全要素生产率"概念，利用间接计量方法，研究1600~1850年海洋运输中生产率的变化，发现在此期间，海洋运输生产率确实有显著的提高，但海洋运输技术并没有明显的进步。这就是说，海运生产率的提高不是海运技术进步的结果。那么又是什么因素导致海运生产率的提高呢？诺思认为这是海盗减少、市场发育和贸易扩展等因素促成的。这个研究结论，与索洛1957年提出的技术进步导致经济增长的新古典经济学经济增长理论有所区别。[1] 美国经济史学家罗斯托认为，铁路对美国经济腾飞起了至关重要的作用。福格尔质疑罗斯托的观点，运用反历史事实计量的方法，将没有铁路时的美国经济发展水平和有铁路时的美国经济发展水平进行比较，发现铁路对美国经济增长起到了一些促进作用，但不是导致美国经济增长的决定性因素。这是对传统观点的否定。[2] 通过这些研究，诺思认识到，新古典主义经济学把制度视为既定的假设是存在问题的。1971年，诺思与戴维斯合作出版《制度变迁与美国经济增长》一书。作者认为，美国的经济增长，既是新古典经济学所说的生产要素积累的结果，也是制度不断创新和完善的结果。[3] 为寻求更多的证据支持，20世纪70年代

---

[1]　North D. C. , "Sources of Productivity Change in Ocean Shipping, 1600 – 1850", *Journal of Political Economy*, 1968, 76 (5), pp. 953 – 970.

[2]　Fogel R. W. , "A Quantitative Approach to the Study of Railroads in American Economic Growth: A Report of Some Preliminary Findings", *Journal of Economic History*, 1962, 22 (2), pp. 163 – 197.

[3]　〔美〕兰斯·E. 戴维斯、〔美〕道格拉斯·C. 诺思：《制度变迁与美国经济增长》，张志华译，格致出版社、上海人民出版社，2019，第252页。

以后，诺思把研究对象从美国转向了欧洲诸国。在诺思的带动下，新经济史学家将研究主题拓展到市场机制、生产效率、社会不平等、人口老龄化等领域。特别是通过对市场机制的历史研究，验证了新古典经济学关于市场机制的一些观点，如市场机制支配着各种交换关系、市场的发育和扩展具有提升经济效率和促进经济增长的作用等。

前已论及，20 世纪二三十年代以后，英国经济史学日益靠近历史学，经济史学不仅是经济学的分支学科，也是历史学的分支学科，在美国也是如此。二战以后崛起的美国新经济史学，运用新的方法即经济理论和计量分析的方法研究经济史，引起了经济史研究中方法论层面的革命，但没有改变经济史学同时从属于历史学和经济学的状况。

第二阶段是 20 世纪 80 年代至今，新经济史学与新制度经济学实现了结合，经济史学作为经济学分支学科的地位提高了。诺思对美国和西方世界兴起的研究，发现制度对经济增长至关重要。在诺思的研究取得重要进展的同时，沉寂多年的制度经济学也取得了重大进展，威廉姆森、德姆塞茨、阿尔钦、张五常等人对交易费用理论、产权理论、契约理论进行了开拓性研究。这些理论的发展，为诺思的经济史研究提供了新的理论工具，诺思运用这些理论研究经济史，再从经济史中抽象出新的制度经济学理论，推动了新制度经济学的发展，实现了新经济史学与新制度经济学的融合。《经济史上的结构和变革》一书是新经济史学与新制度经济学理论融合的结晶。在这本书中，诺思遵循新古典经济学的研究范式，运用交易费用理论、产权理论、公共选择理论分析经济史，通过对经济史的分析，构建了由产权理论、国家理论、意识形态理论、制度变迁中的路径依赖理论组成的新的理论体系。在诺思看来，产权制度是制度的核心，明确而有效的产权安排有利于经济增长；受技术和现有组织的约束，产权的创立、裁定和行使的代价极为高昂；国家作为一种能够低成本地提供产权保护的制度，在产权形成、界定和保护等方面具有不可替代的优势。当然，国家也经常会起负面作用，如制造无效产权、破坏产权界定的市场规则等。据此诺思认为，国家对产权乃至经济增长具有双面作用，一方面它既可以通过有效的产权界定提高产权的运作效率，另一方面也可以制造无效的产权，这就是"国家—产权悖论"。这个悖论的具体含义就是，国家既是导致经济增长的关键，又是造成人为经济衰退的根源。诺思通过创建国家理论，揭示了新制度经济学所未能说明的内容，即政府通过实施产权保护等制度，可以降低交易费用从而提升经济绩效；政治市场上过高的交易费用可能导致无效制度的出现，使有效制度变迁不能发生。诺思通过创建意识形态理论解释制度变迁中的搭便车行为，搭便车行为使有效的制度安排难以存在。由于意识形态的存在，诺思认为可以通过教育减少搭便车的行为，从而降低制度变迁中的交易成本，使有效的制度安排能够存在。诺思的意识形态理论，弥合了国家理论和产权理论之间的逻辑缝隙，也使诺思的理论成为一个相对完整的体系。[1] 新经济史学与新制度经济学的结合，激发了经济学界和历史学界对经济史的研究热情。许多西方学者循着诺思的思路纷纷开展实证研究，部分研究成果体现在《制度变革的经验研究》一书中。[2] 在这个时期，以计量分析为特征的新经济史学产生了越来越大的影响。20 世纪六七十年代，经济史学开始广泛关注历史计量学。1983 年，国际历史计量学协会（The Cliometric Society）成立；创办了两本历史计量学专门杂志：Explorations in Economic History 和 Cliometrica-Journal of Historical Economics and Econometric History；计量史学成为经济史学界的主流研究范式。20 世纪 80 年代，经济史专业杂志上发表的论文的 80% 是计量史学论文。到 20 世纪末，美国的《经济史杂志》、英国的《经济史评论》等国际主要经济史期刊，已经很少刊登没有计量分析的经济史文章了。[3] 美国历史学会主席约·霍·富兰克林说，新经济史学家对计量方法的"热情接近于十字军的信仰。那些献身于计量史学的史学家好像是在紧跟凯尔文勋爵的格言：

---

① 〔美〕道格拉斯·C. 诺思：《经济史上的结构和变革》，厉以平译，商务印书馆，1992。
② 〔美〕道格拉斯·C. 诺思、张五常等：《制度变革的经验研究》，罗仲伟译，经济科学出版社，2003。
③ 关永强：《从历史主义到计量方法：美国经济史学的形成与转变（1870～1960）》，《世界历史》2014 年第 4 期，第 122 页。

'假如你不懂得怎样计算，你的知识是贫乏而不能令人满意的'"。[1]

　　20 世纪六七十年代以前，新经济史学家运用新古典经济学理论和计量方法分析经济史，使经济史日益靠近经济学。70 年代后期，计量学派内部出现了分歧，一些经济史学家从计量分析的狂热中逐渐清醒，意识到计量不是万能的，更不是科学的，计量可能带来效率，也可能导致全面的灾难。[2] 计量方法使得经济史研究"沉闷而又缺乏想象力"，"不精确且失真"。[3] 一部分学者如诺思、托马斯在研究中发现了制度的重要性，到 20 世纪 80 年代，新经济史学与新制度经济学融合，创新了新制度经济学理论；20 世纪 90 年代以后，新经济史学家把认知科学引入经济史分析之中，超越甚至一定程度上否定了新古典经济学。按照新古典经济学的"经济人"假设，诺思认为人们有足够的比较交易成本高低的认知能力，人们可以根据自己的认知选择制度，从而实现制度变迁。后来诺思意识到，人不是完全理性的，因而不具备比较交易成本高低的认知能力，因而之前的按新古典经济学范式进行的制度变迁研究是不完美的。从 20 世纪 90 年代起，诺思转向对人类认知的研究，在其理论中加入了人作为参与者对制度变迁的认知和反应的内容，他的部分研究成果体现在《理解经济变迁过程》一书中。[4] 诺思的新研究发现，制度变迁是人类认知过程和认知积累的一部分，人类共享的认知模式，有利于推动制度变迁的主体形成一种共有信念，在共有信念的支配下，人们就会采取协调一致的行动，这样就会起到降低制度变迁中交易成本的作用。诺思还认为，针对环境的变化，人们可以通过学习积累知识和交流传播知识来不断地修正认知模式，从而促进制度的变迁。诺思对人的这种研究，已经不是新

---

① 石潭：《计量史学研究方法评析》，《西北大学学报》（哲学社会科学版）1985 年第 1 期，第 100 页。

② 隋福民：《创新与融合：美国新经济史革命及对中国的影响（1957～2004）》，天津古籍出版社，2009，第 168～169 页。

③ North D. C. , "The State of Economic History", *American Economic Review*, 1965, 55 (1/2), p. 90.

④ 〔美〕道格拉斯·C. 诺思：《理解经济变迁过程》，钟正生等译，中国人民大学出版社，2008。

古典经济学意义上的具有利己特征的完整的"经济人",这是对新古典经济学研究范式的超越。诺思关于制度经济史的研究是开拓性的,但也不是没有问题的。美国斯坦福大学教授艾夫纳·格雷夫(Avner Greif)发现,诺思在经济史研究中所使用的交易成本理论、产权理论和公共选择理论,只适用于考察由国家界定并实施的制度,对于"自我实施"制度(如国家本身)、影响制度与组织发展走上特定轨迹的非法律因素、非经济的社会和文化因素对制度选择和路径依赖的影响,诺思所使用的上述理论就不适用。①

20世纪90年代以后,格雷夫开创了一种新的研究方法——历史制度分析,这是对诺思研究的拓展。首先,在方法论上,格雷夫运用博弈论构建了特殊历史情境模型,恢复了20世纪六七十年代历史计量学的模型化分析传统,试图以此实现历史和逻辑的统一。格雷夫认为,制度主要表现为自我实施制度而非国家强制实施的制度,自我实施制度的产生过程,就是制度各参与方在某种特定的战略局势下、各自采取不同的策略进行博弈、自主地选择各自的最优策略最后达到均衡的过程。其次,他坚持诺思的案例研究传统,但不同于诺思的是,格雷夫运用数理模型对案例进行定量研究,使新经济史学更加贴近经济学。格雷夫以11~14世纪的意大利城市热那亚和地处北非地中海沿岸的马格里布为典型案例,展开历史制度分析,探究是什么因素导致热那亚和马格里布走上两条完全不同的道路。以热那亚为代表的意大利实现了经济的长期增长,成为西方世界兴起的发源地。以马格里布为代表的伊斯兰世界却陷入了经济长期衰落的泥潭之中。格雷夫的研究发现,受文化传统的影响,热那亚人选择了以"个人主义"惩罚机制为基础的第二方实施制度。在海外贸易扩张过程中,热那亚人采取的是无社区限制的"开放"式的海外贸易代理关系。在社会内部代理关系模式上,热那亚人采用的是"纵向"的

---

① 韩毅:《西方制度经济史学的历史演进:评价与思考》,《中国经济史研究》2002年第3期,第141页。

代理模式。马格里布人则选择了以"集体主义"惩罚机制为基础的第三方实施制度。在海外贸易扩展过程中，马格里布人则采取了仅限于社区内的"封闭"式的扩大海外贸易代理关系。在社会内部代理关系模式上，马格里布人则采用了"横向"的代理模式。格雷夫进一步发现，热那亚实施的第二方实施制度、开放型的扩大贸易方式和社会内部的纵向代理模式，有利于长期经济增长；而马格里布人实施的第三方实施制度、封闭型的扩大贸易方式和社会内部横向的代理模式，不利于经济的长期增长。①

二战以来，新经济史学的研究主题在不断拓展，研究深度在不断加深，但其基本特征始终未变，"即将经济理论和定量分析方法运用于经济史研究中"。这包括两个方面，"一是通过理论来决定究竟哪些内容需要计量，二是用经济理论来指导间接计量中数据的转化和换算问题"。②1993 年，诺思和福格尔获得诺贝尔经济学奖，瑞典皇家科学院的颁奖词认为，新经济史学的上述特征就是新经济史学家所做出的突出贡献，"为了解释经济和制度变化，他们应用经济理论和定量方法，更新了经济史的研究"。③ 新经济史学家试图通过计量分析，使经济史研究从以史学范式为主转变为以经济学范式为主，以此实现经济史学和经济学的再度整合与统一。④ 这使经济史学科属性发生了微妙的变化。20 世纪 80 年代以前的经济史学，由于主要是按照史学研究范式对经济发展过程做历史的描述，经济学家认为它是属于历史学家的经济史，将它归入历史学领域。20 世纪 80 年代以后的新经济史学，则是运用经济学理论和计量方法对经济发展历史进行分析，经济学家认可它是经济学家的经济史，被归入了

---

① 韩毅：《西方制度经济史学的历史演进：评价与思考》，《中国经济史研究》2002 年第 3 期，第 143 页。

② 孙圣民：《历史计量学五十年：经济学和史学范式的冲突、融合与发展》，《中国社会科学》2009 年第 4 期，第 146 页。

③ 转引自王宏昌、林少宫编译《诺贝尔经济学奖金获得者讲演集：1978～2007》，中国社会科学出版社，2008，第 419 页。

④ 〔美〕福格尔：《经济史学与经济理论的再整合》，《美国经济评论》1965 年第 1～2 期，第 92～98 页。

经济学的范畴。

新经济史学家的努力遭到了部分经济学家的严厉批评。索洛指出，计量化导致经济史学"和那些经济学研究同样地使用积分、同样地回归、同样地用统计量来代替思考……这种经济史学远不是提供给经济理论家们一个更广阔的视野，而只是在回敬给经济学家们同样的一碗粥"。"经济学没有从经济史那里学到什么，经济史从经济学那里得到的和被经济学损害的一样多。"他呼吁经济史学家可以利用经济学家提供的工具，但不要回敬经济学家"同样的一碗粥"。① 诺思后来也认为大部分计量经济史研究只是把新古典经济学简单应用到历史研究中，"这种做法的收益很快就会出现递减"。② 新经济史学为了实现经济史和经济理论的统一，抛弃了"论从史出、先史后论"，即从史实出发的传统经济史学范式，他们的研究遵循"逻辑优先、先论后史、以论带史"，即从理论出发的研究范式。这样一来，史料变成了经济分析的素材和佐证，史料的考据完全被放到一边。传统经济史学的求真功能被弱化。与此同时，新经济史学为了使自身成为名副其实的经济学，在研究方法上完全接受新古典经济学的逻辑演绎方法，描述归纳沦落为抽象演绎的补充，这就违背了 19 世纪历史经济学的初衷。这样，研究的结论往往与历史事实不符，且缺乏对历史过程的考察和思考。因此，经济史学家哈特维尔呼吁经济史学家要回归"优秀的老经济史学"，千万不要"去崇拜计量方法这个女财神的圣像"。③ 此外，新经济史学的"新"，主要在于用新方法研究一些具体问题，如铁路与美国经济增长、经济效率等。新经济史学家并没有建立起一个完整的历史解释框架。霍布斯鲍姆形象地说："把历史喻为一个牲口市场的话，那么，计量历史学家就好像是称量计数的检验员，而不是饲

---

① Solow, R. M., "Economic History and Economics", *American Economic Review*, 1985, 75 (2), pp. 328, 330.

② 〔美〕诺思：《关于麦克洛斯基、科恩和福斯特论文的评论》，《经济史杂志》1978 年第 1 期，第 78 页。

③ Hartwell, R. M., "Good Old Economic History", *Journal of Economic History*, 1973, 33 (1), p. 28.

养牛群的牧场主。"① 既然只是检验员，新经济史学家就注定只能在分析技术层面上取得新的进展；由于不是饲养员，因而无法驾驭整个经济史学的全局，这就导致新经济史学不可能成为经济史学的全部或者未来形态。

三 英国的经济社会史

美国的新经济史学实际上是经济学家解读经济史，新经济史学从选题到方法到逻辑，都是经济学的，因而它能得到经济学家的认可，进入经济学的行列。但这引起了历史学家的不安。比如，历史学家认为，新经济史学所使用的反事实假设研究法，不仅违背事实，也违反最基本的常识。他们甚至认为统计学和数学模型的使用，使经济史学变得面目可憎。② 当新经济史学在美国如日中天时，具有史学传统的英国经济史学家没有走美国经济史学的发展道路。③ 英国的部分经济史学家认为，经济问题的主题是人类资源的分配问题，人具有社会性，人的行为受到社会制度的制约，研究经济史应该从社会学的视角切入。在 20 世纪 60 年代末，担任英国经济史学会主席的考特教授明确指出，经济问题是经济史学研究的主题，它是人类分配有限资源的历史。但人是社会性的，他们依据其社会本身的价值和习惯做出自己的选择，社会制度制约着他们如何选择，因而这种抉择的出发点不仅是经济的，也是社会的、文化的甚至宗

---

① 〔英〕埃里克·霍布斯鲍姆：《史学家：历史神话的终结者》，马俊亚、郭英剑译，上海人民出版社，2002，第 133 页。

② 徐浩：《英国经济—社会史研究：理论与实践》，http://www.sdzkw.com/ziliao/lunwen/2006 12/4782.html.

③ 英美文化的相似度很高，不少学者推测，美国新经济史学在英国应有巨大的反响，但事实并非如此。在英国，除了极少数学者（如墨菲）按新经济史学范式于 1973 年出版了《1806~1970 年的英国经济史》一书外，大多数学者对新经济史学缺乏兴趣，对新经济史学家使用的方法如"反事实计量法"更是无法接受。英国如此，德国和法国亦是如此，由此可见，新经济史学在西欧并没有太大的学术影响。隋福民：《创新与融合：美国新经济史革命及对中国的影响（1957~2004）》，天津古籍出版社，2009，第 165~166 页。

教的。① 1966～1967 年，英国社会科学研究协会（Social Sciences Research Council）就经济史学发展方向进行了讨论，决定拓宽经济史学的研究领域，将经济史学科调整为"经济—社会史"学科。这样一来，从 20 世纪 60 年代起，西方国家的经济史学出现了明显的分化，即美国的新经济史学和英国的经济—社会史。前者强调对经济学理论和计量方法的运用，后者则主要使用历史学和社会学的方法。正如鲁宾斯坦（William D. Rubinstein）所指出的："经济史常常围绕两种方法打转，即以美国为主导的计量经济史和以英国为中心的强调历史学与社会学方法的经济史。但问题在于，强调社会学方法的经济史家不能使用计量经济学的公式与参数系统，而社会史也不断分化出许多小分支（如城市史、劳工史、女性史等），变得支离破碎。"②

英国的经济—社会史是西方新史学运动的组成部分，它属于历史学学科范畴，是历史学的一个分支学科。那么，经济—社会史到底研究什么呢？徐浩认为，"凡是涉及以往人类经济，以及与经济相关的社会、科技文化和政治活动，都应视为经济社会史的研究对象"。③ 按照英国经济史学会和《经济史评论》杂志对经济社会史的研究范围的界定，经济—社会史的研究主题可细分为 19 类，它们是：（1）原始档案；（2）农业和农村社会；（3）工业和国内贸易；（4）海外贸易和海外关系；（5）运输与资讯；（6）货币、银行与财政；（7）城市研究和地方史；（8）社会结构和人口统计；（9）劳动状况；（10）社会状况和政策；（11）经济思想和政策；（12）史料和档案；（13）方法论和历史编纂学；（14）经济社会史总论；（15）宗教和教育；（16）地方史；（17）闲暇和大众文化；（18）科学、技术和医药；（19）女性。以往的历史学研究"向上层社会

---

① 转引自 Chalkin, C., "Economic and Social History", in Hudson, P., ed., *Living Economic and Social History*, Economic History Society, 2001, p. 34.

② 转引自 Chaloner W. H., Richardson R. C., *British Economic and Social History: A Bibliographical Guide*, Manchester University Press, 1996.

③ 徐浩：《英国经济—社会史研究：理论与实践》，http://www.sdzkw.com/ziliao/lunwen/200612/4782.html。

看"，经济—社会史则是"从底层往上看"。

20 世纪 60 年代之后，经济—社会史学科受到了英国学术界和高等学校的重视。20 世纪 70 年代，英国经济史学会在"经济史丛书"和"社会史丛书"的基础上出版了"经济社会史丛书"。20 世纪七八十年代以后，莱斯特大学、萨塞克斯大学、格拉斯哥大学、利兹大学、布里斯托大学、爱丁堡大学等高等学府纷纷建立了经济社会史系。此外，剑桥大学、伦敦大学、伯明翰大学均设立了经济社会史教授席位。1980 年前后，经济史或经济—社会史在英国的发展势头出现减缓甚至停滞的趋势。经济社会史系在英国大学收缩了规模，经济社会史的教授职位得不到补充，经济社会史系缩减编制或者并入经济系或历史系。SSRC 所属的经济社会史委员会（Economic and Social History Committee）在 1983 年亦遭裁撤。20 世纪 60 年代那种认为经济史系或经济社会史系能够在大学保持独立学科地位的信念发生了动摇。① 但作为西方经济史权威研究杂志的《经济史评论》，于 1991 年增添了副标题"经济社会史杂志"，表明该期刊从单纯的经济史杂志转变为经济社会史杂志，这就进一步地强化了英国经济史学的特色。

四　日本经济史学的发展简况

日本经济史学的研究开始于 19 世纪 70 年代，主要受两方面原因的促进：第一，明治政府实施的"旧势态调查"及其编撰；第二，受到欧美先进国家尤其是英国史学的影响。19 世纪 80 年代，由于史学研究偏重流通过程的趋势日益显著，一系列有关日本商业史的研究成果陆续出版。在 19 世纪 90 年代后，出现了一批以生产过程为中心的日本经济史的研究成果。日本真正立足于科学方法论之上的经济史学基础的确立，即西洋经济史、东洋经济史以及日本经济史的研究鼎立时期，是在 20 世纪二三

---

① Wilson R. G., Hanwin J. F., "Economic and Social History at Advanced Level", *The Economic History Review*, 2008, 38 (4), p. 548.

十年代。促使这一时期经济史学加速发展的主要标志是 1931 年社会经济史学会的成立（学会杂志为《社会经济史学》）和 1934 年日本经济史研究所的成立（杂志为《经济史研究》）。1933 ~ 1934 年，《日本资本主义发达史讲座》的出版，以及以此为契机的"日本资本主义论争"和"封建论争"的展开，不仅对日本经济史，同时对西洋经济史和东洋经济史的研究都产生了重大影响。

从 20 世纪 60 年代开始，日本经济史学界的发展进入了系统介绍、学习西方经济史学理论的时期。对日本经济史学产生重大影响的并非英美经济史学，而是德国经济史学。日本经济史学的代表性文献主要有：本庄荣治郎著《经济史概论》（有斐阁，1935 年 4 月出版）；井上幸治编《经济史学入门》（广文社，1966 年 11 月出版）；伊藤幸一著《经济史学的方法》（新评论版，1970 年 3 月出版）；角山荣著《经济史学》（东洋经济新报社，1970 年 10 月出版）；马场哲、小野塚知二著《西洋经济史学》（东京大学出版会，2001 年出版）；神武庸四郎著《经济史入门——从系统论的途径》（有斐阁股份有限公司，2006 年 12 月出版）；增渊龙夫《经济史：关于其方法与课题的几个问题》[《一桥论丛》1956 年第 35 (4) 期]；秋元英一《美国经济史研究的现状》[《千叶大学经济研究》2001 年第 16 (1) 期]；大门正克《"生存"的视角与经济史研究的关系》[*Economia*，2013，64 (1)]；金子晋右《21 世纪日本的高度成长战略：关于希望的经济史学考察》[《佐贺大学经济论集》2014 年第 47 (3) 期]。

五　苏联马克思主义经济史学的发展简况

马克思是伟大的经济史学家，恩格斯认为马克思的"全部理论是他毕生研究英国的经济史和经济状况的结果"。[①] 马克思主义者非常重视经济史学的作用。关于马克思主义对社会科学、历史科学和经济史学所起的作用，连马克思主义的反对者、科学哲学史家波普尔也不得不承认：

---

① 《马克思恩格斯文集》第 5 卷，人民出版社，2009，第 35 页。

"马克思对社会科学与历史科学"做出了"不可磨灭的贡献"，马克思的思想"可以说完全扭转了先前历史学家的观念"，他甚至认为"在马克思之前，没有严肃的经济史"。① 恩格斯说："正像达尔文发现有机界的发展规律一样，马克思发现了人类历史的发展规律，即历来为繁芜丛杂的意识形态所掩盖着的一个简单事实：人们首先必须吃、喝、住、穿，然后才能从事政治、科学、艺术、宗教等等；所以，直接的物质的生活资料的生产，从而一个民族或一个时代的一定的经济发展阶段，便构成基础，人们的国家设施、法的观点、艺术以至宗教观念，就是从这个基础上发展起来的，因而，也必须由这个基础来解释，而不是像过去那样做得相反。"②

在马克思主义理论的指导下，苏联经济史学取得了显著的成绩。苏联经济史学提出并坚持如下史观。第一，物质资料的生产方式，促进了生产力和生产关系的统一，决定着历史发展的进程。第二，物质资料生产方式决定社会经济形态，人类历史必然出现原始社会、奴隶制社会、封建制社会、资本主义社会和社会主义社会五种社会经济形态。第三，每一种社会经济形态必然经历诞生、形成、全盛、衰落四个阶段，当一种旧的社会经济形态衰落时，新的社会经济形态就会产生。社会经济形态的更替是生产力与生产关系矛盾运动的结果。当生产关系适应并促进生产力发展时，社会经济形态就是进步的、发展的。当生产关系阻碍生产力发展时，社会经济形态就会走向衰亡。从总体上看，人类社会经济形态的更替过程是一个不断进步的过程。③

苏联从事经济史研究的学者由历史学家和经济学家组成，两者关注的重点有所区别。历史学家关注俄国的封建经济史、俄国的工业化和资本主义起源、19世纪至20世纪初期俄国的农业和工业发展水平。经济学

---

① 〔英〕卡尔·波普尔：《二十世纪的教训：卡尔·波普尔访谈演讲录》，王凌霄译，广西师范大学出版社，2004，第17页。

② 《马克思恩格斯选集》第3卷，人民出版社，2012，第1002页。

③ 〔苏〕鲍里斯·尼古拉耶维奇·米罗诺夫：《现代俄罗斯的史学研究方法（上）》，《史学月刊》2017年第12期，第73页。

家的注意力则集中在俄国垄断联合的形成与演变等方面。苏联的经济史研究在坎坷中向前发展。苏联成立以后，马克思主义、列宁主义成为指导思想。1927 年，普·伊·梁士琴科出版《俄国国民经济史》一书，该书以马克思主义为指导，较为详细地叙述了俄国经济的发展脉络。俄国经济史专家夫·伊·鲍维金认为："这部著作被列为高校教学参考书证明俄国经济史已取得独立的学科地位。"[①] 20 世纪 30 年代到 40 年代中期，苏联的经济史研究停滞不前。1947～1948 年，梁士琴科又先后推出了两卷本《苏联国民经济史》，该书大量引用档案史料，并据此提出了具有创见的观点。梁士琴科的研究推动了苏联国民经济史研究的发展。苏联科学院历史研究所、莫斯科大学历史系苏联史教研室、阿塞拜疆科学院历史研究所、莫斯科国立经济学院国民经济史教研室、莫斯科国立财经学院国民经济史教研室等学术机构会聚了一批研究经济史的学者，成为苏联经济史研究的重镇。20 世纪 50 年代到 20 世纪 60 年代初，苏联经济史学获得较快的发展，出版有《十月革命前俄国经济状况》（1957 年）、《俄国垄断资本主义史文件》（1959 年）、《1883～1914 年俄国石油工业的垄断资本》（1961 年）、《帝国主义时期俄国农业制度特点》（1962 年）、《关于俄国帝国主义特点》（1963 年）。20 世纪 60 年代中期以后，苏联经济史研究出现滑坡。1967 年，全苏高校经济史教师会议召开，"这次会议披露了经济史教学受到削弱的情况，会议大声疾呼要大力加强高校经济史的教学与科研力量，加强对企业活动史、贸易史、银行史的研究，还应加强与世界各国同行的交流，但这些呼吁如石沉大海。经济史学科在慢慢走下坡路"。[②] 1988 年，苏联科学院院士夫·阿·维诺格拉多夫在历史分部的报告中分析了苏联经济史学研究的不足：缺乏综合性著作，选题过细、过小，重复建设。另外，在此必须提及两套具有重大影响的经

[①]　转引自张广翔：《苏联学术界关于苏联经济史研究述要》，《西伯利亚研究》1999 年第 3 期，第 51 页。

[②]　转引自张广翔：《苏联学术界关于苏联经济史研究述要》，《西伯利亚研究》1999 年第 3 期，第 53 页。

济史著作，一是波梁斯基等主编的《苏联国民经济史讲义》（上下册），二是苏联科学院经济研究所主编的七卷本《苏联社会主义经济史》。

第二节　中国经济史学的产生与发展

一　中国的传统经济史学

中国传统经济史学产生于汉代。司马迁写的《史记》中有经济史专篇《平准书》、《货殖列传》和《河渠书》。《平准书》记述了秦至汉代前期财政和货币的历史发展过程，属于财政史和货币史。《货殖列传》记述了春秋晚期到汉武帝时期工商业者的活动，反映了工商业的发展情况，还涉及各个地区经济生活和物产的发展情况。李埏认为："《史记》有《货殖列传》一篇是绝无而仅有的古代商品经济史专著。"① 《河渠书》是一部战国至汉代前期的水利史。

班固修的《汉书》中设《食货志》，"食货"取义于《尚书·洪范》之八政。班固对食货的定义是："食谓农殖嘉谷可食之物，货谓布帛可衣，及金刀龟贝，所以分财布利通有无者也。"② 班固所言的"食"是指农业生产，"货"是指商业、金融。"食货"加在一起就是一国之经济。《汉书》中的《食货志》分上下两篇，上篇写农业生产，内容不仅记叙了农业生产过程，而且写了土地制度、商鞅变法、生产技术（如赵括的代田法）。下篇记叙货币和财政。"《食货志》这部书，把社会经济作为一个总体，描述了它的发展过程的最初形态。"③ 它是国民经济史的雏形，因而成为中国传统经济史学的典范。自《汉书》以后，历代所修之正史中，有 13 部设《食货志》。它们所用之资料主要来源于国家档案，对经济事件的记载清晰，也比较可信。唐代以后，出现记载历代典章制度演变的

---

① 李埏：《〈史记·货殖列传〉时代略论》，《思想战线》1999 年第 2 期，第 71 页。
② （汉）班固撰、颜师古注：《汉书》第 24 卷上，中华书局，1962，第 1117 页。
③ 赵德馨：《经济史学概论文稿》，经济科学出版社，2009，第 61 页。

政书，如《通典》《通志》《文献通考》等"十通"，专门设置了"食货典"、"食货考"或"食货门"。它们所收录的资料不限于正史中的《食货志》，资料分类也更为细致，较为全面地记载了自上古至清末时期典章制度的沿革和财政经济方面的重大事件。总括起来，中国传统经济史学的发展脉络是：它产生于西汉，标志是《史记》中的《平准书》、《货殖列传》和《河渠书》；东汉《汉书》中的《食货志》标志着传统经济史学范式的正式确立，"食货之学"成为中国传统经济史学的代名词，"食货之学"开启了国民经济史的先河；唐代以后所修的"十通"，分门别类记述历代土地、田赋、度支等财政经济状况，中国传统经济史学走向专门化。

中国经济史学的现代形态起源于 20 世纪初期的"新史学革命"。1904 年，"新史学"的倡导者梁启超完成《中国国债史》一书，对后来的中国经济史研究产生了显著的影响，因此，梁启超的《中国国债史》标志着现代中国经济史学的产生。下面分时段缕析现代中国经济史学的产生与发展过程。

二 民国时期的中国经济史学

20 世纪二三十年代的中国社会史大论战，讨论的主题大都涉及经济史问题，如战国到鸦片战争前的中国是什么性质的社会，中国历史上是否出现过亚细亚生产方式，中国是否存在奴隶社会，等等。这些问题的讨论，直接推动了现代中国经济史学的形成。可以从以下五个方面来考察民国时期中国经济史学的形成与发展。

第一，涌现了一大批经济史学家。代表性人物有汤象龙、梁方仲、全汉昇、罗章龙、杨联陞、钱穆、夏鼐、武仙卿、罗尔纲、谷霁光、朱庆永、傅衣凌、孙毓棠、刘隽、罗玉东、张荫麟、杨绍震、吴铎、鞠清远、何兹全、连士升、沈巨尘、贾钟尧、陶希圣、傅筑夫、严中平等。

第二，创办了经济史学研究的专业期刊。1932 年，中央研究院社会科学研究所创办《中国近代经济史研究集刊》（后更名为《中国社会经济史研究集刊》），这是中国第一份经济史学术刊物，也是第一份以"经济史"为名的学术刊物，创刊时间比美国经济史学会的 *Journal of History*（1941 年 5 月创刊）要早 9 年。1934 年，北京大学法学院创办《食货》半月刊，发行量最高达 4000 多份，在日本也有发行，这本杂志被誉为"最著名的社会经济史杂志"。[①]

第三，涌现了一些研究经济史的学术团体与研究机构。主要有以《中国近代经济史研究集刊》为主阵地的"史学研究会"、以《食货》杂志为中心的"食货学会"、中央研究院社会科学研究所经济史研究组、北京大学法学院中国经济史研究室、中山大学法学院的中国经济史研究室。

第四，产生了一批颇具学术分量的经济史著作。代表作有马哲民的《经济史　社会经济概论》，刘伯刚的《经济史概要》，黄通的《经济史概论》，马乘风的《中国经济史》，罗章龙（罗仲言）的《中国国民经济史》《经济史学原论》，严中平的《中国棉纺织史稿》，北京大学法学院中国经济史研究室集体撰写的《西汉经济史》《唐代经济史》《魏晋南北朝经济史》《唐代经济史料丛编》，王渔（即王亚南）的《古中国社会经济史纲》。

第五，在一些著名大学开设了经济史课程，如上述的北京大学法学院、中山大学法学院、湖南大学经济系、西北大学经济系。少数大学本科设有经济史学专业，培养经济史学专业研究生。

民国时期的经济史研究的主要特征是：继承并发扬了中国传统经济史学注重史料搜集与考据的优良传统，又注意引入新的社会科学方法与理论。《中国近代经济史研究集刊》发刊时提出："我们认为整理经济史最应注意的事有两点：一是方法，二是资料。关于前者，我们以为一切经济史的叙述必须根据事实，不可凭空臆度，所采用的方法应与研究其

---

① 向燕南、尹静：《中国社会经济史研究的拓荒与奠基：陶希圣创办〈食货〉的史学意义》，《北京师范大学学报》2005 年第 3 期，第 91 页。

他的严格的科学无异。关于后者我们认为最可宝贵的要为原始的资料，尤其是量的资料，有了这种资料才可以将经济的真实意义表达出来。"①作为中国第一种经济史专业期刊的《中国近代经济史研究集刊》，在经济史学界具有标杆作用，它所申明的学术立场是民国经济史学界的一种心声。民国经济史学家注重史料的考据与运用，傅斯年的见解颇具代表性："近代的历史学只是史料学，利用自然科学供给我们的一切工具，整理一切可逢着的史料。"② 同时，也有部分经济史学家如梁方仲、汤象龙等人，运用现代经济学和统计学理论与方法研究中国经济史。

三　改革开放前的中国经济史学

1949 年以后，中国社会发生了翻天覆地的变化。与此相适应，包括经济史学界在内的学术界也发生了根本性的转变。这种转变首先体现在确立了马克思主义的指导地位。1949 年以后，中国经济史学家自觉地学习马克思主义并以马克思主义指导自己的研究工作，成绩斐然。特别是与"五朵金花"相关的经济史命题，如中国古代生产关系史、农村社会经济史、交换史等领域的研究非常深入。

1949 年以后，一批马克思主义经济史学论著相继问世，具有代表性的有：郭沫若的《奴隶制时代》，李亚农的《中国的奴隶制与封建制》，王仲荦的《关于中国奴隶社会的瓦解及封建关系的形成问题》，贺昌群的《汉唐间封建土地所有制形式研究》，尚钺的《中国奴隶制经济形态的片断探讨·序言》、《明清社会经济形态的研究·序言》和《中国封建经济关系的若干问题·序言》，杨宽的《古史新探》和《战国史》，唐长孺的《三至六世纪江南大土地所有制的发展》，韩国磐的《隋唐的均田制度》，梁方仲的《明代粮长制度》，傅衣凌的《明清时代商人及商业资本　明代

---

① 陶孟和等主编《中国近代经济史研究集刊》第一册，国家图书馆出版社，2008，第 95 页。
② 傅斯年：《历史语言所工作之旨趣》，《国立中央研究院历史语言研究所集刊》1928 年第 1 期，转引自李伯重：《回顾与展望：中国社会经济史学百年沧桑》，《文史哲》2008 年第 1 期，第 12 页。

江南市民经济试探》和《明清农村社会经济》等。毛泽东很重视中国资本主义发展史的研究。1960 年，周恩来按照毛泽东的指示组织了一个以许涤新、吴承明为首的专家组，着手研究中国资本主义发展史，这项研究工作因"文革"而中断，但在改革开放以后取得了突破性的进展。

史料是经济史学研究的基础。1949 年以后，政府组织出版了一批经济史研究资料。1953 年，中国历史问题研究委员会成立，委托严中平负责编辑出版"中国近代经济史参考资料丛刊"。至 1966 年"文化大革命"发生之前，已出版多部近代经济史资料汇编，包括严中平等编的《中国近代经济史统计资料选辑》、孙毓棠和汪敬虞编的《中国近代工业史资料》2 辑、李文治等编的《中国近代农业史资料》3 辑、彭泽益编的《中国近代手工业史资料》四卷和辑自海关的第一手资料《帝国主义与中国海关》15 编、陈真等编的《中国近代工业史资料》5 辑。

1949 年以后，党和政府非常重视经济史学专业人才培养，中国人民大学于 1953 年设立经济史学专业研究生班，培养经济史教学与研究人才。在高等学校的本科教学中，中国近代经济史课程受到极大的重视，财经类专业把中国近代经济史课程列为必修课。为满足教学的需要，中国经济史学者积极编撰教材，有些教材在国内外产生了广泛的影响。如赵德馨主持编写的《中国近代国民经济史讲义》在 1958 年出版以后，被译为英、日多种文字，不但被美国、日本的多所大学图书馆收藏，在日本的一些大学还作为学习或研究中国近代经济与历史的本科生、研究生的教材，在美国等国家的一些大学被列为研究中国问题的参考文献。

这个时期的中国经济史学存在以下问题。第一，一些人的研究服从于政治需要，学术政治化。为达到此目的，在研究方法论上过分强调"以论带史"，后来甚至演变成为"以论代史"，大大削弱了经济史学的科学性。第二，孤立封闭。中国经济史学的交流对象局限于苏联和东欧社会主义国家，与欧美国家的学术交流几乎中断。彼时，西方经济史学发生了翻天覆地的变化，如美国掀起了"新经济史革命"，法国年鉴学派进入了以布罗代尔整体观史学为特征的第二代，社会经济史在英国回归，等等。中国经济史学界对这些变化不甚了解。中国学者撰写的经济史著作只有少数被欧美、日本学者翻译，从发达国家引进的经济史论著也不多。

四　改革开放以来的中国经济史学

党的十一届三中全会以后，中国学术迎来了百花齐放的春天，中国经济史学也进入了机遇空前的大好发展时期。40 多年中的中国经济史学发展成就主要体现在以下七个方面。

第一，经济史学研究队伍不断壮大。改革开放以后，一些高等学校和科研院所重视经济史学科的教学与研究，经过 40 多年的积淀，国内的经济史学研究已经形成了经济学经济史、历史学经济史、综合经济史三大学派鼎立的多元发展格局。① 每一个学派又形成了若干研究重镇。中国社会科学院经济研究所、南开大学经济研究所、中南财经政法大学经济史研究中心、上海财经大学经济史学系、北京大学经济史学系、中央财经大学经济史学系、上海社会科学院经济研究所、复旦大学经济思想及经济史研究所、广东外语外贸大学计量经济史研究中心、山西大学晋商学研究所、河南大学经济史研究所的经济史研究团队在选题、方法论、研究范式等方面偏向于经济学，可视为经济学经济史的研究中心。厦门大学历史系、华中师范大学历史文化学院、武汉大学历史学院、云南大学中国经济史研究所、河北大学历史学院、中山大学历史系的经济史研究团队，在选题、方法论、研究范式等方面偏重历史学和社会学，可视为历史学经济史研究的重镇。清华大学历史学系、复旦大学历史系、辽

---

① 对于中国经济史学的学派划分，因标准不同，划分亦不同，如吴承明认为，中国经济史学界存在三大学派，一派偏重从历史本身来探讨经济的发展，重视典章制度的演变；一派偏重从经济理论来阐释经济的发展，有的力求做出计量分析；一派兼顾社会和文化思想变迁，可称之为社会经济史学派。载《吴承明集》，中国社会科学出版社，2002，第 348 页。刘兰兮认为中国经济史学逐渐形成了三个主要的学派，即原先的社会经济史学派、新兴的社会史学派和经济史学派，李伯重亦持此观点。见李伯重：《回顾与展望：中国社会经济史学百年沧桑》，《文史哲》2008 年第 1 期，第 18 页。

宁大学历史学院、江西财经大学经济学院、贵州财经大学经济学院的经济史研究，在选题、方法论和范式等方面兼采经济学和历史学，可视为综合经济史的研究重镇。

第二，经济史学研究成果发表平台不断增加。1982 年，厦门大学创办了国内第一家经济史学专业学术期刊《中国社会经济史研究》。1986年，中国社会科学院经济研究所主办的《中国经济史研究》创刊。

《农业考古》《中国农史》《农史研究》《海洋史研究》《中国经济与社会史评论》《中国经济史论丛》（现改为《中国经济史评论》）等专刊、集刊已有多种。一些综合性刊物，如《清华大学学报》《河北大学学报》《安徽师范大学学报》《中南财经政法大学学报》《江汉论坛》《财经研究》，或开设定期、不定期的经济史研究专栏，或较多发表经济史文章，为经济史论文的发表提供了阵地。

第三，经济史学工作者组织了专业的学术团体。1986 年，全国性的中国经济史学会成立，下设中国古代经济史、中国近代经济史、中国现代经济史和外国经济史四个专业委员会。部分省、市成立了地区性的经济史学学会，这些学会定期学办学术会议。中国经济史学界主动汇入世界经济史学发展的潮流之中。2002 年，中国经济史学会加入了国际经济史学会。2006 年，清华大学李伯重教授当选国际经济史学会执行委员会委员。2012 年，华中师范大学马敏教授当选国际经济史学会执行委员会委员。

第四，资料整理的成绩斐然。经济史学是一门实证研究学科。史料是实证研究的基础。经济史学的活力在于不断地发现、整理、出版新的史料。改革开放以来，经济史料的整理与出版取得了重大进展。大批经济史文献、档案、资料得以整理出版。中国近现代经济史研究一直是中国经济史学的研究重点。相应地，中国近现代经济史料的出版成就更加突出。在近代经济史领域，金融、财政、农业、工业、贸易、商业都出版有史料汇编。金融领域的史料既有综合性的史料，如由中国第二历史档案馆等单位合编的《中华民国金融法规档案资料选编》，由中国人民银行总行参事室编的《中华民国货币史资料》；又有单个金融机构的专门史料，如洪葭管主编的《中央银行史料》（上下），重庆市档案馆等编的《四联总处史料》（上中下）和中国第二历史档案馆编的《四联总处会议录》（第 1～64 册），中国银行总行编的《中国银行行史资料汇编（1912～1949）》，交通银行总行编的《交通银行史料》，中国人民银行金融研究所编的《中华民国史资料丛稿——中国农民银行》，中国人民银行上海分行金融研究所编的《金城银行史料》和《上海商业储蓄银行史料》，等等。近代中国的商会得到了较为充分的发展，商会史资料整理成绩斐然。华中师范大学近代史研究所与苏州市档案馆合作整理出版了《苏州商会档案丛编（1905～1956）》，约 600 万字；天津社会科学院和天津市档案馆合编的《天津商会档案汇编（1903～1905）》共 5 辑 10 册，约 1000 万字；上海市工商联与复旦大学历史系合编的《上海总商会组织史资料汇编》（上下）约 110 万字。近代中国产生了一批著名企业和企业家，改革开放以后，随着中国企业家阶层的崛起，人们日益关注近代中国企业的发展问题，整理出版了大批企业史料，如荣氏企业史料、刘鸿生企业史料、永久黄企业集团（范旭东在天津创办的永利化学工业公司、久大精盐公司、黄海化学工业研究社的合称）史料、吴蕴初企业史料、裕大华纺织资本集团史料、汉冶萍公司史料等。近代中国财政的一大特征是财权外移、外债负担沉重，外债史的资料整理受到学术界的重视，出版有中国第二历史档案馆等编的《民国外债档案史料》共 12 卷。革命根据地财政经济史料的整理与出版受到了政府和学术界的高度重视，中央苏区、湘鄂赣、陕甘宁等根据地财政经济史料几乎已经出齐，主要有柯华主编的《中央苏区财政金融史料选编》、刘仁荣主编的《湘鄂赣革命根据地财政经济史料摘编》（上中下）、中国财政科学研究院编的《抗日战争时期陕甘宁边区财政经济史料摘编》（10 册）、江苏省财政厅等编的《华中抗日根据地财政经济史料选编》（3 卷）、刘欣主编的《晋绥边区财政经济史资料选编》、杜中主编的《川陕革命根据地财政经济史料选编》。太平天国财政经济史料的整理有序推进，赵德馨编有《太平天国财政经济资料汇编》

（资料长编），约 200 万字。

第五，经济史学研究领域不断拓展，研究成果数量不断增多，质量不断提升。改革开放以前，生产关系和经济制度构成经济史学的主要研究对象。经济史学研究也就因此而局限在这个领域。改革开放以后，经济史学研究领域扩大到生产、流通、分配、消费各个领域。同时，部门经济史、地方经济史、专题经济史、民族经济史的研究也渐次展开。吴承明提出经济史研究要坚持"史无定法"的原则，只要方法适用于经济史研究，什么方法都可以尝试。在这种思路的指引下，经济史学研究广泛地应用新的理论和方法。改革开放以来，中国经济史学研究成果的数量不断增多，涉及经济史的各个领域，以《中国经济史研究》为例，1986～2015 年共出版 122 期，发表论文和其他文章约 2395 篇，其中，农业 332 篇，工业 237 篇，商贸 302 篇，金融、财政 24 篇，交通、水利 73 篇，区域经济 46 篇，人口、人物 95 篇，理论 318 篇，思想史 111 篇，书评 164 篇，学术动态 291 篇，博士论文介绍 62 篇，其他 300 余篇。这些文章中，古代经济史 681 篇，近代经济史 544 篇，现代经济史 273 篇，通史 443 篇，外国经济史 17 篇，其他 437 篇，研究主题广泛。① 一大批颇具分量的学术著作出版，这些著作既有经济通史，也有断代经济史和专题经济史。

中华人民共和国成立 60 周年时，中国社会科学院徐建青研究员对中国近代经济史学的研究成果做了一次系统的总结，其中有一段概括性的话："自 1978 年至今 30 年内发表的经济史论著的数量，远远超过 20 世纪前 80 年有关论著的总和。学术成果中有 3 部著作最为引人瞩目：许涤新、吴承明先后主编的《中国资本主义发展史》三卷本，赵德馨主编的《中国经济通史》十卷本，严中平、汪敬虞、吴太昌和刘克祥先后主编的《中国近代经济史》三卷本。这 3 部巨制都是从上世纪 50 年代开始着手，

---

① 魏明孔、高超群、王小嘉主编《经济史研究之跨世纪历程》，社会科学文献出版社，2016，第 1 页。

以大量的专题研究为通史基础，代表了本学科总体研究的前沿水平。"①

中华人民共和国成立 60 周年时，武汉大学陈锋又做了一次总结，其中有一段概括性的话："经济史研究的辉煌，有两个重要标志。首先是中国经济通史及断代经济史的研究出现标志性成果。傅筑夫以 70 岁高龄完成了 5 卷本的《中国封建社会经济史》。其后，有孙健独自完成的 3 卷本《中国经济通史》，有田昌五、漆侠主编的 4 卷本《中国封建社会经济史》，宁可主编的 5 卷本《中国经济发展史》，周自强、林甘泉、高敏、宁可、漆侠、陈高华、刘重日、方行等任分卷主编的 9 卷本《中国古代经济史》，赵德馨主编的 10 卷本《中国经济通史》。这些多卷本经济通史各有特点，总体上达到了较高的学术水平。其中，赵德馨主编的《中国经济通史》，由 30 余位断代经济史名家共同撰写，该书下限至 1991 年，是研究时段最长、篇幅最大的集成之作。在断代经济史中，高敏的《魏晋南北朝经济史》，漆侠的《宋代经济史》，葛金芳的《宋辽夏金经济研析》，漆侠、乔幼梅的《辽夏金经济史》，严中平、汪敬虞、刘克祥等主编的《中国近代经济史》，赵德馨主编的《中华人民共和国经济史（1949~1991）》，董志凯、武力主编的《中华人民共和国经济史（1953~1957）》，属上乘之作。"② 其次是专题性经济通史著作层出不穷。

可以对这些总结做点补充的是，这些论著在国外得到有关学者的重视与好评。这类论著为数很多，不胜枚举。仅以上述总结性文章中提到的书为例。许涤新、吴承明主编的《中国资本主义发展史》等图书被译成英文。诺贝尔经济学奖获得者科斯和他的助手王宁教授，在研究中国经济过程中，广泛地搜集世界范围内的既有成果。他们对这些论著做了如下的介绍和评价。关于毛泽东时代经济的史实资料，参见孙健的《中华人民共和国经济史（1949~90 年代初）》，武力的《中华人民共和国经

---

① 见声（徐建青）：《建国 60 年来中国近代经济史学科与研究》，《中国经济史研究》2009 年第 4 期，第 160 页。

② 陈锋：《与时代同行——中国经济史研究 70 年》，《光明日报》2019 年 11 月 18 日，第 14 版。

济史》，苏少之、赵德馨的《中国经济通史（第 10 卷上册）》及胡鞍钢的《中国政治经济史论》。最为综合全面的资料可参见赵德馨（1988～1999）主编的五部系列著作。[①]

　　中国古代经济史仍然是研究重点。国内一些著名大学在中国古代经济史领域各有侧重，如云南大学中国经济史研究所对唐代富民社会的研究，河北大学宋史研究中心对宋代经济史的研究，中山大学和厦门大学对明清经济史的研究，积淀深厚，成绩突出。中国近代经济史一直是改革开放以来学者的研究重点，出版了若干具有很高学术价值的学术著作。特别需要提及的是，中华人民共和国经济史在改革开放以后从无到有、从弱到强，产生了一批引起国际国内广泛关注的研究成果。上文提到的几本通史性著作各有特色，均为上乘之作。中华人民共和国部门经济史研究也取得了突出的成绩。工业经济史方面有汪海波的《新中国工业经济史》和庄启东等《新中国工资史稿》，财政史方面有左春台等的《中国社会主义财政简史》和赵梦涵的《中华人民共和国财政税收史论纲（1949～1991）》，商业经济史方面有商业经济研究所编著的《新中国商业史稿》，金融方面有曹尔玠等的《新中国投资史纲》和夏泰生等的《中国投资简史》，农业经济方面有宫成喜的《中国财政支援农业简史》和财政部编的《中国农民负担史》，价格史方面有叶善蓬的《新中国价格简史》和李子超的《当代中国价格简史》，合作经济史方面有迟孝先的《中国供销合作社史》和路建祥的《新中国信用合作发展简史》，以及陈俭的《中国农村信用社研究（1951～2010）》，市场经济史方面有董志凯的《跻身国际市场的艰辛起步》，劳动经济史方面有袁伦渠《新中国劳动经济史》和宋士云的《新中国社会保障制度结构与变迁》，等等。

　　第六，部分经济史学者从中国经济史的研究中提炼出了一些颇具创见的理论，并用以说明中国社会经济变化的特征、解释中国经济运行的

---

① 〔英〕罗纳德·哈里·科斯、王宁：《变革中国：市场经济的中国之路》，徐尧等译，中信出版社，2013，第 11 页。

规律。有代表性的有：吴承明的市场史理论，汪敬虞的资本主义发展与不发展理论，方行的"中农化"理论，李伯重的"江南发展模式"，等等。赵德馨也在这方面做过很多尝试，如提出中国经济发展阶段"六主经济"论、经济现代化两个层次理论、中华人民共和国经济发展"之"字形道路论、经济机制互补论。这些理论或模式的提出，标志着中国经济史学的研究水平由实证分析上升到了理论抽象的层次，为构建中国特色经济史学理论奠定了初步基础。

第七，经济史学科理论研究逐渐深入。经济史学界对经济史学科理论的研究非常薄弱，以至出现学科结构不明、学科功能不清、学术术语混用、研究方法模糊等问题。这些问题一方面影响了经济史学科的发展，如有的学者只注重发挥经济史学的求真功能，不注重经济史学的求解和求用功能，使经济史学陷入缺乏深度和脱离实际的困境之中；另一方面，不利于对经济史学者的学术贡献做出公允的评价，例如梁方仲先生，其研究成就并非局限于社会经济史领域，有的学者由于把社会经济史等同于经济史，因而认为梁先生只是中国社会经济史学的奠基人之一，这种评价低估了梁先生的成就。"从梁先生对中国经济史的贡献和历史地位来看，他首先是中国经济史学科的奠基人之一、著名的经济史学家，而后才是著名的中国社会经济史学家、中国社会经济史的奠基人之一。"[1] 1949 年以后，严中平、吴承明、陈振汉、赵德馨、李运元、孙健、李伯重、陈争平、叶坦、魏明孔、孙圣民、易棉阳、关永强等学者对经济史学科理论进行探究，内容涉及经济史学的产生与发展，研究对象、经济史学与相关学科的关系等主题，取得了初步成绩。

纵观近代以来中国经济史学的百年发展历程，我们发现，每一个历史时期的中国经济史学都具有各自的特色：1949 年以前的中国经济史学兼采中西经济史学之优长，确立了现代中国经济史学；中华人民共和国

---

[1]　赵德馨：《学科与学派：中国经济史学的两种分类——从梁方仲的学术地位说起》，《中国社会经济史研究》2009 年第 3 期，第 1 页。

成立到改革开放前，以马克思主义为指导，形成了马克思主义经济史学；改革开放以后，在坚持马克思主义指导地位的同时，兼采各家，形成了以马克思主义经济史学为主体的多元化经济史学发展格局。每个时代的特色都是经济史学家们筚路蓝缕的结果，都是中国经济史学的宝贵财富，因此，绝不能轻率地否定其中的任何一个。新时代中国经济史学的发展，更要注意发掘中国经济史学的宝贵传统。①

结　语

人类社会是先有经济史，而后才有经济史学。中国古代史籍中的《平准书》《食货志》《食货典》《食货考》《食货门》，就是经济史典籍，可看作中国的传统经济史。中国传统经济史，大都停留在对经济历史的记叙层面，没有深刻的理论分析，各篇之间没有学理上的逻辑联系。在中国古代的学术门类中，中国传统经济史学属于史学门。20 世纪初，它与从外国引进的、从经济学中分化出来的现代经济史学相融合，形成了中国现代经济史学。100 多年来，现代经济史学大体经历三个发展阶段。第一阶段，1949 年以前主要表现为实证经济史学。第二阶段，20 世纪 50 年代到 70 年代的马克思主义经济史学。第三阶段，改革开放以后，以马克思主义经济史学为主体的多元化经济史学发展格局。② 每个阶段的特色都是不同时期经济史学家们筚路蓝缕、艰辛探索的结果，都是中国经济史学的宝贵财富。在新的历史时期，必须深入挖掘中国经济史学的优秀传统，构建中国特色经济史学。

作为独立学科的经济史学，最早产生于英国。19 世纪后期，经济学家努力使经济学成为一门独立的学科。在此过程中，经济学界内部出现

---

① 李伯重：《回顾与展望：中国社会经济史学百年沧桑》，《文史哲》2008 年第 1 期，第 20 页。
② 李伯重：《理论、方法、发展趋势：中国经济史研究新探》，浙江大学出版社，2013，第 234 页。

了分歧，新古典经济学家要求把经济学独立成为演绎经济学，历史经济学家希望经济学独立成为历史经济学。1903 年，经济学在剑桥大学率先成为独立学科，不过，独立之后的经济学是演绎经济学。在此背景下，历史经济学另辟蹊径，把历史经济学发展成为经济史学。1895 年，伦敦政治经济学院建立经济史学教育体系。1926 年，英国经济史学会成立。经济史学在英国成为独立学科。经济史学源于历史经济学，所以，经济史是从经济学中分立出来的。独立以后的经济史学科，在经济学界，受到古典经济学的排挤，但受到历史学界的欢迎。二战以后，美国成为世界经济史学的研究中心。受计量经济学的影响，美国部分经济史学家运用经济学理论和计量分析方法研究经济史，形成了新经济史学派。新经济史学使经济史学重回经济学传统。作为经济史学发源地的英国，其经济史学科在 20 世纪 80 年代以后逐步与社会学结合起来，经济史学科演变成为经济—社会史学，莱斯特大学、布里斯托大学、爱丁堡大学等大学建立经济社会史系，培养经济史专门人才。

第三章　经济史学的研究对象

有没有明确的研究对象，是一门学科能不能独立存在的先决条件。经济史学之所以成为一门独立学科，在于它有自己特有的研究对象。经济史学的研究对象到底是什么？这个问题随着经济史学科的发展而不断变得清晰。本章回顾了国内外经济史学界对经济史学研究对象认识的变化过程，然后提出我们对经济史学研究对象的理解。

第一节　国内外学者关于经济史学研究对象的论述

一　国内学者关于经济史学研究对象的论述

从 20 世纪 50 年代起，中国经济史学界开始深入思考经济史学研究对象问题，并就此问题展开过两次讨论。第一次讨论发生于 1957～1961 年。第二次讨论发生在改革开放之初。两次讨论形成了三种观点：生产关系说、生产方式说、社会经济的结构形态或全部社会经济总和说。

（一）生产关系说

严中平、傅筑夫、孙健等皆持此说。孙健有专文论述。孙健认为，经济史就是国民经济史。国民经济史的研究对象"就是一个国家的生产关系"，具体而言就是"从历史上考察一个国家生产关系的发展，阐明这个国家在各个不同的历史时期中生产关系演变的规律性"。[①] 按照马克思

---

① 孙健：《国民经济史的对象、方法和任务》，《经济研究》1957 年第 2 期，第 2 页。

主义经济学的解释，生产关系就是人们在生产过程中形成的相互关系，它主要包括生产资料的所有制形式、人们在生产过程中的地位及相互关系、产品的分配方式等内容。国民经济史就是研究一个国家在不同历史时期的生产资料所有制形式、人们在当时生产中的地位及相互关系、当时的产品分配方式，以及一个国家所有制的历史演变规律、人们在生产中形成的相互关系的变迁规律、产品分配形式的演变规律。马克思主义经济学认为生产力与生产关系密不可分，一方面，生产力决定生产关系，当生产力发生变化时，生产关系也必然会发生相应的变化，这就是生产关系一定要适应生产力发展的普遍规律；另一方面，生产关系对生产力具有反作用。既然生产关系与生产力密不可分，那么国民经济史研究怎样对待生产力呢？孙健认为，国民经济史研究在研究生产关系时要充分注意到生产力的发展，要从生产关系和生产力的相互作用中去把握生产关系，但生产力不应成为国民经济史的研究对象，他列举了三条理由。

第一，生产力属于生产技术层面的东西，生产技术是自然科学和技术科学的研究对象，不是国民经济史的研究对象。例如，农耕技术的演变属于农业科学的研究范畴，冶铁技术的变化属于冶金科学的研究对象，纺织技术的发展属于纺织科学的研究对象。如果把生产力列为国民经济史的研究对象，就会混淆国民经济史和科学技术史的学科界限。

第二，研究生产力是为了说明生产关系，例如，研究铁器绝不是为了搞清楚铁器的铸造过程和化学成分，而是通过铁器来窥视生产关系的发展和演变，"国民经济史考察生产力既然是为了说明生产关系的演变，而不是为了说明生产力本身，所以就不应该把生产力也列入国民经济史的对象之中"。[①]

第三，国民经济史是带有阶级性的科学，生产关系具有阶级性，而生产力则没有阶级性，所以，生产力不应成为国民经济史的研究对象。

[①]　孙健：《国民经济史的对象、方法和任务》，《经济研究》1957 年第 2 期，第 2 页。

（二）生产方式说

此说的内涵是，经济史学既研究生产力也研究生产关系，对此李运元有专文论述。他批评了孙健关于生产力不应成为国民经济史研究对象的观点。

第一，生产力和生产技术有密切联系，但又有各自的独立内涵。生产力是物质资料生产过程中形成的人与自然的关系，又称为社会生产力，它是由劳动者、劳动资料、劳动对象以及其他一切物质技术要素所构成的一个复杂系统。劳动者是体力劳动者和脑力劳动者的总和，是生产力中最活跃的要素。劳动资料就是劳动手段，生产工具和生产技术是劳动手段的主要内容。劳动对象就是生产过程中被加工的东西。从生产力的构成要素来看，生产技术只是生产力的一个组成部分，所以，"把生产力列入国民经济史的对象，并不会使国民经济史和其他一些技术科学研究的领域混淆不清"。[1]

第二，国民经济史学科的任务是解释一国国民经济的发展过程和特征，这就决定了国民经济史必须研究生产力，而且研究生产力的目的不是说明生产关系的变化，而是论证生产的变化和整个国民经济的变化。如果不将一国生产力的变化研究清楚，就不可能说明一国国民经济的演变，更不可能概括出一国国民经济的特点。所以，国民经济史把生产力列为研究对象，不仅仅是因为生产力与生产关系之间的关系密切，主要是因为论证生产关系的演变必须研究生产力。[2]

第三，生产力中的生产技术没有阶级性，但生产力中的劳动者却具有阶级性。既然如此，生产力就可以成为国民经济史的研究对象。

李运元认为，国民经济史具有历史科学的性质，确定国民经济史的研究对象须从历史发展过程出发，决定人类社会发展的根本动力是包括生产力与生产关系二者的生产方式，统一的历史过程首先是生产力与生产关系

---

① 李运元：《试论国民经济史的研究对象：兼评孙健同志对这个问题的看法》，《经济研究》1957 年第 6 期，第 106 页。

② 李运元：《试论国民经济史的研究对象：兼评孙健同志对这个问题的看法》，《经济研究》1957 年第 6 期，第 108 页。

发展的过程，国民经济史作为历史科学，所要考察的就是生产力与生产关系方面的现象，所以，"国民经济史的研究对象，是一定国家在一定历史时期的生产力与生产关系"。[1] 国民经济史还具有经济科学的性质，它可以被看作国民经济的历史。什么是国民经济呢？国民经济是"一个国家的生产、流通、分配和消费的总体，包括各经济部门及社会再生产在内的各种经济活动的总称"。[2] 根据这个定义，国民经济史所要研究的就是一个国家的生产、流通、分配、消费的演变过程和特点。虽然国民经济由生产、流通、分配和消费组成，但生产毫无疑问起决定性作用，"一定的生产决定一定的消费、分配、交换和这些不同要素相互间的一定关系"。[3] 既然生产在国民经济体系中居于决定性地位，生产（包括生产关系和生产力）就构成了国民经济史的研究对象。"国民经济史是一门历史——经济科学，它按照年代顺序，通过具体史实，在着重分析生产关系的条件下，研究一定国家在一定历史时期包括生产力与生产关系的生产发展的规律，从而揭示出这一国家国民经济发展的具体形式与特点。"[4] 国民经济史的研究对象既包括生产力又包括生产关系，但生产关系是主要的。

刘天怡认为国民经济史只研究生产关系或者只研究生产力的观点都是不正确的，因为偏重一面而忽视另一面都不能准确地解释人类社会的发展全貌。例如，只研究生产关系就看不到生产力是怎样推动生产关系变更的，只研究生产力就看不到生产关系是怎么适应生产力的。刘天怡根据斯大林的论断，即"社会发展史首先是生产的发展史，是各种生产方式在许多世纪过程中依次更迭的历史，是生产力和人们生产关系的发展史"，[5] 对国民经济史的研究对象做了如下规定："外国经济史是在历

---

[1] 李运元：《试论国民经济史的研究对象：兼评孙健同志对这个问题的看法》，《经济研究》1957年第6期，第102页。

[2] 《财经大辞典》第2版编委会编《财经大辞典》，中国财政经济出版社，2013，第149页。

[3] 《马克思恩格斯选集》第2卷，人民出版社，1995，第17页。

[4] 李运元：《试论国民经济史的研究对象：兼评孙健同志对这个问题的看法》，《经济研究》1957年第6期，第104页。

[5] 《斯大林选集》（下），人民出版社，1979，第443页。

唯物主义指导下的一门关于外国济（经）济发展的历史学科。它通过具体史实，研究每一外国的人民从古到今发展生产的斗争过程，其生产方式依次更替的过程，生产力和生产关系辩证发展的过程，从而揭示阐明这个国家的经济发展规律和特点。"①

吴承明不赞同孙健关于经济史只研究生产关系不研究生产力的观点。他认为经济史就是一部生产力发展与不发展的历史，不研究生产力，经济史就会演变成为抽象的历史，变成社会发展史，改革开放以前的经济史研究存在的一个大问题就是过分注重生产关系，忽视生产效率。② "经济史既要研究生产关系，又要研究生产力。生产关系一定要适合生产力的性质。反映这两者的适合或不适合，就是经济史的全部内容。"③ 吴承明的理念体现在《中国资本主义发展史》中，这套书通过多方搜集资料，采取包括计量分析在内的方法，对中国资本主义生产力的发展水平进行探究。注重生产力的研究，使这套书新意迭出，如发现明清以后资本主义生产力的发展对生产关系变革起了一定的积极作用。

（三）社会经济的结构形态或全部社会经济总和说

傅筑夫认为，经济史研究的对象"是社会经济的结构形态及其发展变化的运动规律"。④ "经济史是运用历史唯物主义观点和方法，用历史资料来研究各个时期的社会经济运行规律的一门经济科学。"⑤ "外国国民经济史是一门社会科学。它是通过各个国家不同历史时期经济发展的具体史实，来研究人类经济生活与社会经济发展的规律，来研究生产力与生产关系辩证发展的规律，亦即研究人类历史上各种生产方式的变革规律

---

① 作者在文章中特意说明，文章所提到的"外国经济史""外国国民经济史""国民经济史"等，名目众多，说的都是一回事，即每一外国或每个国家的经济发展史。刘天怡：《外国经济史的研究对象和体系结构问题》，《兰州大学学报》1979 年第 2 期，第 60 页。

② 吴承明：《关于研究中国近代经济史的意见》，《晋阳学刊》1982 年第 1 期，第 59 页。

③ 许涤新、吴承明主编《中国资本主义发展史》第一卷，人民出版社，2003，第 15 页。

④ 傅筑夫：《进一步加强经济史研究》，《天津社会科学》1982 年第 6 期，第 42 页。

⑤ 傅筑夫：《进一步加强经济史研究》，《天津社会科学》1982 年第 6 期，第 41 页。

在不同国家中发生作用的具体形式和具体特点。"① 经君健认为，经济史"所研究的是社会经济的结构形态及其发展变化的运动规律"，与傅筑夫的提法一致。赵德馨、魏永理、陈自芳是傅筑夫的学生，他们的观点受傅筑夫的影响，但对"社会经济的结构形态"的解释有所不同。赵德馨于 1960 年提出国民经济史的研究对象是"社会经济整体的发展过程，是生产力和生产关系的矛盾和统一的发展过程"。② 20 世纪 80 年代，赵德馨在研究中华人民共和国经济史时再次对经济史的研究对象进行了界定："经济史的研究对象是国民经济整体的发展过程，生产力与生产关系的矛盾与统一的过程。"③ 20 世纪 90 年代，赵德馨联合国内 21 位教授撰写 10 卷本《中国经济通史》。在撰稿人会议上，赵德馨发表"我们想写一部怎样的《中国经济通史》"的演讲。在演讲中，赵德馨对"国民经济整体"的含义做了阐述。第一，中国的经济是一个整体，它包括各地区经济（史）和各部门经济（史），但"一国经济的整体"不等于各地区经济（史）和各部门经济（史）的简单加总。第二，整体国民经济是各地区经济（史）和各部门经济（史）相通的结果，或者说，各地区经济（史）和各部门经济（史）只有"通"起来之后才能成为一国经济的整体。国民经济史除了要分析各地区和各部门的经济之外，还要分析它们之间的"通"，"从整体上分析各部门经济之间、各地区经济之间，以及各部门经济和各地区经济之间的关系，以及部门经济、地区经济之外的一些经济现象，诸如一国的经济体制、运行机制等等"。④

魏永理认为，"国民经济史是一门具体的经济历史科学，它的研究必须按着年代顺序，通过大量的具体史料，考察一国的社会经济结构或全部社会经济的总和，揭示一国国民经济总体的发展过程——生产、交

---

① 四川大学经济系 1956 级同学集体编写《外国国民经济史讲稿：近代、现代部分》（上），高等教育出版社，1959，第 1 页。

② 赵德馨：《关于中国近代国民经济史的分期问题》，《学术月刊》1960 年第 4 期，第 51 页。

③ 赵德馨：《中华人民共和国经济史的分期》，《青海社会科学》1986 年第 1 期，第 3 页。

④ 赵德馨：《我们想写一部怎样的〈中国经济通史〉》，《中国社会经济史研究》1997 年第 3 期，第 75 页。

换、分配和消费这一经济总体发展的具体形式，揭示一国社会的经济运动规律"。① 他把"全部社会经济的总和"等同于"一国的社会经济结构"，认为社会经济结构应该包括一国的产业经济结构、经济技术结构、经济组织结构、所有制结构、产品结构、商品进出口产品结构、就业结构、投资结构、区域经济结构、价格结构、积累与消费结构、市场结构、供给和需求结构、财政金融结构、企业结构、资源结构，等等。魏永理举例说，研究中国近代经济史就是研究封建经济结构是怎样演变成为半殖民地半封建经济结构，然后又怎样崩溃的过程，同时阐明新民主主义经济结构是怎样形成和发展的。魏永理对国民经济史研究对象的理解是受到马克思的启发，马克思曾说"生产关系的总和构成社会的经济结构"。② 魏永理认为马克思所讲的社会经济结构"既包括生产者对自然的关系，又包括生产者的相互关系。换言之，这里既有生产力的问题，又有生产关系问题"。③ 实际上，这里似乎有偷换概念之嫌，马克思所讲的社会经济结构实际上就是生产关系，再者，社会经济结构这个概念过于笼统，难以具体化，不是所有的经济史研究对象都可以结构化的。

陈自芳认为"全部社会经济总和"不能等同于"社会经济结构"。社会经济结构着重探讨国民经济各个方面的结合方式与效果，没有涉及国民经济各个方面的本质特征、运行机制、发展动力等，而社会经济总和包括的范围则要广泛得多，既包括国民经济各个方面的结合，又包括国民经济的运行机制、发展动力、本质特征等问题。陈自芳认为，"应把经济史的对象确定为全部社会经济的总和"，④ 全部社会经济总和主要包括五个方面的内容。

第一，社会生产力。包括：劳动者、劳动资料、劳动对象三大要素的发展状况；生产资源的配置及其效率；国民经济各部门的比例关系；

---

① 魏永理：《略论国民经济史的研究对象》，《兰州大学学报》1982 年第 2 期，第 4 页。
② 《马克思恩格斯选集》第 2 卷，人民出版社，2012，第 2 页。
③ 魏永理：《略论国民经济史的研究对象》，《兰州大学学报》1982 年第 2 期，第 3 页。
④ 陈自芳：《试论中华人民共和国经济史的研究对象和方法》，《兰州大学学报》1988 年第 1 期，第 18 页。

作为第一生产力的科学技术的发展和应用及其对经济发展的推动作用等。

第二，生产关系。包括：人们在生产、交换、分配、消费过程中形成的相互关系，如生产资料所有制、生产者在生产中的地位和相互关系；与再生产相关的各种经济关系，如贸易、金融、赋税、工资等；社会消费对社会再生产的影响等。

第三，政府对国民经济的管理或干预。包括：国家经济发展战略；政府管理国民经济的手段、效果；国民经济管理体制的形成与演变。

第四，社会福利事业。包括：人民生活水平、社会贫富状况、医疗卫生、文化娱乐生活、社会保障、环境保护等。

第五，自然和社会对经济的影响。包括：资源分布对经济的影响、气候变化对经济的影响、地理环境对经济的影响、生态变迁对经济的影响、人口对经济的影响、文化和风俗习惯对经济的影响、政治体制对经济的影响等。

陈自芳认为，经济史学除了要研究上述五个方面的内容外，还要研究五个方面相互之间的关系以及它们是如何在相互促进和制约中运行的。

二 国外学者关于经济史学研究对象的论说

（一）生产方式说

苏联经济史学者多持此说。如苏联经济史学家梁士琴科在《苏联国民经济史》一书中明确提出："国民经济史的对象，乃是研究生产的发展，研究数十世纪以来生产方式的新旧更替，研究生产力与人们生产关系的发展。""生产、生产方式，包括社会的生产力和人们的生产关系及其全部'上层建筑'。"[1] 琼图洛夫认为："国民经济史这门科学（学科）的对象是研究生产，研究在许多世纪内依次更替的生产方式的发展，研究历史上一定的生产关系形态中的生产力的发展。"[2]

① 〔苏〕梁士琴科：《苏联国民经济史》第一卷，中国人民大学编译室译，人民出版社，1959，第4页。

② 〔苏〕琼图洛夫：《外国经济史》，孟援译，上海人民出版社，1962，第4页。

（二）经济绩效说

美国经济史学家比较注重经济发展的绩效，如诺思认为经济史就是按时序解释经济结构及其实绩。诺思所讲的实绩，就是"经济学家所关心的、有代表性的事物，如生产多少、成本和收益的分配或生产的稳定性"。[①] 20 世纪 70 年代，时任美国经济史学会主席的席德提出，经济史主要研究"人们过去如何从事生产、分配、劳动诸问题，又要用不同方法测定上述活动的相对效率"。[②]

（三）人类经济生活说

日本经济史学家对经济史上的"经济"范围的定义要宽泛得多。罗仲言曾留学德国，他援引德国经济史学者的观点，认为"国民经济史者，国民物质生活的记录，易词言之，民生国计的总传记也"。[③]

（四）一个确定的时空范围内的经济的主要特征说

美国著名哲学家、密执安大学迪尔本分校校长李丹教授认为，经济史"以证据为基础，经济史学家对一个确定的时空范围内的经济的主要特征进行描述。这些特征包括：该经济所生产的工农业产品的种类、数量与质量，用以进行生产与分配的技术与制度，人口的规模及人口所享有的物质福利，等等"。[④]

第二节　经济史学科各分支学科的研究对象

平心而论，各家对经济史学研究对象的思考都有一定的道理，也都

---

① 〔美〕道格拉斯·C. 诺思：《经济史上的结构和变革》，厉以平译，商务印书馆，1992，第 5 页。

② 转引自赵德馨：《重提经济史学科研究对象的问题》，《中国社会经济史研究》1992 年第 3 期，第 4 页。

③ 罗仲言：《中国国民经济史》（上），商务印书馆，1944，自序第 1 页。

④ 转引自李伯重：《理论、方法、发展趋势：中国经济史研究新探》，浙江大学出版社，2013，第 241 页。

有相应的缺陷。例如，分析一国经济发展过程及其规律，不但要阐明生产关系的演变过程，也应阐明生产力的发展水平。1978 年，党的十一届三中全会确定全党的工作重点转移到经济建设上来，集中精力发展社会生产力。国民经济史若既研究社会生产力，又研究生产关系以及两者之间的关系与规律，就能对中国的经济建设和改革开放提供借鉴。如果不研究社会生产力的发展，国民经济史的现实价值就会大打折扣。这是问题的一方面，问题的另一方面是，1978 年以后的中华人民共和国经济史的核心就是经济建设史，也就是生产力发展史，如果国民经济史不研究生产力，那么 1978 年以后的中华人民共和国经济史怎样书写？

对经济史学研究的对象之所以长期争论不清，一个重要的原因是没有注意经济史学科的结构。弄清楚经济史学科的分支结构，就可以按分支学科确定各自的研究对象，从而使讨论深入、具体、丰富。按照本书第一章关于经济史学科结构的划分，经济史学科包括两个分支学科，即经济史学与经济史学理论。经济史学是经济史学科的主体。它又由两个分支学科构成，即经济史实与经济史理论。经济史学科区分分支学科的一个主要依据就是研究对象，或者说，不同分支学科有不同的研究对象。

一　经济史实的研究对象

这个分支学科以人类社会经济生活演变过程为研究对象，着重揭示它的变迁过程和状态，即以说明研究对象"是什么"为主要任务。它是整个经济史学科的基础，构成经济史学的主体部分。它的研究对象最为丰富，主要包括如下内容。

第一，人类社会生产力发展水平的演变。按照马克思主义经济学关于生产力的定义，生产力的内容主要是三大部分：劳动者、劳动资料和劳动对象。

劳动者既包括脑力劳动者也包括体力劳动者，既包括精英人物也包括普罗大众。以往的经济史研究注重研究脑力劳动者和著名人物，如管仲、商鞅、桑弘羊、杨炎、沈括、张居正、李鸿章、张之洞、盛宣怀等政治人物，以及荣德生、荣宗敬、刘鸿生、范旭东、陈光甫、张公权等著名企业家，对普通体力劳动者的关注不够。这是中国经济史学研究的一大不足。考察社会生产力的演变，必须深入考察体力劳动者的生产能力、生产热情、生产效率。例如，研究中华人民共和国成立以后的农业生产力，就必须深入研究各阶层农民在个体劳动和在集体劳动中所表现出来的生产热情和生产效率。只有搞清楚了农民的生产状况，才能真正揭开合作化和集体化时期农业生产的秘密。可喜的是，近年来，李怀印、高王凌、黄英伟、易棉阳等学者深入农村，通过与亲历者访谈和查阅生产队档案资料，分析劳动者在集体化时期的劳动表现，以此剖析集体化时期的生产效率。①

劳动资料的演变主要是指生产工具和生产技术的演变。新古典经济学家的研究表明，人类的每一次经济腾飞，都是生产工具和生产技术的重大突破所致。在第一次工业革命以前，人类社会的 GDP 总量翻一番需要几百年甚至上千年的时间。第一次工业革命发生以后，GDP 总量翻一番的时间缩短到一个世纪左右。到第二次和第三次工业革命以后，GDP 总量翻一番只需要几十年的时间，这就是技术进步的结果。例如，1958年，中国调动一切资源大炼钢铁，目标是实现年产 1070 万吨钢，到了 2017 年，一个中等产量的钢铁厂就能生产出 1000 多万吨的钢铁，这就是生产技术进步的结果。再如 20 世纪 80 年代以前，中国粮食亩产量为何总是徘徊不前，而 80 年代以后粮食亩产迅速提高？关键在于生产技术的进步和生产工具的改进。如果没有袁隆平培育的杂交水稻、没有农药化肥的大面积使用、没有新式农机具的推广，粮食亩产量怎能提高？研究中国农业经济史、钢铁工业史，必须解剖生产技术和生产工具的进步，如果不考虑这些因素，就不可能搞清楚农业经济发展史和钢铁工业的变迁历程。

---

① 李怀印：《乡村中国纪事：集体化和改革的微观历程》，法律出版社，2010；高王凌：《人民公社时期中国农民"反行为"调查》，中共党史出版社，2006；黄英伟：《工分制下的农户劳动》，中国农业出版社，2011；易棉阳：《生产队集体劳动中的社员机会主义行为：表现形式与形成机理》，《学术月刊》2018 年第 1 期。

劳动对象即劳动者运用劳动资料所生产出来的产品，直接反映社会生产力的进步程度。产品的升级换代意味着生产力发展水平的提升。在传统经济时代，生产技术落后，生产出来的产品主要是初级加工品。一个国家的产品结构反映一个国家的生产力发展水平。例如，据麦迪森的统计，1820 年中国的 GDP 占世界 GDP 总量的 30% 左右。在 1840 年的鸦片战争中，中国败于 GDP 总量远远小于自己的英国。中国落后于英国之处在于产品结构的落后。中国的 GDP 主要由农产品、手工业制品构成，英国的 GDP 主要由机器工业制品构成。英国的 GDP 尽管少于中国，但其生产力水平却远高于中国。毛泽东说："现在我们能造什么？能造桌子椅子，能造茶碗茶壶，能种粮食，还能磨成面粉，还能造纸，但是，一辆汽车、一架飞机、一辆坦克、一辆拖拉机都不能造。"[①] 毛泽东以产品构成说明中国生产力的落后。研究中华人民共和国经济史特别是所取得的经济成就，应该研究产品结构的变迁和升级，过去能生产出什么产品、现在能生产出什么产品，两者一比较，经济成就就一目了然。

第二，人类社会生产关系的演变。按照马克思主义经济学原理，生产关系是人们在物质资料的生产过程中形成的社会关系。它的内容也是三大部分：生产资料所有制形式，人们在生产中的地位和相互关系，产品分配的形式。

生产资料所有制是生产关系的核心内容，其内涵非常丰富。生产资料种类繁多，土地、厂房、机器设备、原料燃料等都是生产资料。所有制分为公有制、私有制和混合所有制三大类。公有制又分为全民所有制和集体所有制两种形式。每一种生产资料可能同时具有多种所有制形式。如土地，在中国历史上有官田和民田之分，前者是公有，后者是私有。现阶段，中国实行土地公有制，一部分土地是集体所有，另一部分土地是国有。经济史学需要深入地研究每一种生产资料所有制的演变过程。

---

① 《毛泽东文集》第 6 卷，人民出版社，1999，第 329 页。

人们在生产中的地位和相互关系随着时代的变迁而变化。在奴婢主社会，奴婢主与奴婢之间是所有关系，奴婢是奴婢主的私人物品，可以转让也可以买卖。在地主社会，地主与佃农之间除了经济上的租佃关系以外，还存在超经济的强制的人身依附关系。到雇主社会，雇主与雇工之间的关系就是雇佣与被雇佣的关系，不存在人身依附关系。经济史学不仅要从宏观层面深入考察不同社会形态下人们在生产中的地位和相互关系的演变过程，还要从微观层面通过剖析一个个事例，来揭示人们在生产中的地位和相互关系。

产品的分配形式体现的是利益关系。在奴婢主社会，奴隶在产品分配上毫无话语权。在地主社会，佃农除了交地租和其他负担以外，剩余归自己。在雇主社会，工人在分配中所得只是其社会必要劳动时间的价值，而不是全部劳动时间的价值。剩余劳动所创造的价值被雇主无偿占有。马克思发现的剩余价值秘密，实际上就是发现了雇主社会的分配秘密。经济史学应该深入考察人类社会分配方式的变迁过程，以及每种分配方式所导致的经济绩效。

第三，人类生产方式的演变。马克思主义经济学认为，生产力和生产关系的统一构成了生产方式。生产力和生产关系不是孤立的而是对立统一的，生产力决定生产关系，生产关系反作用于生产力。与生产力相适应的生产关系起着促进生产力发展的作用。与生产力不相适应的、超前的或落后的生产关系则起着阻碍生产力发展的作用。[①] 经济史学要运用丰富的历史资料，论证历史上生产力与生产关系之间的对立统一关系，为今天的经济建设提供历史启迪。例如，从世界范围看，1640 年英国爆发资产阶级革命，确立了资本主义的生产关系，这种先进的生产关系推动了英国资本主义生产力的发展，英国率先崛起，并成为世界性帝国。当资本主义生产力在法国出现以后，法国的封建生产关系不适应生产力的发展，法国于 1789 年爆发大革命。大革命的目的就是确立与生产力相

① 蒋学模主编《政治经济学教材》，上海人民出版社，2005，第6页。

适应的生产关系。法国地主阶级不甘心失败，多次复辟封建制度，但终究被历史无情淘汰，原因就是封建生产关系不能适应生产力发展的要求。在中国，始于 19 世纪 60 年代的洋务运动为何失败？最根本的原因就是清王朝所维护的落后生产关系阻碍了先进生产力的发展。洋务派所创办的军工企业，用的是先进的生产力，但清政府对洋务企业实行官府制管理，把企业办成衙门。洋务企业没有成本控制观念，花费多少，政府就拨多少；所生产的产品不按价值规律进行买卖，而是实行调拨；管理者由官府委派，他们往往是企业管理的外行。这样的企业怎能发展，洋务运动焉能不失败！1958～1962 年，农村人民公社所推行的公社集体所有制和全民所有制超前于当时中国农村生产力的发展水平，导致了"一平二调"风盛行，严重地挫伤了农民的生产积极性，导致农业生产力的倒退，1962 年不得不退回到"三级所有、队为基础"的所有制形式。这种退却实际上就是调整生产关系。生产关系的调整，较为成功地克服了"一平二调"风，农民的生产积极性得到一定程度的提升，农业生产力缓慢回升，但还是超前于实际。20 世纪 80 年代初再次调整农业生产关系，确立统分结合的家庭联产承包责任制。这种制度的确立，调动了农民的生产积极性，农业生产力获得前所未有的发展。进入 20 世纪 90 年代，家庭联产承包责任制的弊端不断显现，主要是小农户不能适应大市场。在这种情况下，新型农民专业合作社产生，生产关系又有一次新的调整。迄今为止，农村生产关系仍未完全调整到位，还在不断的探索过程中。农村生产关系的调整和探索过程，就是一个生产力与生产关系对立统一的过程，对这个过程，需要经济史学者去发掘资料予以清晰的阐述。

第四，人类的经济生活状况。经济史学之所以要研究人类的经济生活状况主要有两个原因。第一，一个社会的经济发展成果是否被人们所分享，主要看人们的生活水平。苏联的经济发展水平不可谓不高，人们的生活水平却很低。在中国古代，宋朝的国力前不及汉唐，后不如明清，但宋朝老百姓的生活水平超越了汉唐，也高于明清。第二，经济史学只有研究人们的经济生活，才能生动鲜活。"如果一个人读完了一部经济通史著作，却不知道人们是怎样生活的，不知道人们吃穿住行的状况，他会感到不满足的。"① 那么，人类经济生活状况到底研究什么呢？主要是两方面：一是人类衣食住行的变迁，并通过这种变迁来透视人类生产方式的变更；二是影响人类经济生活的生活习惯、生活风气。当然前者是主体。先看衣服，在原始社会，动物毛皮是衣服的主要材料，由骨针穿制而成。商代的衣服由麻、布、丝、帛织造而成，有冠巾，袖口窄，颜色以暖色（黄、红）为主。战国时期，赵武灵王胡服骑射，中原地区流行胡服，短衣、长裤、革靴，衣服瘦窄。唐朝服装受回鹘的影响，衣服以宽大、低领为特色。近代以来，受西方服饰文化的影响，人们的穿着花样百出，西装、皮鞋在上流社会流行。中华人民共和国成立初期，服装上比较单一，以中山装为主。改革开放以后，社会风气大开，各种式样的衣服争奇斗艳。经济史学研究人们的衣服，重点不在于研究衣服的质地、式样，而是通过考察缝制衣服的原材料之种类、数量、质量等的变化，来透视人们的生活水平。再看食。民以食为天。历朝历代有民本情结的统治者都以解决人们的吃饭问题为施政目标。经济史学一方面要研究人们的食品结构，如每年消费主粮多少、杂粮多少，一年食肉多少，食盐天数占全年的比重，等等，另一方面还要研究人们的食品支出占全年总支出的比重，即恩格尔系数。恩格尔系数是反映人们生活水平的一个重要指标。按联合国粮农组织提出的标准，恩格尔系数高于 59% 为绝对贫困。民国时期学者李树青对江苏等六省农民的恩格尔系数进行了调查，发现 1935 年调查地区的恩格尔系数高达 62.66%。② 经济史学者可以根据文献资料计算不同历史时期的恩格尔系数，以评估不同时期人们的生活水平。住房变迁是反映人民生活水平的另一个重要指标。从古代到 20 世纪六七十年代，中国老百姓的住房主体材料以土坯、茅草为主，住房仅仅具有遮风避雨的功能。改革开放以后，随着经济的发展，城乡住

---

① 赵德馨：《我们想写一部怎样的〈中国经济通史〉》，《中国社会经济史研究》1997 年第 3 期，第 77 页。

② 李树青：《中国农民的贫穷程度》，《东方杂志》1935 年第 19 期，第 79 页。

房发生了翻天覆地的变化，农村出现三波建房潮。第一波是 20 世纪 80 年代，住房由土坯、茅草改为砖瓦。第二波是 20 世纪 90 年代，砖瓦房改建成为两层楼房。第三波是进入 21 世纪以来，部分农户住房改建成为钢结构别墅，注重内外装修。迄今，经济史学界尚未深入考察中国住房的变迁以及由此折射出来的经济现象。出行方式的变迁反映了人民生活水平的提高。直到 19 世纪 60 年代初，中国老百姓日常出行以步行为主。19 世纪 60 年代之后，以轮（轮船、火车、自行车等）代步日益增多。20 世纪 40 年代之后，自行车开始进入部分人的生活。到了 20 世纪 90 年代，摩托车开始普及。进入 21 世纪以后，小汽车从奢侈品变成必需品，成为代步工具。这个过程充分反映了人们生活水平的大幅度提高。经济史学应对这些现象进行深入考察。

第五，影响经济发展的诸因素。影响经济发展的因素很多，对所有影响因素，经济史学都应予以研究，即做全要素分析。本书列举其中的几项重要因素。第一，经济制度。按照诺思的定义，制度包括三个层次：宪法、成文法规和意识形态。前两者是正式制度，后者是非正式制度。新制度经济学家认为制度是促进经济增长的原动力。历史上，制度是如何促进或阻碍经济增长的事实，是经济史学必须研究的。第二，经济政策。在资源禀赋相同的条件下，不同的经济政策会导致不同的经济绩效。例如，改革开放以前，以计划经济体制为基础的经济政策所带来的经济绩效，低于改革开放以后以社会主义市场经济体制为基础的经济政策所带来的经济绩效。经济政策史研究是当前中国经济史学界的一个薄弱点。[①] 第三，生态环境。生态环境是影响人类生存的水资源、土地资源、生物资源以及气候资源数量与质量的总称。在中国经济史上，长期存在"人定胜天"的思想，在这种思想的驱使下，人们积极改造自然，但囿于时代局限性，人们在改造自然的同时也破坏了自然，这种破坏一旦累积

---

① 20 世纪 90 年代以来，经济史学界注意到经济政策研究的重要性，产生了一些重要成果，主要有朱英：《晚清经济政策与改革措施》，华中师范大学出版社，1996；刘勉玉主编《中国共产党经济政策发展史》，湖南人民出版社，2001。

起来就会危害人类的生存和发展。例如，水资源是人类生存必不可少的资源，人伤害了水，水就会伤害人。从先秦时期到 1949 年的 2500 多年间，黄河下游发生决口 1500 多次，大的改道 26 次，黄河流域的生态环境因此发生巨大变化，黄河流域的社会经济也发生了巨大变化。对土地资源的过度开发，导致沙漠化和水土流失问题愈演愈烈，严重影响了中国北方地区特别是西北地区经济社会的发展，甚至危及人们的生存。工业化带来了先进的工业文明，但也造成了严重的水资源污染、土壤污染。这些污染都已经反作用于人类。在广东东莞，从 1980 年到 2010 年，工业化进展很快，但几乎所有的河流都被污染，改革开放以前清澈见底的河水变成了臭不可闻的污染水，威胁到东莞的可持续发展。湖南株洲清水塘地区是中华人民共和国成立初年确立的重工业集聚区，该区工业化程度很高，汇集了上百家重化工业企业，但该区土地全部遭受了严重的重金属污染，危及人们的生命安全。这些沉痛的教训，都是经济史学的研究对象。可以说，经济史学不关注生态环境、不研究生态环境，就会成为与时代格格不入的学科。环境经济史应成为经济史学科的一个新的研究热点。

二　经济史理论的研究对象

经济史理论，或表现为个别的理论观点，或表现为系统的论述。在分析性经济史论著中，往往会提出某种理论观点。这些理论观点，经过数量的积累、涉及方面的扩展，才能形成系统的论述。作为经济史学分支学科的经济史理论，指的是系统的论述。经济史理论是在经济史实研究成果所获得知识的基础上，按照理论逻辑的框架，分析经济生活演变过程中各种因素的内在联系与规律，对经济生活演变过程进行抽象，或概括出特定国家或地区、特定时间经济生活演变的特点，或抽象出经济发展模式和理论，最终揭示经济生活为什么这么演变的机制与机理，以说明研究对象的"为什么"为主要任务。经济史理论是理论形态，属于理论性经济史学论著，它舍弃了对经济生活演变过程的具体叙述和那些偶然的因素。

经济史理论分支学科担负着从经济史中提炼经济发展规律和抽象经济理论的重任。经济史理论来源于对经济史总体运行的分析，这就决定它的研究对象应该侧重于宏观经济史，特别是其中的经济结构、经济规律、经济运行机制。

第一，经济结构。经济结构指的是国民经济的组成和构造，它是一个由许多系统构成的多层次、多因素的复合体。如果从国民经济各部门的组成和构造来考察，经济结构包括产业结构（一二三次产业的比重）、分配结构（如积累与消费的比例及其内部的结构等）、消费结构、技术结构、劳动力结构等。经济结构是一个系统，系统中的各要素互相关联、互相制约。一个国家和地区的经济结构是在其长期的历史演变中形成的。它合不合理，主要从以下方面来判定。第一，是否适合本国资源禀赋条件；第二，能否充分发挥本国的比较优势；第三，能否调动和利用国内外的一切有利因素；第四，能否实现资源的最优配置和充分利用；第五，能否促进国民经济各部门之间的协调发展；第六，能否推动社会创新和促进劳动生产率的提高；第七，能否既促进经济增长又能提升经济质量；第八，能否最大限度地满足人民需要。尽管在改革开放初期，魏永理就提出经济史学要以经济结构为研究对象，研究中华人民共和国经济史的学者出于现实经济发展的需要，比较注重探究中国的经济结构，如产业结构、消费结构、劳动力结构。但总体而言，中国经济史学界对经济结构的关注仍然很不够，对中国古代、近代经济史上的经济结构的研究尤少。

第二，经济规律。经济规律是社会经济发展过程中不以人的意志为转移而客观存在的、反映事物本质的必然联系。人类社会经济生活的各个方面、各个层次都有自己的规律，诸如社会经济形态演变的规律、经济发展道路规律、制度变迁规律、市场规律、价值规律、产业发展规律、人地关系规律、利润规律等。经济史学具有探究经济规律的天然优势，因为它探究经济生活的长期演变，探究的时间越长，对经济规律的把握就越准确。诺思的制度变迁规律就是来源于他对经济史的研究。诺思在经济史研究中发现，制度变迁的发生首先需要一个发现新制度的第一行动集团，还需要一个协助第一行动集团落实制度创新的第二行动集团，第一和第二行动集团推进制度创新的动力来自制度创新的成本与收益的比较，当新制度带来的收益超过成本时，第一和第二行动集团就愿意去实施制度创新，这就是诺思发现的制度创新规律。如果无视这个规律，制度创新就难以实现。例如，王安石变法之所以失败，就是没有产生一个配合王安石变法集团（即第一行动集团）的第二行动集团。赵德馨在研究中华人民共和国经济发展过程中发现，1949 以来的中国经济走过了一条"高—低—高"的"之"字形路径。① 在研究了 16 世纪以来的世界经济变迁之后发现，凡是工业现代化进程比较顺利的地方，都是以市场现代化为前提和基础的。凡是不以市场现代化为基础的工业化，可能取得短期成效，但不能获得最终的成功，这样的经济现代化道路走不通。所以，经济现代化不单单是工业现代化，而且是工业现代化与市场化的结合。其中，市场化是工业现代化成功的前提和基础。经济现代化的内涵包括工业化和市场化两个层次。② 需要指出的是，从经济史中概括出来的经济规律本身就是经济史理论。所以，以经济规律为研究对象必然会形成经济史理论。

第三，经济运行机制。所谓经济运行机制，是指制约国民经济协调运转的控制系统的总称。主要包括经济调节系统、经济规则系统、组织结构系统等内容。同一国家在不同历史时期具有不同的经济运行机制，不同国家在同一历史时期也有不同的经济运行机制。例如，改革开放前经济运行机制与改革开放后经济运行机制就不相同。在改革开放前，根据计划调节经济，改革开放以后根据市场调节经济。中国经济史学界对古代、近代历史上经济运行机制的研究还非常薄弱，亟待突破。

---

① 赵德馨：《"之"字路及其理论结晶》，《中南财经大学学报》1999 年第 6 期，第 13 页。
② 赵德馨：《市场化与工业化：经济现代化的两个主要层次》，《中国经济史研究》2001 年第 1 期，第 82 页。

三　经济史学理论的研究对象

经济史学理论以经济史学为研究对象，它回答经济史学是一门怎样的学科和怎样研究这门学科这两个问题。[①] 在经济史学是一门怎样的学科这个问题下，主要探究经济史学科的研究对象、经济史学科与相关学科的关系、经济史学的性质、经济史学的产生与发展、经济史学科的结构、经济史学科的功能等。在怎样研究经济史学这门学科这个问题下，主要探究经济史学科的研究方法，经济史学科研究运用的理论、经济史的分期、经济史学研究工作者的素养等。对于这些问题，本书对此有专章论证，这里只从学科分支的角度依次做简要的叙述，以便读者对经济史学理论有一个结构性的整体印象。

第一，经济史学科的结构。主要任务是明确经济史学科由哪些分支学科构成，主要内容是研究经济史学科各分支学科的内涵。经济史学科由经济史学和经济史学理论两个分支学科构成，经济史学又由经济史实（习惯性地简称为经济史）和经济史理论（经济史论）两个分支学科构成。经济史实主要叙述和分析人类社会经济发展过程，经济史理论是在叙述和分析经济发展过程的基础之上提炼经济规律、抽象经济理论。

第二，经济史学的产生与发展。主要任务是梳理经济史学科在中外的产生与发展过程。主要内容包括两部分。一是中国经济史学的发展历史，着重分析自《史记》《汉书》以后以"食货"为主要内容的中国传统经济史学的发展历程，及其取得的成就和存在的不足；探究20世纪以后中国经济史学从传统向现代的转型，以及在转型中取得成绩与存在的不足；分析1949年以后马克思主义经济史学的成绩、问题与不足；缕析改革开放以来中国经济史学大发展的状况及存在的问题，展望发展前景。二是外国主要是西方国家经济史学的发展历史。现代经济史学诞生于英

[①]　赵德馨：《学科与学派：中国经济史学的两种分类——从梁方仲的学术地位说起》，《中国社会经济史研究》2009年第3期，第1页。

国，着重分析 19 世纪末到 20 世纪初经济史学率先在英国产生的原因和过程；探究世界上几个主要国家经济史学发展的趋势与经验，诸如二战以后美国新经济史学兴起的背景和发展历程，及新经济史学存在的问题；分析 20 世纪 70 年代以来英国经济社会史发展的概况，法国、德国、日本等国经济史学发展的特点，苏联及俄罗斯马克思主义经济史学的兴衰。

第三，经济史学的研究对象。主要任务是明确经济史学的研究领域和范围。主要研究内容包括三部分。一是在归纳分析近百年来国内外各种关于经济史学研究对象观点基础之上，判断或提出一种可能最为妥当的表述。二是提出经济史学研究对象由经济、时间和空间三要素构成。经济史学"就整个学科而言，则只能表述为'经济'，即物质资料的生产以及相应的交换、分配、消费。这包括社会生产力及社会生产关系。在纵向上，就经济史学科中的各个分支而言，其对象，有的是古代，有的是近代，有的是现代，有的是从远古到最近的一个发展阶段的终止之日。若就整个学科而言，则只能表述为'史'，即已成为学科研究对象的过程，而非绝对时间意义上的昨天。换言之，经济史学科的对象，横向上，宽到经济全领域；纵向上，长到历史全过程，包括整个的经济的全部历史"。① 三是确定经济史学各分支学科的研究对象以及它们之间的关联。

第四，经济史学的性质。主要任务是明确经济史学的独立学科性质。独立学科分为三个层次，第一个层次是独立的学科门，第二个层次是独立的一级学科，第三个层次是独立的二级学科。在经济史学的发源地英国，经济史学于 19 世纪末 20 世纪初从经济学科中分立出来，成为与理论经济学、应用经济学并列的一级学科。成为独立学科以后的经济史学，在经济学界受到占主流地位的经济学家的打压。在这种情况下，经济史学与经济学界的距离越来越大，与历史学和社会学的距离越来越近，它在已是经济学中的一个分支学科的同时，又成为历史学和社会学中的一

---

① 赵德馨：《重提经济史学科研究对象的问题》，《中国社会经济史研究》1992 年第 3 期，第 6 页。

个分支。在中国当代，在行政管理部门设置的学科划分中，经济史学是理论经济学一级学科下一个独立的二级学科，是历史学一级学科下专门史二级学科中的一种。这是对经济史学地位的一种弱化。这种弱化不利于经济史学科的发展，应该按照经济史学科本身的性质把它列为独立的一级学科。

第五，经济史学与相关学科的关系。主要任务是明确经济史学与经济学、历史学、社会学、地理学等相关学科的关系。经济史学是一门与经济学、历史学、社会学、地理学等学科密切相关的科学。经济史学与经济学的关系是：经济史学与理论经济学同时从经济学中分立出来，其方法论受到理论经济学的影响；经济史学是理论经济学的基础，经济学理论吸取经济史学从经济史中抽象出来的理论，经济史学可以对经济理论进行证实与证伪。经济史学与历史学的关系是，经济史学是历史学的一门分支，历史学为经济史学提供历史学方法论，经济史学通过方法论的创新推动历史学的发展。经济史学与社会学的关系是，社会经济史学是社会学和经济史学结合的产物，社会学为经济史学提供社会学方法论，经济史学为社会学提供题材，开辟了社会学新的研究领域。

第六，经济史学的功能。主要任务是明确它对国家、企业、个人的社会功能和对科学发展的学术功能。任何一门学科都有其独到的功能。一门学科如果失去其功能，就如同一件商品失去了使用价值一样，变得毫无意义。经济史学尽管脱胎于历史学和经济学，但其功能并非历史学与经济学功能的简单叠加，而是在深度融合历史学、经济学的多种功能之后，形成了自己独立的学科功能。经济史学的功能可以概括为"三求"，即求真、求解和求用。求真就是还原经济历史之真相，求解就是解释经济历史之运行，即探求不同历史时期以及从古至今的经济运行机制和绩效，解释人类经济史是怎么运行的，运行的效果是怎样的；求用就是用经济史学的研究成果服务于现实。经济史学通过多条途径服务于现实。其中重要的，一是资治，诸如通过经济史学的研究成果向政府提出可行的公共政策；向政府提出现行某种公共政策具有不可行性；通过总结中外经济史中的经验教训向政府提出公共政策的改进建议；从经济史中抽象出能指导现实的经济理论和预见未来发展趋势的依据。二是教化，主要是给人们提供有关世界与中国经济发展的知识，特别是中国在近现代时期经济发展的道路，为什么资本主义道路在中国没有走通，为什么中国在经济不很发达的情况下走上社会主义道路，中国在走上社会主义道路后取得了哪些成就，将这些成就与近代的成就进行比较。这能增强人们的道路自信、理论自信、制度自信、文化自信提升爱国主义热情。三是学术作用。经济史学的研究成果能增添历史学和社会学的内容，能为经济学、科学社会主义、哲学提供历史知识，成为多门社会科学理论发展的基础。"三求"功能是一个整体。经济史学研究可以有所偏重，但不能偏废。它可以侧重于求真功能，但不能驻足于求真功能层面，拒不求解和求用，亦不可为求解和求用而忽视求真。

第七，经济史学的指导理论与理论抽象。主要任务是明确经济史学研究需要引入什么样的理论以及从经济史研究中可以抽象出什么样的理论。经济史学的学科特性规定，需要引入的理论是多元的，包括经济学理论、历史学理论、地理学理论、社会学理论以及其他相关学科理论，这些理论在马克思主义的历史唯物论的指导下起着各自的作用。既然这些理论是经济史学科研究所必需的，经济史学研究人员就必须自觉地掌握它们，否则经济史学研究就难以深入。经济史学研究要出理论，即从经济史中抽象出理论。目前，中国已经成为世界第二大经济体，但中国的经济学理论与经济发展水平很不相称。中国的经济建设需要自己的理论做指导，自己的理论就是中国特色社会主义政治经济学理论。根据中国经济发展史和经济发展状况构建中国经济学，是中国特色政治经济学理论在当代最适宜的形式。当代中国经济史学者肩负构建中国经济学的使命。

第八，经济史学的研究方法。主要任务是明确适用于经济史学研究的主要方法。经济史学研究的不同问题和每一种功能的实现，需要与之相适应的研究方法。本部分的研究包括以下内容。一是实现经济史学功能必备的方法论。实现经济史学的求真功能，需要运用史料考据法和历史归纳法；实现经济史学的求解功能，需要综合运用理论研究法、演绎推理法、统计和计量分析法；实现经济史学的求用功能，需综合运用归纳法、演绎法、统计和计量经济学方法。二是各种研究方法之间的关系。在上述五种方法中，史料考据法和历史归纳法是传统经济史学惯用的研究方法，理论研究法、演绎推理法、统计和计量分析法则是新经济史学擅长的研究方法。传统经济史学研究方法适合于求真，但难以用于求解和求用；新经济史学方法可用于求解和求用，在求真上存在明显缺陷。所以，推动经济史学的发展，首先在方法论上要认识到两类方法必须兼收并蓄。纵观经济史学史，定量分析和与定性分析的兼收并蓄、历史归纳与演绎推理的兼收并蓄尤其重要。

第九，经济史学的分期理论。分期理论主要任务是提出经济史学的分期标准和标志。主要包括以下研究内容；一是经济史学为什么要分期。分期就是划分事物发展的阶段性，对经济史进行分期，就是通过划分经济发展过程的阶段，以揭示研究对象的发展过程及蕴含于其中的规律。二是经济史分期的标准。针对特定的研究对象确定分期标准，或者说不同的研究对象有不同的分期标准，如根据朝代更替分期、根据生产力发展水平分期、根据生产方式的变更分期等。三是经济史的分期标志。即确定经济发展阶段的起止点的依据。分期标志应根据分期标准确定，分期标志是研究对象发生变化的重要表现。分期标志的特殊性在于它可以是经济事件，也可以是作为经济集中表现的政治事件。

第十，经济史学工作者的素养。主要任务是明确经济史学者需要具备什么样的素养。经济史学者应该具备如下学术素养才能发挥经济史学的求真、求解和求用的功能。一是知识素养。经济史学者必须具备历史学、经济史学、社会学等学科的知识素养。二是思维素养。经济史学者必须具备经济史学特有的思维方式，它是融合了经济学、历史学、社会学、地理学等多学科思维方式而形成的新型思维方式，不同于其中的任何一个学科的思维方式。三是道德素养。经济史学者要有求真的学术品格，要有写信史的追求。

第三节　经济史学研究对象中的要素与层次

经济史学的研究对象包含三个基本要素：经济、时间、空间。下面阐述每个要素的内涵。

一　经济

经济史学的研究对象首先是经济。那么，"经济"的含义是什么？我们的理解经历了两个阶段。过去，我们把经济定义为国民经济，认为国民经济史研究的是一个国家的经济整体的发展过程。它包括国民经济的各个部门，各种所有制、经济成分、经济形式，各个地区、各个民族的经济。经济所包含的内容非常广泛，生产关系、生产力、生产方式、经济结构、经济规律都属于经济的范畴。随着研究的深入，我们发现，国民经济是经济的核心内容，但不是经济的全部。

经济发展受到诸多因素（如自然资源、自然灾害、生态环境、风俗习惯、意识形态）的制约，如果撇开这些因素，就无法全面、准确地认识经济发展。这样一来，我们对"经济"内涵的理解也发生了相应的变化，即"经济"就是指人类社会的经济生活。人类社会经济生活的内涵非常丰富，可以说是包罗万象。从社会再生产过程看，它包括生产、交换、分配、消费四个环节。衣、食、住、行、用属于人类的消费活动，当然就是经济史学的研究对象。人类经济生活是在某种组织或某个人的领导下按照一定的秩序运行的，并且有具体的绩效。所以，经济组织、经济人物、经济制度、经济绩效就自然成为经济史学的研究对象。人类的经济生活受制于资源、生态环境、生产技术，还受到风俗习惯的影响。所以，生态环境、生产技术、意识形态也是经济史学要考察的内容。

把人类经济生活作为经济史学的研究对象，极大地拓宽了经济史学的研究范围，更加符合经济实践。国民经济史研究一国经济的发展变迁，没有国家就没有国民经济，如原始社会的氏族经济就不是国民经济史的研究对象。国民经济史不能把原始社会氏族经济包括进去，这是国民经济史的局限。把人类社会经济生活作为经济史学的研究对象，原始社会的氏族经济就被纳入经济史学的研究范围。

经济生活的主体是人。人可以划分为多个层次，每个层次的人的经济生活具有不同的内涵。第一层次是作为国家或政府层次的人。国家或政府经济生活侧重于典章制度、经济政策、经济发展规划、经济机制、经济绩效。第二层次是作为经济团体和经济组织的人。经济团体包括商会、行会、工会、协会等行业机构，经济组织包括庄园、作坊、企业、合作社等经营主体。经济团体和经济组织的经济生活侧重于经营管理活动及其绩效。第三层次是作为个人的人。侧重于个人的经济思想、经济行为。三个层次分别代表宏观、中观、微观。目前的中外经济史研究，宏观层次经济生活的研究成果最为丰硕，中观层次经济生活的研究方兴未艾，微观层次经济生活的研究逐渐受到重视。

二　时间

经济史中的"史"，即时间，是经济史学研究对象不可缺少的一个要素。经济史学以阐明人类社会经济生活演变的过程和规律为目标。要实现这个目标，必须对经济事实做纵向的考察，这就不能不确定经济史在时间上的上限和下限问题。开展经济史研究，首先要搞清楚研究对象在时间上的上下限问题。例如，研究中国古代经济史，如果按朝代研究，就以某一朝代建立年为上限，以灭亡年为下限。研究中国近代经济史，就以 1842 年为上限，[①] 1949 年为下限。研究中华人民共和国经济史，以 1949 年 10 月 1 日中华人民共和国的成立为上限，下限要根据研究对象运

---

① 中英鸦片战争对中国经济产生的制度性影响，发生在 1842 年中英《南京条约》签订之后，如开放广州、厦门、福州、宁波、上海五处为通商口岸；废除公行制度、允许英商与华商自由贸易；修订关税通则。这些条款使中国经济发生新的变化，这些新变化标志着中国近代经济史的开端。

行的阶段性来确定。专题研究也要确定时间的上下限，如研究近代中国的金融监管，时间的上限就不能定在 1842 年，因为 1842 年中国还没有出现新式金融机构。1897 年，中国第一家自办银行——中国通商银行成立，中国人自己办的金融业才起步，真正意义上的金融监管也是起步于 1897 年，自然近代中国金融监管史的上限应该断在 1897 年；而下限比较清晰，那就是 1949 年。经济学是对历史和现实的理论抽象或者理论分析，其重点是理论抽象和理论分析，无须交代时间的上下限，这是经济史学与经济学的一个重要区别。

对于中国经济史的上限，学界没有争议，都认为起于远古。但对中国经济史的下限有不同的看法。有学者认为，中国经济史止于 1949 年，1949 年以后的经济发展不是中国经济史的研究对象。如吴承明认为中国经济史研究的是"中国自远古至 1949 年中华人民共和国建立前经济发展演变的历史"。[1] 这种观点值得商榷。到 1956 年，随着"三大改造"的完成，新民主主义经济形态已经结束，为什么就不能将其列为经济史学的研究对象加以研究呢？"大跃进"已经成为历史，当代人急需从"大跃进"运动中吸取教训，经济史学为什么就不能回应现实需求、从经济史学的角度去研究"大跃进"呢？计划经济体制在中国已经成为历史，但计划经济体制所产生的问题对今天社会主义市场经济的发展仍有巨大影响，深化社会主义市场经济体制改革，必须深入研究计划经济体制史，如果经济史学界不研究 1949 年以后的历史，那么计划经济时代的经济又该由哪个学科来研究呢？

还有学者认为，甚至可以把今天的经济现象作为经济史学的研究对象，如熊彼特主张研究"包括当前的事实"在内的经济史。[2] 在熊彼特看来，只要是已经发生了的经济事实，都可成为经济史学的研究对象。熊

---

① 中国大百科全书出版社编辑部编《中国大百科全书·经济学》，中国大百科全书出版社，1988，第 1341 页。

② 〔美〕约瑟夫·熊彼特：《经济分析史》第一卷，朱泱等译，商务印书馆，1991，第 29 页。

彼特的观点也值得商榷。我们认为，断定中国经济史研究的下限，需要区分经济历史和经济史学研究对象两个概念。从时间上讲，前面那一刻出现的经济现象确实是经济历史，① 但它不一定能成为经济史学的研究对象，为什么呢？

第一，经济史学是一门科学，是揭示经济历史本质规律的科学，经济史学的研究成果必须是科学性的知识，给事物以科学的解释，而不能只是记载事件。如果前面那一刻发生的事情是某种经济现象的起点，那么这种经济现象的过程尚不清晰，本质尚未暴露，人们不可能认识它的发展规律，即使它已经成为经济历史的经济现象，也不能成为经济史学的研究对象。反之，如果前面那一刻发生的事情是某种经济现象的终点，那么，这种经济现象的过程已经清晰，本质已经暴露，人们有可能认识它的发展规律，这样的经济现象就可以成为经济史学的研究对象。例如，人民公社始于1958年，1984年底基本解散（解散人民公社的文件颁布于1983年10月，实际上在1983年就开始解散），此后人民公社就成为经济史学的研究对象了。2008年，起于美国的金融危机席卷全球，为应对金融危机，中国政府于2008年底采取了系列经济措施应对。其中，四万亿的刺激是最主要的经济措施，其效果和后遗症到2010年之后才显现出来，如果在2010年写中华人民共和国经济史，下限就不能断在2010年，因为经济刺激政策的后果尚未全部显示出来，这时的经济史研究还不能揭示经济发展的本质。2012年以后，中国经济进入新常态，至今仍在新常态之下，新常态还有多长？今天难以做出判断。如果现在写中华人民共和

---

① "在历史的长河中，人类总是生活在过去、现在和未来里。或许会有人提出质疑：'我们只能活在当下。过去已成过去，我们不可能再重新生活一遍。未来尚未发生，我们不可能提前生活在其中。怎么能够同时生活在三者之中呢？'事实上，过去、现在和未来只能在理论上进行区分而已，在现实中却是另一番景象。科学研究发现'我们将其作为'现在'、'感觉到的'现在实际经历的时间跨度大约仅为五十分之一秒长'。所以，当你意识到现在是'现在'的时候，它已经变成了过去，而你却正生活在未来。从思想上看，我们的确同时生活在过去、现在和未来；因为，我们总是生活在对过去的认识里和对未来的期望里，否则，我们将会成为行尸走肉，无知无欲。"冯金朋：《识读历史和历史学》，《南方周末》2015年12月17日，第E32版。

国经济史，下限就不能越过 2012 年，因为 2012 年以后的经济阶段还在继续，本质还不清晰。"中国经济史研究对象的下限，随着经济发展的进程不断延伸，不可能限定于某一年。一般地说，研究的对象愈贴近现实，对现实的借鉴意义也愈大，社会对它的要求愈迫切。但愈是贴近现实，深刻地揭示历史进程本质的难度愈大，……因为，研究的对象愈贴近现实，其显示出的后果愈少，与研究者开始研究它之间的间隔时期愈短。这种间隔时间即客观的历史沉淀期，研究者以及社会中各种人们对研究对象的历史反思时间，这个沉淀期与反思期的时间愈长，认识可能愈接近研究对象的本质。"①

第二，从历史中总结经验教训、解释经济运行规律，是经济史学的一个重要任务。如果一个经济过程还未结束，那么蕴含其中的经验和教训就没有充分显示出来，经济史研究就难以深入挖掘历史经验和教训。通过上面的分析，我们应该明确：经济史学的研究对象必须是有头有尾的经济事物，已经发生了但没有全过程的经济事物，不能成为经济史学的研究对象，只有当它运行到了终点，才能成为经济史学的研究对象；区分经济历史和经济史学研究对象的标准，不是它是否已经发生，而是它的发展阶段是否已经完成。经济史学者在开展研究特别是长时段研究时，一定要慎重考虑研究对象的上下限问题，特别是研究当代经济史，考虑下限时要慎之又慎。

由于时间可以区分为长时段（长波）、中时段（中波）、短时段（短波），作为经济史学研究对象的时间，亦可划分为三个层次。第一层次是长时段的研究，如中国经济通史、中国古代经济史、中国近现代经济史。第二层次是中时段的研究，如，万历年间的经济史、康熙年间的经济史、农业集体化时期的农业经济史。第三层次是短时段的研究，如"一五"计划时期的经济史、某一年的经济史。这里要指出的是，长、中、短三

---

① 赵德馨：《重提经济史学科研究对象的问题》，《中国社会经济史研究》1992 年第 3 期，第 5 页。

个时段的层次是相对的，不应以若干年的绝对数为划分标准，研究者根据实际情况确定自己的选题属于哪一层次。经济史学界存在两种倾向。一些学者（以出身于历史学界的居多）偏爱短时段研究，忽视中时段和长时段研究。一些学者（以出身于经济学界的为多）偏爱长时段研究，忽视短时段研究。前者造成只见事实难见规律、只见树木难见森林，后者导致概括了规律但缺乏事实支撑、见了森林却看不到树木。这不利于经济史学研究的深入。经济史学者可以侧重于某一个层次，但不能驻足于这个层次而拒不前行，更不能忽视其他层次的研究。

三　空间

经济史学探究的是发生在特定区域内人类经济生活演变的过程和规律，所以，空间构成经济史学研究对象的一个要素。研究中国经济通史，首先要考虑"中国"的地域范围。先秦时期，"中国"是指国之中心，一般指国都，以与四方相对应。秦统一以后，把秦国和原六国的范围合起来称为"中国"。19 世纪中期以后，"中国"专指我国的全部领土，清、民国、中华人民共和国都称中国。中华人民共和国是中国唯一合法的政府，所以，中国经济通史中的"中国"只能是中华人民共和国领土空间上发生的经济历史。①

1949 年以后，在经济上，大陆和台湾实行两种制度、两种政策。台湾当局的经济政策管不了大陆的经济，中华人民共和国的经济政策也管不了台湾的经济。所以，从 1958 年写"中华人民共和国经济史讲义"起，我们就将 1949 年以后"中国现代经济史"与"中华人民共和国经济史"予以区分：前者包括台湾，后者不包括。10 卷本《中国经济通史》包括台湾，5 卷本《中华人民共和国经济史》则不包括，《中国近现代经济史》对此有专注说明。1987 年春，《中国社会主义经济简史》主编吴

---

① 赵德馨：《我们想写一部怎样的〈中国经济通史〉》，《中国社会经济史研究》1997 年第 3 期，第 74 页。

群敢来中南财经大学讲学，他看了赵德馨主编的《中华人民共和国经济史纲要》初稿后说，他们的书如若再版，一定改为《中华人民共和国经济简史》，因原书名中的"中国"和"社会主义"两个词的内涵用得不准确。目前，中国经济史学界有两种情况需要注意：一种是书名为"中国现代经济史"的书，却不写台湾的现代经济史；另一种是书名为"中华人民共和国经济史"的书，却写了台湾，将台湾经济包括在中华人民共和国经济之中。这两种做法都导致逻辑上的混乱。

研究抗战时期的大后方经济史，必须对"大后方"的地理范围做出界定。"大后方"是抗战时期的一个特定历史概念，主要指西南和西北诸省。抗战时期的西南有"大西南"和"小西南"之分。"大西南"包括四川、西康、云南、贵州、广西、湖南、广东七省。"小西南"包括四川、西康、云南、贵州四省，西北包括陕西、甘肃、青海、宁夏、绥远、新疆六省，研究大后方经济史就要界定大后方到底包括哪些省份。[①] 同样，如果研究岭南经济史，首先就要界定清楚岭南的地理界限。

作为经济史学研究对象的空间，同样具有层次性。第一层次的空间具有世界性和国别性，如世界经济史、中国经济史、美国经济史、英国经济史。第二层次的空间具有区域性。以中国为例，有东北经济史、北京经济史、上海经济史。第三层次的空间具有地域性。以中国为例，有景德镇陶瓷工业史、株洲工业经济史、深圳特区经济史。第四层次的空间具有地点性，例如以某个具体地点的经济史为研究对象，这个地点可以是乡镇，也可以是村庄。第一、第二层次的研究已经取得了较为丰硕的成果，第三层次的研究正在兴起，第四层次的研究还在起步阶段。在空间的选取上，经济史学界既要眼睛向上，也要眼睛向下。第一、第二层次的研究，有利于展示世界和国家整体经济的变迁，第三、第四层次

---

① 易棉阳：《金融统制与战时大后方经济：以四联总处为中心的考察》，北京大学出版社，2016，第 19 页。

的研究有利于展现一个个鲜活的个案。

　　经济史学者在研究任何一个问题之前，首先要思考研究对象所处的空间和所处的时段、所研究的经济现象是什么，如果这三个问题没搞清楚就开始研究，就可能出现研究偏差。

结　语

　　百余年来，中外经济史学家对经济史学研究对象的认识处在不断变化之中。在中国，改革开放以前，马克思主义政治经济学以生产关系为主要研究对象，受此影响，部分中国经济史学者把经济史等同于国民经济史，认为国民经济史应以生产关系为研究对象。除了研究生产关系以外，国民经济史还要不要研究生产力，学者的意见不尽一致。有的学者认为国民经济史就是研究生产关系，生产力不是其研究对象；有的学者认为国民经济史的研究对象以生产关系为主，以生产力为辅；本书作者认为国民经济史应以生产力和生产关系的对立统一为研究对象。改革开放以后，随着国外社会科学理论的引进，中国经济史学家的研究视野大为开阔，对经济史学研究对象认识突破过去关于生产力和生产关系的界限，有的学者提出经济史学应该研究经济结构，有的学者认为应该研究经济规律，本书作者的认识也有变化。经济史学研究对象应根据经济史学学科结构来确定，不同的分支学科有相对独立的研究对象。经济史学科由经济史学和经济史学理论组成，经济史学又由经济史实和经济史理论构成，经济史实是经济史学科的核心内容。经济史学研究对象必须包含三个要素——经济、时间和空间，也就是说，经济史学是研究特定国家或地区在特定时间范围的经济现象。此处的"经济"是指人类社会经济生活的所有方面。作为经济史学核心内容的经济史实，主要研究人类社会生产力发展水平的演变、人类社会生产关系的演变、人类生活方式的演变。经济史理论则是从演变过程中抽象出关于经济运行机制、规律的理论。经济史学理论以经济史学科为研究对象。只有抓住了经济、时间、空间三个要素，才能准确把握经济史学的研究对象。例如，中华人民共和国经济史与中国现代经济史的研究对象不一致，因为两者的空间不同；中华人民共和国经济政策史与中国共产党经济政策史的研究对象不一致，因为两者的时间不同。

第四章　经济史学与相关学科的关系[①]

与经济史学相关的学科很多，包括经济学、历史学、社会学、地理学、统计学、人口学、民族学、经济思想史学、方志学、教育学、军事学、艺术学、生态学、灾害学、自然科学等学科。本章重点阐述其中与经济史学关系密切的四门——经济学、历史学、社会学、地理学，对经济史学与人口学、经济思想史学、方志学、自然科学等学科的关系只做简要的阐述。在阐述与这些学科的关系时，涉及彼此之间的交叉、区别与发生相互影响之处，可以借此进一步明确经济史学研究对象的边界。

第一节　经济史学与经济学的关系[②]

"经济"是经济史学与经济学的共同研究对象。研究对象的交集决定两个学科之间的关系非常密切。但是，不同的学派对经济史学与经济学的关系有不同的看法。追溯100多年来诸家的看法，主要有五种：德国历史学派认为经济史学与经济学是等同关系；英国历史经济学家认为经济史学与经济学是并列关系；美国新经济史学家认为经济史学

[①]　"相关学科"也称"相邻学科""近邻学科"。

[②]　"经济学"（广义的，或称之为"经济学门类"）包括"理论经济学""经济史学""应用经济学"等学科。在一些论著中，将"理论经济学"简称为"经济学"，这是狭义的"经济学"。

与经济学是从属关系；英国新古典经济学派认为经济史学与经济学是主仆关系；中国经济史学界部分学者认为经济史学与经济学是源与流的关系。国内学术界对经济史学与经济学关系的探讨集中在"源""流"之辩,① 迄今尚无专文就经济史学与经济学的关系进行溯源。本书从经济思想史视角解读诸家之说,以期还原诸家对经济史学与经济学关系的认识。

一 德国历史学派：经济史学等同于经济学

19 世纪 40 年代到 20 世纪初,一个有别于主流经济学（即英法古典经济学）的经济学流派——历史学派在德国崛起。以 19 世纪 70 年代为界,之前称为老历史学派,之后称为新历史学派。自斯密以后的主流经济学家都认为他们所创立的经济学理论具有普适性,适用于各国和各时期。历史学派则认为,经济学是对不同国家经济发展模式的概括,经济思想和经济政策必须与文明的特定阶段相适应。这就是说,不同国家的经济政策应有不同,同一国家在不同阶段的经济政策也应有所区别。正因为如此,经济学具有民族性,世界上并不存在适用于所有民族和国家的经济学。② 历史学派先驱李斯特认为经济学是"研究如何使某一指定国家（在世界当前形势下）凭农工商业取得富强、文化和力量的那种科学",他批评主流经济学没有顾及"各个国家以及它们各个性质和利益的存在"。③ 历史学派的另一代表人物罗雪尔更是明确地指出："一种经济思

---

① 吴承明：《经济学理论与经济史研究》,《经济研究》1995 年第 4 期；吴承明：《经济史：历史观与方法论》,上海财经大学出版社,2006；高德步：《经济史与经济学》,《经济学家》1998 年第 5 期；董志凯：《经济史与经济学的"源"、"流"之辩》,《中国经济史研究》2006 年第 1 期；易棉阳：《论经济史与经济学的关系》,《湖南工业大学学报》2008 年第 6 期；刘巍：《对"经济史应当成为经济学之源"理念的思考：谨以此文纪念吴承明先生》,《广东外语外贸大学学报》2015 年第 2 期。
② 〔英〕杰拉德·M·库特：《英国历史经济学：1870~1926——经济史学科的兴起与新重商主义》,乔吉燕译,中国人民大学出版社,2010,第 37 页。
③ 〔德〕弗里德里希·李斯特：《政治经济学的国民体系》,陈万煦译,商务印书馆,2017,第 119、122 页。

想不能适合每个国家人民的不同种类的欲望，正如一件上衣不能适合一切人的身材一样。"① 基于这种认识，历史学派认为主流经济学只适用于英法，不适用于德国，德国需要根据自己的历史和现实构建新的经济学流派。基于这种认识，李斯特提出了"世界主义经济学"和"国民经济学"（又称"国家主义经济学"）两个相对应的概念。李斯特认为，英法主流经济学属于所谓的"世界主义经济学"，历史学派所构建的经济学则是基于德国实践的"国民经济学"。② 英国历史经济学家莱斯利亦持同样的观点，他说："恰恰相反，政治经济学实际上并不是一个自然法则体系，或者某种具有普适性的永恒不变的真理，而是由一些在特定历史条件下产生的推理和学说所组成的"，"在不同的国家和不同的历史时期，政治经济学有着很大的差异，即使是在同样的国家和同样的时期，不同的人对它的解释也有所不同。"③

历史归纳和演绎推理是经济学的两种最基本的研究方法。在斯密那里，古典政治经济学既注重历史归纳法又使用演绎推理法。英国第一个经济史教授昂温这样评价斯密："《国富论》中没有任何一页是把经济理论和历史事实分开。斯密实现了经济学和经济史的统一。"④ 到李嘉图那里，为突出经济学的科学性，抛弃了历史归纳法而只采用演绎推理法，古典经济学逐渐成为建立在假设之上的演绎经济学。历史学派学者具有较为深厚的史学功底，他们非常注重史料考据，擅长从史料中提炼理论观点，正因为如此，历史学派在方法论上反对演绎推理，推崇历史归纳法。罗雪尔认为经济学首先是"记述事物本身发展的过程"，而不是"指

---

① 转引自季陶达主编《资产阶级庸俗政治经济学选辑》，商务印书馆，1963，第327页。

② 贾根良：《李斯特经济学的历史地位、性质与重大现实意义》，《学习与探索》2015年第1期，第82页。

③ Leslie, T., "The Political Economy of Adam Smith", in *History of Economic Thought Articles*, McMaster University Archive for the History of Economic Thought, 1870, p. 21.

④ 转引自隋福民：《经济学、历史学、社会学对经济史产生和发展的影响：一种历史角度的考察》，《江西财经大学学报》2009年第3期，第6页。

出事物的理想状态应该是怎样"。① 罗雪尔在其名著《历史方法的国民经济学讲义大纲》和《国民经济学体系》中指出，政治经济学不仅是一门科学，还是一门制定政策的艺术，经济学的主要任务是"各国在经济领域中所讲授、所努力研究和所发现的知识，外加对它们的研究情况和取得的成果进行历史的描述"。他还认为，经济学必须从大量经济现象中提炼本质规律，而不是错误地创造出基本上是假设性的规律，那么就必须运用比较分析法和历史分析法来发掘现实的一致性。② 克尼斯认为，政治经济学的"理论基础来源于经济生活，其结论也必须经得住史实的考证；即使是政治经济学的一般法则也不过是对现实的历史解释和真理的渐进表现。只有研究历史发展、认识其内在秩序和规律，才能使我们完全理解现实的经济状况和我们将要发展的方向"。③ 新历史学派代表人物施穆勒指出："政治经济学的一个崭新时代是从历史和统计材料的研究中出现的，而绝不是从已经经过 100 次蒸馏的旧教条中再行蒸馏而产生的。"④ 这就是说，经济学不能通过演绎推理得来，必须从历史研究中得来。第三代历史学派的旗手、施穆勒的学生桑巴特批评古典经济学是"不受历史的或哲学的重负压迫的学科，为着日常状况去处理日常经济问题"，他把古典经济学斥为"商会秘书的国民经济学"，他认为国民经济学必须根

---

① 〔德〕威廉·罗雪尔：《历史方法的国民经济学讲义大纲》，朱绍文译，商务印书馆，1981，第 4 页。中国经济史学家罗仲言（罗章龙）深受德国历史学派的影响，致力于中国国民经济史研究。他强调，研究国民经济史的价值在于发现一国经济之特性，"治国民经济史者必须更进一步辨别本民族经济之特质。因大地各邦经济演化，既非一种剧本，又非一人导演，故其经济进程之连续形式，及其时期的先后，速度的疾徐，变征之强弱，彼此之间互有异同，大抵各凭民族的智慧与毅力而创导其自己之道路，故研究斯学者必须于上列诸点怀有真知灼见，然后方能进而明辨一国经济进程之深邃构造及有机联锁，并由此而省识其真实蕴意与评价之所在"。参见罗章龙：《中国国民经济史》，湖南大学出版社，2016，第 1 页。

② 转引自〔英〕杰拉德·M·库特：《英国历史经济学：1870 ~ 1926——经济史学科的兴起与新重商主义》，乔吉燕译，中国人民大学出版社，2010，第 39 ~ 40 页。

③ Pollard, S., "Economic History：A Science of Society?", *Past and Present*, 1965, 30 (1), p. 5.

④ 转引自高德步：《经济学中的历史学派和历史方法》，《中国人民大学学报》1998 年第 5 期，第 3 页。

植于深入挖掘史料的基础之上，"只有对全部科学材料作根本的理论的深入检讨，才能够发见（现）诸现象中最普遍的联系"。① 桑巴特认为国民经济学是"一种历史的社会科学"，国民经济学的所有概念都是"历史的范畴"而非演绎的范畴。②

历史学派通过历史归纳建立起来的"国民经济学体系"，实际上是"国民经济发展史的体系"。③ 在这种思想的指引下，历史学派专注于历史资料的发掘与整理，以个别国家的经济发展史为研究对象撰写论著。历史学派在经济学理论、历史学理论、社会学理论等领域建树甚多，缺点是在任何一个领域都没有形成一个逻辑系统。他们的著作与其说是经济学著作，不如说是经济史著作。李斯特、施穆勒、桑巴特是新老历史学派的三个代表性的学者。李斯特的《政治经济学的国民体系》，第一编就是研究西欧各主要资本主义国家的经济发展史，通过经济史研究说明各国的经济发展道路都不相同。没有同一的发展道路，因而就不存在普适性的"世界主义经济学"。④ 这是一个重要的理论贡献。施穆勒所撰的两卷本《一般国民经济学大纲》，被称为新历史学派的代表作。熊彼特对此书评价不高，认为该书理论性不足。他甚至认为施穆勒的"理论工作是差劲的"。⑤ 桑巴特的三卷本《现代资本主义》被熊彼特看作"历史学派的最高成就"。在这套书中，桑巴特提出了包括经济体制、经济组织、经济精神、技术在内的一整套概念，并以此作为分析资本主义的理论框架，按时序对欧洲资本主义发展史进行了阐释与解释。⑥ 桑巴特的《现代资本

① 〔德〕维尔纳·桑巴特：《现代资本主义》第1卷，李季译，商务印书馆，1958，第8～9页。
② 〔德〕维尔纳·桑巴特：《现代资本主义》第1卷，李季译，商务印书馆，1958，第16页。
③ 吴承明：《经济史：历史观与方法论》，上海财经大学出版社，2006，第4页。
④ 〔德〕弗里德里希·李斯特：《政治经济学的国民体系》，陈万煦译，商务印书馆，2017。
⑤ 〔美〕约瑟夫·熊彼特：《经济分析史》第三卷，朱泱等译，商务印书馆，1994，第95页。
⑥ 桑巴特把资本主义发展历程划分为前资本主义和资本主义两大阶段。前资本主义阶段存在于8～15世纪，这一阶段又可分解为自足经济、过渡经济和手工业经济三个时代；资本主义阶段也被划分为早期资本主义时代（约从16世纪到18世纪中叶）、高度资本主义时代（1760～1914）、晚期资本主义时代（第一次世界大战结束后开始）三个时代。桑巴特按照自己设定的概念框架，分别阐述和解释了每个时代的经济组织、经济体制、经济精神和技术变革。

主义》实际上是一套解释性经济史著作。桑巴特因在经济史学方面的卓越成就，"在德国 20～30 年代，二次大战前，他（桑巴特）与韦伯被国际公认为最重要的经济史学家"。[①] 与历史学派有着深厚渊源的熊彼特，对历史学派的评价较为客观。他说："历史学派方法论的基本的和独特的信条是：科学的经济学的致知方法应该主要地——原来说是完全地——在于历史专题研究的成果以及根据历史专题研究所作的概括。"[②] "史料学的高水平，对历史事实的普遍尊重，理论经济学的低水平，对理论经济学的价值缺乏尊重，把国家置于最崇高的地位……这些方面，无论就其优点来说还是就其弱点来说，全都是德国型的。"[③] 陈振汉也指出，历史学派的本意是要建立与古典经济学相抗衡的历史经济学流派，但由于他们把经济学等同于经济史学，在方法论上"不主张使用（古典经济学的）抽象演绎法"，而是"从历史角度来研究经济学，主要的工作是经济史的研究"，历史学派的论著资料丰富但缺乏理论创新，"历史学派的经济学并没有能够根据其历史研究提出任何经济理论，没有科学意义。至多说明过去是由狩猎——农业——工业发展而来，即使这切合实际，也没有规律（理论）意义"。[④]

正因为历史学派把经济史学和经济学"混为一谈，变成一个东西"，[⑤] 历史学派所构建的国民经济学没有得到经济学界的认同。马克思在 1873 年对德国经济学的评价是："在德国，直到现在，政治经济学一直是外来的科学……它作为成品从英国和法国输入；德国的政治经济学教授一直是学生。"[⑥] 在马克思的眼中，历史学派并未创立经济学理论体系，或者说历史学派的国民经济学还算不上经济学理论体系。奥地利学派的门格尔甚至不把历史学派学者视为经济学家，门格尔把经济学划分为三大领

---

① 陈振汉：《步履集》，北京大学出版社，2005，第 140 页。
② 〔美〕约瑟夫·熊彼特：《经济分析史》第三卷，朱泱等译，商务印书馆，2017，第 87 页。
③ 〔美〕约瑟夫·熊彼特：《经济分析史》第三卷，朱泱等译，商务印书馆，2017，第 94 页。
④ 陈振汉：《步履集》，北京大学出版社，2005，第 9、90 页。
⑤ 陈振汉：《步履集》，北京大学出版社，2005，第 100 页。
⑥ 《马克思恩格斯选集》第 2 卷，人民出版社，2012，第 87 页。

域，"首先是有关经济的历史性科学（历史学）和统计学，它们的任务是探究和描述经济现象的个别性质和个别联系；第二类是理论性经济学，其任务是探究和描述经济现象的一般性质和一般联系（即经济现象的规律）；最后一类是国民经济的实用性科学，其任务是探究和描述在国民经济领域中据以采取恰当行动（根据条件的不同）的基本原则（经济政策和财政科学）"①，历史学派充其量是对个别事物的个别考察。门格尔实际上是把经济学划分为三个领域、三个层次、三个类型，其中的经济历史学和经济学属于不同的层次与类型。

二　英国历史经济学：经济史学与经济学并列

1776 年，斯密发表划时代的巨著《国富论》，使古典经济学成为主流。到 19 世纪，主流经济学分化为两支，一支突出斯密的逻辑演绎法，这一支起于李嘉图，集大成者为马歇尔，逐步发展成新古典经济学，并成为西方主流经济学。另一支坚持斯密的历史归纳法。这一支被称为历史经济学，琼斯被称为"英国历史学派的创始人"，② 希尔德布兰德、莱斯利、坎宁安、英格拉姆、休因斯、阿什利是代表人物。英国历史经济学家活跃于 19 世纪后期到 20 世纪初期，他们的最大贡献是使经济史学独立成为一个与理论经济学和应用经济学并列的学科。

与德国历史学派一样，英国历史经济学家对主流经济学家的演绎推理法极为不满。琼斯对李嘉图的演绎法给予猛烈的抨击，"他（李嘉图）必定是一位肤浅的推理者，仅仅从意识出发，只考虑自己的观点、感受和动机，以及个人观察的狭窄领域，并从中进行先验推理，就认为自己应该能够对大型人类团体的行为、进程和财富作出预测"，琼斯主张政治经济学应该在历史与对比性资料的牢固基础上重建。③ 希尔德布兰德认为，经济学的目标

---

① 〔奥〕门格尔：《经济学方法论探究》，姚仲秋译，新星出版社，2007，第 18～19 页。
② 〔英〕杰拉德·M·库特：《英国历史经济学：1870～1926——经济史学科的兴起与新重商主义》，乔吉燕译，中国人民大学出版社，2010，第 40 页。
③ 转引自〔英〕杰拉德·M·库特：《英国历史经济学：1870～1926——经济史学科的兴起与新重商主义》，乔吉燕译，中国人民大学出版社，2010，第 41 页。

在于发现关于经济发展的广泛适用的规律，历史归纳法是发现经济发展普遍规律的最好方法。他认为，能够建立起更加实用的经济科学结构的唯一正确的基础只能是经济史、法律史和统计学。英格拉姆对演绎经济学进行了系统的批判，他认为演绎性经济学有如下缺陷：第一，对经济现象的研究孤立于其他现象，演绎性经济学没有把社会现象包含和吸收进来；第二，概念过于抽象，与实际情况脱节，这些抽象概念中，危害最大的是李嘉图假定"人类的所有激情或动机中唯一能产生经济效果的是对财富的欲望"；第三，演绎性经济学的逻辑结构有问题，演绎推理只能被用来证明归纳得出的结论，"社会现象……非常复杂，依赖于多方面条件"，以至于无法用演绎法对其进行分析；第四，过于抽象的概念使其结论过于脱离实际。经济学研究应该采用归纳法和历史法，这是因为"社会现实的复杂性决定了必须联系历史才能理解"。① 当然，英格拉姆并不是完全否定演绎性经济学，他承认"演绎法在经济学中也能起到积极作用"，即"将演绎法当作一个辅助手段，而不是当作经济学研究的基本科学方法"。②

19 世纪后期，英国主流经济学家和历史经济学家就经济学发展方向问题展开了激烈的争论。主流新古典经济学家认为经济学的发展方向是以演绎经济学为主的经济学，历史经济学家则认为经济学的发展方向是以历史归纳为主的历史经济学。③ 剑桥大学是英国经济学的重镇，两派经济学家在剑桥的争论最为激烈。争论的结果是，以马歇尔为首的新古典经济学战胜了以坎宁安为首的历史经济学，历史经济学在剑桥失利。对

---

① 转引自〔英〕杰拉德·M·库特：《英国历史经济学：1870～1926——经济史学科的兴起与新重商主义》，乔吉燕译，中国人民大学出版社，2010，第 55～56 页。

② 转引自〔英〕杰拉德·M·库特：《英国历史经济学：1870～1926——经济史学科的兴起与新重商主义》，乔吉燕译，中国人民大学出版社，2010，第 58 页。

③ 英国历史经济学家受德国历史学派的影响很深，不少历史经济学家曾留学德国，如坎宁安曾师从施穆勒。英国历史经济学家与德国历史学派学者的观点不尽一致，英国历史经济学家所要构建的历史经济学，是经济理论、经济史、经济思想史、应用经济学的综合，经济史是历史经济学的一个组成部分，不是历史经济学的全部，经济史和经济理论是两个相互作用的独立学科，经济史结论不能替代经济学理论，德国历史学派则混淆经济史与经济学的关系，试图用经济史来替代或改造当时的经济学，把经济史和经济学混淆为同一个东西。见陈振汉《步履集》，北京大学出版社，2005，第 100 页。

第四章　经济史学与相关学科的关系

经济史学有着浓厚兴趣并且取得了丰硕研究成果的经济学家杰文斯①关于经济学学科划分的新观点有力地促进了英国经济史学的崛起。杰文斯认为，应该把经济学划分为三个相互独立的学科，即经济理论、应用经济学和经济史，同时允许各学科运用适合于自身的特定方法开展研究。② 杰文斯关于经济学学科划分的观点得到了历史经济学家的认可。1889 年，坎宁安也提出了类似的观点，他认为："经济研究分为三个部分——纯理论、应用经济学与经济史，这种分法，即使不在本质上至少也可以说在形式上与杰文斯相同。"③ 经济史学成为与经济理论和应用经济学并列的学科，为经济史学的发展提供了更大的空间。1895 年，休因斯出任伦敦政治经济学院院长，休因斯对马歇尔在剑桥大学突出经济理论、忽视经济史的做法颇有微词，他"希望让归纳精神来主导自己创办的学院"。在休因斯的推动下，伦敦政治经济学院"以历史为导向"，"以经济史和应用经济学为中心"，推行一种新的经济学教育模式。④ 为什么经济史和应用经济学被结合在一起呢？当时的经济学界认为应用经济学和经济史在方法论上是相同的，即采取归纳法和统计法。⑤ 由于两者在方法论上的趋同性，应

---

① 杰文斯是"边际主义三杰"之一，他的边际效用分析对现代经济学产生了重大影响。杰文斯还是一个优秀的经济史学家。他通过对英国经济史资料的统计分析，写出其成名著作《煤炭问题》。他的研究发现，英国的工业竞争只能维持一段有限的时间，因为它所依赖的基础——煤炭资源是有限的。1862 年，杰文斯发表《论周期性商业波动》。这篇文章将商业周期与收获期联系起来，较好地解释了经济波动的原因，后人称"这篇文章真正的意义在于用复杂的统计方法从经济史原始资料中归纳出一般经济规律，后来的几位历史经济学家认为，杰文斯是希望从经济史中挖掘出经济理论"。〔英〕杰拉德·M·库特：《英国历史经济学：1870～1926——经济史学科的兴起与新重商主义》，乔吉燕译，中国人民大学出版社，2010，第 24 页。

② 〔英〕杰拉德·M·库特：《英国历史经济学：1870～1926——经济史学科的兴起与新重商主义》，乔吉燕译，中国人民大学出版社，2010，第 24 页。

③ 转引自〔英〕杰拉德·M·库特：《英国历史经济学：1870～1926——经济史学科的兴起与新重商主义》，乔吉燕译，中国人民大学出版社，2010，第 162 页。

④ 〔英〕杰拉德·M·库特：《英国历史经济学：1870～1926——经济史学科的兴起与新重商主义》，乔吉燕译，中国人民大学出版社，2010，第 194～195 页。

⑤ 爱丁堡大学经济史学科创始人尼克尔森认为，"纯粹理论应使用数学方法，而对于应用经济学与经济史，他则提倡使用归纳法和统计法"。〔英〕杰拉德·M·库特：《英国历史经济学：1870～1926——经济史学科的兴起与新重商主义》，乔吉燕译，中国人民大学出版社，2010，第 174 页。

用经济学家在研究现实经济问题时，大都注重从历史中寻找智慧。如莱斯利就认为，要建立解决具体社会问题的应用经济学，唯一途径就是坚持不懈地进行归纳、对比和历史研究。[①]

在历史经济学家的努力下，经济史学于 19 世纪末和 20 世纪初在英国发展成为一门与经济学并驾齐驱的独立学科。令人意想不到的是，成为独立学科的经济史学与经济学的关系不是日益融合而是渐行渐远。[②] 经济学家出于门户之见，有意压缩经济史在经济学领域的发展空间。阿什利沮丧地说："经济学家们认为，只要给我们一小块属于我们自己的田地，就可以让我们保持沉默了；而我们这些谦卑的历史学家们也应当为这一小块没有争议的领地而感激庆幸。"[③] 剑桥大学经济史教授波斯坦在 1938 年的就职典礼上发表题为"社会科学中的历史方法"的演讲，他认为，经济史学的任务是发现和研究经济学家不屑或者不能发现和研究的领域。他举例说，经济理论著作经常用"其他情况不变"的假设来忽略一些问题，这些被经济学家忽略的问题就是经济史学的研究对象。[④]

经济史学在经济学界的领域不断缩小，在历史学界的地位却不断上升。从第二任主席克拉潘开始，英国经济史学会开列的专业参考文献中，历史学书目越来越多，演讲的内容也越来越历史学化。英国经济史学界日益默认自己的历史学性质，淡化了历史经济学家面向现实的研究风格。到 20 世纪 40 年代，不仅新古典经济学家认为经济史学只是为过去时代的经济学和为经济学研究提供历史资料，而且经济史学家也默认了这一点。[⑤] 经济史学

---

① 〔英〕杰拉德·M·库特：《英国历史经济学：1870～1926——经济史学科的兴起与新重商主义》，乔吉燕译，中国人民大学出版社，2010，第 53 页。

② Ashley, W. J., "The Place of Economic History in University Studies," *The Economic History Review*, 1927, 1 (1), p. 4.

③ Ashley, W. J., "The Place of Economic History in University Studies," *The Economic History Review*, 1927, 1 (1), p. 4.

④ Postan M. M., *The Historical Method in Social Science: An Inaugural Lecture*, Cambridge University Press, 1939, p. 19.

⑤ Hicks J. R., Hart A. G., *The Social Framework of the American Economy: An Introduction to Economics*, Oxford University Press, 1945, pp. 10 – 11.

家哈特威尔对20世纪一二十年代的经济史研究和30～60年代的经济史研究做过比较。他发现，前一阶段的经济史研究与经济学关系密切，后一阶段的经济史研究与经济学越来越疏远，经济史学更像历史学，经济史学家对经济学理论和方法也表现得越来越无知；前一阶段的经济史学家对政治抱有极大的兴趣，他们的研究显示了分析和解决现实问题的能力，后一阶段的经济史学家在现实问题的解决上无所作为；前一阶段的经济史学家关注一个国家经济发展的长期变化，后一阶段的学者则更多地关注经济的短期变化和局部变化。[①] 我们认为，这是英国经济史学发展进程中走过的一段弯路，影响深远，教训深刻。

三　美国新经济史学：经济史学从属于经济学

进入20世纪以后，美国逐步取代了英国的世界经济中心地位。与此相适应，世界经济学和经济史学的研究中心也由英国逐步转移到美国。在20世纪上半叶，美国的经济史研究有两支队伍，一支是历史学家，另一支是经济学家。1920年，推崇历史主义方法的米切尔、康芒斯等经济学家创立了美国国民经济研究局。该局学者对经济周期、国民收入、货币政策进行开拓性的经济史研究，取得了一批重要的学术成果。[②] 从解决现实问题的需要出发研究经济史，这发展了英国历史经济学的优良传统。美国国民经济研究局的经济史研究特别注重统计和计量分析，但是反对新古典经济学理论指导下的计量分析。因为米切尔认为，新古典经济学所宣称的普适性理论并不存在。国民经济研究局所研究的问题都是特定

---

① Hartwell R. M., "Good Old Economic History", *Journal of Economic History*, 1973, 33 (1), pp. 28 - 40.

② 主要有米切尔的《经济周期：问题与研究框架》（国民经济研究局1927年版）；米切尔和伯恩斯的《美国经济周期中的生产》（国民经济研究局1936年版）；伯恩斯与米切尔的《测量经济周期》（国民经济研究局1946年版）；库兹涅茨的《1929～1932年的国民收入》（国民经济研究局1934年版）；库兹涅茨的《1919～1938年的国民收入及其构成》（国民经济研究局1941年版）；弗里德曼与施瓦茨的《1867～1960年美国货币史》（普林斯顿大学出版社1963年版等）；参见关永强：《从历史主义到计量方法：美国经济史学的形成与转变（1870～1960）》，《世界历史》2014年第4期。

历史条件下的经济问题，新古典经济学理论并不适用于他们所要研究的问题。如果根据既有的新古典经济理论来确定统计指标，再以此为基础进行统计研究，其结果只会是循着既定的逻辑去给这些指标赋值，而无法发现新的理论。[①] 米切尔、伯恩斯、库兹涅茨、弗里德曼、施瓦德都是国际上久负盛名的经济学大师，他们的经济史研究在方法论上主要属于经济学范畴，他们的经济史论著也属于经济学范畴，他们的探索为日后经济史学在美国回归经济学奠定了基础。

20世纪50年代，美国经济学界掀起了一场"形式主义革命"，结果是数量分析成为美国经济学的主要形式。与此相适应，以计量分析为主要特征的美国新经济史学在20世纪60年代迅速崛起。1960年12月，主题为"经济史中的定量方法"学术研讨会在美国普渡大学召开。此次会议激发了人们运用计量方法研究经济史的兴趣。在诺思、福格尔、格申克龙、帕克等人的推动下，计量方法逐步被广泛地应用于分析经济效率、美国铁路与经济增长、奴隶制等问题，并取得了传统经济史学无法企及的成绩。新经济史学家在方法论上的主要特征是"将经济理论和定量分析方法运用于经济史研究中"。这主要体现在两个方面："一是通过理论来决定究竟哪些内容需要计量，二是用经济理论来指导间接计量中数据的转化和换算问题。"[②] 福格尔对此做过形象的比喻：新经济史学"产生于历史问题和先进统计分析的结合，在这里，经济理论是女傧相，计算机是男傧相"。[③] 他还对新经济史学与传统经济史学在方法论上的区别做了比较。他认为，新旧经济史学家都很注重使用数据，但是"以往的经济史学家主要限于阐述从标准史料中发现的数据，并或多或少保留了原来的形式，很少进一步改造这些数据，因此无法阐明'严格意义上的经济分析概念'"。"新经济史研究中最关键的问题是，作为计量基础的理论在逻辑和经验上能否得

---

① 〔美〕米切尔：《经济学的定量分析》，《美国经济评论》1925年第1期。

② 孙圣民：《历史计量学五十年：经济学和史学范式的冲突、融合与发展》，《中国社会科学》2009年第4期，第146页。

③ Fogel R. W., Elton G. R., *Which Road to the Past? Two Views of History*, Yale University Press, 1983, p. 2.

到验证，在这方面，恰当地设计模型是极其重要的。"① 美国经济史学家德赛在谈及新经济史方法论时指出："新经济史的特点在于用数学公式把使用经济学理论得出的结论变成可以验证的形式，并通过统计方法加以检验。因此，新经济史研究方法的目的是要建立一种明确的模式，并试图从统计学的角度来计算该模式中的各种关系。"② 很明显，新经济史学与国民经济研究局经济史研究的相似之处是都运用计量分析法，不同的是前者把经济理论和计量分析结合起来，后者则反对运用经济理论。③ 福格尔就 19 世纪后期铁路对美国经济增长的影响进行了开拓性研究，所采用的研究范式和方法就是新古典经济学的范式与方法。福格尔说："新经济史方法论的根本特点是试图根据行之有效的假设——演绎模式，来全面归纳对经济发展过程的解释。"④ 新经济史学与新古典经济学不同的只不过是研究对象而已，新经济史学家研究历史问题，新古典经济学研究现实问题。福格诺思在早期的经济史研究中也是奉新古典经济学范式为圭臬，并且努力使他的经济史研究实现与新古典经济学一致。在《西方世界的兴起》一书中，诺思说："本书的革命性在于我们发展了一种复杂的分析框架用来考察和解释西方世界的兴起；这个框架与标准的新古典派经济理论保持一致并互为补充。"⑤ 新经济史学的方法论和表

---

① Fogel R. W. ，"Discussion：Paper and Proceedings of the Seventy-sixth Annual Meeting of the A-merican Economic Association"，*The American Economic Review*，1964，53（3），pp. 378，381.

② Desai，M. ，"Some Issues in Econometric History"，*The Economic History Review*，1968，21（1），p. 2.

③ 诺思曾说："新经济史学力图发展为一种更加科学的历史学，其决定性贡献是强调理论——尤其是价格理论的系统应用。新经济史学的决定性特征为理论模型和统计检验过程的系统运用。我和麦克洛斯基的分歧在于，我认为大部分新经济史学简单地将新古典经济学应用于过去。这是一种贡献，但收益很快会递减，最终留给经济学家这样一种信念：就这门学科而言，我们不是可有可无就是无足轻重的。"从诺思话中可以清楚地看到，新经济史学在产生之初，就是用新古典的理论与范式研究历史问题。North D. C. ，"Comment on McCloskey，Cohen，and Forster Papers"，*Journal of Economic History*，1978，38（1），pp. 77，78.

④ Fogel R. W. ，"The New Economic History：Its Findings and Methods"，*The Economic History Review*，1966，19（3），p. 656.

⑤ 〔美〕诺思、托马斯：《西方世界的兴起》，厉以平等译，华夏出版社，1999，第 1 页。

达方式很快得到了主流经济学的认可而重归经济学门下。在凯恩克劳斯看来，新经济史学和经济学已经实现了高度融合，经济史学研究过去的经济运行，经济学研究现实的经济运行，两者只有时间上的区别，如果一个人想认识现在的经济运行状况和预测未来的经济运行状况，就必须搞清楚过去的经济运行状况。① 彼得·特明说得更加明白："新经济史之所以新就在于它与经济学有密切关系。旧经济史是历史学的一枝（支），而新经济史是经济学的一枝（支）。"②

20 世纪五六十年代，新经济史学家为了使新经济史学尽快融入新古典经济学之中，不仅在方法论上坚持新古典经济学方法，而且研究目的也是验证新古典经济学理论。1957 年，索洛提出技术进步促进经济增长的理论模型，诺思和福格尔从经济史视角对新古典增长理论进行验证。诺思探讨了 1600～1850 年海洋运输生产率的变化。福格尔对铁路与美国经济增长进行探究。他们的研究都发现，技术进步对经济增长并不能产生根本性影响。③ 在验证新古典理论的过程中，诺思发现，被新古典经济学家忽略的制度因素对经济增长至关重要，新古典经济学关于制度既定的理论假设存在明显的缺陷。这样一来，新古典经济学在解释经济史方面也存在缺陷。基于这种认识，20 世纪 70 年代以后，诺思"不再满足新经济史学依附于新古典经济理论的状况"。1973 年，他在就任美国经济史学会会长时做的题为《超越新经济史》的演讲中指出，新古典经济理论对于经济史学家来说有两大缺陷："一是它的目的不在于解释长期的经济变化，另一是即使它试图解释这个问题，它提供的答案也有相当大的局限性。"④ 诺思所讲的"超越新经济史"，实际上就是超越新古典经济

---

① Cairncross A. K. , "In Praise of Economic History", *The Economic History Review*, 1989, 42（2）, pp. 173 - 185.

② 转引自隋福民：《创新与融合：美国新经济史革命及对中国的影响（1957～2004）》，天津古籍出版社，2009，第 29 页。

③ 孙圣民：《历史计量学五十年：经济学和史学范式的冲突、融合与发展》，《中国社会科学》2009 年第 4 期，第 145 页。

④〔美〕道格拉斯·C. 诺思：《经济史上的结构和变革》，厉以平译，商务印书馆，1992，第 iii 页。

理论的缺陷。在此后的研究中，诺思继续运用新古典经济学范式，但不再迷信新古典经济学范式，而是根据历史事实对新古典经济学理论进行修正。譬如，新古典经济学假设"社会是一个无摩擦的社会，在这种社会中，制度不存在……获得信息的成本、不确定性和交易成本都不存在"。① 诺思发现这些假设都不符合历史事实。于是，诺思根据历史事实对新古典理论假设进行了修订。诺思从新的理论假设出发，运用交易成本、公共产品、相对价格、契约理论等工具，对人类经济史特别是制度变迁史进行了考察，在此基础之上构建以产权理论、国家理论和意识形态理论为内核的制度变迁理论体系。诺思的"制度变迁理论沿用的仍是新古典主义经济学的研究范式，但他进一步扩展了其研究对象，将新古典主义经济学很少涉及的国家和意识形态纳入进来"。② 诺思在经济史中抽象出制度变迁理论，推动了新制度经济学的发展，这是经济史研究可以出新的理论的一个范例。这项研究成果同时实现了新经济史学与新制度经济学的融合。诺思的制度变迁理论"促使历史计量学（新经济史学的另一名称）在经济学中的学科地位得以提升，历史计量学成功地发展成为新制度经济学——这门理论经济学——的一个应用分支"。③ 诺思的制度变迁理论是对新古典经济学的超越，这种超越使诺思由一个经济史学家转变成为一个经济学家，这似乎在昭示：新经济史学的最终归宿就是发展成为一门经济学理论，或者说，新经济史学使经济史彻底消融在经济学理论之中。陈振汉说："在美国，60～70年代新经济史学派要出来叫嚷用经济学理论和方法替代经济史。"④ 陈振汉所讲的"代替"实际上就是把经济史消融在经济学之中。

---

① 〔美〕道格拉斯·C. 诺思：《经济史上的结构和变革》，厉以平译，商务印书馆，1992，第7页。
② 孙圣民：《历史计量学五十年：经济学和史学范式的冲突、融合与发展》，《中国社会科学》2009年第4期，第149页。
③ 孙圣民：《历史计量学五十年：经济学和史学范式的冲突、融合与发展》，《中国社会科学》2009年第4期，第154页。
④ 陈振汉：《西方经济史学与中国经济史研究》，《中国经济史研究》1996年第1期，第1页。

对新经济史学家把经济史消融到经济学之中的做法，各界的评价不一。福格尔认为这成功地实现了经济史学和经济学的再度融合与统一，使经济史学重归于经济学门下。① 主流经济学家并不这么认为。如索洛认为，以计量分析为主要特征的新经济史学和那些经济学研究同样地使用积分、同样地回归、同样地用统计量来代替思考……这种经济史学远不是提供给经济理论家们一个更广阔的视野而只是在回敬给经济学家们同样的一碗粥，"经济学没有从经济史那里学习到什么，经济史从经济学那里得到的和被经济学损害的一样多"。② 诺思也承认计量史学总体上已经令人失望了。③ 美国经济史学家哈特维尔更是旗帜鲜明地反对"崇拜计量方法这个女财神的圣像"，认为经济史学的出路不是计量史学，而是回归"优秀的老经济史学"。④

四 主流经济学：经济史学服务于经济学

主流经济学的创始人斯密把经济史和经济学有机地结合在一起。英国经济史学家昂温曾说："《国富论》没有任何一页是把经济学理论和历史事实分开的，斯密实现了经济学和经济史的统一。"⑤ 西方主流经济学自 "李嘉图以后的一种传统风气是理论脱离历史实践经验"。英国经济史学家克拉潘于 1932 年在《经济史杂志》上发表《论经济空盒》一文，批评主流经济学理论是一个没有历史内涵的 "经济空盒"。当然，在西方主流经济学家群体中，也不乏重视经济史研究的学者，但总体而

---

① 〔美〕福格尔：《历史学和回溯计量经济学》，王薇译，《国外社会科学》1986 年第 8 期，第 51～55 页。

② 〔美〕索洛：《经济史与经济学》，转引自吴承明：《经济学理论与经济史研究》，《中国经济史研究》1995 年第 1 期，第 4 页。

③ North D. C., "The State of Economic History", *American Economic Review*, 1965, 55 (1/2), p. 86.

④ R. M. Hartwell, "Good Old Economic History", *The Journal of Economic History*, 1973, 33 (1), p. 28.

⑤ Unwin, G., *Studies in Economic History: The Collected Papers of George Unwin*, Royal Economic Society, 1927, p. 18.

言，"经济史研究者好像变成其他学科的服务者……特别是研究经济理论的人，认为研究经济史的人应为其理论观点提供材料、进行历史的论证"。[①] 在主流经济学家的眼中，经济学与经济史学之间的主从关系，经济史学是经济学的"服务生"，当经济理论需要历史做支撑时，经济史就应为经济学提供历史材料。

马歇尔是新古典经济学的集大成者，他在剑桥大学建立了世界上第一个经济学系，经济学从人文科学和历史学科的一门必修课发展成为一门独立的学科。1890 年，马歇尔出版的《经济学原理》一书被誉为继《国富论》之后最伟大的经济学著作。前文已述及，马歇尔既不赞同把经济学发展成为以归纳为主的历史经济学，也不赞同把经济史学发展成为与经济理论并列的独立学科，但这并不表明马歇尔不重视经济史。在马歇尔看来，经济理论如果脱离了经济史，就容易犯错误。1884 年，马歇尔明确指出古典政治经济学理论存在很多错误，其原因就是"依据的史实不完整，也没用经过统计数据的更正"。[②] 马歇尔"自称对历史抱有无比浓厚的兴趣"。他在撰写《经济学原理》时考虑到了历史和制度因素，搜集了大量历史资料来论证他的理论。[③] 不过，在马歇尔的眼中，经济史不能与经济理论平起平坐，经济史仅仅是"经济理论的婢女"。[④] 坎宁安认为马歇尔的这种做法并不是表明他真正重视经济史，仅仅是"从当前的角度观察经济史，挑选过去发生的一些事件来'引作现代经济理论的

---

① 陈振汉：《步履集》，北京大学出版社，2005，第 29 页。

② 〔英〕杰拉德·M·库特：《英国历史经济学：1870～1926——经济史学科的兴起与新重商主义》，乔吉燕译，中国人民大学出版社，2010，第 141 页。

③ 熊彼特对马歇尔的经济史学功底给予了很高的评价："虽然马歇尔可能算不上什么历史专家，但他确实是个一流的经济史学家。而他对史实的掌握以及他头脑中所具备的分析习惯，并不停留在一些支离破碎的成分上，而是形成一个非常严密的整体，即将活生生的事实归纳成原理，再将原理运用到纯粹的历史研究中"。〔美〕熊彼特：《从马克思到凯恩斯》，韩宏等译，江苏人民出版社，1999，第 78 页。

④ 〔英〕杰拉德·M·库特：《英国历史经济学：1870～1926——经济史学科的兴起与新重商主义》，乔吉燕译，中国人民大学出版社，2010，第 156 页。

例证'"。① 这一点，马歇尔的学生也承认："马歇尔似乎主要只是把历史当作一件工具来对待，他用历史来维护他关于当前经济问题的观点。"② 马歇尔对待经济史的态度遭到了历史经济学家的批判。坎宁安就说："经济学家（马歇尔）不让它（经济史）独立发展；但是，他们又不严肃对待它，而是将其得出的一些结论掺入经济传统主体这个奇怪的混合物；其结果就是对经济史的滥用。"③ 阿什利也毫不客气地说："马歇尔可能是英国最优秀的理论家，但同时他却是一位差劲的史学家。"④ 也许是因为历史经济学家批判的缘故，马歇尔在《经济学原理》第二版里中删除了大量经济史内容。

在 20 世纪上半叶的西方经济学家群体中，熊彼特⑤应该是历史功底很深厚、对历史的重要性理解很深刻的学者。他对经济史的重要性做了深刻的阐述："如果一个人不掌握历史事实，不具备适当的历史感或所谓历史经验，他就不可能指望理解任何时代（包括当前）的经济现象"；"历史的叙述不可能是纯经济的，它必然要反映那些不属于纯经济的'制度方面的'事实：因此历史提供了最好的方法让我们了解经济与非经济的事实是怎样联系在一起的，以及各种社会科学应该怎样联系在一起"；"我相信目前经济分析中所犯的根本性错误，大部分是由于缺乏历史的经

---

① 转引自〔英〕杰拉德·M·库特：《英国历史经济学：1870～1926——经济史学科的兴起与新重商主义》，乔吉燕译，中国人民大学出版社，2010，第 168、169 页。

② 转引自〔英〕杰拉德·M·库特：《英国历史经济学：1870～1926——经济史学科的兴起与新重商主义》，乔吉燕译，中国人民大学出版社，2010，第 166 页。

③ 转引自〔英〕杰拉德·M·库特：《英国历史经济学：1870～1926——经济史学科的兴起与新重商主义》，乔吉燕译，中国人民大学出版社，2010，第 164 页。

④ 转引自〔英〕杰拉德·M·库特：《英国历史经济学：1870～1926——经济史学科的兴起与新重商主义》，乔吉燕译，中国人民大学出版社，2010，第 122 页。

⑤ 熊彼特是美籍奥裔学者，学术成就卓著，被推崇为"全世界三四个最伟大的经济学家之一"，熊彼特的学术成就可与凯恩斯比肩。但熊彼特认为"经济学不是哲学而是科学。因此，在经济学领域里不应当存在学派"，因此，熊彼特自己没有建立一个学派，也不刻意加入哪个学派。他赞赏德国历史学派同时又对法国数理经济学家瓦尔拉斯推崇备至，他重视从经济史中抽象经济理论同时又对计量经济学赞赏有加。整体而言，熊彼特属于主流经济学的阵营。陈振汉：《熊彼特与经济史学》，载《步履集》，北京大学出版社，2005，第 271～295 页。

验，而经济学家在其他条件方面的欠缺倒是次要的"。正因为经济史如此重要，熊彼特表示："如果我重新开始研究经济学，而在这三门学科中（历史、统计和理论）只许任选一种，那么我就选择经济史。"① 熊彼特很重视经济史，但并不意味着他要改变经济学与经济史的主从关系。实际上，他还是在主从关系的框架内来看待经济史的重要性，即一方面经济史所赋予的历史感可以帮助人们更好地理解经济现象，另一方面经济史提供了了解经济与非经济事实如何联系在一起的方法。熊彼特与别的经济学家不同的是，他更加突出经济史的"从"的地位，而别的经济学家连经济史的"从"的地位都忽略了。这一点，陈振汉做了精辟的阐述："熊彼特不只是用历史经验材料来反复检验自己的理论假设、推论和结论，而且根据这种材料来选择他的研究题目和构造最初的想象或假设。……认为一个理论模型从选题和最初设想至最后完成的整个塑造过程都必须以经济史实为依据。这也就是说，经济史除了要为理论服务以外，还更要对理论起启发、引导、左右和检验评价的作用。……熊彼特自称他的《经济周期》是用理论、历史和统计三结合的方法所塑造的一个'理论'模型。"②

　　希克斯是二战以后崛起的著名经济学家。他在一般均衡理论和福利理论方面取得了卓越的成就，1972 年获得诺贝尔经济学奖。希克斯很重视经济史研究，早年在南非讲授过英国中世纪经济史，在伦敦大学任教时与经济史学家波斯坦交往颇深。希克斯在 1942 年出版的《社会框架：经济学导论》一书中指出，经济史学是过去时期的应用经济学，过去的应用经济学则是当代的经济史学。③ 1969 年，希克斯出版《经济史理论》一书。这是希克斯撰写的唯一一本以"经济史"命名的著作。《经济史理

---

① 〔美〕约瑟夫·熊彼特：《经济分析史》第一卷，朱泱等译，商务印书馆，1991，第 29 页。

② 熊彼特的《经济周期》一书出版于 1939 年。当时研究经济周期的著述颇多，但是研究经济周期的不是理论研究就是统计研究。熊彼特的独特之处在于他的经济周期研究是历史研究。该书的副标题"对于经济发展过程的一个理论的、历史的和统计研究"对此做了明确的标示。陈振汉：《社会经济史学论文集》，经济科学出版社，1999，第 575 ~ 578 页。

③ 陈振汉：《西方经济史学与中国经济史研究》，《中国经济史研究》1996 年第 1 期，第 1 页。

论》的内容并不是探究经济史学的相关理论，而是用经济学理论探究市场的演变过程，是一部关于市场演变史的理论著作。希克斯写《经济史理论》一书"是为了验证其关于有组织的市场在历史上的地位和状况假说的"。① 也就是说，希克斯研究市场演变史是为了论证市场经济理论，这是他与同时代主流经济学家的不同之处，也是他的高明之处。在《经济史理论》一书中，希克斯把"自由放任"和"集中干涉"置于市场经济演变的各个历史阶段，用历史来验证关于"自由放任"和"集中干涉"的经济理论。希克斯自称把经济学和经济史结合起来是受到了马克思的启发："马克思从他的经济学中确曾得出某些总的概念，他把这种概念应用于历史，因此他在历史中发现的模式在历史以外得到了某种支持。这更是我要努力去做的那种事。"② 希克斯晚年称，在他一生的著作中，《经济史理论》一书是他最为满意的。

索洛是当代著名的新古典经济学家。他的卓越贡献在于提出了新古典经济增长模型。1985 年，索洛在《美国经济评论》上发表了一篇题为《经济史与经济学》的短文。这篇文章的主旨是批评新经济史学对新古典经济学的滥用。在经济学与经济史学主从关系的框架内，索洛认为经济学和经济史学各有自己独立的作用，"经济学家专注于按照经济世界现在的样子或者我们认为的样子构造和检验模型。经济史学家试图回答这样或那样的图景是否适用于早期或者其他地方，如果不适用，其原因是什么。这样，经济史学家可以运用经济学家提供的工具，但是需要另外具备想象事物在成为现在这个样子之前是什么情况的能力……反过来，经济史学家能够提供给经济学家对社会安排多样性和可变性的敏感，尤其是对经济行为和其他经济制度之间相互作用的更好的理解"。③

在西方国家的经济学界，自 19 世纪后期以来，新古典经济学的主流

---

① 宋士云：《浅谈希克斯的经济史观与研究方法——希克斯〈经济史理论〉解读》，《理论学刊》2005 年第 6 期，第 13 页。

② 〔英〕约翰·希克斯：《经济史理论》，厉以平译，商务印书馆，2017，第 2 页。

③ Solow R. M.，"Economic History and Economics"，*American Economic Review*，1985，75（2），p. 331.

地位不可撼动，经济史学的从属地位同样也难以改变，主流经济学家关于经济学与经济史学的主从关系的定位，经济史学家不得不接受，剑桥大学经济史教授波斯坦承认："经济史的作用不过是为经济理论的逻辑推理提供背景材料，以使得这种理论有血有肉，比较符合实际。"①

五　中国经济学界：经济史学是经济学的源泉说和基础说

在中国经济学界，多数经济学家和多数经济史学家长期缺乏有效的互动。从事理论经济学和应用经济学研究的学者普遍对经济史抱有某种轻视，认为经济史学是历史学的专门史而非经济学的基础学科，故而很少有人去深入思考经济史学与经济学的关系。也正是由于这种轻视，多数经济学家患有比较严重的"贫史症"。② 他们对经济史学缺乏比较深入的理解，当然也就没有能力去缕析经济史学与经济学的关系。具有较为深厚的经济学功底的部分经济史学家如吴承明、陈振汉等人，从 20 世纪八九十年代起就开始思考经济史学与经济学的关系。1984 年，我们曾提出"经济史学是理论经济学的基础"。③ 1988 年，又提出"经济史是经济学的基础学科，离开了经济史，即离开了对经济发展过程的研究，是不能抽象出正确表述经济规律的理论的"。④ 赵德馨对此做过一些论证。在此之前，严中平在《科学研究方法十讲——中国近代经济史专业硕士研究生参考讲义》第一讲中提出"历史出科学"的命题。⑤ 在此之后，习近平在《致中国社会科学院中国历史研究院成立的贺信》（2019 年 1 月 2 日）中做出"历史研究是一切社会科学的基础"的论断。我们可否从这个论断中得到"经济历史研究是一切经济科学的基础这样的认识"？

① 陈振汉：《步履集》，北京大学出版社，2005，第 276 页。
② 刘福寿：《中国经济学患有"贫史症"》，《经济学家茶座》2004 年第 1 期，第 64 页。
③ 赵德馨：《"经济史学概论"教学大纲》，1984 年校内铅印本，第 7 页；赵德馨：《经济史学概论文稿》，经济科学出版社，2009，第 553 页。
④ 赵德馨主编《中华人民共和国经济史纲要》，湖北人民出版社，1988，第 7 页。
⑤ 严中平：《科学研究方法十讲——中国近代经济史专业硕士研究生参考讲义》，人民出版社，1986，第 3 页。

1995 年，吴承明在《经济学理论与经济史研究》一文中指出，经济史"应当成为经济学的源，而不是经济学的流"。"经济学理论是从历史的和当时的社会经济实践中抽象出来的，但不能从这种抽象中还原出历史的和当时的实践。"① 经济史之所以是经济学的源，乃是因为历史和现实的经济实践是经济理论的源头。吴承明所提出的经济史与经济学的"源流"关系说，得到中国经济史学界很多学者的认可，并从不同的方面对其予以解释。

陈振汉指出："经济史对经济理论的关系，是知识的关系，也是方法的关系。一些重要的经济理论或学说的形成是根据经济史。"②

高德步从经济学理论假设的构建视角阐释了经济史与经济学的"源流"关系，"经济学说史是经济学本身的发展历史，可以说它是经济学的流，而经济史是经济学的源"。经济史何以成为经济学的"源"呢？在高德步看来，经济学理论建立在假设的基础之上，而假设又以经验和事实为基础，经验和事实蕴含于经济史之中。"当一项假设被经验证伪后，理论还需要一种新的假设，而这种新的假设仍必须从经验和事实中产生。所以，经济史将继续成为经济学理论更新假设的来源。"③

董志凯从理论价值的视角对经济史与经济学的"源流"关系做了进一步的阐述。她认为，经济史之所以是经济学的源，主要是因为"经济理论来自经济史"，"只有能够说明经济史的经济理论才是有意义的"，脱离了经济史的经济理论必然不能对一个国家的经济发展过程做出合理的解释，这样的经济理论再高深也是没有意义的。④

易棉阳从经济理论创新视角对"源流"关系进行解读，认为，经济史是经济学的源可以理解为"经济史是推动经济理论不断创新的源泉"，经济史对经济理论创新的推动作用体现在两个方面：一是通过经济史研

---

① 吴承明：《经济学理论与经济史研究》，《经济研究》1995 年第 4 期，第 3、6 页。

② 陈振汉：《步履集》，北京大学出版社，2005，第 17 页。

③ 高德步：《经济史与经济学》，《经济学家》1998 年第 5 期，第 76 页。

④ 董志凯：《经济史与经济学的"源"、"流"之辩》，《中国经济史研究》2006 年第 1 期，第 6~7 页。

究可以创新经济理论（出新理论），二是通过经济史研究推动经济理论的创新（原有理论的创新）。①

刘巍认为，吴承明的"经济史应当成为经济学的源"的观点，体现了经济史研究的最高境界，即"修正、补充或构建经济学理论"，就是说，经济史研究可以对现有经济学理论进行修正和补充，还可以以经济史为基础直接构建经济学理论。②

马克思在撰写《资本论》时，对英国经济史做了深入的考察，他研读过的经济史著作主要有麦克拉伦的《通货简史》、伊登的《贫民的状况，或英国劳动者阶级从征服时期到现在的历史》、福赛特的《英国工人阶级的状况》、威德的《中等阶级和工人阶级的历史》、罗伯茨的《过去若干世纪英国南部各郡人民的社会史》、塔克特的《劳动人口今昔状况的历史》、罗杰斯的《英国的农业史和价格史》、基塞耳巴赫的《中世纪世界贸易史和欧洲社会生活的发展》、安德森的《商业史》、图克的《一八三九——一八四七年的价格和流通状况的历史》、华尔顿的《大不列颠和爱尔兰土地占有史》，等等。马克思以这些著作为基础，经过科学的抽象，创立了马克思主义政治经济学。正因为如此，恩格斯说："这个人的全部理论是他毕生研究英国的经济史和经济状况的结果。"③ 马克思之所以能写出《资本论》，首先因为他"是一位杰出的经济史学家"。④ 党的十八大以后，中国经济学界努力构建中国特色社会主义政治经济学。学界已经深刻地意识到，构建中国特色社会主义政治经济学必须加强经济史研究。2015 年 11 月，经济学家和经济史学家首次联袂举行"经济与历史：在中国经济学中如何加强历史研究和教学学术研讨会"。包括经济学

---

① 易棉阳：《论经济史与经济学的关系》，《湖南工业大学学报》2008 年第 6 期，第 107 ~ 108 页。
② 刘巍：《对"经济史应当成为经济学之源"理念的思考：谨以此文纪念吴承明先生》，《广东外语外贸大学学报》2015 年第 2 期，第 5、8 页。
③ 《马克思恩格斯文集》第 5 卷，人民出版社，2009，第 35 页。
④ 〔美〕诺思：《理解马克思是值得的吗?》，转引自郭广迪：《诺贝尔经济学奖得主谈马克思》，《中国社会科学报》2013 年 10 月 21 日，第 A07 版。

家在内的与会学者支持吴承明关于"经济史是经济学的源而不是流"的观点。逄锦聚认为，经济学理论是对经济实践的经验总结，实践经验由历史经验和现实经验组成，历史是最好的营养剂，经济学离开了历史，就失去了根基。林岗认为，经济学理论是对经济历史规律的总结，任何规律都不能超越历史。[①] 2017 年 7 月，顾海良撰文指出，中国特色社会主义政治经济学要有经济史和经济思想史的学理基础，"中国特色社会主义政治经济学的理论研究不能脱离中华人民共和国经济史和中国共产党经济思想史或中国社会主义经济思想史的研究，要在'一论二史'（即政治经济学理论、经济史和经济思想史）的结合中推进中国特色'系统化的经济学说'的发展"。[②] 经济史与经济学的"源流"关系逐渐成为经济学界和经济史学界的共识。这种共识的形成，将有助于经济史研究的深入和中国特色社会主义政治经济学理论体系的构建。

我们认为，在讨论经济史学与经济学的"源流"关系问题时，有两点值得注意。

第一，必须明确实践是理论的源泉，因而要从两个层次来认识这种"源流"关系。经济史（客观存在的经济实践过程）是经济史学（人们通过科学研究实践认识客观存在的经济实践过程所获得的科学知识）的"源"，经济史学是经济史的"流"。这是一个层次的"源流"关系。经济史学是经济学的"源"，这是另一个层次的"源流"关系。如果没有经济史学对经济实践过程的研究和归纳，就不可能产生科学的经济学理论。据此，一般地说"经济史是经济学的源"在表述上值得推敲，比较确切的提法可能是"经济史学是经济学的源"。

第二，经济史学要成为经济学之源是有条件的。这些条件甚多，其中重要的有三个。

---

① 参见黄淳、李黎力：《用历史的智慧开创中国经济学的未来："经济与历史：在中国经济学中如何加强历史研究和教学学术研讨会"纪要》，《中国社会科学报》2015 年 11 月 26 日，第 8 版。

② 顾海良：《"一论两史"：中国特色"系统化的经济学说"的学理依循》，《光明日报》2017 年 7 月 11 日，第 13 版。

第四章　经济史学与相关学科的关系

一是时间的对应。经济史学与经济学研究的对象都是人类社会经济生活的实践，因此同属于为经济学科门类（广义的经济学，"大经济学"）。这是考察二者关系的一个基本出发点。二者之所以在经济学科门类中区分为不同分支学科，原因之一是因为研究人类社会经济生活实践的不同时段，理论经济学（经济学）偏重研究现在阶段的（现实经济问题），经济史学偏重研究过去阶段的（历史经济问题）。这是考察二者关系的另一个基本出发点。这就产生了二者相互作用的时间对应问题。马克思研究英国的经济史与经济现状，对他建立以英国为典型来解剖资本主义经济形态的经济理论有益。王亚南研究 20 世纪 40 年代以前的中国经济史和 20 世纪 40 年代的中国经济现状，对他撰写《中国经济原论》、建立中国半殖民地半封建经济形态的经济理论有益。如上文提到的顾海良的观点，研究中华人民共和国经济史和经济现状，对建立中国特色社会主义政治经济学有益。经济史学的研究成果只对时间上相对应的经济学有益。如果将中国经济史研究的下限定于 1949 年，其研究成果对建立中国广义政治经济学理论是有益的，对建立关于当代中国的经济理论则益处不大，甚至是无益的。研究当代经济理论的人因为从中得不到自己有用的理论，而可能对它们不会感兴趣。在中国，经济学研究的是 1949 年之后，特别是 1979 年之后的中国经济。所以不是所有的经济史研究成果都是经济学之源。所以，经济史学家在说自己的研究成果是经济学之源时，要慎之又慎。

二是理论的对应。经济史学出多种理论，经济学之源有多种。经济史学可以出经济学种理论，还可以出历史学理论、社会学理论、地理学理论，军事经济史可以出军事学理论，艺术经济史可以出艺术理论，等等。不是所有的经济史学出的理论都可以成为经济学之源。经济学之源，从根本上讲是人类的经济实践。从研究工作的直接源头来说，以当前中国经济学家最关心的中国特色社会主义政治经济学为例，主要是对当代经济现状的研究，其他还有马克思主义经济理论，西方经济学理论、中华人民共和国经济史学与中华人民共和国经济思想史学、中国的和外国的传统经济学，等等。经济学之源也不只有经济史学这一种。总之，经济史学家在说自己的研究成果是经济学之源时，要慎之又慎。

三是经济史学的研究成果要出经济理论，才能成为经济学之源。如果经济史学的研究成果只是考证了历史上某个经济事物的真实状况而没有得出经济理论性结论、经济理论观点或经济理论，这对经济史学是有用的，对历史学也是有用的，但对经济学没有什么帮助，它成不了经济学之源。德国经济史学家布克尔（Buckel）认为经济史学属于史学，他说："无理论之史家恒为理论之奴役。"① 还是这句话：经济史学家在说自己的研究成果是经济学之源时，要慎之又慎。

第二节　经济史学与历史学

经济史学和历史学两门学科的名称中都有一个"史"，都是研究特定时间、特定空间的历史现象与规律。德国新历史学派学者施穆勒指出，经济史是"历史学中经济考虑与经济学中历史考虑的推动"的结果。② 经济史的内涵包括两层含义：一是历史上的经济，二是经济的历史。前者主要属于历史学范畴。后者主要属于经济学范畴。作为独立学科的经济史学，首先是从经济学中分立出来，因而它是建立在第二层含义的基础之上。但第一层含义是第二层含义的基础，这就决定了作为独立学科的经济史学与历史学有着千丝万缕的联系。

一　经济史研究要接受历史哲学的指导

历史哲学这个概念出现很早，但它上升为一门学问则始于1765年伏尔泰出版的《历史哲学》。在这本书中伏尔泰指出，历史哲学"就是寻求

---

① 转引自罗仲言：《经济史学原论》，经济新潮社，1947，第108页。
② 转引自〔英〕杰拉德·M·库特：《英国历史经济学：1870～1926——经济学科的兴起与新重商主义》，乔吉燕译，中国人民大学出版社，2010，第117页。

在其整体上理解历史、理解支配历史的那些原则及它可能隐含的意义"。①
经济史学研究的是经济的历史，必须接受历史学哲学的指导。

　　根据讨论问题方式的差异，历史哲学分为思辨的历史哲学与分析的
历史哲学两大流派。思辨的历史哲学，就是把历史当作一个整体来把握，
历史学家的任务就是在纷繁芜杂的历史事实中找出原则和规律，在此基
础上阐明历史的整体性意义。黑格尔、汤因比、斯宾格勒、孔德是思辨
的历史哲学的杰出践行者。分析的历史哲学就是对人类认识历史的能力
进行批判，又称批判的历史哲学。如果说思辨的历史哲学关注的是历史
本身的话，分析的历史哲学关注的是人们如何认识历史。至于历史本身
是什么、历史自身是怎样运动的等问题，则不是分析的历史哲学关注的
重点。

　　经济史研究首先要接受思辨的历史哲学的指导，经济史学不仅要真
实地还原历史真相，更重要的是从整体上探求经济历史的演变规律，从
而为当前和今后的经济建设提供历史的启迪和借鉴。多数中国经济史学
研究工作者偏重对历史事件的微观研究，对于长时段的整体性研究注意
不够，这是中国经济史学的短板。分析的历史哲学对于经济史研究的指
导意义在于，可以让经济史学者明白采用什么方法去认识经济史。西方
经济史学之所以走在前列，其原因不在于西方经济史学的题材比中国丰
富，而在于西方经济史学家认识经济史的方法似乎比中国经济史学家要
高明一些，这一点值得我们学习。

　　历史主义是历史哲学的重要内容，也是历史学的根本方法论。19 世
纪，孔德和穆勒创造了实证主义史学。实证主义在德国演变成为历史主
义，所以历史主义和实证主义是同义词。历史主义认为，历史学成为科
学的前提条件是确定事实，即真实地再现过去。要真实地再现过去，必
须对史料进行考据。兰克史学是 19 世纪实证主义史学的代表。兰克就非
常重视史料考证。中国历史学具有实证的传统。乾嘉学派就是专长于史

---

　　①　转引自张文杰：《历史哲学综论》，《江海学刊》1999 年第 1 期，第 75 页。

料考据的学派。民国时期的史料学派继承了乾嘉学派的考据传统，把史料考据提高到前所未有的高度，甚至提出"史料即史学"的口号。经济史学的基础功能是求真，即还原历史真相。要实现求真功能，就必须坚持历史主义，在史料上下功夫。

最初的历史哲学认为，历史的魅力在于历史叙事。后来，历史学家意识到，历史魅力存在于历史叙事和历史解释之中，尤其以后者为重。人们不仅想看到详尽的历史叙事，更想看到对历史背后的因素的解释。经济史学除了具有探求历史真相的功能之外，还具有解释历史规律、分析经济绩效的功能。经济史学家在求解经济历史时应该意识到，真正的历史解释应该具备以下几个特点。第一，具有追溯性。每一种经济现象都是有源头的。只有深刻地追溯经济事件的源头，才能对经济现象做出深刻的解释。第二，具有预见性，即要面向未来，解释经济历史是为了能准确地预见经济现象的未来走势。第三，具有选择性。解释经济历史需要选择合适的视角或者合适的方法。第四，具有部分性。经济史学家不可能对历史做出面面俱到的解释，只能抓住要害部分进行解释。谁抓住了要害，谁就抓住了经济史学的本质。第五，具有交际性。经济现象不是孤立的现象，而是与政治、文化有着千丝万缕的联系。这就是历史解释的交际性。经济史学家不能就经济解释经济，而要从更广阔的视角去解释经济历史。①

历史学既是一门科学，又是一门艺术。历史学的科学性表现为还原历史真相，如果历史学著作反映的不是历史本来面貌，就失去了科学性。失去科学性的历史著作毫无价值。历史学还是一门艺术，历史学的艺术性体现在历史著作应该具有趣味性，不应该晦涩难懂。经济史学同样具有双重属性，既是科学，又是艺术。求真是经济史学科学性的集中体现。在求真的过程中，把经济史与现实联系起来，把经济史与文学结合起来，

---

① 参见〔德〕约恩·吕森：《我对历史哲学的几点认识》，《历史研究》2016 年第 3 期，第 161 页。

做到既体现真理，又为人们所喜闻乐见。

二　经济史研究建立在史料学基础之上

先有历史再有历史学。通过对记载历史事件的史料的分析，历史才变成历史学。可以这样说，历史学是通过史料来重现历史。没有史料就没有历史学。历史学的研究水平直接取决于对史料的占有和运用。"史料学是历史学的核心内容。"① 史料学的内涵极其丰富，包括搜集、整理、鉴别和运用史料的方法，描述史料的概况，阐述史料的来源和收藏情况，确定史料的分类。与史学研究直接相关的史料学内容主要涉及三个方面：搜集史料，整理、鉴别史料和运用史料。② 开展经济史研究，首先是要广泛地搜集史料。史料的种类繁多，按梁启超的理解，史料至少可以分为文字记录以外的史料和文字记录史料。文字记录以外的史料有三种："曰现存之实迹，曰传述之口碑，曰遗下之古物。"③ 文字记录史料浩如烟海，有书籍、档案、札记、书信、文件、金石、报刊、音像、账簿、日记、契约、谱牒、帛书、碑刻，等等。在经济史研究过程中，应该尽可能详尽地搜集各类史料。

开展经济史研究，必须对史料进行考证。史料并非史实。有的史料可能记载失真，有的史料可能是前人伪造，因此，需要对史料进行考证鉴别。鉴定史料的目的主要有三。"第一，它的真实性，包括该史料是否是原始件或者根据原件发表的，它表达的事实是否真实；第二，它表达的事实能说明什么问题；第三，它在说明该问题时有什么价值，是否具有决定的意义。"④

修昔底德在《伯罗奔尼撒战争史》中说："在叙事方面，我决不是一拿到什么材料就写下来，我甚至不敢相信自己的观察就一定可靠。我所

---

① 李良玉：《史料学的内容与研究史料的方法》，《安徽大学学报》2001 年第 1 期，第 42 页。
② 赵德馨：《社会科学研究工作程序与规范》，湖北人民出版社，2016，第 155～255 页。
③ 梁启超：《中国历史研究法》，东方出版社，1996，第 45 页。
④ 李良玉：《史料学的内容与研究史料的方法》，《安徽大学学报》2001 年第 1 期，第 46 页。

记载的，一部分是根据我亲身的经历，一部分是根据其他目击者向我提供的材料。这些材料的确凿性，我总是尽可能用最严格、最仔细的方法检验过的。"① 这就是说，没有经过检验和鉴别的史料，不能轻易使用。梁启超在《中国历史研究法》一书中说："吾二十年前所著《戊戌政变记》，后之作清史者记戊戌事，谁不认为可贵之史料？然谓所记悉为信史，吾已不敢自承。何则？感情作用所支配，不免将真迹放大也。"② 梁启超是戊戌变法的亲历者，尚不敢承认对此事之记载完全可信，由此可见史料鉴别的重要性。

开展经济史研究，还需要善于运用史料。一个研究主题可能会有很多相关史料，如果把所有的史料都堆上去，历史学研究就变成了史料堆砌。因此，史学研究者必须恰当地运用史料。史料运用是否得当对史学研究至关重要。史料也不等于历史学，即使是经过了鉴定的真实史料，也只是记载过去人类活动的符号。这些符号能不能成为历史学，需要历史学家去不断地向史料提问，不断地分析，这种提问与分析，就是史料的运用，或者说，通过历史学家对史料的创造性运用，史料才能上升成为史学。③ 年鉴学派的勒高夫认为，"资料本身并不是纯粹客观的，它不仅要经过史学家的选择，而且其本身也部分受产生它的时代和地点的制约，它是以往社会有意识或无意识的产物，既是为了说出'事实'，也是为了把过去的形象强加于人"。④ 就是说，历史学家的作用就是把史料加工成为史学，一方面达到表达历史事实的目的，另一方面是让别人接受这种由历史学家加工而成的事实。美国历史学家哈约·霍尔布说得更加直白，他认为史料本身是死的，只有经过历史学家的运用和加工，才能变成活的史学，"简单地说，历史事实本身是死的，只有在史学家的心中

---

① 〔古希腊〕修昔底德：《伯罗奔尼撒战争史》（上），徐松岩译注，上海人民出版社，2017，第71页。
② 梁启超：《中国历史研究法》，东方出版社，1996，第110页。
③ 赵德馨：《社会科学研究工作程序与规范》，湖北人民出版社，2016，第225～287页。
④ 〔法〕J. 勒高夫等主编《新史学》，姚蒙编译，上海译文出版社，1989，第37页。

才会复生，它们是总的发展过程中的一部分"。[1]

经济史学中的不同流派在理论和方法上可以存在分歧。但是无论是哪个流派都承认，经济史学具有史的特征，没有史料就没有经济史学。历史研究的过程就是"历史学家与他的事实之间不断的互动过程"，"没有史实的历史学家将失去立足点，无用武之地。而失去历史学家的事实是僵死的和无意义的"。[2] 开展经济史学研究，首先是要广泛地搜集史料。史料掌握不充分，对经济史问题的发言权就不充分，谁掌握的史料越多，谁就有更加充分的发言权。中外著名历史学家撰写历史著作，首先是尽可能多地搜集史料。司马光写《资治通鉴》征引了 322 种资料，伏尔泰写《路易十四时代》参阅了 200 多种文献，吉本写《罗马帝国衰亡史》搜集了有关罗马帝国历史的几乎所有拉丁文出版物，陈寅恪写《中国境内之古外族遗文》引用了十多种外文资料，除了梵文、巴利文、蒙古文、藏文、满文外，还有西夏、突厥、兀吾儿、于阗、波斯等五种东方文字。[3] 经济史学者要具备鉴别史料的能力，否则就会出现根据伪史料写出错文章的现象。经济史学者还要善于运用史料，用最适当的史料说明问题，不断地对史料提出问题从而得出新的结论。只有建立在坚实的史料基础之上的经济史著作，才是真正具有学术价值的著作。外国经济史名著，如古埃及的《罗马农业史》、波斯特勒斯威特的《1688～1758 年的国民收入史》、史密斯的《商业编年史》、弗里伍德的《价格编年史》等。中国经济史名著如梁方仲的《中国历代户口、田地、田赋统计》、汤象龙的《中国近代海关税收和分配统计》等，之所以至今影响巨大，首先是因为这些著作具有很高的史料价值。一些以理论和方法见长的经济史著作，有的能流传长久，有的只是昙花一现，究其原因，前者有扎实的史料基础，后者缺乏史料功底。以史料为基础的经济史学才能根深蒂

---

[1] 《现代史学的挑战：美国历史协会主席演说集（1961～1988）》，中国美国史研究会、王建华等译，上海人民出版社，1990，第 115 页。

[2] 转引自杨豫、胡成：《历史学的思想和方法》，南京大学出版社，1996，第 221 页。

[3] 杨豫、胡成：《历史学的思想和方法》，南京大学出版社，1996，第 380 页。

固。工具驱动的经济史学难以致远。出身于经济学界的经济史学者，缺乏系统的史料学训练，在研究中不重视对史料的发掘、考据与运用，过分突出分析工具，这种现象值得警惕。

三 考古学推动经济史研究领域的扩大与内涵的深入

什么是考古学？中国著名考古学家夏鼐认为："考古学是根据古代人类活动遗留下来的实物来研究人类古代情况的一门科学。"[①] 中国是世界上最早开展考古工作的国家。早在春秋战国时期，人们就懂得收藏古物，在洛阳修建了"守藏室"（类似今天的博物馆）。北宋时期考古之学盛行。吕大临编纂了《考古图》，刘敞著有《先秦古器图碑》和《先秦古器记》，宋徽宗撰有《宣和博古图》，欧阳修编撰了《集古录》，赵明诚著有《金石录》，等等。考古的范围扩大到古钱币、玉器、陶瓷器等实物。至清代，考古学得到了进一步的发展。到了近代，西方科学考古学传入中国，考古学进入新阶段。1926 年，在李济的率领下，一批考古学者在山西夏县西阴村遗址进行考古，此为中国田野考古之肇始。1949 年以后，考古学得到快速发展。在国外，不少国家把考古学划入人类学，也有划入艺术史的，中国把考古学划入历史学，属于历史学的三大一级学科之一。[②]

考古学大致可分为史前考古学、原史考古学与历史考古学三个组成部分。

考古学对经济史特别是古代经济史研究的推动作用非常明显。这主要体现在两个方面。

第一，史前考古学和原史考古学使经济史研究的对象上溯到没有文字记载的远古时代。经济史学以人类社会的经济生活为研究对象。远古时代的人类经济生活，包括远古时代人们的生产方式、经济制度、分配行为、交换行为、生活行为、消费行为、居住状况、出行方式、衣着情

---

① 夏鼐：《什么是考古学》，《考古》1984 年第 10 期，第 931 页。
② 按照 2011 年颁布的《学位授予和人才培养学科目录设置与管理办法》的学科设置规定，历史学学科门下设三大一级学科，即考古学、中国史、世界史。

况等，对于今天的经济史学者而言，很多是未解的谜团。现有文献资料不足以揭开先民经济生活的谜团。考古学的进步，为解开这些谜团提供了新的资料，民国时期的疑古派甚至认为，"解决古史，唯一的方法，就是考古学"。① 已知的中国最早的文字，是商代的甲骨文。夏朝及以前的经济生活史，没有文字记载，只能通过史前考古学和原史考古学，从实物上寻找反映史前人类经济生活的证据。在 20 世纪 80 年代以前，学术界认为，在浙江余姚河姆渡遗址发现的距今 7000 年的水稻是中国境内最早的水稻。90 年代，考古学家在湖南道县玉蟾岩遗址发现了距今 9000 ~ 10000 年的水稻遗址。这样，中国先人种植水稻的历史就向前推进了 2000 ~ 3000 年。② 中国社科院考古所与美国明尼苏达大学对古代洹河流域约 800 平方公里范围内的人类生产生活行为与自然环境的关系进行了考古研究，发现从史前时代到春秋战国时期，因水土流失，洹河多次改道，流域物种发生了显著变化，掌握了 3000 年前洹河流域的土壤与气候变化情况。③ 在没有文字的阶段，即殷商以前的中国人的经济生活状况，几乎全靠考古学的成果来描述。

第二，历史考古学为经济史研究提供了新的资料。历史考古学的考证对象是已有文字记载历史时代的人类生产生活活动的遗物。就中国而言，历史考古学研究的时段是从商代到清代。这个时期内的先秦阶段文献不多。宋代以后，历史文化发达，留下了浩如烟海的历史典籍，文献资料非常丰富。通过考古发掘得到的新史料与文献资料可相互印证、相互补充，为经济史研究提供了更加丰富的史料。当然，某些领域的文献资料也是不充分的或很不充分的，这就需要考古学研究的成果来进行补充和完善。例如研究先秦货币发展史，文献中对币种、币材、币形等方面没有或极少记载，仅有的一点记载也很不明确。学者是根据考古发掘的实物较为

---

① 李玄伯：《古史问题的唯一解决方法》，载顾颉刚编著《古史辨（一）》，上海古籍出版社，1982，第 270 页。
② 钱益汇：《论考古学与历史研究》，《南开学报》2006 年第 4 期，第 137 页。
③ 朱凤瀚：《论中国考古学与历史学的关系》，《历史研究》2003 年第 1 期，第 14 页。

客观地揭示了这个时期货币发展的规律、描述了货币发展的具体特点。

四　经济史与其他专门史

经济史与各种专史，诸如政治史、思想史、文化史、文学史、人口史、哲学史、家庭史等有密切的关系。经济史与其他各种专门史，都是"史"，这是共同点，但相互之间也有区别。由于各专门史的对象、性质、特点不同，这种区别的内容不尽一致。由于专门史种类繁多，不能尽述，这里仅举两种为例。

经济史与政治史的关系。在中国传统史学中，政治史占有主体地位，时至今日，政治史仍是史学的主要组成部分。不仅《春秋》《左传》《世本》《竹书纪年》是编年体政治史，二十四史也主要是政治史。西方亦是如此。恺撒的《高卢战记》、色诺芬的《希腊史》、李维的《罗马史》、塔西佗的《日耳曼尼亚志》都是政治史。政治史的形式多种多样，大致可分为宪政史、军事史、政治人物传记和国际关系史。政治史与经济史的关系越来越密切。二战以后兴起的新政治史，主要采用集体传记分析法。第一个采用这种方法的是美国史学家彼尔德，"他通过分析美国建国初期的政治家的经济利益和阶级状况来解释美国联邦宪法的形成过程"。[①]美国另一位历史学家 A. P. 牛顿也采取这种方法撰写了《英国清教徒的殖民活动》。在这本书中，作者也是通过分析清教徒领袖们的亲缘关系和经济上的密切联系来解释英国清教徒为什么要反对查理一世。集体传记分析法与传统政治史不同之处在于，它不是单纯从政治视角切入分析政治人物，而是"试图揭示这个群体（政治人物群体）的社会和经济利益所在，透过他们表面的政治言论去说明他们的政治行动和行为的真正动机，分析某个政治集团的成员的社会和经济关系，进而可以分析由他们所操纵的政治机构的性质和功能"。[②] 通过剖析政治人物的经济利益来分析其

---

① 　杨豫、胡成：《历史学的思想和方法》，南京大学出版社，1996，第 105 页。
② 　杨豫、胡成：《历史学的思想和方法》，南京大学出版社，1996，第 108 页。

政治动机和行为，实际上就是从经济史角度切入分析政治史。这种方法抓住了事物的本质。由此可见经济史对政治史研究的重要性。政治对经济具有反作用，影响或制约着经济发展。正确的政治领导、政治路线，有利于社会经济发展。研究经济史上经济发展的成就与不足，需要从解构政治制度入手。例如，19 世纪 60 年代的洋务运动之所以不能实现"求强"和"求富"的目标，一个重要的原因是清王朝所推行的政治制度阻碍了洋务运动。因此，分析洋务运动的失败需要从政治制度的视角切入。

经济史与文学史的关系。文学史是文学发展的历史，经济史是经济发展的历史；文学史和经济史学的关系，实质上表现为文学与经济史的关系。经济史必须反映客观事实，文学则可以虚构，这是二者的基本区别。文学反映社会生活，不可能离开人们的经济活动。文学家对社会现象进行艺术加工，不可能完全抛弃现实经济生活的素材。所以，各种不同类型的文学作品，都不同程度地反映了它所产生的时代的社会经济生活，展示了人与人之间错综复杂的经济生活关系，这就为经济史研究提供了一定的材料和见解。托尔斯泰的作品就是俄国社会生活的一面镜子，巴尔扎克等作家的作品亦是法国社会生活的一面镜子。正如恩格斯所说的：18 世纪伟大的批判现实主义作家巴尔扎克"在《人间喜剧》里给我们提供了一部法国'社会'特别是巴黎'上流社会'的卓越的现实主义历史……我从这里，甚至在经济细节方面（如革命以后动产和不动产的重新分配）所学到的东西，也要比从当时所有职业的历史学家、经济学家和统计学家那里学到的全部东西还要多"。[①] 又如《红楼梦》反映的封建地租、《金瓶梅》反映的钱铺以及《醒世恒言》等小说反映的丝织手工业者发家的过程，对了解当时的经济情况都颇有帮助。

五　经济史与通史

关于经济史与通史的关系，不同学者有不同的理解。熊彼特认为经

---

① 《马克思恩格斯全集》第 37 卷，人民出版社，1971，第 41~42 页。

济史"只是通史的一部分，只是为了说明而把它从其余的部分分离出来的"。① 熊彼特的看法有一定的道理，历史可分为通史和专门史，通史尽管不是专门史的简单加总，但通史可以分解为经济史、政治史、文化史等若干部分。由于经济、政治、文化在社会生活及其变化中的作用不同，相应的专门史在通史中的地位也有差别。经济是社会的基础，经济史在通史中占据重要地位。正如奈夫在《什么是经济史?》一文中所指出的，经济史不是通史的附属品，而应该是统率其他的历史，成为整个历史学科的中心。② 对经济史学工作者而言，要切记的是，一定要将经济史放到整个社会史中去考察，因此经济史学工作者必须有通史的知识。

无论是作为历史学中专门史的经济史，还是作为一门独立学科的经济史，都与通史有着密切的关系。

第一，从研究方法看，无论是通史还是经济史，都是"史"，因而以史料考据为基础的实证研究法、比较研究法、历史归纳法等史学研究方法是两者通用的研究方法。离开了这些方法，经济史就会失去"史"味，就偏离了历史的本质。当然，作为独立学科的经济史学，它具有自身的独特研究方法，如演绎推理法、统计和计量分析法，这些方法是经济史研究必不可少的方法。经济史研究如果不使用这些方法，经济史就只是通史中的一部分，而不是一门独立的学科。

第二，从研究范围看，通史研究世界或一个国家、民族、地区历史过程中社会生活的总和，包括历史上人们的经济生活、文化生活、政治生活、家庭生活等。经济史研究的只是通史研究范围中的经济部分，即历史上人类社会的经济生活。通史的研究范围比经济史要宽得多。例如，中国通史研究历朝历代的政治制度、经济发展水平、文学艺术、阶级斗争、对外关系等，中国经济通史则主要研究历朝历代的人们经济生活。

第三，从研究的目的看，通史旨在说明经济与政治、法律、社会、

---

① 〔美〕熊彼特：《经济发展理论：对于利润、资本、信贷、利息和经济周期的考察》，何畏等译，商务印书馆，2017，第 67 页。

② 转引自陈振汉：《步履集》，北京大学出版社，2005，第 19 页。

风俗习惯、制度环境的关系问题。作为独立学科的经济史学，在揭示经济活动本来面貌的同时还揭示经济活动所体现的规律性。

第三节　经济史学与社会学的关系

"经济发展和制度革新，必然引起社会结构和群体行为的变迁。同时，社会结构也制约着经济的运行，而制度的进一步革新又需要社会精英和群体组织的合力。研究经济史必须研究社会。"① 由于"研究经济史必须研究社会"，经济史与社会学就有了天然的联系。英国是经济史学的发源地，迄今，英国经济史学的特点仍是社会视角切入研究经济史，形成鲜明的"经济—社会史"特色。德国经济史学家也很重视社会学理论的应用，如桑巴特在撰写《资本主义发展史》时，就运用了社会学方法。桑巴特晚年专注于社会学研究，于1930年和1936年分别出版了《国民经济与社会学》《社会学》两部著作。法国的经济史研究很重视社会学理论的应用。他们把经济史看作社会—经济史。布罗代尔的《十五至十八世纪的物质文明、经济和资本主义》，就是运用社会学方法研究历史行为和历史制度，是历史社会学的代表性著作。日本学者斯波义信所著的《宋代江南经济史研究》，是一部运用社会学理论和方法研究中国经济史的巨著。20世纪上半叶，社会经济史是中国经济史学的重要流派，在当时，"经济史""社会经济史""社会史"是三个可以混用的概念。

经济史与社会学的关系可以从两个方面来说明。

一　经济史研究要引入社会学理论做指导

只要适用，包括社会学理论在内的一切理论，都可以用作经济史学研究的指导理论。美国经济史学家詹姆斯·哈维·鲁宾逊指出，历史学应该充分关注人类所有的社会经济活动，并吸取人类学、社会学、经济

---

① 吴承明：《经济史：历史观与方法论》，上海财经大学出版社，2006，第284页。

学、心理学的理论。① 马克思主义社会学包括三个部分："一般社会学理论（历史唯物主义），专门社会学理论或者（中间层次）理论的综合，最后是运用专门方法论、方法、技术和概念进行的具体社会学研究。后两部分统称为'具体社会学'或'应用社会学'。"一般社会学理论对经济史研究指导作用非常明显。"一般社会学理论在研究的各个阶段都为历史学家确定了方向：帮助选定研究课题和对象，在收集资料并使之系统化时凸现其有序因素，提供方法论基础以阐释历史学家揭示的事实，予以概括，发现其间的联系和因果关系。"② 经济史学特别是社会经济史学，如果"没有一定的理论概括，不掌握社会学的一些观念和概念，历史学（经济史学）不可能由关于事件的科学完全转变为关于社会经济过程及其相互关系的科学"。③ 这就是说，如果没有社会学理论，经济史学就会停留在社会经济事件的描述层次，不能阐释社会经济的发展过程，更不能发现社会经济现象之间的相互关系。例如，经济学和社会学研究都建立在假设基础之上，新经济史学家福格尔也用假设。但是很多经济史学家反对使用假设，"甚至把假说视作某种祸根，因为它似乎将导致偏见、主观主义和将事实嵌入预先拟制的模式之中。其实，如果研究者真正寻求到真理，那么假说非但无害，而且将帮助他有起码条件来解决所提出的问题。……恩格斯认为，正是假说的存在把思维着的研究、探讨性的研究与简单的描述区别开来"。④ 米罗诺夫运用假设法，对俄国 18 世纪价格革命史进行了开拓性研究，发现 16 世纪后半期到 17 世纪前半期，欧洲物价上涨，发生了价格革命。但在这个时期，俄国物价反而下跌，到 18 世纪，俄国物价猛涨，整个 18 世纪，俄国物价上涨了 19 倍，俄国发生了迟到的价格革命。由此，米罗诺夫提出一个假设命题：俄国物价的剧涨是一次推迟了 150 年的价格革命。根据这个假设，米罗诺夫从中推导出四个

---

① 〔英〕彼得·伯克：《历史学与社会理论》，姚朋等译，上海人民出版社，2001，第 17 页。
② 〔苏〕米罗诺夫：《历史学家和社会学》，王清和译，华夏出版社，1988，序言第 1 页。
③ 〔苏〕米罗诺夫：《历史学家和社会学》，王清和译，华夏出版社，1988，序言第 3 页。
④ 〔苏〕米罗诺夫：《历史学家和社会学》，王清和译，华夏出版社，1988，第 4 页。

后果：第一，在 18 世纪初，俄国的白银价格高于西欧数倍；第二，在 18 世纪的俄国市场上，贵金属应该贬值；第三，在 18 世纪，俄国的货币供应量应有巨大增长，但没出现因通货膨胀引起的严重贬值；第四，俄国的农业、手工业与工业没有出现衰退。然后，米罗诺夫用史料对上述假设进行了验证，得出如下结论：在 18 世纪初，俄国银价高于西欧国家 9 ~ 10 倍，在 19 世纪初仅高于西欧国家 2 倍，故银价贬值了 80%。在 18 世纪，俄国投入流通的货币量增加了 14 倍，按人均计算增加了 6.5 倍。在 18 世纪俄国的农业、手工业和工业中未发现任何倒退的现象。四个假设都被证实。由此可见，关于 18 世纪俄国出现推迟了的价格革命的假设是可以成立的。"关于 18 世纪俄国价格革命的基本假说和由此逻辑地推导出的假设后果，使科学探索走上了预定轨道：我们开始收集的并非所有经济资料——它们不计其数，一个人即使运用现代计算技术也无力全部整理之——而仅仅是那些验证假说后果所需要的资料。假说的内容还指导着整理和分析所收集资料的程序。研究借助于工作假说而提高到分析水平。没有假说它则只停留在描述水平。仔细验证假说将保证最后结论的可靠性，排除未证实的可疑的和虚伪的假说在史学编纂中成为定论与广泛传播的可能性。"[①]

苏联经济史学家还运用"社会流动"理论来分析农奴制改革以后农村社会阶层的变动。苏联经济史学家通过整理历史档案，得出如下统计数据（见表 4 - 1）。

表 4 - 1　16 ~ 20 世纪俄国农民的社会结构

单位：%

时间	富农占总人口比重	中农占总人口比重	贫农占总人口比重
1495 ~ 1505 年	15	53	32
1650 ~ 1750 年	15	53	32
1751 ~ 1800 年	10	48	42

① 〔苏〕米罗诺夫：《历史学家和社会学》，王清和译，华夏出版社，1988，第 6 页。

时间	富农占总人口比重	中农占总人口比重	贫农占总人口比重
1801 ~ 1860 年	16	54	30
1896 ~ 1900 年	18	23	59
1917 年	6	18	76

资料来源：〔苏〕米罗诺夫：《历史学家和社会学》，王清和译，华夏出版社，1988，第 38 页。

表 4 - 1 中的数据凸显了这样一个现象：农民的社会结构在封建时代长期保持稳定。1861 年农奴制改革至 1917 年十月革命，社会结构发生了急剧变化。这种变化体现在中农阶层"被冲垮"，富农阶层增长，贫农阶层扩大，一部分农民资产阶级化，一部分农民无产阶级化，农村两极分化加剧。是什么原因造成这种变化呢？苏联经济史学界一直没有找到合意的解释，米罗诺夫运用"社会流动"理论对此做了解释。在社会学理论中，个别人或者社会集团的社会立场、在社会结构中所占的社会地位的变化，就是社会流动。社会流动分为横向流动和纵向流动。个人或集团（同时连同其价值体系、行为规范、目标和文化形态）由一种社会立场转向另一种社会立场，由一个社会阶层转向另一社会阶层，但同时其社会地位和社会作用没有变化，这种迁徙被称作横向流动。单纯空间位置的迁移亦是横向流动。纵向流动是指，个人或集团在社会立场或社会等级的阶梯中，自上而下或自下而上的移动，同时伴随有上升或下降，即社会地位发生变化。[①] 米罗诺夫根据社会流动理论对俄国农奴制改革前后的农民纵向流动做了分析。米罗诺夫首先区分了两种纵向流动类型，一种是封建型纵向社会流动，一种是早期资本主义型纵向社会流动。

封建型纵向社会流动有四个特征。第一，农民在村社内部有高度的个人流动，就是说，农民活一辈子，青年时期是贫农，中年可能是富农，晚年可能是中农。第二，社会地位提高或者降低的农民数量大致相等。第三，农民的解体成分，或者是跳出乡村，或者是被人为地恢复传统地

---

① 〔苏〕米罗诺夫：《历史学家和社会学》，王清和译，华夏出版社，1988，第 35 页。

位。在农奴制时代，为数不多的致富农民离开乡村进入城市，破产农民或是放弃农业成为手工业者和仆人，或者是由地主与村社帮助恢复经济和自立。第四，有低度的跨等级、跨阶级流动，造成这种状况的原因是封建社会的等级性、乡村中不够发达的商品货币关系和封建剥削。"封建型纵向流动既创造出整个封建社会相对稳定的社会结构，也创造出农民的相对稳定的社会结构。"[1]

农奴制改革以后的早期资本主义纵向社会流动则有不同特点。第一，在村社内部，农民的个人流动适度。第二，地位降低的经济与相应的农民数量，高于社会地位提高的经济和农民数量，因此，农民阶级的衰退过程相对于增长过程来说占据优势，即进步经济的数量小于退化的经济。第三，农民分化的成分主要在农村集中，形成新的阶级，即农村无产阶级和资产阶级。第四，跨阶级、跨等级的流动适度。农奴制改革以后，纵向社会流动比改革以前要活跃得多，社会结构由封建时代的稳定性趋向多变性。在资本主义早期阶段，更多的农民包括富农和中农日益贫农化，少数的富农上升为农业资本家。"只有为数甚少的农民可以通向'向上的道路'。多数农民注定只能走'向下的道路'。"[2]

二　经济史研究需要借用社会学概念和研究方法

社会学的很多概念可以直接运用于经济史研究。例如，"社会集团"这个概念在社会学中被广泛使用，它与"阶级""阶层"等概念有很密切的联系。"社会集团这一术语不是用来标志抽象的事物，而是标志实际存在的、人们生活其中的人类共同体。这些共同体的基础是人们对共同活动和交往的客观需求；其建立是为了达到共同的目的，联合力量，协调行动。"[3] 并非所有的共同体都是社会集团，作为社会集团的共同体必须具备以下特征："1. 成员不少于 2 ~ 3 人；2. 有一定的封闭性和不与其他

---

①　〔苏〕米罗诺夫：《历史学家和社会学》，王清和译，华夏出版社，1988，第 41 页。
②　〔苏〕米罗诺夫：《历史学家和社会学》，王清和译，华夏出版社，1988，第 43 页。
③　〔苏〕米罗诺夫：《历史学家和社会学》，王清和译，华夏出版社，1988，第 30 ~ 31 页。

集团相混淆的明确界限；3. 有共同的社会活动、任务和目的；4. 在完成共同任务时成员之间有工作分工；5. 成员间协调行动、建立联系并交换信息；6. 有一定的组织和管理；7. 有集团的价值观和行为准则；8. 有富于激情的坚强团结。"① 苏联经济史学家借用社会集团概念研究俄国的村社史。苏联经济史学家认为，俄国村社有固定的地域和人员构成，村社所有成员的活动有共同的目标——保障村社全体成员的物质利益和精神利益，村社内部实现了分工、协调行动和组织完善的管理，村社有固定组织、宗教气氛，富于激情，坚强团结，所以俄国村社具有社会集团的所有特征。苏联经济史学家在研究村社时，借用了社会学家所提出的概念体系，"如行为，作用，价值观，规范，集体观念，集团的正式或非正式结构，社会化，社会监督，制裁，地位，首脑等等。这些概念多数已被历史学家所使用，但主要是在这些术语的日常意义上使用，……如果历史学家掌握并运用这些概念的话，那么他们写作的有关村社的著作，对于社会学家来说就是可以理解和饶有兴趣的，而社会学家有关小集团的著作对历史学家来说亦复如是"。② 必须注意的是，社会学概念可以借用但不能随意借用，在借用概念之前，首先要明确所研究的对象是否符合所借用的概念的要求，苏联经济史学家在借用社会集团概念研究村社史之前，首先界定了村社的特征，发现村社具有社会集团的所有特征，在这个前提下，才借用了社会集团概念。

　　20 世纪初，梁启超提倡"新史学"。关注民众是"新史学"的一大突出新意。自此以后，"西方社会科学对中国史学的影响逐渐加强，其中社会学和人类学的作用尤其值得关注"。③ 在京师大学堂教授历史学的陈黻宸说："且我中国之史之有关于社会者甚少矣。今试发名山之旧藏，抽金匮之秘籍，与学者童而习之，屈伸指而论其大概，亦若条流毕具，秩

---

① 〔苏〕米罗诺夫：《历史学家和社会学》，王清和译，华夏出版社，1988，第 31 页。
② 〔苏〕米罗诺夫：《历史学家和社会学》，王清和译，华夏出版社，1988，第 34 页。
③ 桑兵：《从眼光向下回到历史现场：社会学人类学对近代中国史学的影响》，《中国社会科学》2005 年第 1 期，第 191 页。

然可观，然不过粗识故事，无与要纲。即择之稍精，而有见于古今治乱盛衰之故矣，然于其国之治之盛，不过曰其君也明，其臣也贤，于其国之乱之衰。不过曰其君也昏，其臣也庸。于此而求实事于民间，援辕轩之故典，亦徒苦其考据无资，虽华颠钜（巨）儒，不足以识其一二。故无论人之不知有社会学也，即令知之，而亦心不能言，言之而亦必不能尽，尽之而亦必不能无憾于浩渺杳冥，泛然如乘不系之舟，莫穷其所自之，而社会学乃真不可言矣。"① 陈黻宸的这一段话表达了两层含义。第一，中国传统史学很少关注社会，中国新史学应该弥补这个缺陷，积极关注社会。第二，史学如果要关注社会，就必须运用社会学的理论与方法。20 世纪三四十年代，傅衣凌等学者运用社会学方法开展调查研究，撰写了一批具有较高学术价值的经济史论著。

1949 年以后的一段时期内，社会学作为一门学科被取消。改革开放以后，社会学恢复。调查研究是社会学最主要的研究方法。在中国社会学界，存在两种调查研究方法。第一种是运用毛泽东农村调查的研究方法。这种方法的特点是选取一个或几个典型地方（可以是一个或几个村，也可以是一个或几个县、乡），采用召开座谈会、无结构访问等方法，搜集一手资料，并利用已有的文献资料，通过定性和定量分析得出研究结论。第二种是运用西方社会学中的社会调查方法，选取大规模样本，通过问卷调查获得第一手资料，以此为基础进行统计分析，从中得出结论。② 两种方法各有优长。当前，农村社区研究较多地采取第一种方法。针对社会问题或社会现象的"状况调查"，则多采取第二种方法。研究中华人民共和国经济史，如集体化时期的农业经济史、国有企业史，可以运用社会学的调查方法对当事人进行采访调查，获取宝贵的一手资料。

财政社会学是财政学的一个分支，它"从社会势力的角度来分析财

---

① 陈德溥编《陈黻宸集》（下），中华书局，1995，第 680～681 页。
② 风笑天：《社会学方法二十年：应用与研究》，《社会学研究》2000 年第 1 期，第 2 页。

政，力图建立国家财政规律的财政学"。[①] 财政社会学的重大价值在于分析财政与社会各子系统之间的相互关系，重点研究社会结构对公共财政的约束作用。国外学者已经成功地把财政社会学运用于财政史研究，取得了丰硕的成果。在这方面，中国财政学者中有人建议："引入财政社会学的视角和方法对我国财政历史进行重新解读，可以使当今的财政学研究获得更多可资借鉴的本土资源。"[②]

第四节　经济史学与地理学的关系

经济史学研究特定空间范围内的人类经济生活史。空间是一个地理概念，这就决定经济史学与地理学有着密切的关系。本节重点阐述经济史学与地理学的关系。

一　经济史学与经济地理学、历史地理学

地理学的内涵非常广。经济史学与其中的经济地理学、历史地理学关系密切。这里仅以与经济地理学的关系为例。

经济地理学是研究地表人类生产、交换、消费、财富（包括货物和劳务）等的区域差异的科学。虽然它也以人类的经济活动为研究对象，目的也是改善人们的经济生活，以富国利民，但它与经济史学有区别。经济地理学专门研究人类经济活动与自然和人文环境的相互关系。经济史学不仅要研究人类经济活动与自然环境的关系，也要研究人类经济活动相互之间的关系。例如，地理学家胡焕庸于1935年提出"瑷珲—腾冲线"，这一条线把中国分为西北和东南两大块。线的东南地势低。东南地区土地面积占全国面积的36%，养活全国96%的人口。线的西北地势高，

---

① 〔日〕坂入长太郎：《欧美财政思想史》，张淳译，中国财政经济出版社，1987，第347页。

② 李炜光、任晓兰：《财政社会学源流与我国当代财政学的发展》，《财政研究》2013年第7期，第39页。

占全国 64% 的土地，养活 4% 的人口。"瑷珲—腾冲线"反映了中华民族生生不息的经济生活内涵，反映的是经济生活与自然环境的互动关系，为中国经济史研究提供了一个很好的视角。施坚雅把地理学的空间和层级概念引入历史研究中，增强了历史研究的空间性和立体性，为经济史学研究开辟了一片新天地。20 世纪 80 年代，施坚雅理论传入中国，一批经济史学者运用这个理论研究区域经济史，并取得了显著成绩，如许檀对明清时期城乡市场的研究，颇具代表性。

经济地理学主要研究地球表面上经济活动的地区差异，阐明人类生活的陆地、水界和气界诸部分的特点和作用。这对于经济史学研究有很大的帮助。因为不同地区的自然和人文环境在客观上存在差异，人类经济活动也有区域差异，例如，华北的农业和华南的农业就大不相同，这是因为气候和土壤不同的缘故。经济史学在考察该地区人们经济活动时，就可以联系具体环境和经济条件进行客观的分析和研究，得出正确的结论。因为一切经济问题都与经济地理有关，具体的经济地理是人们从事经济活动的条件，没有这些具体条件人们进行经济活动就失去了基础。

二　经济史学与方志学

中国编修方志的历史悠久。志书早已存在。但方志学这个名词是 1924 年由梁启超首先提出的。方志学是研究方志产生发展与编修的学问。关于方志学的学科属性，早有争议。有人认为，志书是历史书，方志学属于历史学。有人认为方志学属于行政管理学。有人认为志书是历史地理文献，方志学属于历史地理学。1992 年编撰的《中国大百科全书·地理学》，把方志学划入地理学。在目前的学科划分中，方志学没有被划入历史学和行政管理学，而是被划入地理学。方志的内容是记载一个地区的全面情况，包括自然状况、行政沿革、风土人情、经济发展、历史文化、文学艺术等，因而被称为"一方的全史"。

方志学与经济史学关系密切，主要体现在两个方面。

第一，两者的功能相似。方志学的基本功能是帮助人们正确地、全面地认识国情、省情、县情……本企业情况，以便做出符合实际情况的决策。国情、省情、县情……本企业情况的方面很多，毫无疑问，经济情况是其中最主要的一环。经济史学具有求真、求解和求用三大功能。求用功能的一个表现形式就是帮助人们认识国情、省情、县情等。经济史学要发挥认识国情、地情的功能，必须利用志书中积累的资料。志书要达到认识国情、地情的目标，不仅必须吸取经济史学既有成果中有关经济发展的结论，还必须采用经济史学的研究方法，因为经济史学的方法是认识国情、地情的基本方法。

第二，两者相互促进发展。经济史学为方志学提供方法论，经济史学的发展对方志学的促进作用自不待言。方志学的发展对经济史学发展的促进作用也十分明显。例如，修志工作促使经济史学开拓新领域，诱使经济史学研究工作重心向现代转移。再如，大量志书的出版，为经济史学的研究准备了丰富的、广泛的、经过系统整理的资料。中国经济史上的许多问题，离开了志书就难以说清楚。很多学者在研究过程中广泛地利用志书资料。例如，梁方仲为了弄清楚"一条鞭法"在地域上的发展及其在各地施行的实况，利用了从中国各地和日本、美国等国家搜集的地方志书 1000 种以上。正因为大量利用地方志资料，他得以掌握"一条鞭法"在地方上推行的过程、内容的精粗差别以及不同地区的社会实况。[①] 另外，彭泽益编《中国近代手工业史资料》，引用志书 256 部；李文治编《中国近代农业史资料》第 1 辑，引用志书 147 种，[②] 赵德馨编《太平天国财政经济资料汇编》，引用志书 197 种。[③]

---

① 杨祖义、赵德馨：《梁方仲经济史学思维方式的特征》，《中国经济史研究》2009 年第 2 期，第 93 页。

② 赵德馨关于经济史学与方志学关系学的论述有：赵德馨：《方志学与经济史学》，《湖北方志》1989 年第 1 期；赵德馨：《断限、分期记述与史志关系》，《湖北方志》1996 年第 6 期；赵德馨：《简论史志异同》，载武建国等编《永久的思念——李埏教授逝世周年纪念文集》，云南大学出版社，2011。

③ 赵德馨：《太平天国财政经济资料汇编》，上海古籍出版社，2017，第 1411～1417 页。

第五节　经济史学与其他相关学科的关系

人类的经济活动受社会因素、自然因素的影响，社会因素和自然因素或影响经济发展的过程，或影响经济发展的速度。研究经济史必须考察这些影响因素。这就决定了经济史学与以这些因素为研究对象的学科存在密切的关系。这类相关的学科比较多，其中主要的有人口学、经济思想史、自然科学等。

一　经济史学与人口学

人口学是研究人口再生产过程及其规律的科学。首先，经济史学是人类经济生活的变迁史，人是推动经济发展的最活跃的要素，提高人们生活水平是经济发展的根本目标。所以，人是经济史学的主体，经济史学必须以人为本位。经济史学研究不能离开人口。马克思说："实际上，每一历史的社会生产方式都有它特有的人口规律，这一规律只适用于它，同它一起存亡，因此只具有历史意义。抽象不变的人口规律只对植物和动物来说才存在。"[①] 马克思还说："任何历史记载都应当从这些自然基础以及它们在历史进程中由于人们的活动而发生的变更出发。"[②] 人口规律本身就是一种经济规律。这不仅因为人口变化过程的一些主要特点，都是由各个不同社会的生产方式决定的，而且人口变化过程本身具有社会经济性质。人口的生产和再生产都是以劳动力的生产和再生产为主体的。社会人口的全部行为都离不开社会生产，它构成了社会经济生活的一个重要方面。从另一方面看，经济史学是研究经济活动过程的，经济活动过程的主体就是人，没有人口就谈不上经济活动及其历史，也就没有经济史学。没有经济史学考察的客体，也就没有考察经济史学的主体。同

[①]《马克思恩格斯全集》第43卷，人民出版社，2016，第676页。
[②]《马克思恩格斯文集》第1卷，人民出版社，2009，第519页。

时，经济史学研究的对象包括生产力和生产关系，而生产力的首要因素就是人；生产关系反映的是人和人的关系，仍然是人的问题。其次，离开了经济史学，人口学中的许多基本问题，如人口数量、质量、结构、比例的变化和发展等问题，便难以说清楚。要科学地考察这些问题，必须首先考察经济史。经济史学和人口学的这种密切关系，使人口经济史应运而生。人口经济史既是人口学的一个分支，也是经济史学的一个分支。意大利经济史学家奇波拉所著的《世界人口经济史》一书指出，人口与经济问题是整个世界面临的一个全球性大问题，它影响着人类的进程。奇波拉在这本书中阐述了人类历史上的两次革命，分析了各个社会的人口特征以及人口爆炸的机制，探究了人口数量、人口质量与人们生活水平之间的关系。① 李仲生所著的《世界人口经济史》，以人口与经济发展的历史脉络为主线，运用 GDP、人口、人均 GDP 及其他的动态人口经济指标，分析了代表性国家在各个时期的人口数量、质量、分布对经济发展的影响等人口经济问题。② 波斯坦考察了中世纪时期欧洲的人口、土地、物价之间的关系，提出了被称为"自我调节"体系的人口——经济理论：当人口的快速增长超过土地增长时，必然出现人口过剩；人口过剩必然导致土地不足，当土地养活不了过剩的人口时，人口会减少，最终恢复人口与生产的平衡。门德尔斯基于弗兰德斯地区的研究，得出与波斯坦不同的人口——经济理论。他认为，在长期，人口的变化趋势与耕地之间并不存在必然的相关性，这主要是乡村家庭手工业的发展所致。也就是说，家庭手工业的发展，使农民获得了土地外的收入，在耕地没有增加的情况下，农民仍然可以通过手工业活动来养育后代。人口增长需要通过发展家庭手工业来提供更多的产品；同时，家庭手工业的发展也反过来促进了人口的增长。这样一来，人口与土地的关

---

① 〔意〕卡洛·M. 奇波拉：《世界人口经济史》，黄朝华译，商务印书馆，1993，第 1～107 页。
② 李仲生：《世界人口经济史》，清华大学出版社，2018，前言第 1 页。

系就出现了奇妙的变化。①

二　经济史学与经济思想史

经济史学与经济思想史算得上是兄弟学科，关系十分密切。经济思想史与经济史学的出现，是因为经济发展中有不同的需求要满足，有不同的问题要解决。经济思想史中的问题发展来源于经济实践。经济思想史中各种思想的评价标准，一是它的理论价值，二是它对经济实践的影响。这种影响只能从经济史中看出来。经济史学所概括的经验教训及抽象出的理论是经济思想史发展的源泉。经济发展中问题的解决，要靠经济思想史积累的理论做指导。莱斯利和汤因比都认为经济思想史属于经济史范畴。阿什利继承了莱斯利和汤因比的传统，将经济思想史视为经济史不可或缺的组成部分。20 世纪初，西方国家的某些大学里，经济思想史被放在经济学院系，经济史学则在历史学院系。阿什利对此很担忧："这意味着，理论家将不再会得到经济史学家的不断提醒，从而认识到他们的结论具有假设性；而与此同时，经济史学家也将会与经济理论相脱离。"② 国内学者普遍认为，经济史学和经济思想史研究对象不相同，但相互依存。"经济史主要研究各历史时期的经济是怎样运行的以及运行的机制和绩效；经济思想史则主要研究人类进行经济活动的思想、学说和理论，研究它们的产生、发展及其规律性。"③ 两者的相互依存关系表现在：经济史研究需要以思想和理论为指导，这样才能深刻认知经济运行的机制、绩效和规律，失去经济思想的经济史，就会没有光彩；经济思想是对经济史上经济活动现象和规律的理论总结，没有经济史的经济思想史，就会成为无源之水、无本之木。基于这种关系，复旦大学陈绍闻

---

① 刘兰兮：《门德尔斯原始工业化理论简述》，《中国经济史研究》1988 年第 3 期，第 149 页。

② 转引自〔英〕杰拉德·M·库特：《英国历史经济学：1870～1926——经济史学科的兴起与新重商主义》，乔吉燕译，中国人民大学出版社，2010，第 125～126 页。

③ 叶坦：《中国经济史学的演进与方向》，《人民日报》2015 年 12 月 6 日，第 5 版。

教授认为："中国经济史学包括中国经济史和中国经济思想史。"① 中国社会科学院叶坦研究员指出："从经济史学内部来看，'经济史学'下设经济史和经济思想史两大学科，两者的研究对象不同，却也存在相互依存的特殊学理关联。"② 上海社会科学院钟祥财研究员说："由于对经济史的许多问题进行深入研究需要运用更高层次的方法论，而这些更高层次的方法论可以通过对经济思想史的研究而获得。因此，经济史和经济思想史的研究是可以有机融合的。作为经济史和经济思想史学科的有机融合，'经济史学'以这两门独立学科的原有研究方向为基础，汲取它们的学术成果，使之互相印证，互相说明，从而对经济领域中的人物与事件、观念与行动、思想与实践、个人与集体、文化与制度、伦理与绩效、历史与现实等一系列重要问题作出更具有说服力的解释。"③ 我们主张加强经济史学和经济思想史两门学科的联系与合作，对将经济史学和经济思想史两门学科有机融合为"经济史学"一门学科、将"经济史学"和"经济思想史"两个概念有机融合为"经济史学"一个概念的主张，有同情的理解，但深感担忧，认为这是在学理上说不通的，在实践上也行不通。

第一，经济史学和经济思想史的研究对象不同。一个研究历史上的经济实践，另一个研究历史上的经济思想史。一个属于客观的存在，另一个属于主观的认识。赵迺抟先生在《欧美经济学史》中提出："经济思想史与经济史虽同属于史的叙述之学问，但研究之对象不同。经济思想史所研究者为人类思想之有关经济生活者；而经济史则是经济史实之系统的记载。"④

第二，因为经济史和经济思想史的研究对象不同，研究的方法和范式也不同。经济史学按研究对象三要素即时间、空间（地域）和经济进

---

① 陈绍闻：《中国经济史学之回顾与展望》，载复旦大学经济学系《复旦经济论丛》第一集，1985，第238页。
② 叶坦：《中国经济史学的演进与方向》，《人民日报》2015年12月6日，第5版。
③ 钟祥财：《关于经济史学的几个问题》，《上海经济研究》2015年第1期，第114页。
④ 转引自顾海良：《"一论二史"：中国特色"系统化的经济学说"的学理依循》，《光明日报》2017年7月11日，第13版。

行；经济思想史通常按人、按论著、按理论、按概念进行。表述方式也是如此。经济史虽然也研究个体的经济行为，但主要研究集体的经济行为。经济通史著作中很少描述个体经济行为。经济思想史虽然也研究集体的思想，但主要研究个体的经济思想，经济思想通史著作中主要是按人（个体，按著作实际上也按人）叙述经济思想，对某个历史时期的集体经济思想的概括也是以个体为基础的。这是因为思想总是出自某个人的头脑。

要将如此不同的研究对象、研究方法和范式融合为一，难矣哉。经济史学和经济思想史成为独学科之后的100多年来，还没有出现过一本将经济史和经济思想史融合起来的著作，这大概不是偶然的。

第三，科学发展的规律与趋势是学科不断地细化，产生更多的独立学科，因而同时要强调加强学科之间的合作。这种合作不是合并，合并是逆潮流的。经济史学和经济思想史学这两个学科的关系密切，如兄弟一般。因为关系密切有如兄弟，所以研究人员经常在一个教研室或研究中心工作。也因为是兄弟、是两个人，各自成家、独立门户之后，"各有妻小"，既没有什么必要性，也没有什么办法再合并成一个人了。陈绍闻主张中国经济史学应包括中国经济史和中国经济思想史，将他领导的教研室取名为经济史学教研室。但终其一生，陈绍闻既没能做到将教研室内的中国经济史和中国经济思想史两门课合并为中国经济史学一门课程，更没有做到将中国经济史和中国经济思想史两个学科合并为中国经济史学一个学科。在他之后，在复旦大学，中国经济史和中国经济思想史仍是分别开设的两门课程。2009年8月，复旦大学成立经济思想与经济史研究所，仍然是将"经济思想"与"经济史"并列。

第四，当前中国有中国经济史学会和中国经济思想史学会；在多数经济院系里，有中国经济史和中国经济思想史两门课程；在中国社会科学院经济研究等研究机构里，有中国经济史和中国经济思想史的工作岗位和相应的编制。一旦将中国经济史和中国经济思想史合二为一，则学会、课程和编制也将合二为一，其结果很可能是二者中有一个在融合后不复存在。哪一个将遭此厄运，尚未可知。

三　经济史与自然科学

自然界与人类社会统一于物质世界，二者之间既有区别又有联系。马克思恩格斯指出："我们仅仅知道一门唯一的科学，即历史科学。历史可以从两方面来考察，可以把它划分为自然史和人类史。但这两方面是不可分割的；只要有人存在，自然史和人类史就彼此相互制约。"[1] 这种联系和制约的关系，决定了经济史学和自然科学之间有密切的关系。

第一，经济史学的研究对象包括生产力。科学技术也是生产力。促进生产力发展的重要因素是科学技术的发展。不了解科学技术的发展史，就难以揭示社会生产力发展的动力、发展的水平与特点。

第二，自然科学的成果有助于说明经济史上的问题。如生态学、物候学、水文学、水利学等对农业经济的影响是比较大的，它们的研究成果既有利于农业经济的发展，又有利于农业经济史的研究。例如，著名物候学家竺可桢经过长期的研究，证明战国、秦汉时期的年平均气温比现代高约2℃，当时某些地区的农业可以一年轮种两季农作物，现在只能两年种植三季农作物。气候的变化，引起了人类经济活动历史的变化，经济史在研究过程中就必须借用这些成果。

第三，经济史学研究可以借助自然科学的某些方法。人类的经济活动中有数量、比例关系问题。经济史学除了对人类经济活动做定性研究之外，还必须进行定量分析研究。以往的经济史学研究运用了自然科学中的数学方法。一些经济史著作涉及计量问题，运用了数学统计方法。古代经济史和现代经济史在计量程度、引用数学方法的形式和范围上是有差异的。

随着科学技术和科学整体化趋势的发展，学科之间相互借用方法的情况会越来越普遍。当然，人类社会和自然界毕竟是两种根本不同的物

---

① 《马克思恩格斯文集》第1卷，人民出版社，2009，第516页。

质运动形式。一般说来，自然科学的方法不能直接用来研究经济史，而要经过改造。否则，就会混淆自然和社会两种根本不同性质的矛盾，会引起认识上的混乱。在经济史研究中，既要看到经济史学与自然科学的联系和影响，又要看到二者的区别；既要反对不加分析地排斥自然科学方法的倾向，又要反对不加区别地套用自然科学方法的态度。

结　语

经济史学与经济学、历史学、社会学、地理学四门学科的关系最为密切；同时，它与人口学、经济思想史、自然科学等也有一定的关系。

一百多年来，中外经济学界就经济史学与经济学的关系形成了多种主要看法。有必要对其中的几种重要观点做一点简单的评论。德国历史学派把经济史学等同于经济学，混淆了经济史学与经济学的界限。这种观点没有得到经济学界（包括主流经济学和非主流经济学）的认同。[①] 19世纪后期，历史学派和奥地利学派就经济学方法论展开了长达 30 年的论战，历史学派在论战中败北。从此以后，历史学派就走向了衰落。英国历史经济学家把经济史学和经济学看作并列的学科。这种观点颇有见地，有力地促进了经济史学的发展，使它成为一门独立的学科。英国成为经济史学科的发源地。美国新经济史学家试图使经济史学消融在经济学之中，这种做法显然抹杀了经济史学的重要性。经济史学是不同于经济学的独立学科，它不可能消融在经济学之中。新经济史学家的这种做法，得到不少经济学家和经济史学家的赞誉，也遭到了不少经济学家和经济史学家的严肃批评，新经济史学在 20 世纪六七十年代极盛一时之后逐渐衰微。由此可以，经济史学不能被消融在经济学之中。西方主流经济学自李嘉图开始，企图使经济史学成为实证经济理论的工具，把经济史学置于经济学的从属地位，弱化了经济史学的重要性。实践证明，这既不

---

① 高德步：《经济史与经济学》，《经济学家》1998 年第 5 期，第 76 页。

利于经济史学的发展，也不利于经济学的发展。中国的一些经济史学家，秉承马克思主义的认识论原理，提出经济史学是经济学的基础或源泉的观点。这些观点对正确地认识经济史学与经济学的关系或许有益。目前，中国经济学界正在构建中国特色社会主义政治经济学，经济史学界有义务给他们的工作提供基础性的历史认识。经济学界应该深入挖掘中国经济史和经济思想史研究的成果，筑牢中国特色社会主义政治经济学的历史根基。

经济史学和历史学、社会学、地理学的关系尽管十分密切，但中外历史学界和社会学界并没有就这种关系做深入的思考。我们认为，经济史学和历史学的关系主要有如下方面。一是经济史学研究要接受历史哲学的指导，二是经济史学研究必须以史料考据学为基础，三是考古学、专门史、通史等历史学分支学科也有利于经济史学研究的深入。社会学对经济史学的促进作用十分明显，社会学理论和方法的引入，可以促进经济史研究，这已有很多的成功案例。在地理学诸分支学科中，经济地理学、历史地理学、方志学与经济史学的关系较为密切。

研究经济史学与相关学科的关系，一方面有利于在学理上廓清经济史学与上述学科的关系问题，从而加深对经济史学的理解；另一方面也可以使经济史学者清楚，必须加强自身的理论修养和相关学科的学术训练，没有经济学、历史学、社会学、地理学等学科的理论功底，就难以深化经济史学研究。

第五章　经济史学的学科性质

经济史学自产生以来，其学科性质方面一直有很多争论。按照中国目前的学科设置规定，以"史"命名的二级学科有：经济史、经济思想史、法律史、教育史、中共党史、中国少数民族史等。这些二级学科均不属于历史学科，但与历史学科又有着紧密的联系，这样一来，它们的学科性质就颇具争议。本章专门讨论经济史学科的性质问题。

第一节　学界对经济史学学科性质的认识

中国经济史学界对经济史学学科性质的认识并不一致，大体形成七种观点，以下分小节介绍。

一　经济史学是历史学科的一个分支

持这种观点的学者有梁方仲、吴承明、孙健、李伯重等。梁方仲认为，"经济史是一般制度史之一部分，它研究过去社会制度的经济方面。它的方法上的特点从它对于量的注重最能表现出来，因此它应为历史中最有准确性的一部门。"[①] 吴承明认为，"在西方，经济史作为一门独立学科，是 19 世纪后期从历史学中分立出来的。其分立，是因为经济学已发展成为系统的理论，原来历史学中的经济内容，可以用经济学的理论来分析

[①]　梁方仲：《西洋经济史讲稿选页》，载梁方仲：《梁方仲遗稿·新拾文存》，广东人民出版社，2019，第 50 页。

和解说了。"他明确提出："经济史首先还是'史'，要有个历史观。"① 据吴承明先生考证，最早以"经济史"命名的著作是奥地利经济学家斯特尔涅格于 1877 年出版的《德意志经济史文献》。英国经济史学开山鼻祖 W. 坎宁安是第一个把经济史作为独立学科研究并在大学开设经济史的教授。② 孙健认为："国民经济史与政治经济学的关系至为密切。"③ 李伯重认为："经济史是史学的一部分。"④ 意大利经济史学家奇波拉认为："经济史本身就是一种划分，而且是最为任意的划分。其所以这样划分是为了分析和教学上的方便。但生活中并没有这种界限，有的只是历史。"⑤ 在奇波拉的眼中，经济史只是历史的一个部分。

二 经济史学是理论经济学的一个分支

国内外有不少学者发表过此类看法。在国外，熊彼特对此论证较多。他的结论是："我们必须面对一个事实，即经济史是经济学的一部分，史学家的技术好比是经济分析这辆大公共汽车上的乘客。"⑥ 在国内，傅筑夫对此有详尽的说明："我们甚至也可以说，经济史研究的最终目的及对象既然是社会经济的结构形态及其发展变化的运动规律，所以总的说来经济史是属于宏观经济学的范畴。"⑦ "经济史是经济科学，虽然它的名称上带有一个史字，但不宜把它列入历史科学的范畴，如果说它是介乎经济科学与历史科学之间的一种边缘科学，那也不很确切。经济史无疑是具有史的性质，但却不是一（般的）史，而是经济的历史所以属于经济科学。这正如音乐史是音乐的历史，它属于音乐科学而不属于一般的历

① 吴承明：《经济史：历史观与方法论》，《中国经济史研究》2001 年第 3 期，第 3、20 页。
② 吴承明：《经济史：历史观与方法论》，上海财经大学出版社，2006，第 4 页。
③ 孙健：《国民经济史的方法、对象和任务》，《经济研究》1957 年第 2 期，第 4 页。
④ 李伯重：《历史上的经济革命与经济史的研究方法》，《中国社会科学》2001 年第 6 期，第 179 页。
⑤ 〔意〕卡洛·M. 奇波拉主编《欧洲经济史》第 1 卷，徐璇译，商务印书馆，1988，导言第 3 页。
⑥ 〔美〕约瑟夫·熊彼特：《经济分析史》第一卷，朱泱等译，商务印书馆，1991，第 30 页。
⑦ 傅筑夫：《进一步加强经济史研究》，《天津社会科学》1982 年第 6 期，第 42 页。

史科学；科技史是各种自然科学和技术的历史，它属于自然科学的范畴
而不属于一般的历史学，是一样的道理。""经济史研究是社会经济的结
构形态及其发展变化的运动规律，经济史研究是用具体的社会实践，即
用大量的历史事实把各个不同生产方式的生产关系和交换关系的形成、
发展、变化及其演进的过程和必然归宿揭示出来，探究其内在联系，把
客观的经济规律反映出来。从这个角度来说，也可以说经济科学本来就
是一种广义的历史科学。这是由于经济现象及一切社会现象都不是逻辑
现象，不是一种超时间超空间的抽象概念，而是出现在一定时间和一定
空间之内的一个具体存在。对于这样一种变化中的实体——经济现象，
只能用动态的观点、发展的观点，即历史观点来进行观察，才能看清楚
它的发展变化的历史规律。马克思恩格斯就是运用历史观点和方法来研
究经济问题的伟大经济学家，是应用历史观点和方法观察和分析经济现
象的典范。马克思恩格斯既是经济学家，又是经济史学家。《资本论》是
一部经济学巨著，同时又是一部最好的经济史。马克思的经济理论主要
是根据英国的历史总结出来的。《资本论》里充满了历史资料，却仍然是
一部经济学著作，而不是历史学著作，是经济史著作而不是一般历史的
著作。更不是经济与历史简单的或机械的混合体，也不是介乎两者之间，
双方平分秋色各占一半。傅筑夫认为从经济史这门学科的性质出发，就
可以确定它的任务不能是只陈述史实，更不能停留在简单地胪列各时代
的典章制度，它的任务应当是对经济现象进行纵的分析，探明规律。"
"经济史主要不是在说明某一时代某一地方有什么经济制度经济现象，而
是在探究为什么那个时代会产生那个经济制度和经济现象。"① 同意这种

---

① 瞿宁武：《傅筑夫传略》，《晋阳学刊》1983 年第 6 期，第 66 页。傅筑夫的学生赵德馨
说："我的导师傅筑夫先生当年在跟我们谈论经济史学是属于经济学还是历史学时说，
每一门学科都有自己的学科史，如建筑学有建筑史、音乐学有音乐史。你们说，建筑史
是属于建筑学还是历史学？音乐史是属于音乐学还是历史学？现在被称为或自称为历史
学家的人，能研究建筑史或音乐史吗？傅先生当时没有直接指出经济史学属于经济
学，但通过这些例子，我就明白了经济史学属于经济学。"赵德馨：《赵德馨学术随
笔》，未刊稿。

见解的人颇多。经君健认为："经济史学就其本质而言，属于经济学科。"[①]
赵德馨认为，经济史是"理论经济学中的基本学科之一"，[②] 经济史学的
"研究对象是生产力和生产关系的矛盾统一过程。这决定了它在本质上是
一门经济学科"。[③] 20 世纪末，赵德馨在组织全国数十位经济史专家撰写
12 卷本《中国经济通史》时，国内部分历史学家已经出版有中国经济通
史。在这种情况下，赵德馨思考新编中国经济通史的特色问题，结论是
特色就在定性上。"凡所谓两个或多个因素的结合中，必有一方是主要
的。凡跨两个或多个学科的交叉学科或边缘学科中，必有一门学科属于
本质性质的。在本书所使用的历史学方法与经济学方法的结合中，应以
经济学的方法为主。这是因为经济史学是研究特定区域内时间历程中人
们经济生活演变过程及其规律的学科。故经济史学在时间上是历史的，
但其内容却是经济的。……因此，它本质上是一门经济学。"[④] 在这里，
强调了经济史学的经济学科特性。

三　经济史学是交叉学科

认为经济史学是一门交叉学科，是中国经济史学界比较流行的一种
提法。叶坦认为，由于研究对象的侧重点不同，中国经济史学者的治学
风格也不相同，大致有三类：一类侧重从历史学视角研究经济史，一类
用经济学理论和范式研究经济史，一类注重用社会学的调查法研究经济
史。这三类也可视为"三派"：历史学派、经济学派和社会学派。三派各
有特点，"历史学派注重史料，精于考据；经济学派强调经济方法，长于
理论分析；社会学派重视经济的社会关联，着力于综合考察"。这种状况

---

① 经君健：《加强中国经济史研究是发展经济学科的一项重要战略任务》，《经济研究》
　1983 年第 10 期，第 66～67 页。
② 赵德馨：《分析理论与理论抽象》，载赵德馨：《经济史学概论文稿》，经济科学出版社，
　2009，第 382 页。
③ 赵德馨：《融经济学方法与历史学方法为一体》，载赵德馨：《经济史学概论文稿》，经
　济科学出版社，2009，第 350 页。
④ 赵德馨：《我们想写一部怎样的〈中国经济通史〉》，《中国社会经济史研究》1997 年第
　3 期，第 76 页。

"是经济史学具有交叉学科性质的体现，应取长补短、互相促进"。[1] 隋福民认为："经济史本身虽是经济学和历史学的交叉学科，但本质上属于历史。"[2] 关于经济史学到底是哪几个学科之间的交叉，则存在不同的说法。有的学者认为是两门学科（历史学、经济学）的交叉，有的学者认为是三门学科（历史学、经济学、社会学）的交叉，还有的学者认为是多门学科（历史学、经济学、社会学、地理学、政治学、文化学等）的交叉。如魏明孔认为："中国经济史是史学研究的重要组成部分，是历史学与理论经济学的交叉学科和重要分支学科，也是社会科学中的基础学科之一。"[3] 剑桥大学经济史学教授、《剑桥欧洲经济史》丛书主编波斯坦认为，经济史学科是一个由驴和马杂交而成的骡子，非驴亦非马。另一位英国经济史学教授则进一步发挥，认为骡子除了有自己不能生育的特点外，还有另一个特点，即骡子的父母是不同的动物，何者为主，何者为次，分不清楚。[4]

四　经济史学是边缘学科

经济史学家严中平认为"经济史是一门兼跨经济科学和历史科学两大门类的边缘学科"。[5] 朱伯康认为"经济史是宏观经济科学的一个分支，是历史学和经济学的边缘学科，是在时间上研究经济变化和发展的科学，亦可说是经济范围内的历史科学"。[6] 魏永理认为，"它是介于政治经济学和历史学之间的一门边缘学科"。[7] 赵德馨对经济史学的边缘学科性质做

---

① 叶坦：《中国经济史学的演进与走向》，《人民日报》2015年12月6日，第5版。
② 隋福民：《创新与融合：美国新经济史革命及对中国的影响（1957~2004）》，天津古籍出版社，2009，第277页。
③ 魏明孔：《构建中国经济史话语体系适逢其时》，《光明日报》2015年12月6日，第7版。
④ 陈振汉：《步履集》，北京大学出版社，2005，第4页。
⑤ 严中平：《科学研究方法十讲——中国近代经济史专业硕士研究生参考讲义》，人民出版社，1986，第1页。
⑥ 朱伯康：《经济史问答》，载复旦大学经济学系《复旦经济论丛》第二集，1986，上海社会科学院出版社，第327页。
⑦ 魏永理：《略论国民经济史的研究对象》，《兰州大学学报》1982年第2期，第1页。

过解释，认为经济史是以经济发展的客观过程即社会生产力和生产关系发展的过程及其规律为研究对象的理论经济学科。它的分支学科，有以生产力发展过程为研究对象的，有以生产关系发展过程为研究对象的，有以生产力与生产关系的矛盾统一过程为研究对象的。经济与社会的其他领域关系密切，为了研究生产力和生产关系变化的原因、过程与后果，必然涉及经济政策、经济思想、阶级斗争诸因素。因此，经济史又被称为社会经济史。"经济史是经济科学中的基础学科，也是历史科学的基础学科。经济史学科的对象是经济演变过程，是把经济作为一个动态体系来研究的。这决定经济史学科的研究必须严格地按照时间顺序，采取历史的观点和历史的方法，同时兼用经济学的方法。在这种意义上，经济史是一门边缘学科。"① 高德步认为，"经济史学作为经济学和历史学的边缘学科"，其研究范式兼采经济学和历史学的特征，既有史学范式的特征，又有经济学范式的特征，其史学范式特征体现在"叙述方法上有一定的时序性，以及用史料说话"，其经济学范式特征体现在"研究者的信念、观点和方法，特别是采用的理论模型上，基本上都是经济学的"。② 中西经济史学在研究范式上各有千秋，西方经济史学特别是西方新经济史学主要属于经济学范式，而中国经济史学则主要属于史学范式。

五　经济史学是跨学科的学科

陈振汉认为，"经济史是经济科学的一个分支，但它是跨学科的，是介于历史学和经济学之间的学科。可以说它的本质或主体是历史。经济史所担负的科学任务主要是一种历史学的任务，它自然同时是一门历史学科。史学不同于理论学科，它要通过具体的历史事实来说明社会发展的规律，说明事物间的关系"。③ 根据陈振汉的观点，经济史学是跨经济

---

① 赵德馨：《经济史学概论文稿》，经济科学出版社，2009，第75页。
② 高德步：《经济史与经济学》，《经济学家》1998年第5期，第78页。
③ 陈振汉：《社会经济史学论文集》，经济科学出版社，1999，第650页。

学和历史学两大学科的学科，但本质是历史学。

六　经济史学是经济学中的一种完整学科

最先认为经济史学是经济学中的一门完整学科的是王亚南。他认为，"经济学研究对象的资本主义经济，是比较发达的经济形态，我们是在这种经济方面研究出了许多法则，才探知以前社会的经济形态，亦有其法则；并还探知由前一社会经济形态过渡到其次一社会形态，亦有其法则"。经济史学与广义经济学的区别在于，"广义经济学所着重的是原理，是各（个）别历史社会的经济法则，而经济史学所着重的则宁是史实及各别历史社会相续转变的经济法则"，二者都有助于对落后社会的经济形态的研究，只是经济史学"已经成功为一种较完整科学"。① 对为什么经济史学是一门完整的学科，他没有做说明。

七　经济史学是一门独立的学科

对经济史学科的性质，赵德馨较早地提出经济史学是一门独立学科的说法，但因为没有充分的论证，不敢自信。20 世纪末 21 世纪初，赵德馨读了一些书，认为这种认识是有学理依据的。

第一，从经济史学科的产生看，经济史学是社会经济发展到一定程度而产生的，为适应社会经济发展需要而产生的一门独立的学科。经济史学是在经济学不同学派的辩论中产生的。首先研究经济史的都是经济学家，经济史学家是在经济学家中产生的。这就是说，经济史学早就从经济学中独立出来了。对于经济史学是从经济学中分立出来，还是从历史学中分立出来，尽管吴承明等学者和赵德馨的看法不同，但他们都同意是分立出来的一门独立学科。吴承明指出："在西方，经济史作为一门独立学科，是 19 世纪后期从历史学中分立出来的。其分立，是因为经济学已发展成为系统的理论，原来历史学中的经济内容，可以用经济学的

---

① 王亚南：《中国经济原论》，商务印书馆，2017，第 35 ~ 36 页。

理论来分析和解说了。"① 美国学者库特研究英国经济史学产生的历史做了专题研究，以丰富的资料和翔实的历史过程，证实了赵德馨"经济史学是在经济学不同学派的辩论中产生的"的观点。库特得出的结论是，从19世纪70年代到20世纪20年代，英国的大学开始把经济理论和经济史当作两门相关但互相独立的学科对待，1926年英国经济史学会的成立表明，经济史这门学术科目已经取得了专业地位。② 事实上，经济史学在英国自产生时起便是一门独立的学科。

对于经济史学是从经济学中分立出来，还是从历史学中分立出来，尽管吴承明和赵德馨的看法不同，但他们都同意经济史学是分立出来的一门独立学科。

第二，从学科的研究对象看，经济史学有自己独特的研究对象。这是其他任何学科不能代替的。对此，上文已有论述。

第三，从学科的功能看，经济史学有自己独特的功能。此功能是其他任何学科都不能代替的。对此，本书第六章将专门论述。

第四，从经济史学所用的理论、研究方法和经济史学工作者的思维方式看，"经济史学科是一门独立的学科，有其独立的学科理论。这种理论，可以从历史学理论中吸取有益的资料，但它与历史学理论不同；它可以从经济学理论中吸取有益的养料，但它与经济学理论不同。它不仅不同于历史学理论和经济学理论，也不是这两种理论的简单相加或混合"。③ 经济史学有自成体系的理论和知识基础（经济史学理论，或称经济史学概论），继而可以三种形态经济史的看法，即历史学中的经济史学、经济学中的经济史学、独立的经济史学，三种形态的经济史学对应着三种思维方式。"历史学思维方式的产品——历史学中的经济史；

---

① 吴承明：《经济史：历史观与方法论》，《中国经济史研究》2001年第3期，第3页。

② 转引自〔英〕杰拉德·M·库特：《英国历史经济学：1870～1926——经济史学科的兴起与新重商主义》，乔吉燕译，中国人民大学出版社，2010，第96、125、217页。

③ 赵德馨：《经济史学科的发展与理论》，《中国经济史研究》1996年第1期，第15页。

经济学思维方式的产品——经济学中的经济史；经济史学思维方式的产品——形态独立的经济史"，"在经济史学发展过程中，三种经济史保持相对独立性，三者并存的局面一直持续到今天。美、英等国如此，中国亦如此。"[①]

第五，从经济史学的内涵看，随着学科的发展，不仅从经济学学科和历史学学科中分立出经济史，其他学科相继产生了它们自己的经济史，已知有论著问世的有，社会学中有社会经济史或经济社会史，地理学中有地理经济史和区域经济增长阶段理论，民族学中有民族经济史，[②] 宗教学中有寺院经济史，[③] 水利学中有水利经济史，是经济史与工程技术和水利学的结合，[④] 人口学中产生人口经济史，它与社会和生理学相结合，[⑤] 生态学中产生生态经济史，它与自然和生态学相结合，[⑥] 军事学中有了军事经济史，[⑦] 它与军事相结合，灾害学中有灾害经济史，[⑧] 它更多地与自然灾害研究相结合，艺术学中产生了艺术经济史，它与艺术相结合。[⑨] 还有一些学科的经济史，如体育学中的体育经济史、教育学中的教育经济

---

① 赵德馨：《经济史学概论文稿》，经济科学出版社，2009，第 525～526 页。

② 如刘晓春编著《中国少数民族经济史概论》，知识产权出版社，2012；李干、周祉征、李倩：《土家族经济史》，陕西人民教育出版社，1996；邓辉：《土家族区域经济发展史》，中央民族大学出版社，2002。

③ 如黄敏枝：《宋代佛教社会经济史论集》，学生书局，1989；游彪：《宋代寺院经济史稿》，河北大学出版社，2003。

④ 如黄耀能：《中国古代农业水利史研究：中国经济史研究之一》，六国出版社，1978。

⑤ 人口经济史著作见前引〔意〕奇波拉：《世界人口经济史》和李仲生：《世界人口经济史》。

⑥ 关于社会经济史、地理经济史等方面的论著，参见陈锋：《与时代同行——中国经济史研究 70 年》，《光明日报》2019 年 11 月 18 日，是从不同门类历史学之间的互相融合角度写的。

⑦ 张振龙主编《中国军事经济史》，蓝天出版社，1990。

⑧ 张崇旺：《明清时期江淮地区的自然灾害与社会经济》，福建人民出版社，2006。晏雪平在书评（载《中国社会经济史研究》2008 年第 8 期）中说此书是中国灾害社会经济史的专著与力作。内容是中国灾害经济史的论文已有多篇。

⑨ 李向民：《中国艺术经济史》，江苏教育出版社，1995。

史等。它们在中国都处于发展之中。① 多个学科出现本学科的经济史学。涉及的学科种类之多，速度之快，远远超过了赵德馨的预料。

我们认为经济史学的研究对象是人类社会经济生活的演变过程，这个"经济生活"包括衣食住行，研究衣食住行变迁过程的，都是经济史学的内容。以吃为例，中国食品工业史②属于经济史学。北京大学经济史学教授李德彬写的《番薯传播史》，赵德馨和彭传彪写的《苏东坡吃的是芋头》，以及由此引起的游修龄、李根蟠、曾雄生等学者关于"苏东坡吃的是芋头还是红薯或山药"的讨论，③ 也是经济史学的内容。类似的经济史论著还有多种。如小麦、玉米、南瓜④的传播史等等。这样来看，经济史学的内涵很广泛，包含的内容涉及几十个学科，已成为超越历史学、经济学等各个学科范围的一门独立学科。经济史学界越来越清楚地意识到，经济史学的研究对象、研究方法、研究范式，既不是历史学能包含的，也不是经济学能囊括的，更不是其他任何一门学科所能容纳得了的。经济史学具有自身独特的学科特性。

经济史学可分为研究整体的国民经济史、研究个别领域的经济专史。无论哪一类经济史，其研究对象都是"史"。所以，历史学的方法是经济史学基本方法之一。但是并不是光靠历史学方法就能研究一切经济史命题。如果只是考证某个历史时期某个地方的手工业生产情况、某个历史人物和组织的经济活动，通过归纳概括史料即可，不需要使用经济学和

---

① 江西财经大学副校长易剑东等人已在思考撰写《中国体育经济史》，见易剑东、谢军：《中国体育经济史的理论构架》，《山东体育学院学报》1999 年第 4 期；易剑东：《把历史的内容还给历——体育经济史杂议》，《体育文史》1997 年第 2 期。扬州大学商学院时磊教授和南京大学经济史学教授杨德才写有从经济史角度看教育发展的文章，见时磊、杨德才：《"分权计划经济"时期的普通教育发展：经济史的再考察》，《南京大学学报》（哲学、人文科学、社会科学）2014 年第 1 期。有关中国历代政府的教育经费的投入、教学机构经费的来源，以及历史上教育发展与经济发展的关系的文章，已有数十篇之多。

② 如王尚殿：《中国食品工业发展简史》，山西科学教育出版社，1987。

③ 赵德馨、彭传彪：《苏东坡吃的是芋头》，《农业考古》1982 年第 2 期；游修龄、李根蟠、曾雄生：《苏诗"红薯"名物考辨》，《古今农业》2010 年第 3 期。

④ 李昕升：《中国南瓜史》，中国农业科学技术出版社，2017。

其他相关学科的理论与方法。如果研究水利经济史，不利用水利工程学、水文学理论和方法，光靠史料归纳、逻辑演绎，是无法对历史上的水利经济做深入考察的。所以，经济专史超出了经济学和历史学范畴。这样的经济专史，很难断定是属于历史学还是经济学。

总而言之，经济史学具有确定的研究对象，形成了相对独立、自成体系的理论、知识基础和研究方法；它本身就是一门独立学科。经济史学与历史学、经济学等相关学科密切相关，但不属于任何一门学科。

第二节　经济史学科的独立性质与行政部门对经济史学科的分类处置

一　改正现行的学科分类处置与学科的客观性质不相符的状况

经济史学发展到现阶段，已有与其他学科不同的研究对象、功能、理论、方法，其内涵是其他学科所不能容纳的。它已是一门与其他学科并列的独立学科，这是一种客观存在。现在出现的问题是，人们主观对学科分类的行政设置与这种客观存在不相符，这种状况有待改正。

根据国务院学位委员会办公室和教育部 2011 年颁布的《学位授予和人才培养学科目录设置与管理办法》，中国的学科设置分为三个层次：学科门、一级学科、二级学科。目前，学科门为 13 个：哲学、经济学、历史学、法学、教育学、文学、史学、理学、工学、农学、医学、军事学、艺术学、管理学。每个学科门下设置若干一级学科，如经济学学科门下设置理论经济学和应用经济学两个一级学科，历史学学科门下设置中国史、世界史、考古学三个一级学科。每个一级学科下又设置若干二级学科，如理论经济学一级学科下设置政治经济学，经济史，经济思想史，西方经济学，人口、资源和环境经济学，世界经济六个二级学科。按照中国的学科设置办法，存在三个层次的独立学科，即独立的二级学科、独立的一级学科、独立的学科门。例如，世界史在 2011 年之前是独立的二级学科，2011 年调整为独立的一级学科；统计学在 2011 年之前是独立的二级学科，2011 年调整为独立的一级学科；艺术学在 2011 年之前是文学学科门下的独立一级学科，2011 年调整为独立的学科门，成为中国第13 个学科门。

经济史学成为独立学科，存在三个层次的独立。第一层次是独立的学科门，即成为与历史学、经济学并列的独立学科门。第二层次是独立的一级学科，如在历史学门类中，经济史学成为与中国史、世界史和考古学并列的独立一级学科，或者在经济学门类中，经济史学成为与理论经济学、应用经济学并列的独立一级学科。第三层次是独立的二级学科，如在中国史一级学科中，经济史学成为与中国古代史、中国近现代史、专门史并列的独立二级学科，或者在理论经济学一级学科中，成为与政治经济学、西方经济学并列的独立二级学科。经济史学理应是第二层次的独立，目前是第三层次的独立。我们建议，在下一轮即第五轮学科调整中，在经济学学科门内，把经济史学从目前的二级学科提升为一级学科，形成理论经济学、应用经济学、经济史学三个一级学科并列的经济学学科格局。本科、硕士、博士三个阶段均设置经济史学专业，授予经济学或历史学学位。在历史学门类中，经济史学成为与中国史、世界史和考古学并列的独立一级学科，本科、硕士、博士三个阶段均设置经济史学专业，授予历史学学位。①

二　设置经济史学一级学科的可行性

设置经济史学一级学科的构想是切实可行的。第一，符合国家政策。《学位授予和人才培养学科目录设置与管理办法》第七条明确规定了增设

---

① 《学位授予和人才培养学科目录设置与管理办法》明确规定某些"一级学科可分属不同学科门类，此类一级学科授予学位的学科门类由学位授予单位的学位评定委员会决定"，如统计学一级学科被归在理学学科门，但可授予理学或经济学学位；管理科学与工程被归于管理学学科门，但可授予管理学或工学学位；心理学被归于教育学学科门，但可授予教育学或理学学位；科学技术史一级学科被归于理学学科门，但可授予理学、工学、农学、医学学位。

一级学科的四个必备条件：一是具有确定的研究对象，形成了相对独立、自成体系的理论、知识基础和研究方法；二是一般应有若干可归属的二级学科；三是已得到学术界的普遍认同，在构成本学科的领域或方向内，有一定数量的学位授予单位已开展了较长时间的科学研究和人才培养工作；四是社会对该学科人才有较稳定和一定规模的需求。[①] 经济史学于 19 世纪末 20 世纪初产生于英国，在产生之初就是与理论经济学和应用经济学并驾齐驱的学科。中国经济史学已有 2000 多年的历史。现代经济史学产生于 20 世纪初，在中国亦有百余年历史。经济史学早已是成熟学科。以人类社会经济生活演变的过程和规律为研究对象，已经形成了独立的理论体系和研究方法。经济史学一级学科可以设置中国经济史、外国经济史、经济史理论三个二级学科。据统计，国内有 50 家以上的单位（含高等学校、科研院所）培养经济史学硕士，至少 20 家单位培养经济史学博士。政府部门、文博部门、企业单位、高等学校、科研部门均需要既通晓经济学又谙熟历史学的高层次经济史学专门人才。实践早已证明，经济史学专业培养的研究生，既有经济学的思维又有历史学的厚重，深受社会用人单位的欢迎。所以，经济史学完全具备了上述四个条件，把经济史学提升为一级学科的条件已经成熟。

第二，将原有二级学科提升为一级学科有成功先例。改革开放以来，已经进行了四轮学科调整，分别发生在 1983 年、1990 年、1997 年、2011 年，在第四轮学科调整中，若干二级学科被提升为一级学科。例如统计学，在 1997 年版的学科目录中，是应用经济学下的二级学科，同时在数学一级学科下也设置了概率论与数理统计二级学科。2011 年版学科目录把统计学提升为一级学科，置于理学学科门下，可授予理学和经济学学位。2012 年修订的《普通高等学校本科专业目录》设置了三个统计类专业：统计学、应用统计学和经济统计学。再如历史学，在 1997 年版的学

[①] 《学位授予和人才培养学科目录设置与管理办法》，中华人民共和国教育部网站，http://www.moe.gov.cn/s78/A22/xwb_left/moe_833/tnull_45419.html。

科目录中，历史学既是学科门名称又是一级学科名称，下设八个二级学科，即史学理论及史学史、考古学及博物馆学、历史地理学、历史文献学、专门史、中国古代史、中国近现代史、世界史。在第四轮学科目录调整中，把考古学和世界史由二级学科提升为一级学科。历史学设置三个一级学科，即考古学、中国史、世界史。考古学一级学科下设九个二级学科，分别是考古学史和考古学理论、史前考古、夏商周考古、秦汉魏晋南北朝考古、唐宋元明清考古、科技考古、文化遗产与博物馆。中国史一级学科下设七个二级学科，即历史地理学、历史文献学、史学理论及中国史学史、中国古代史、中国近代史、中国现代史、专门史。世界史一级学科下设五个二级学科，即世界史学理论与史学史、世界古代中古史、世界近现代史、世界地区国别史、专门史与整体史。与学科调整相对应，2012 年版本科专业目录设置四个史学本科专业：历史学、世界史、考古学、文物与博物馆学。2011 年颁布的《学位授予和人才培养学科目录设置与管理办法》第八条规定，"一级学科的调整每 10 年进行一次"。目前，历史地理学界和国学界正在热切地建议设置历史地理学和国学一级学科，并为此召开多次专门讨论会、撰写了系列文章，引起较大的社会反响，经济史学界也理当奋进。

三　经济史学成为一级学科的意义

经济史学成为一级学科，不仅有利于经济史学科的发展，也有利于中国特色社会主义政治经济学的发展。

（一）有利于经济史学科的发展

经济史学科的发展面临三大困境。第一，专业人才缺乏，专业研究团队难以形成。中国经济史学家队伍规模越来越大，但形成了专业团队的却为数不多。原因在于经济史学者分散在各大高校和科研院所，无法形成联合攻关的局面。目前，真正可以称为专业研究团队的不足十家，较有实力的专业研究团队集中在中国社会科学院经济所、北京大学经济学院、清华大学经济研究所、南开大学经济学院、上海财经大学经济学院、中南财经政法大学经济学院、中央财经大学经济学院等院校。大型课题研究必须靠团队完成，研究人员分散的直接后果就是研究对象日益细碎化，对于重大经济史课题，多数学者有心而无力。经济史学研究的细碎化，既不利于经济史学的发展，也削弱了经济史学在社会科学界特别是经济学界的地位。

第二，研究方法的割裂。历史学派、经济学派、综合学派三派学者都有自己的研究方法，这本是好事，但是如果三派学者固守自己的方法而拒绝吸纳别人的方法，甚至为了抬高自己的方法而诋毁别人的方法，那就是坏事。遗憾的是，中国经济史学界三派学者在方法论上存在画地为牢的现象，各派之间在方法论上缺乏交流。为什么缺乏交流呢？应该说，并非各派学者不愿意交流，而是不能交流。历史学派的学者没有经济学的功底，对经济学的方法、范式很陌生，无法切入经济学话语体系之中。经济学派的学者缺乏扎实的历史学功底，特别是史料考证功夫不扎实，无法与历史学派进行有效的沟通。社会学派学者在知识功底上更接近于历史学派，对经济学的方法和范式也不是很熟悉，因而也无法与经济学派进行深度交流。

第三，研究水平难以提升。方法论上的割裂，导致了中国经济史学研究水平难以上层次。中国每年出版的经济史学著作数量很多，但在国际上产生重大影响的著作不多。出自中国学者之手的著作，大都失之于烦，停留在对历史进行细腻描述的层面上，没有对历史进行深度的分析，对历史的纵深把握不够。由于缺乏合适的方法，中国经济史学者无法构建一个宏大的叙事和分析框架，选题更多的是微观或者中观题目，宏观题目一般不敢碰。

中国经济史学发展的瓶颈在于，有硕士学位和博士学位而无对应的学士学位，即没有经济史学专业的本科生。现在报考经济史学硕士研究生的学生，什么专业的本科毕业生都有，就是没有经济史学专业的。这样一来，经济史学专业的硕士研究生，入学时就没有经济史学专业的基础知识与相关技能。基础不牢、地动山摇，以后的发展非常艰难，影响成长的高度。在本科生中设置经济史学专业早有先例。在国内，20世纪40年代，燕京大学在经济学系设有经济史学专门化方向。与我在中南财经政法大学同时讲授中国经济史学的秦佩珩教授（后去郑州大学任教），就是该专门化方向毕业的。他说，该专门化方向由学生自愿选择，一届中多则5人，有时没有，选这个专门化方向的学生可以到历史系、中文系去选课，他们的这一届是三人，毕业后都从事经济史学工作。在国外，英国、瑞典、匈牙利等国的一些大学很早就设有经济史学系，招本科生。[①] 中国是个大国，人口比它们多几十倍，经济史学硕士研究生招生人数也比它们多十几倍到几十倍，有一个或两个大学设置经济史学本科生专业，每年招收30~50人，毕业生的出路不成问题，经济史学这门学科将会有一个飞跃性的提升，何乐而不为？

只有把经济史学提升为一级学科，按照一级学科要求招收与培养经济史学的本科生、硕士和博士研究生，才能培养一大批既具有历史学功底、又深谙经济学方法的综合型人才。经过若干年的建设，上述三大困境就有望得到缓解。

（二）有利于中国特色社会主义政治经济学的发展

中国特色社会主义政治经济学是中国版的社会主义政治经济学，是马克思主义政治经济学基本理论与中国改革开放新的实践相结合的成果，与当代中国马克思主义政治经济学是同义语。[②] 中国特色社会主义政治经济学是对改革开放以来形成的中国特色社会主义经济形态的理论抽象，是马克思主义政治经济学理论逻辑和中国经济社会发展历史逻辑的辩证统一。中国经济史和经济思想史是中国特色社会主义政治经济学的根脉。探寻中国特色社会主义政治经济学的历史根脉，是构建和发展中国特色社会主义政治经济学的关键。现有的关于中国特色社会主义政治经济学

[①] 在本科生中设置经济史学专业，在伦敦政治经济学院已有100多年的历史，该校因此成为经济史学教学与研究的重镇。瑞典有几所大学招收经济史学本科生。匈牙利布达佩斯大学设有经济史学系。

[②] 张宇：《中国特色社会主义政治经济学》，中国人民大学出版社，2016，第2页。

的研究成果，在理论渊源层面，着重分析马克思主义政治经济学对中国特色社会主义政治经济学的影响，没有深入挖掘中国经济史和经济思想史对中国特色社会主义政治经济学的影响。经济学说史早已表明，一个国家的经济学说必须植根于这个国家的经济发展历史和千百年来形成的思想智慧。如果一个国家的经济学说脱离了这个国家的经济史和经济思想史，或者说与这个国家的经济史和经济思想史毫不相关，那么这样的经济学说必然不适合这个国家。每一个国的现代经济都是它的历史经济的延伸，包含深厚的历史元素。从宏观层面说，中国的大国经济、耕地等经济资源、经济区域、农牧业的地区分布、市场体系、都市布局与经济中心、经济生活方式、经济习俗和经济文化、对大国经济的中央集中管理与三级分权管理（中央一级，郡、省一级，县一级）相结合的管理制度，无不都是在几千年中形成的。从微观层面说，家庭承包经营就是中国传统社会家庭经营形式的延续。两千多年的家庭经营实践已经证明，家庭经营是适合中国国情、符合中国农民习惯的最有效率的经营方式，是目前发展阶段难以逾越的。只有廓清了中国家庭经营的历史，才能深刻理解改革开放以后确立的家庭承包经营方式，才能丰富和发展中国特色农村基本经营制度理论。改革开放过程中的很多经济实践并非当代的首创而是历史的延续。目前，中国经济发展进入"新常态"。怎样理解"新常态"？2016 年 1 月 18 日，习近平总书记在省部级主要领导干部学习贯彻党的十八届五中全会精神专题研讨班上的讲话，就是从历史和现实的角度讲"新常态"的。他深刻地指出："从历史长过程看，我国经济发展历程中新状态、新格局、新阶段总是在不断形成，经济发展新常态是这个长过程的一个阶段。这完全符合事物发展螺旋式上升的运动规律。全面认识和把握新常态，需要从时间和空间大角度审视我国发展。"① 只有把"新常态"置于历史长河之中才能理解得透。同理，只有把中国特

①　习近平：《在省部级主要领导干部学习贯彻党的十八届五中全会精神专题研讨班上的讲话》，人民出版社，2016，第 3 页。

色社会主义政治经济学置于中国历史的长河之中，才能找到中国特色社会主义政治经济学的根脉，才能真正丰富和发展中国特色社会主义政治经济学。深入挖掘中国特色社会主义政治经济学的历史底蕴，既可突出其"中国特色"，又可进一步丰富和发展理论内涵。

王亚南指出："经济史学由其历史必然发展阶段的提示，使我们得（的）认知中国经济是处在何种历史发展过程中，它必然具有那些根性。"① 王亚南在20世纪40年代撰写的《中国经济原论》，被誉为"中国的《资本论》"。这本书主要是研究中国半殖民地半封建经济形态的理论。这本书的主要结论和理论创新都来源于经济史学。王亚南说："研究中国经济（引者按：即中国半殖民地半封建经济形态）的人，最先就得从一般经济史学中体验出来的；而他至少也必须先有了这诸般的体验，才不致把中国经济看成完全可以由自己的意向去矫造，去化装的东西。"② 从经济史和经济思想史的深处探寻中国特色社会主义政治理论经济学的历史根脉，可以找到中国特色社会主义政治经济学所具有的根性，从而创新性地说明中国特色社会主义是哪里来的，以及中国特色社会主义政治经济学来自何处。王亚南还指出："它（经济史学）由其所论证了的一般历史法则，使我们的认知，处在我们这种发展状态或过程中的经济，该会受哪些法则所支配，即它该会向着怎样的必然途径开展。"③ 历史是延续的。现在的经济形态是过去经济形态的延续，同时，从过去到现在的历史演变中所形成的历史规律又决定着现在经济形态的将来走势。实践是理论之源，经济理论是对经济实践的总结，廓清了经济实践的演变过程以及蕴含在其中的历史规律，就能丰富和发展经济理论。探寻历史有利于我们准确地预见中国特色社会主义经济形态的走势和中国特色社会主义政治经济学的发展方向。王亚南进一步指出："它（经济史学）并还为我们说明：历史法则是如何没有历史现实表现得错杂而丰富，它向我

① 王亚南：《中国经济原论》，商务印书馆，2017，第36页。
② 王亚南：《中国经济原论》，商务印书馆，2017，第37页。
③ 王亚南：《中国经济原论》，商务印书馆，2017，第36页。

们提供出了在同一经济基础上，在同一社会发达阶段上呈现着无限参差不同的经验事象的确证，它指点我们：任何一个社会经历由封建推移到资本的过渡阶段，都可因其当前所遭值的不同的社会条件，而不必有划一的按图索骥的方式，但它对于我们主观努力的最大'善意'，也只表示经历历史必然发展阶段的时期和苦痛可以缩减，却不允许超越，不承认旧社会未经否定或扬弃，就可以轻易地让新社会实现出来。"① 通过探寻历史根脉，我们可以明确地知道哪些东西是真正具有"中国特色"的，是必须坚持、既不能超越也不能轻易放弃的；哪些东西是并不符合中国历史规律、只是当前特定阶段的产物、将来可能是要扬弃的。

中国特色社会主义政治经济学是揭示中国特色社会主义经济产生、发展和运动的规律的科学。规律蕴含于实践之中。中国特色社会主义经济的实践过程就是中华人民共和国经济史。只有先搞清楚了历史，才能从历史中提炼出规律，这就决定中国特色社会主义政治经济学应包含两种形态：历史形态和理论形态。基于史料归纳的历史叙述即中华人民共和国经济史是中国特色社会主义政治经济学的历史形态，其目的是揭示中国特色社会主义经济产生、发展和运动的过程。对中华人民共和国经济史进行理论分析和抽象所形成的中国特色社会主义政治经济学原理是中国特色社会主义政治经济学的理论形态，其目的是揭示蕴含在中国特色社会主义经济产生、发展和运动过程中的规律。历史形态是理论形态的基础，理论形态是历史形态的抽象。由此看来，构建中国特色社会主义政治经济学，取决于两个关键因素：一是深刻把握中华人民共和国经济史，二是掌握现代经济学的方法与范式，对中华人民共和国经济史进行抽象分析。构建中国特色社会主义政治经济学，需要大量高水平的经济史学专门人才。目前的学科格局难以培养出构建中国特色社会主义政治经济学所需的经济史学人才。只有把经济史学提升为一级学科、在本科生教育中添加经济史学专业，才能培养出一批既具有深厚的经济史学

---

① 王亚南：《中国经济原论》，商务印书馆，2017，第 36～37 页。

功底、又通晓经济史学理论与方法的经济史学者，从而解决构建中国特色社会主义政治经济学所面临的难题。

结　语

经济史学自产生以来，其学科性质备受争议，主要有七种观点：历史学科说、经济学科说、交叉学科说、边缘学科说、跨学科说、完整学科说、独立学科说。应该说，每一种观点都有其道理，不能说哪一种观点是错误的。综合考虑经济史学的发展历史、研究方法、研究范式，我们认为，独立学科说更加符合经济史学的学科性质。

独立学科分为三个层次，第一层次是独立的学科门，第二层次是独立的一级学科，第三层次是独立的二级学科。在经济史学的发源地英国，经济史学于 19 世纪末 20 世纪初从经济学科中分立出来，成为与理论经济学、应用经济学并列的一级学科。当代中国，经济史学是理论经济学一级学科下一个独立的二级学科，这是对经济史学地位的一种弱化。这种弱化不利于经济史学科的发展。应该把经济史学科提升为独立的一级学科。美国经济史学家凯恩克罗斯说："经济史依然非常有生机，它为理解我们所居住的这个世界做出了很多贡献，而且我确信，经济史将继续繁荣下去，以帮助我们理解一个充满不确定性的世界，并化解那些理论中不合理的确定性。"[①] 随着中国经济特别是社会主义市场经济的进一步繁荣，经济领域的不确定性必将加剧，理解现实经济中的不确定性和化解中国特色社会主义政治经济学理论中不合理的不确定性，需要发展和繁荣中国经济史学。因此，把经济史学提升为一级学科，有利于经济史学的发展，有利于理解社会主义市场经济中存在的不确定性，有利于中国特色社会主义政治经济学的发展。

---

① Cairncross A. K. , "In Praise of Economic History," *Economic History Review*, 1989, 42 (2), p. 184.

第六章 经济史学的功能

20 世纪初，在历史经济学家的努力下，经济史学率先在英国成为一门独立学科。任何一门独立学科都有其独特的功能，经济史学到底具有什么样的功能？一些经济史学者就此做过一些探讨。如希克斯从学术交流视角提出："在我看来，经济史的一个主要功能是作为经济学家与政治学家、法学家、社会学家和历史学家——关于世界大事、思想和技术等的历史学家——可以互相对话的一个论坛。"① 这个定义颇具启发意义，但未涉及经济史学的本质。贾俊民认为"经济史研究有三大功能：一是学科功能，即描述已逝去的历史过程，揭示历史发展演变的深层原因、规律与发展趋势，促进学科发展；二是社会功能，即通过历史分析，总结经验教训，为现实经济社会发展服务；三是育人功能，即积累和创造知识，开阔人们视野，增长才识，培养人才"。② 贾俊民在这里着重谈的是"经济史研究"的功能，而并非"经济史学"的功能，但对认识经济史功能有重要贡献。在前人探索的基础上，我们可以把经济史学的功能概括为"三求"，即求真、求解和求用。本书试图解释"三求"功能的具体内涵，以及"三求"功能之间的内在逻辑关系，并以此为参照系，对经济史学所取得的成就和存在的不足进行反思性评价。

---

① 〔英〕约翰·希克斯：《经济史理论》，厉以平译，商务印书馆，2017，第 2 页。
② 贾俊民：《技术—经济—社会史：重铸经济史辉煌的新学科》，《中国经济史研究》2011年第 3 期，第 125 页。

第一节　求真——经济史学的还原功能

经济史学与其他带"史"的学科一样，都是"史"。"历史学家把求真放在第一位，伦理学家把求善放在第一位，文学艺术家把求美放在第一位"，好的史书就像王昭君一样，"能够达到真、善、美的统一，所以她自然能引起各方面的倾心和赞美"。① 历史是已经逝去的过去，具有不可重演的特性。把真实的过去展示给后来人，是史学的当然义务与天然功能。这是经济史学与理论经济学、应用经济学的最大区别所在。真实地探究并再现过去的经济活动，是理论经济学和应用经济学不承担也不能承担的功能。这就是经济史学科的存在价值。反过来，如果经济史学所探究和再现的过去是失真的，这样的经济史学不仅对本学科毫无价值，而且有害于理论经济学的创新和应用经济学的运用。所以，"将过去的经济实践清楚地描绘出来并展示给世人，乃是经济史研究的主要目标之一"。②

一　求真功能的内涵

经济史学的求真，主要体现在两个层面。一是道德层面的求真，即求真的精神；二是学术层面的求真，即求真的实践。

中国史学自古崇尚"求真"。中国古代史家以"求真"为最高追求。历史上留下了史家为求真而不惜牺牲生命的千古美谈。《左传·宣公二年》记载，晋国太史董狐丝毫不畏赵盾的威逼而坚决写下"赵盾弑其君"的记述。《左传·襄公二十五年》记载，齐国太史伯、仲、叔三兄弟不惜献出生命而秉笔直书"崔杼弑其君"。司马迁为记载历史之真相而承受腐刑之辱，刘向和扬雄称赞司马迁是"良史"。班固把司马迁的这种求真精神概括为"善序事理，辨而不华，质而不俚，其文直，其事核，不虚美，不隐恶"。③

---

① 陈雪、高平：《落雁胡塞，昭君自有千秋在》，《光明日报》2015 年 8 月 31 日，第 5 版。
② 李伯重：《历史上的经济革命与经济史的研究方法》，《中国社会科学》2001 年第 6 期，第 179 页。
③ （汉）班固撰、颜师古注：《汉书》，中华书局，1962，第 2738 页。

刘知几认为史官要像一面明镜，敢于把一切善恶尽收笔底："夫史官执简……苟爱而知其丑，憎而知其善，善恶必书。"① 辛亥革命以后，随着封建专制制度被推翻，史学家不必为求真而牺牲生命，但求真仍然是中国史学家的一种道德追求，是史德的一个重要体现。梁启超在《中国历史研究法》一书中多次提到历史研究要有"求真"精神。在他看来，研究的历史问题有大有小，但无论是横跨千年的大问题，还是一家一室的小问题，都要以"求真"的态度对待。"善治学者，不应以问题之大小而起差别观，问题有大小，研究一问题之精神无大小。学以求真而已，大固当真，小亦当真。"② 西方史学家亦崇尚"求真"，修昔底德说："我所描述的事件，不是我亲自看见的，就是我从那些亲自看见这些事情的人那里听到后，经过我仔细考核过了的。就是这样，真理还是不容易发现的：不同的目击者对于同一个事件，有不同的说法。"③ 修昔底德把真实视为史学的根本，被后世史家尊为"求真的人"。波里比阿视"求真乃史家之第一要务"，认为史学如果失去真实，就变成"取悦读者的谎言"。④ 可见，中外史家都把"求真"视为"史德"的一个重要体现。

求真的精神最终体现为学术上的求真实践。《史记》中的《货殖列传》《平准书》《河渠书》开中国传统经济史学之先河。受《平准书》的启发，班固在著《汉书》时专列《食货志》。东汉以降，有十二朝的正史设《食货志》篇章，其内涵越来越丰富、全面。《宋史》《明史》中的《食货志》有子目二十余种。《食货志》专述经济史实，记载了历代人口、田亩、市场运行机制、赋税收入、货币制度、漕运交通、冶矿生产等情况，以及著名经济人物如管仲、商鞅、桑弘羊、杨炎、王安石、张居正等人的经济思想。历代史官在修撰《食货志》时，充分发扬秉笔直书的求真精神，穷尽历朝

---

① （唐）刘知几：《史通通释》，上海古籍出版社，2009，第374页。
② 梁启超：《中国历史研究法》，东方出版社，1996，第97页。
③ 〔古希腊〕修昔底德：《伯罗奔尼撒战争史》（上），谢德风译，商务印书馆，2017，第20页。
④ 张广智：《西方古典史学的传统及其在中国的回响》，《史学理论研究》1994年第2期，第64页。

典章制度和各种记述，力求数据准确：记载客观。《食货志》成为后人了解中国古代经济发展状况和经济政策的重要史料，具有很高的研究价值。从这一点来说，中国的经济史学从一开始就有求真的传统。

经济史学研究的求真体现在两个层面。一是考订史料之真实。从清末到民国时期，中国经济史学实现了由传统向现代的转换。从民国至今的经济史学家都非常注重经济史学的求真功能，认为经济史研究的求真，必须建立在史料发掘、考证的基础之上。如果离开了史料的发掘与考证，经济史学就不能接近历史真相，经济史学也就失去了求真功能。1934 年，经济史学家陶希圣在《食货》创刊号上明确指出："史学虽不是史料的单纯的排列，史学却离不开史料。"① 当代经济史学家吴承明推崇实证主义，把它看作"史学的第一原则"。他明确地指出"史料是史学的根本"，"历史研究的惟一根据是史料"，经济史学者必须"绝对尊重史料，言必有征，论从史出"。② 一个严肃的经济史学者在进行研究时，应先从史料发掘与考证入手，如果"不先在史料考证上下一番功夫，没有鉴别考证史料的经验和修养，径行下笔为文，不是真正的史家"。③ 二是探求历史之真谛。史学之求真，先是求得真貌，然后是求得真谛。真貌蕴含于史料之中，而真谛则蕴含于史学之中。因此，恢复真貌靠史料，探求真谛则要靠史学。史料是史学的根本，但史料不等于史学，把史料变成史学，需要史学家的智慧。也就是说，真实的史料只有经过史学家的理解变成史学之后，方能显示历史的真谛。④ 兰克认为，史料考据只能保证历史事实的准确性，但无法探知事实所蕴含的"精神的内容"，史学研究只有把"精神的内容"即历史真谛挖掘出来，才能触及历史的本质。而探知"精神的内容"需要史学家的"直觉"，这种"直觉"就是"感悟"和"移

---

① 陶希圣：《编辑的话》，《食货》第 1 卷第 1 期，1934 年，第 29 页。
② 吴承明：《中国经济史研究的方法论问题》，《中国经济史研究》1992 年第 1 期，第 3 ~ 4 页。
③ 吴承明：《中国的现代化：市场与社会》，生活·读书·新知三联书店，2001，第 363 页。
④ 何兆武：《沃尔什和历史哲学》，载 W. H. 沃尔什：《历史哲学导论》，何兆武、张文杰译，北京大学出版社，2008，第 222 页。

情"，"现象的精髓要素，现象的内容，这些只能通过精神领悟（即直觉或感悟）被理解"。[1] 兰克还提醒历史学家，在使用"直觉"时要坚持客观公正、不偏不倚的原则，"把自己从自己的书中驱逐出去，决不写任何可以满足自己情感或者宣示个人信念的东西"。[2] 兰克告诉我们，在经济史研究中，探求经济史的真谛，不仅需要获取真实的史料，还需要对史料进行逻辑加工，在对史料进行逻辑加工的过程中，要有"不虚美、不隐恶"的精神。然而在研究实践中，有的研究者为突出自身研究的"重要性"或"正义性"，对研究对象表现出明显的"偏爱"，这种"偏爱"就是不客观的"直觉"，因"偏爱"而得出的结论与历史真相相去甚远。例如，福格尔在研究美国奴隶制经济时，就表现出对奴隶制的某种"偏爱"，因为"偏爱"，他所得出的关于奴隶制经济效率的结论与过去的结论截然不同，但其真实性却受到质疑。

经济史学家对历史真谛的认识程度，受技术水平、学识、人生经历的多重制约，所以经济史家只能在所处"时代的条件下进行认识"，[3]"而且这些条件达到什么程度"，[4] 他们"便认识到什么程度"。[5] 正因为"我们把握历史之真的能力也总是有限度的"，所以，只能力求逐步地逼近历史之真这一极限，而不幻想一步达到这种极限。[6] 荷兰历史哲学家安克施密特认为，历史真相需要通过客观叙事来呈现，客观叙事有绝对意义上的和相对意义上的之分。所谓绝对意义上的客观叙事，是"关于某个特定的历史主题，或者围绕着某个特定的历史主题，有一个而且只有一个客观叙事，而且我们可以将这个客观叙事用做确立其他关于或者围绕相同历史主题的叙事之客观性的标准"。相对意义上的客观叙事，是

---

[1] 转引自张广智：《西方史学史》，复旦大学出版社，2018，第 259 页。
[2] 转引自张广智：《西方史学史》，复旦大学出版社，2018，第 260 页。
[3] 《马克思恩格斯全集》第 20 卷，人民出版社，1971，第 585 页。
[4] 《马克思恩格斯全集》第 20 卷，人民出版社，1971，第 585 页。
[5] 《马克思恩格斯文集》第 9 卷，人民出版社，2009，第 494 页。
[6] 刘家和：《史学、经学与思想：在世界史背景下对于中国古代历史文化的思考》，北京师范大学出版社，2013，第 15 页。

"关于或者围绕一个历史主题，我们只拥有一些叙事，通过对这些叙事进行相互比较，我们可以希望发现他们中间的哪个是最客观的"。在安克施密特看来，关于某一个历史主题不可能只有一个客观叙事，因此"我们永远也不能确信某个特殊叙事就是关于某一主题的绝对主义意义上的最客观的叙事"。在历史研究中，关于某一个主题可能会产生若干叙事，历史学家通过鉴别比较，挑出最具客观性的叙事。"历史学家的历史作品是更'客观的'——或者，用历史学家更喜欢的说法：更接近'真理'。"① 英国历史哲学家沃尔什亦持同样观点："真实性的问题对历史学，或者说因此也就对任何一门学科，并不是个特殊的问题"，但是"一切真理都是相对的，在历史的领域里则是以特别的明显性而得到阐明的"。② 英国经济史学家克拉潘更是坦率地说："经济史学家是一个专家，而没有一个专家能道出全部真相。"③ 吴承明指出："应当承认我们的认识有相对性、时代性（克罗齐）、思想主观性（柯林伍德），不过，都可以归之于'认识还不清楚'，需要'再认识'。"④ 由此看来，经济史学家对经济史真谛的认识不可能一劳永逸，而是随着时代发展不断深化的。

二　求真功能实践状况的反思

研究经济史的学者，就其学科背景而言，主要有四类：第一类是历史系毕业的，第二类是经济系毕业的，第三类是经济史学专业毕业的，第四类是其他专业毕业的。由于出身的学科背景不同，往往会在知识结构和思维方式上带有出身的"胎记"，各有特色。一般而言，出身于历史学的经济史学者，接受的是史学的学术训练，其治学秉承中国史学传统，强调史料

①　〔荷〕F. R. 安克施密特：《叙述逻辑：历史学家语言的语义分析》，田平、原理译，大象出版社，2012，第245、246、254页。

②　〔英〕W. H. 沃尔什：《历史哲学导论》，何兆武、张文杰译，北京大学出版社，2008，第67、75页。

③　〔英〕克拉潘：《现代英国经济史》上卷第1分册，姚曾廙译，商务印书馆，2011，第3页。

④　吴承明：《经济史学的理论与方法》，《中国经济史研究》1999年第1期，第116页。

考证，写文章必须"拿证据来"，"没有材料便不出货"，甚至不满足于"一分材料出一分货"，有的甚至追求"十分材料才出一分货"。在选题上，偏重微观，强调小而专，主张小题大做，有的甚至认为越冷偏越好。出身经济学的学者，擅长于运用经济学理论与工具对经济历史做长时段的整体性分析，"没有理论，材料等于废物".[①]在选题上，偏重宏观，强调大而通。部分出身于经济学和其他学科的经济史学者，由于没有接受过系统的历史学训练，或缺乏史料发掘与考证的意识，或有这个意识但不具备发掘与考证史料的能力，或发掘了大量的史料但使用不恰当的方法分析史料，这就导致他们的论证缺乏史料基础，经济史学的求真功能大打折扣。孙圣民对2000～2013年《中国社会科学》《经济研究》《历史研究》《经济学（季刊）》四种期刊上发表的经济史学论文进行统计分析发现，出身于经济学的经济史学者多数不具备考证史料、数据的能力，他们的优势是量化技巧和经济理论。经济类期刊所发表的经济史论文，被历史学文献引用的频次很低，说明经济学界进行的经济史学研究，多数不为史学界接受，影响力比较弱。这一方面是缘于历史学者对这些研究中所使用的经济学分析工具不了解，降低了这些论文在历史学者面前的可信度；另一方面是因为历史学者质疑经济学者采用的史料和数据，以至于以此为基础开展的经济史研究的价值和意义也被历史学者打上了问号。相反，《历史研究》上发表的经济史学论文，被经济学界引用的次数要高出许多，影响力比较强。这是因为历史学者所进行的经济史学研究，大多是基础性的数据和史料考证工作，可以为经济学者的研究提供素材和依据。[②]国外的情况正好相反，历史学者的经济史学研究对经济学家几乎没有什么影响力；相反，经济学者的经济史学研究却对历史学家产生了较大影响。[③]

国内外的一些经济史学论著存在失真的现象，主要表现为三个方面。

① 王学典：《近五十年的中国历史学》，《历史研究》2004年第1期，第166页。
② 孙圣民：《国内经济史研究中经济学范式应用的现状——基于〈中国社会科学〉等四种期刊的统计分析》，《中国社会科学评价》2016年第1期，第88～89页。
③ Di Vaio G., Weisdorf J. L., "Ranking Economic History Journals: A Citation-based Impact-adjusted Analysis", *Cliometrica*4, 2010, (4).

第一，运用不适合于历史研究的方法研究经济史。众所周知，罗伯特·福格尔是一个备受争议的经济史学家。备受争议的原因之一，就是他在撰写《铁路与美国经济增长》一书时使用了反事实推理研究法。这种方法实际上就是先做出假定，再根据假定进行逻辑推断。[①] 在经济学家的眼中，这是符合正统经济学范式的好方法。因为正统经济学自李嘉图之后就逐步形成了假设——逻辑演绎——政策结论的研究理路。福格尔的反事实推理研究法就是正统经济学的假设——逻辑演绎研究范式。与正统经济学不同的是，福格尔是运用这套方法研究历史。福格尔的研究法很容易得到经济学界的认可。1993 年他获得诺贝尔经济学奖的理由即"用经济史的新理论及数理工具重新诠释了过去的经济发展过程"。[②] 由此可见，经济学家看重的是福格尔在研究经济史时对新理论和新方法的运用。这种被经济学家推崇备至的新方法，却违背了历史学研究不能假设的基本原则。因此，福格尔的研究受到了历史学家的猛烈抨击。福格尔很重视一手资料与数据。他和他的团队建立了一个巨大的经济史数据库。这个数据库时间跨度长达 10 代人，包括户籍资料、遗嘱、军队资料、抚恤金记录、家谱、纳税名册等各种各样的原始档案资料，从资料发掘和甄别上讲，福格尔遵循了经济史学的求真传统。但是他不是利用经济史学家常用的历史归纳法，通过原始资料正面论证铁路对美国经济增长的贡献，而是假设如果没有铁路，美国经济会增长多少，再用美国的真实经济增长率减去他推算的增长率，从而得出了铁路对美国经济增长的贡献率。[③] 福格

---

① 需要指出的是，反事实推理研究法并不是随心所欲地解释历史，而是想借助于这个方法度量实际上已经发生的事实与在不同的历史条件下可能发生的事情之间有多大距离，以此来探寻历史事件的起源。

② 应望江主编《诺贝尔经济学奖之路》第 2 版，上海财经大学出版社，2017，第 267 页。

③ 福格尔对铁路运费和水路运费进行了比较，发现铁路运费确实比水路运费要较低一些，但只要稍微扩大水路运输网，就能以同样的费用使人们进入 95% 的西部农地。这就表明，没有铁路美国西部土地就无法开发的结论是不对的。福格尔测算了 1840～1860 年因修筑铁路而引起的工业需求，他发现，这从来没有超过美国冶金工业生产的 5%。这就表明，铁路的修筑拉动美国冶金工业迅猛发展的观点难以成立，即使到 19 世纪后期，铁路设备的需求也不是拉动美国工业发展的主要动力。只要其他条件不变，即使没有铁路，1890 年美国的 GNP 比实际数字也不会低多少，不会超过 3%。

尔的方法在逻辑上绝无问题，而且颇具新意，问题是，假设本身不是历史事实，用不是历史事实的数据来说明经济史，就不符合经济史学的求真功能。美国经济史学家雷德克里认为"反事实计量法"难以成立。他认为，假设和虚构是不同的。假设是以现实为依据的设想，虚构则是不现实的设想。假设可以证实或者证伪，虚构作为思维的产物，既不能证实也不能证伪。在雷德克里看来，福格尔所构造的数据是与现实无关的虚构，他的研究从头到尾都由虚构组成，因此，福格尔的著作没有提供历史知识而只是提出了一些新的观点。经济史学家可以使用假设但不能虚构，虚构对历史研究毫无意义。克莱默和豪威尔斯认为，"反事实假设"是虚假的，它不能提供任何有实际意义的推论。[1] 其实，对福格尔的反事实假设批评最厉害的不是历史学家而是自然科学家。在自然科学家看来，"反事实的假定性陈述是不能被验证的，因而也就是属于科学范围之外的东西"。因此，"含有这种陈述的文章（即反事实假设的文章）被叫做'伪历史的'，'虚构的'，被认为是对一个经验学科进行的思辨的干扰"。[2] 福格尔是个伟大的经济学家，因为他开拓了经济学的研究领域，但福格尔不见得是一个伟大的经济史学家，因为他所用的研究方法不符合经济史学的求真功能，甚至对经济史学的发展起了误导作用。[3] 事实上，自福格尔之后，经济史学界鲜有人再用这种方法研究经济史。

第二，在不全面占有史料的情况下，或是仅仅根据某一个方面的史

---

[1] 转引自隋福民：《创新与融合：美国新经济史革命及对中国的影响（1957~2004）》，天津古籍出版社，2009，第110页。

[2] 〔美〕福格尔：《历史学和回溯计量经济学》，王薇译，《国外社会科学》1986年第8期，第55页。

[3] 用史学的尺度来度量福格尔的《铁路与美国经济增长》一书，还存在很多问题。例如，为了模型分析的便利，福格尔把模型进行简化处理，只从货物运输和工业生产两个方面探讨铁路对美国经济增长的影响。事实上，铁路对美国经济增长的影响体现在许多方面，如推动了美国经济结构的变化、促进了管理进步、推动了组织和技术创新、扩大了市场规模，等等，这些变量都没有进入福格尔的模型，这样，福格尔对铁路与美国经济增长贡献率的研究就值得质疑，至少可以说，福格尔的分析没有还原历史真相，从而没有实现经济史学的求真功能。隋福民：《创新与融合：美国新经济史革命及对中国的影响（1957~2004）》，天津古籍出版社，2009，第115~116页。

料就得出一个全局性的结论，或是武断地得出一个新结论。德国学者贡德·弗兰克所著的《白银资本》一书，一度在学术界产生过巨大影响，引起旋风效应。该书之所以风靡全球，是因为它提出了一个独创性的结论。弗兰克通过剖析 1400～1800 年中国的对外贸易史料，发现这 400 年间中国外贸大量出超，白银作为贸易顺差大量流入中国。据此，弗兰克认为在 1400～1800 年，中国是世界经济体系的中心。在此之前，谁也没有想到据此来证明中国是全球经济中心这么一个结论。但弗兰克的这个结论是立不住脚的。因为从历史视角看，中国在汉代毫无疑问是当时的世界经济中心之一，但汉代恰恰是大量黄金、白银外流的时期。从现实的角度看，美国是当今世界上头号外贸逆差国，而美国却是不容争议的世界经济中心。中国是不是世界经济的中心，要全面地考察生产水平、技术水平、外贸状况、经济影响力等因素，不能根据某一个方面的史料就得出一个全局性的结论。这类结论有悖于历史真相，损害了经济史学的求真功能。[1]《民生与家计：清初至民国时期江南居民的消费》一书，对 17 世纪到 20 世纪江南地区居民的消费水平进行了估算与分析。该书作者黄敬斌认为，20 世纪 30 年代，吴兴的户年均可支配收入为 149.74 元，嘉兴为 165.07 元，无锡为 240.89 元，作者还估算出同时代江南居民户均消费支出为 254.6 元，收支相抵，多者亏欠 104.86 元，少者亦有 13.71 元，可见，江南居民总体上是入不敷出的贫困户。这个估算基本上符合实际。但作者所估算的消费支出细目就令人费解。该书认为，20 世纪 30 年代江南居民年消费 80 斤左右黄酒，还"不包括家庭成员外出在茶馆、酒肆、饭店等场所中产生的消费"。酒对于贫困农民而言是奢侈品，除了逢年过节居民会准备一点酒迎客之外，平时大概不会去借钱打酒喝。该书还推测，20 世纪 30 年代江南居民人均每年消费荤食 13 斤，其中猪肉 6 斤、鱼 5 斤、鸡鸭 0.5 斤。照此标准，一个 5 口之家每年要消费荤食 65 斤。该书还认为剃头费是江南居民的"一笔不小的开支"，作者估计，乾

---

[1]　易棉阳：《从〈白银资本〉硬伤看经济史学》，《学术界》2009 年第 1 期，第 109、111 页。

隆五十五年，一名成年男子每年至少要开支 360 文的剃头费，5 口之家一年的剃头费支出超过 700 文，按当时的银钱比价，折白银 0.7 两。但作者估计同期江南普通居民的教育支出户均为 0.5 两，两相比较，一个家庭的剃头支出竟然大于教育支出。这个研究结论应与事实不符。倪玉平认为，作者对江南农民肉类消费支出的估算"不合常理"，对剃头支出的估计"让人无法接受"，对教育支出的估算"有悖于常理"，对酒类消费支出的估计"显得过于乐观"。①

　　第三，对史料不加甄别，拿来就用。例如，清中期有一个叫顾公燮的苏州人对苏州的社会生活做了如下描述："即以吾苏而论，洋货、皮货、绸缎、衣饰、金玉、珠宝、参药诸铺，戏园，游船，酒肆，茶店，如山如林，不知几千万人。有千万人之奢华，即有千万人之生理。若欲变千万人之奢华而返于淳，必将使千万人之生理亦几于绝。"② 很多研究者利用这则史料来论证苏州的富裕、人们生活的奢华，以及奢侈消费对于经济发展的推动作用。其实只要稍加推敲，就能发现这项史料严重失真。苏州至今不到 1000 万人，该史料却说有几千万人。清初开始，清政府推行海禁政策，洋货难以进入中国，苏州充其量是有洋货供应，但绝不可能"如山如林"。根据这样的材料得出的结论，不可能符合历史的真相。

　　经济史学应该怎样求真？陈寅恪认为"就是要看原书。……要从原书中的具体史实，经过认真细致、实事求是的研究，得出自己的结论"。③陈先生的话一语中的。一部分经济史学者，特别是没有受过历史学训练的经济史学者，缺乏看"原书"的兴趣，没有考证与甄别史料的意识，舍不得下苦功夫发掘和运用原始资料。陈寅恪对此很看不惯，认为这是在"画鬼"，不是真正的学问。④ 我们经常看到这样的经济史论著：先提

① 倪玉平：《我们需要什么样的经济史？——评〈民生与家计：清初至民国时期江南居民的消费〉》，《近代史研究》2011 年第 1 期，第 107～109 页。
② 顾公燮：《消夏闲记摘抄》（上卷），1923，第 27 页。
③ 卞僧慧：《陈寅恪先生年谱长编（初稿）》，中华书局，2010，第 146 页。
④ 吴远庆：《谈陈寅恪先生治史求真之精神》，《烟台教育学院学报》2004 年第 4 期，第 15 页。

出一个分析框架或者先提出若干观点，然后找一些史料进行论证。这实际上是一种以论带史的研究范式。这种研究范式的最大问题就是可能失真。因为在浩如烟海的史料中，关于同一个问题的史料成百上千条，史料记载之间出入大的现象俯拾皆是。例如，每一个社会、每一个地区，既有生活奢侈者，也有生活极其节约者。与奢侈者接触多的人可能记录的是生活的奢侈一面，与节俭者接触多的人可能记录的是生活的节俭一面。从康熙年间到民国时期的城镇志里，既有大量"民贫俗朴"的记载，也有人们"渐染奢侈"的记载。如果研究者事先预设了"奢侈消费"的论点，选取这类志书中的几条"渐染奢侈"的史料便可佐证其观点。如果研究者事先预设了"节俭消费"的观点，可以从"民贫俗朴"的史料中轻而易举地选取几条为其服务。这样的研究就没有体现经济史学的求真功能，都是陈寅恪先生所言的"画鬼"。

时间具有一维性，这就决定了存在意义上的历史只有在事件发生的那一刻是真实的。后人的研究只能做到接近历史而不能复原历史。这样一来，经济史学的求真只能是逼近历史真相，而不可能还原历史真相。也就是说，经济史学者只能做到使自己的研究更加符合历史真相，而不能够复原历史真相。刘知几早就意识到对历史真相的认识是有限度的。他认为，历史学家只能"举其宏纲、存其大体"，不可能"丝毫必录"。[①]经济史学研究在本质上是经济史学者的主观意识对客观的裁剪。每一个经济史学者都要受到技术水平、学识、人生经历的多重制约，这就导致每个研究者的主观能力总是"处于一定的历史限度以内"，所以"我们把握历史之真的能力也总是有限度的"。[②] 这就是说，经济史学者"只能力求逐步地逼近历史之真这一极限，而不幻想一步达到这种极限"。[③] 如果某个经济史学者想还原绝对的历史真相，那只能是一种不切实际的幻想。

---

① （唐）刘知几：《史通通释》，上海古籍出版社，2009，第493页。
② 刘家和：《史学、经学与思想：在世界史背景下对于中国古代历史文化的思考》，北京师范大学出版社，2013，第15页。
③ 刘家和：《序》，载邵东方：《崔述与中国学术史研究》，人民出版社，1998，第5页。

第二节 求解——经济史学的解释功能

一 经济史学需要求解

有人认为，经济史学是研究事实的学科，以弄清经济历史的真相为目标。这是对经济史学的误解。历史有两面，一面是历史是什么、是怎样的，另一面是为什么是这样。历史事实本身不能回答后面这样这个问题。例如，我们清楚地描述了中国近代经济历史的过程，但是历史过程本身却不能回答以下问题：为什么资本主义经济发展道路在中国大陆没有走通？为什么在半殖民地半封建社会的废墟上不能直接建立社会主义经济而必须经过新民主主义经济形态的发展阶段？要回答中国近代经济史上的这些规律性问题，仅仅靠叙述事实、复原历史是不够的。

事实上，史学不只是叙述的科学，还是解释的科学。按照安克施密特的观点，史学主要解决三个问题：一是"什么是历史事实"，二是"事实如何得到解释"，三是"价值观如何影响对历史事实的解释"。[1] 第一个问题即为史学的"求真"，第二、三个问题就是史学的"求解"。安克施密特很注重对历史的解释。他认为，一部历史作品要有价值，除了要真实地叙述历史事实之外，"更多的是由对在这段历史中揭示出来的事实的叙述的解释"，这是因为只有对历史做出解释才能形成历史作品的观点。[2] 英国历史学家托什则明确提出历史研究既要复原历史事件还要解释历史事件之间的内在联系，"历史学家所从事的工作当然远远不止这样的复原"，"历史学家必须能够领悟事件之间的相关关系，从繁复的细节中

---

① 〔荷〕F. R. 安克施密特：《叙述逻辑：历史学家语言的语义分析》，田平、原理译，大象出版社，2012，第 9 页。

② 〔荷〕F. R. 安克施密特：《叙述逻辑：历史学家语言的语义分析》，田平、原理译，大象出版社，2012，第 1、26 页。

抽象出最能理解历史的典型"。① 美国著名经济史学家格申克龙提出："历史研究的本质在于，将各种通过经验方法推导的假想的一般结论应用于经验材料，并检验其吻合的严密程度，以期通过这种方式弄清楚某些确实存在的一致性、典型的情况以及在这些典型情况下单个要素之间的典型关系。"② 在格申克龙看来，历史研究首先是要检验研究结论与历史材料之间的吻合程度，然后是求解典型历史事件之间的关系。英国历史经济学家希尔德布兰德认为，经济学的目标在于发现关于经济发展的广泛适用的规律，"能够建立起更加实用的经济科学结构的唯一确定的基础"的，只能是法律史、经济史和统计学。③ 德国历史学派代表人物罗雪尔在其名著《历史方法的国民经济学讲义大纲》和《国民经济学体系》中指出，经济史学的主要任务是对"各国在经济领域中所讲授、所努力研究和所发现的知识，外加对它们的研究情况和取得的成果进行历史的描述"。他还认为，经济学必须从大量经济现象中提炼本质规律，而不是错误地创造出基本上是假设性的规律，因此就必须运用比较分析法和历史分析法来发掘现实的一致性。④ 陈振汉指出："如果经济史之目的仅是叙述、描写，则以上已回答了经济史对象是什么的问题。但经济史不限于叙述、描写，而是要探求一个地区经济发展或不发展的原因，那么刚才说的对象就不够。"⑤ 这些都说明，经济史学承担了探寻经济发展规律和解释经济现象的任务，且具有此种功能。

人类的经济历史是由一个个经济事件组成的，无数个经济事件不是杂乱无章地存在于历史长河中，经济事件之间存在因果关系。经济史就

① 〔英〕约翰·托什：《史学导论：现代历史研究：目标、方法、新方向》，赵干城等译，五南图书出版公司，1999，第133、144页。

② 〔美〕亚历山大·格申克龙：《经济落后的历史透视》，张凤林译，商务印书馆，2012，第10页。

③ 转引自〔英〕杰拉德·M·库特：《英国历史经济学：1870~1926——经济史学科的兴起与新重商主义》，乔吉燕译，中国人民大学出版社，2010，第40页。

④ 转引自〔英〕杰拉德·M·库特：《英国历史经济学：1870~1926——经济史学科的兴起与新重商主义》，乔吉燕译，中国人民大学出版社，2010，第39~40页。

⑤ 陈振汉：《步履集》，北京大学出版社，2005，第62~63页。

好比一串无限长的珠子，经济事件就是一个个珠子，经济发展规律就是串连珠子的红线。恢复一个个珠子的本来面貌就是经济史学的求真，探寻串连珠子的红线就是经济史学的求解。经济史学家的研究如果只停留在求真的层面，那就是只找到了经济史上的珠子，给人的是一幅内容丰富但杂乱无章的画卷，若要给人一幅章法有序的画卷，经济史学家就必须探寻串连珠子的红线，这条红线就是经济历史的演变规律。"经济史学研究的根本目的不在于重现经济生活演变过程，而是通过分析这个过程以揭示经济生活演变的规律。"①

每一个历史时代的经济都有其独特的运行机制和运行绩效。经济运行机制和绩效是经济史学研究对象内涵的一个重要部分。机制与绩效本身是一个理论命题。研究历史上的经济机制与绩效，就必须运用理论与方法。历史上的经济运行机制和绩效不是某一种理论与方法就可以做出全部解释的。所用的理论与方法不同，研究的结论也会不一致。全面地认识经济运行机制与绩效，需要运用不同的理论与方法。例如，对中国计划经济时期的经济运行机制和绩效，需要运用不同的理论与方法进行测算、解释。吴承明指出："每个历史时代都有它那个时代的经济。……经济史是研究一定历史时期的经济是怎样运行的，以及它运行的机制和效果。这里要用经济理论，但只能把理论作为方法，思维方法或分析方法。"②

陈振汉指出，经济史学具有科学作用。"所谓科学作用即能解释历史事实，对历史事实、对因果的关系能够加以说明。对历史事件说明它是怎么发生，为什么发生，如何造成这样的历史结果的。""经济史的任务主要在于它的科学性、科学价值，即它有能说明人类社会发展上的一些经济变化的因果关系的能力，即能得出有规律性的结论。"③ 如果说真实地再现过去的经济实践是经济史学求真功能的体现，那么剖析经济实践

① 赵德馨：《经济史学科的分类与研究方法》，《中国经济史研究》1999 年第 1 期，第 67 页。
② 吴承明：《谈谈经济史研究方法问题》，《中国经济史研究》2005 年第 1 期，第 4 页。
③ 陈振汉：《步履集》，北京大学出版社，2005，第 14、20 页。

过程中经济现象的发生原因、发掘历史上的经济规律、探寻历史上的经济运行机制及其绩效、解释经济史上的重大问题，则是经济史学求解功能的集中体现。美国新经济史学区别于传统经济史的重要方面在于，传统经济史学注重求真，新经济史学则在求解上有重大突破。"他们（引者按：指新经济史学家）认为经济史研究不止是搜集、考订、分析史料和叙述史实，更重要的是要能解释史实，说明其中彼此的相互关系。"[1]

二 求解功能的内涵

经济史学的求解功能体现在两个方面。

第一，对经济历史的发展过程做长时段的整体性研究，通过这种研究探寻经济历史规律。这又可区分为两种情况。

第一种情况是，运用某种理论范式研究经济史，从中提炼历史规律。这方面，希克斯的《经济史理论》颇具代表性。在这本书中，希克斯运用现代经济学理论研究世界经济史特别是市场发展史。他以市场的出现和交易经济的兴起作为研究市场发展史的起点，对从远古到工业革命时期的市场变迁过程进行系统考察。希克斯从长时段的考察中发现了这样一条经济规律：经济历史是一个不断走向专门化的过程，在这个过程中，人类经历了由习俗经济向指令经济再向市场经济转变的过程。这种转变是渐进的，因为它是商业专门化（即商业从农业中分离出来）的结果。商业专门化催生了一个独立的经济形态——商业经济和独立的商人阶层。商人为了保证自身的利益，提出了两大保护诉求——财产保护和契约保护。旧的制度无法向商人提供这两大保护，于是，一种新的制度——城邦制度在欧洲应运而生。在城邦制度下，商业经济得到快速的发展。伴随着商业经济的发展，市场的渗透力不断增强。这种渗透体现在四个领域。一是与市场经济相适应的货币、法律和信用制度的确立。二是政府财政和行政体系朝着有利于市场经济发展的方向改造。三是封建领主制

---

[1] 陈振汉：《社会经济史学论文集》，经济科学出版社，1999，第673页。

遭到破坏后农业逐步走向商业化。四是劳动力市场由奴隶市场过渡到劳动力自由市场。这些为工业革命的产生准备了必要的前提。工业革命以后，市场经济进入现代阶段，或者说现代市场经济正式确立。[①]

第二种情况是，并不是所有的经济史研究都需要运用某种理论，也不是所有的研究都能找到一种特定的理论与之对应，经济史研究可以直接通过梳理经济历史发展过程并从中归纳出带规律性的理论观点。赵德馨在这个方面做过几次尝试。如在《论商兴国兴》一文中，将中国商业自产生至当代的2800多年划分为五个阶段，用历史数据与资料依次考察每个阶段的商业兴衰与国家兴衰的关系。公元前8世纪到公元前1世纪，商业兴旺，国家经济发展水平从世界上的后进地区上升到世界数一数二的地位。公元1世纪到6世纪，庄主经济代替奴婢主经济，经济结构的变化与长期战乱，使市场规模缩小、可供交换的商品数量减少，商业衰落，中国经济从世界前列退居后进地位。公元7世纪到14世纪，商业发展迅速，达到前所未有的高度，中国经济跃居世界第一。公元15世纪到19世纪中叶，中国的境内商业发展迅速，但由于推行锁国政策，境外商业（即国际商品交换）发展缓慢，中国不但没有享受世界经济发展的红利，还被排斥在全球贸易的大门之外，中国从世界最先进的国家变为落后国家。19世纪中叶至21世纪初，中国商业进入现代阶段，发展水平经历了"低→高→低→高"的过程，中国国家经济实力也经历了与之对应的变化过程。五个阶段的考察，找到了这么一条经济历史规律：商兴国兴，商衰国衰，商业兴衰先于国家兴衰。[②] 又如，在《中国历史上城与市的关系》一文中赵德馨考察了从建成于距今约4600～4700年的湖南澧县车溪乡南岳村城头山古城，到当前城市化的整个过程中的城与市的关系，经历了5个演变阶段：有城无市，城中有市，城区即市区，城在市中，有市无城。在游猎采集为生阶段，无城无市。[③] 进入农业定居阶段的氏族社

① 〔英〕约翰·希克斯：《经济史理论》，厉以平译，商务印书馆，2017。
② 赵德馨：《论商兴国兴》，《中国经济史研究》2003年第3期，第62～69页。
③ 赵德馨：《中国历史上城与市的关系》，《中国经济史研究》2011年第4期，第3页。

会，城兴，有城无市。家族社会里，市随商品货币关系的产生而兴起，城中有市，市被垣围住。地主经济形态下，商品经济的发展使市破垣而出，散布全城，城区即市区。市场经济兴起后，市破城墙而出，市比城大，城在市中。城成为市发展的障碍，相继被拆除；新兴之市不再修城，于是有市无城。城与市关系的演进过程表明，市场的力量可以突破市垣与城墙的限制，并最终摧毁市垣与城墙，自行前进；中国市场经济是几千年历史客观进程的必然产物，它是内生的。中国当代的市场经济，既不是如一些学者说的从外国学来的，也不是如另一些学者说的是某个人设计出来的，它是几千年来市场力量自我发展的结果。中国的市场经济根植于中国历史之中。这就提出了当代中国市场经济产生原因的第三种说法：内生论。当代中国市场经济的产生与发展是中国历史发展的必然。社会主义市场经济之所以获得成功就在于它符合这个规律。中国市场经济的发展是不可逆转的。

第二，运用理论与方法解释经济历史的运行机制及其绩效。经济史学者把一些历史现象考证清楚之后，有时无法对经济现象之间的关联做出合理的解释。由于不能做出合理解释，导致很多谜团无法解开。要解开谜团，必须从剖析经济运行机制入手。例如，民国著名银行家张嘉璈在北洋时期，坚决反对政府干预银行业。在1916年的"京钞风潮"中，他甚至冒死抵制北洋政府的停兑令。20世纪20年代，他坚决主张清除政府在中国银行内的影响力，毫不犹豫地把中国银行从官办银行变成商办银行。但到20世纪30年代初期，张嘉璈却赞同南京国民政府对中国银行的改组方案，同意中国银行重新走上官办道路。如何解释张嘉璈态度的这种大转变，成为经济史学者面临的一个问题。有人认为他是由于南京国民政府的高压而被迫接受。这显然不能成立。因为在北洋时期，张嘉璈面对暗杀的威胁尚且不屈服，何况南京国民政府并未向张嘉璈施以如此威胁。要解开这个谜团必须从解构民国时期的金融运行机制入手。北洋时期，中国金融业实行市场化金融监管制度模式。在这种制度模式下，政府基本上不干预金融机构的市场准入与业务运作，金融市场自发产生和自主发展，市场震荡由市场来调节，政府监管的缺失使 20 世纪 20 年代的中国金融业大发展与大混乱并存。在这种格局下，金融风潮频发，每一次金融风潮发生以后，作为银行业之首的中国银行以及交通银行等大银行，必须出面维持市面稳定，否则就可能波及自身。银行毕竟不是政府，没有足够的力量来维持金融市场，但在政府缺位的情况下又不得不出面维持，以致银行家感到力所不逮。他们渴望有一个强势政府来负起维持金融稳定的责任，呼吁政府"绝不可采取放任主义，听其自然"。[①] 南京国民政府顺势统制金融，建立了一种全新的政府控制型金融监管制度模式。在这种制度模式下，金融风潮很少发生，金融业发展趋于健康，银行界受益。作为银行家的张嘉璈深谙其理，自然赞同南京国民政府对中国银行的改组方案。[②] 再举一例，新制度经济学根植于经济史学，我们可以用新制度经济学理论重新评价中国几千年的经济史、解释中国经济史上的一些现象。例如，以往我们注重从技术进步视角来评价中国经济史，这样一来，中国古代经济史似乎乏善可陈。如果从制度视角来评价中国古代经济史就会发现，中国古代在制度创新上长期领先于世界。例如，孟子说："夫仁政，必自经界始。"意思是说，好的治国方略必须从界定耕地的产权开始。在新制度经济学理论体系中，产权制度是最基础的制度。中国早在春秋时期就注意到产权制度安排的重要性，这在世界上是领先的。学术界从技术进步视角寻找中国为何没有发生工业革命的原因，所做出的种种解释尽管有道理，但说服力不够，需要同时从制度视角去寻找原因。[③]

历史有小历史与大历史之分。所谓小历史，就是细腻而详尽地描述一个历史事件或历史人物。所谓大历史，就是关注历史的长时段演进和整体结构。美籍华裔历史学家黄仁宇公开宣称他研究的就是大历史。希

---

①　沧水：《对于银行法规修订会先进一言》，《银行周报》第 4 卷第 31 号，1920 年，第 21 页。

②　易棉阳：《民国时期金融监管演进的新比较经济学分析》，《云南财经大学学报》2012 年第 5 期，第 110 页。

③　盛洪：《新制度经济学在中国的应用》，《天津社会科学》1993 年第 2 期。

克斯把大历史看作历史上的一般现象。他认为经济史学关注的不是个别的历史事实而是历史的一般现象，这是经济史学和其他专门史（如政治史、文化史）的区别所在。什么是"一般现象"呢？希克斯认为凡是能够根据"统计学上一致性"这个概念进行讨论的现象都是一般现象。他说："凡是可以应用一种历史理论的历史现象，在我们的心目中都可以看作具有这种统计学的特点。经济史上的大多数现象（不论考虑得多么广泛）确实具有这一特征；经济史上我们要探讨的那些问题大都涉及可以被认为具有这种特征的群体。"[1] 作为经济学家的希克斯对经济史有着独特的看法，他认为，经济史就是研究一般现象的，个别历史不是经济史的研究对象。历史学家则强调经济史学要着重关注个别历史事实，在他们的眼中，不把树木搞清楚就不能看清森林的全貌。经济学家和历史学家的看法都有道理，但都失之偏颇。规律蕴含在一个个历史事实之中，只有先搞清楚了历史事实，才有可能从中探寻历史规律。但是个别历史事实本身并不表现为历史规律，需要研究者把一个个历史事实串联起来，从中去探寻历史规律。所以，探究历史事实不仅是必要的，而且是必需的。但经济史学研究不能停留在这个层面上，应该上升到更高的层次，那就是对经济历史进行规律性概括。"从严格的意义上说，经济史学研究就是对生动、复杂、变化的经济历史进行理论概括，研究者的科学研究能力主要表现为这种概括能力。纯粹摆材料或仅叙述历史过程的著作，有其存在的意义与作用，但它们只是研究过程中的一个阶段性成果，而非研究成果的最终形态。"[2]

在一定程度上，小历史更多的是体现经济史学的求真功能，经济史学的求解功能则主要依靠大历史来彰显。西方的很多经济史学名著都是研究大历史的成果，如诺思的《经济史上的结构和变革》、诺思和托马斯的《西方世界的兴起》、希克斯的《经济史理论》等。这些著作由于对历

---

[1]　〔英〕约翰·希克斯：《经济史理论》，厉以平译，商务印书馆，2017，第 4 页。

[2]　赵德馨：《经济史学科的发展与理论》，《中国经济史研究》1996 年第 1 期，第 12 页。

史上的经济规律做了很好的归纳,① 并且对世界经济历史做出了独到的解释,在国际社会上产生了较大的影响。这些作者取得成功的原因之一是他们有许多学者不具备的深厚的经济学功底,这是值得我们认真学习的。赵德馨深切地感到,如果缺乏深厚的经济学功底和对经济历史走向做宏观把握的能力,研究工作就会往往驻足于求真层面,难以从考察中归纳出一种规律性的命题和运用这种命题去解释经济历史。作为拥有 5000 年文明的古国,中国的经济历史题材丰富,资料充足,积淀深厚,中国经济史学界研究队伍庞大,研究成果已经不少,若掌握更多更好的理论武器、提高解释能力,一定会产生众多具有世界影响的论著。

　　发挥经济史学的求解功能,需要以理论特别是经济学理论为分析工具。熊彼特指出:"经济史本身就需要理论的帮助。"在熊彼特眼中,"经济理论是一个工具箱"。② 既然如此,在经济史学研究中,只要适用,任何一种经济理论都可用于解释经济史。诺思在《经济史状况》一文中指出,传统经济史学的主要缺陷在于未能利用现有的理论,如果不利用现代经济理论,则无法解释诸如"一国的兴衰"这类重大问题,甚至连具体的经济史过程也说明不了。③ 还需指出的是,理论是多样的,由于所运用的理论不同,对同一历史现象做出的解释也可能不一致,所以,经济史学的求真具有唯一性,而求解则不具有唯一性。正如诺思所指出的:"如果我们相信对历史可以作出唯一科学的解释,那么我们不过是在欺骗自己;但如果我们不试图去达到那个目标,那么便是低估了经

---

① 　如希克斯所撰写的《经济史理论》,以人类有史以来市场的发展过程为研究对象,概括出人类经济的发展顺序,即习俗经济到命令经济到市场经济。

② 　熊彼特反对不顾实际问题而胡乱搬用理论的做法,他说"不能令人满意的成绩从来都是、现在也是与不公正的要求相伴随的,特别是人们不负责任地把理论应用于实际问题,而这些问题过去和现在都超过了同时代分析工具解决的能力"。〔美〕约瑟夫·熊彼特:《经济分析史》第一卷,朱泱等译,商务印书馆,1991,第 29、33、38 页。

③ 　〔美〕诺思、托马斯:《西方世界的兴起》,厉以平等译,华夏出版社,1999,第 2 页。细察新经济史学家和经济学家所撰写的经济史论著,不难发现,他们论著的内容一般包括两篇,第一篇是理论,第二篇是历史,在第一篇中,各种理论工具被清楚地交代,在第二篇中,理论工具被用来解释历史过程,详情可参阅诺思的《经济史上的结构和变革》、诺思和托马斯的《西方世界的兴起》、希克斯的《经济史理论》。

济史这门学科。"①

第三节　求用——经济史学的致用功能

经济学自从被划分为经济史学、理论经济学和应用经济学三个二级学科之后，经济学为现实服务的功能被划给应用经济学。在一些经济史学家的眼中，经济史学是研究历史的学问，与现实无涉，因而不具有服务现实的功能，这是对经济史学的"误伤"。事实是，经济史学能很好地资治于现实，具有鲜明的求用功能。主要表现为五个方面：第一，资鉴于现实；第二，为经济学理论提供源泉和验证；第三，通过预见未来资治当下；第四，教化今人；第五，提供学科交流的平台。下面详述经济史学求用功能的内涵。

一　资鉴于现实

在历史学产生之前，人类就懂得总结历史经验为实际服务。所以"人类对历史的经验与现实关系的思考要早于严格意义上的历史学的出现"。② 历史学产生以后，无论古今中外，都强调史学应该致用。

中国传统经济史学即食货学，属于史学。中国史学有"以史为鉴""经世致用"的传统。刘知几说："史之为用，其利甚博，乃生人之急务，为国家之要道。有国有家者，其可缺之哉。"③

古希腊史学家波里比阿认为从历史研究中得出的真知灼见，"对实际生活说来是一种最好的教育。因为历史，而且只有历史，能使我们不涉及实际利害而训练我们的判断力，遇事能采取正确的方针……"④ 古罗马历史学家李维指出："在历史真相的光芒下，你可以清清楚楚地看到各种

---

① 〔美〕道格拉斯·C. 诺思：《经济史上的结构和变革》，厉以平译，商务印书馆，1992，序言第 2 页。
② 彭卫：《再论历史学的实践性》，《清华大学学报》2016 年第 3 期，第 50 页。
③ （唐）刘知几：《史通通释》，上海古籍出版社，2009，第 281 页。
④ 转引自郭圣铭编《西方史学史概要》，上海人民出版社，1983，第 54~55 页。

各样的事例。你应该把这些事例作为借鉴：如果那是好的，那末你就模仿着去做；如果那是罪恶昭彰而最后身败名裂的，那末你就要引为大戒，竭力避免。"①

19世纪后期，英国历史经济学家在创建经济史学科时，不仅在理念上提出经济史学的实用性，而且用行动证明经济史学的实用性。② 阿什利认为，经济史研究可以"直接观察过去或现在的社会现实，并从中归纳出一般结论，以此来提出解决当今问题的方法"。③ 所以，"阿什利坚持认为，经济史研究必须具有实用性"。④ 历史经济学家罗杰斯"把经济史看作是一门实用性学科"，他"把经济史的结论拿来为自由竞争、自由贸易以及极端个人主义的发展服务"。⑤ 坎宁安同样坚信"经济史能够使经济研究重新成为一门实用科学"。事实上，到20世纪之初，经济史学的实用性得到了经济学界的广泛认可，经济史不仅被经济学家"用作支持或反对眼前迫切利益特定实现过程的论据库"，而且被看作能够"培养一批具有政治智慧的人"。⑥ 英国历史经济学家积极运用经济史学的知识与方法参与公共政策的制定与辩论。

兰克学派把还原过去作为史学研究的终极目标，认为史学不必关注

---

① 转引自郭圣铭编《西方史学史概要》，上海人民出版社，1983，第44页。

② 19世纪末，经济学家自觉地把经济学划分为经济理论、经济史和应用经济学三大块，在这三大块中，经济史和应用经济学被认为是一体的，当时的经济学家认为，经济史和应用经济学在方法论上相近，即都是采用归纳法，另外，经济学家认为研究应用经济学必须回溯经济史，研究经济史是为了寻找现实经济问题的根源并提出解决现实经济问题的方案。1897年韦伯夫妇出版《工业民主》一书，"在这部著作中，作者将应用经济学与经济史结合起来，对现代工业社会加以分析，所作分析与阿什利的思想非常相似"。〔英〕杰拉德·M·库特：《英国历史经济学：1870～1926——经济史学科的兴起与新重商主义》，乔吉燕译，中国人民大学出版社，2010，第206页。

③ 转引自〔英〕杰拉德·M·库特：《英国历史经济学：1870～1926——经济史学科的兴起与新重商主义》，乔吉燕译，中国人民大学出版社，2010，第121页。

④ 转引自〔英〕杰拉德·M·库特：《英国历史经济学：1870～1926——经济史学科的兴起与新重商主义》，乔吉燕译，中国人民大学出版社，2010，第123页。

⑤ 转引自〔英〕杰拉德·M·库特：《英国历史经济学：1870～1926——经济史学科的兴起与新重商主义》，乔吉燕译，中国人民大学出版社，2010，第74页。

⑥ 转引自〔英〕杰拉德·M·库特：《英国历史经济学：1870～1926——经济史学科的兴起与新重商主义》，乔吉燕译，中国人民大学出版社，2010，第173页。

现实。年鉴学派则明确反对。费弗尔认为："历史学的社会功能是依靠现实而组织过去。"① 布罗代尔更加直白地说："在某种意义上，历史学甚至可以看作一种关于现在的研究。"② 马克·布洛赫对史学研究中的过去与现在的关系做了解释，他认为历史研究就是"通过过去来理解现在，通过现在来理解过去"。③ "通过过去来理解现在"，实际上就是发挥史学的致用功能。

中国现代型经济史学从产生之日起就关注现实、服务现实。梁启超在《中国历史研究法》一书中明确提出研究历史是为了资鉴现实。他说："历史的目的在将过去的真事实予以新意义或新价值，以供现代人活动之资鉴……吾人做新历史而无新目的，大大可以不作。历史所以要常常去研究，历史所以值得研究，就是因为要不断地予以新意义及新价值以供吾人活动的资鉴。"他又说："现在人很喜欢唱'为学问而学问'的高调。其实'学以致用'四字也不能看轻。为甚么要看历史？希望自己得点东西。为什么要作历史？希望读者得点益处。学问是拿来致用的，不单是为学问而学问而已。"④ 梁启超把历史划分为五种专史：人的专史、事的专史、文物的专史、地方的专史、断代的专史，其中，文物专史又包括政治专史、经济专史、文化专史三部分。中国历史家所论的史学致用功能自然包括了经济史学的致用功能。

20世纪初，国内出版了几本标志着中国经济史学产生的著作，如梁启超的《中国国债史》、魏声和的《中国实业界进化史》、沈同芳的《中国渔业史》等。这些书"大都即研究近世之经济史，更注重现实的经济状况。他们研究经济史的目的是认识国情，寻求救国与振兴中国经济之

---

① 转引自〔法〕雅克·勒高夫、皮埃尔·诺拉主编《史学研究的新问题新方法新对象：法国新史学发展趋势》，郝名玮译，社会科学文献出版社，1988，第16页。

② 〔法〕布罗代尔：《历史学和社会学》，载苏国勋、刘小枫主编《社会理论的知识学建构》，上海三联书店，2005，第281页。

③ 转引自〔法〕雅克·勒高夫、皮埃尔·诺拉主编《史学研究的新问题新方法新对象：法国新史学发展趋势》，郝名玮译，社会科学文献出版社，1988，第16页。

④ 梁启超：《中国历史研究法》，东方出版社，1996，第155、156、161页。

道"，"翻阅本世纪头 30 年中国经济史论著，人们会获得一个强烈的印象：它们是适应现实需要而出现的，因而是立足现实的。从选题的时限上看，大都属于'近世'经济史，或下限写到'近世'。其论证的目的，大都是为了说明中国经济现状的来龙去脉。其研究成果，大都有助于改造现实"。① 抗战时期，国民政府退守大后方，西南和西北地区山高路险、交通基础设施异常落后，交通不畅的问题非常突出。1940 年，经济史学家梁方仲赴西北数省进行实地考察，深入研究中国历史上的驿站运输，撰写了《对于驿运的几点贡献》一文，发表于《新经济》第 4 卷第 3 期。该文从驿站运输的历史出发，强调驿运在战争时期的重要性。"驿站运输制度，在我国原已有悠久的历史。自秦世置厩乘传副车食厨，汉代因之，从京师至郡国沿路皆备驿传以供奉使及递送文书或征召之用；至东汉以费用浩大，始渐裁省……在敌人加紧对我的封锁的今天，从事修复这个原有的制度，使之适合于抗建的需要，以补救他种交通的困难，这不但有巨大的历史的意义，而也是急不容缓的一桩要政。"② 关于驿运的重要性，当时的新闻媒体及学术界展开了热烈的讨论，产生了较大的社会反响。梁方仲的研究得到国民政府的高度重视，1940 年 7 月 15 日，国民政府运输统制局专门召开全国驿运会议，决定在交通部设立全国驿运管理处，统筹全国的驿运工作。"《对于驿运的几点贡献》一文是梁方仲研究实践中注重贯通历史与现实，形成关注现实的经济史学思维方式的极好例证。"③

经济史学如何资鉴于现实？可从三个方面入手。一是经济史学家通过经济史研究向政府提出可行的公共政策。二是经济史学家通过经济史研究向政府提出现行某种公共政策具有不可行性。三是经济史学家通过总结经济史上的经验教训向政府提出公共政策的改进建议。经济史学资

---

① 赵德馨：《发扬面向现实、反思历史的优良传统》，《中国经济史研究》1990 年第 1 期，第 14～15 页。
② 刘志伟编《梁方仲文集》，中山大学出版社，2004，第 461 页。
③ 杨祖义、赵德馨：《梁方仲经济史学思维方式的特征》，《中国经济史研究》2009 年第 2 期，第 95 页。

鉴于现实，一是不能用经济历史去论证现实经济政策的正确性。换句话说，不能现实需要什么，经济史学就去证明什么。如果是这样，经济史就成了公共政策的侍女。二是不能为政策需要而为政策做伪证。如果是这样，经济史学就失去了其致用的本质，成为"御用"的工具。这两种现象在中外历史上都出现过。19世纪，英国史学家麦考莱为了维护辉格党的利益，在撰写《英国史》一书时肆意歪曲历史。马克思对此予以尖锐的批判，说他是为了讨好辉格党而"伪造了英国历史"。① 德国的历史学家为唤醒同胞的斗志，用假的"历史知识"教育民众。20世纪40年代，中国的一些历史学家为强调人民群众的作用，故意缩小杰出人物特别是帝王的作用。20世纪50年代，范文澜在自评40年代所写的《中国通史简编》时，认为否认和缩小统治阶级及其代表人物如秦始皇、汉武帝、唐太宗、明太祖等人的历史贡献是其不足。② "文革"时期，一些史学工作者为了服务于现实政治的需要，不惜歪曲和伪造历史，撰写了一些"影射史学"论著。这种"影射史学"对学术造成了极大的伤害。也许是因为现实伤害了史学，一些学者反对为致用而研究史学。如顾颉刚认为，"我们得到的结果也许可以致用，但这是我们的意外的收获，而不是我们研究时的目的"。"固然，我们研究的东西也许是社会上很需要的，也许现在虽没有用而将来可以大用的，但这种的斟酌取择原是政治家、社会改造家、教育家的事情，而不是我们的事情。"③ "文革"之后，部分学者认为史学只有远离现实才能保证史学的科学性，主张"为历史而历史"。这种看法显然是因噎废食。"如果一种学术完全失却了'经世致用'精神的话，那么它很可能要为社会所淘汰……搜集史料、考辨史实、编年纪事等，是历史学的基本过程和内容，没有这些功夫，历史学是不能存在的。但是，如果认为历史学只是这些内容，那就大错特错了。而我们目前的许多历史撰述恰恰就仅局限于这些内容。人们常说，读史使

① 《马克思恩格斯文集》第5卷，人民出版社，2009，第315页。
② 范文澜：《关于〈中国通史简编〉》，《新建设》1951年第2期，第23页。
③ 转引自彭卫：《再论历史学的实践性》，《清华大学学报》2016年第3期，第56~57页。

人明智。的确如此，历史著作除了应向人们提供最起码的历史知识外，更应该向人们提供历史的智慧和历史的经验教训，因为人们求知只是手段，付诸生活和实践才是目的。"[1] 正因为如此，有学者提出，"我们在批判'阴谋史学'、'影射史学'的时候，不能同时埋葬了史学的现实性品格"。[2] 赵德馨说过："研究中国经济史的首要目的是为中国现实的经济建设服务"，经济史学要"在尊重经济历史和解释经济发展规律的前提下，为现实寻求历史的启示"，经济史学应该"发扬面向现实、反思历史的优良传统"，"面向现实、反思经济历史，意味着研究的课题总是与现实直接或间接有关的，从而能对现实有益，为现实的人们所关心；意味着研究的观点与手段也总是现实的即现代的。它要求实现中国经济史研究的现代化，使中国经济史学科跟上时代前进的步伐，永远是现实的即现代的中国经济史"。[3]

经济史学发挥其致用功能，应以求真功能为基础。这一点是中外史家的共识。古希腊学者卢奇安指出："历史只有一个任务或目的，那就是实用，而实用只有一个根源，那就是真实。"[4] 当代中国史学家李文海认为，"'求真'才能'致用'""把握历史的真实愈深刻，历史学的知识功能、借鉴功能和指导功能发挥得就愈充分"。[5] 史学家彭卫也指出："'真'是历史学的基础……一旦离开了'真'，历史学的楼阁便会坍塌。有意义的有价值的历史经验的获得是以'求真'为基础的，离开了历史的真实性，必然会导致对历史学社会功能的误用和滥用。"[6]

尽管今天的很多现象在历史上确实出现过，但今天不是历史的重演。这就决定了，今天不可能是历史的翻版，今天的很多东西是历史上没有

---

[1] 仲伟民：《史学应面向现实和人生》，《中国社会科学》1995 年第 6 期，第 202～203 页。
[2] 李振宏、刘克辉：《历史学的理论与方法》，河南大学出版社，2008，第 139 页。
[3] 赵德馨：《发扬面向现实、反思历史的优良传统》，《中国经济史研究》1990 年第 1 期，第 17 页。
[4] 卢奇安：《论撰史》，载章安祺编订《缪灵珠美学译文集》第一卷，缪灵珠译，中国人民大学出版社，1987，第 195 页。
[5] 李文海：《"求真"才能"致用"》，《史学月刊》2001 年第 4 期，第 5 页。
[6] 彭卫：《试说历史学的实践性》，《史学月刊》2016 年第 4 期，第 13 页。

出现过的，今天的很多东西在历史上压根就找不到经验可资借鉴。例如，互联网经济是一种全新的经济形态，历史上从来就不曾出现过这种经济形态，如何发展互联网经济、如何监管网络金融，就找不到历史经验可资借鉴。所以，不宜夸大历史经验的作用。"认为历史经验可以解决现实中一切问题的看法，与将历史经验弃如敝屣，认为历史知识没有任何益处的看法一样极端，也因而一样无效。"①

二 为经济理论提供源泉与检验

经济史学服务于现实经济理论体现在两个方面：第一，从经济史中可以抽象出指导现实经济的理论；第二，经济史学可以对现有的经济学理论进行证实或证伪。

一部经济学说史证明，很多著名的经济理论是从经济史中抽象出来的。陈振汉指出："经济史对经济理论的关系，是知识的关系，也是方法的关系。一些重要的经济理论或学说的形成是根据经济史。"② 吴承明把经济史与经济学之间的关系界定为是源与流的关系，"经济史有广阔的天地，无尽的资源，它应当成为经济学的源，而不是经济学的流"。③ 杰文斯通过对英国经济史资料的统计分析，写出其成名著作《煤炭问题》。他发现英国的工业竞争力只能维持一段有限的时间，因为它所依赖的基础——煤炭资源是有限的。1862 年，杰文斯发表《论周期性商业波动》，这篇文章将商业周期与收获期联系起来，较好地解释了经济波动的原因，后人称，"这篇文章真正的意义在于用复杂的统计方法从经济史原始资料中归纳出一般经济规律，后来的几位历史经济学家认为，杰文斯是希望从经济史中挖掘出经济理论"。④ 新古典经济学把制度看作外生变量，新古典经济学家在研究经济增长时假设制度是不变的，从资本、劳动和技

---

① 彭卫：《再论历史学的实践性》，《清华大学学报》2016 年第 3 期，第 60 页。
② 陈振汉：《步履集》，北京大学出版社，2005，第 17 页。
③ 吴承明：《经济史：历史观与方法论》，上海财经大学出版社，2006，第 219 页。
④ 转引自〔英〕杰拉德·M·库特：《英国历史经济学：1870～1926——经济史学科的兴起与新重商主义》，乔吉燕译，中国人民大学出版社，2010，第 24 页。

术等要素投入的角度研究经济增长的源泉，完全忽略制度对经济增长的作用。诺思在研究 1790～1860 年美国的国际收支状况时发现，制度在美国经济增长上起的作用不容忽视，他的这一研究结论体现在《1790～1860 年美国经济增长》一书中。诺思把这一发现进一步扩充，形成一系列有影响的著作：《1600～1850 年海洋运输生产率变化的原因》（1968）、《制度变迁与美国经济增长》（1971）、《西方世界的兴起》（1973）。诺思在深入研究和总结西方经济史演进轨迹的基础上，提出了令人耳目一新的制度变迁理论。诺思的制度变迁理论主要由国家理论、产权理论和意识形态理论组成，诺思把产权看作制度中的基本因素与决定因素，是制度结构的核心制度。诺思认为，产权具有强大的激励功能，有效的产权制度是组织乃至国家兴起的关键因素。这个观点在《西方世界的兴起》一书中有清楚的阐释。新制度经济学于 20 世纪 80 年代传入中国，由于中国正处在新旧制度的转轨时期，新制度经济学立即引起了中国学界乃至政界的广泛关注。至 20 世纪 90 年代，新制度经济学成为一种理论时尚，对中国的改革产生了直接的影响。党的十四届三中全会通过的《关于建立社会主义市场经济体制若干问题的决定》明确规定国有企业改革的方向是建立"产权清晰、权责明确、政企分开、管理科学"的现代企业制度。把建立清晰的产权作为国企改革的首要目标，由此可见中国决策层对产权的重视。这种重视在一定程度上受到了新制度经济学产权理论的影响。①

吴承明所提出的"经济史是经济学的源"的观点得到了经济史学界的广泛认可。经济史学为什么是经济学的"源"呢？任何时代的经济学理论都是从经济实践中抽象出来的，没有经济实践就没有经济学理论。恩格斯指出，政治经济学不可能对一切国家和所有历史时代都是一样的，只有先研究具体国家的生产和交换的每一个发展阶段的特殊规律，才能够建立起适用于该国的政治经济学。恩格斯还明确指出，马克思的

---

① 盛洪：《制度经济学在中国的兴起》，《管理世界》2002 年第 6 期，第 151 页。

经济学理论，就是他毕生研究英国经济史和经济状况的结果。[①] 马克思主义经济学成为后来社会主义国家开展经济实践的指导理论。失业与通货膨胀是短期宏观经济运行中的两个主要问题，两者之间有没有关系、有什么样的关系，经济学一直没有给出合意的回答。1958 年，任教于英国的新西兰籍经济学家菲利普斯对 1861～1957 年英国的失业率和货币工资增长率之间的关系进行了统计研究发现，两者之间存在一种替代关系。菲利普斯把这种关系用曲线表述出来，这就是著名的菲利普斯曲线。该曲线表明：当失业率较低时，货币工资增长率较高；反之，当失业率较高时，货币工资增长率较低，甚至为负数。20 世纪四五十年代，以萨缪尔森为代表的新古典经济学家对菲利普斯曲线进行了改造，萨缪尔森认为通货膨胀率等于货币工资增长率与劳动生产增长率之差。劳动生产增长率主要取决于技术进步，因此在短期内劳动生产增长率等于零，通货膨胀率就与货币工资增长率一致，通货膨胀率就可以用来替代菲利普斯所提出的货币工资增长率。这样，失业率与货币工资增长率之间的替代关系就变成了失业率与通货膨胀率之间的替代关系。被改造后的菲利普斯曲线成为新古典综合理论的重要组成部分。在 20 世纪 60 年代，菲利普斯曲线成为美国等主要资本主义国家制定宏观经济政策的理论依据。

尽管经济史学可以出理论，但自李嘉图之后，多数经济学理论是从某种假设出发通过逻辑演绎得出的。演绎出来的经济理论，需要经济史学对其进行证实或证伪。历史经济学家休因斯指出，经济史有一个特别重要的作用就是可以被用来证明经济思想的相对性，"能为确定财富的生产、分配和消费规律提供真正令人满意的资料"。[②] 即使把经济史学视为经济学婢女的马歇尔，也认为经济史学是证实经济理论的一个好工具，他在撰写《经济学原理》时考虑到了历史和制度因素，搜集了大量历史

---

① 《马克思恩格斯文集》第 5 卷，人民出版社，2009，第 35 页。
② 转引自〔英〕杰拉德·M·库特：《英国历史经济学：1870～1926——经济史学科的兴起与新重商主义》，乔吉燕译，中国人民大学出版社，2010，第 189 页。

资料来论证他的理论。正如他的学生所说："马歇尔似乎主要只是把历史当作一件工具来对待，他用历史来维护他关于当前经济问题的观点。"① 当然，马歇尔的做法没有得到历史经济学家的认可，坎宁安批评马歇尔这种做法，认为他并不是表明他真正重视经济史，"在本质上仅仅是作为他由演绎法所得出结论的佐证而已"。② 从这里看出，马歇尔注意到用经济史来实证经济学理论。1884 年，马歇尔公开承认政治经济学理论有错误，其原因就是"依据的史实不完整，也没用经过统计数据的更正"。③ 坎宁安指责马歇尔"从当前的角度观察经济史，挑选过去发生的一些事件来'引作现代经济理论的例证'"。④ 诺思认为，理论只是一个假说，这个假说正确与否，要看它是否与历史相符。如果某种理论与历史不符，那么这种理论就要得到修正甚至抛弃。诺思提出新制度经济学理论，就是遵循提出假说——历史检验——修正假说——历史再次检验——最终理论形成的过程。1971 年，诺思初步尝试建构制度变迁理论。1990 年，他的制度变迁理论框架基本确立。诺思不是从理论到理论，而是以历史事实为依据来提炼理论，再用历史事实来修订和完善其理论。如《制度变迁与美国经济增长》一书的第二、第三章讲理论，之后用历史检验理论。《西方世界的兴起》的第一编讲理论，第二、第三编既用理论解释历史，也用历史验证理论。《经济史上的结构和变革》第一篇介绍理论，第二篇是历史检验，最后将史论融合起来进行分析。从这个结构设计上看，诺思试图让其理论接受历史检验。吴承明指出："经济学理论是从历史的和当时的社会经济实践中抽象出来的，但不能从这种抽象中还原出历史

---

① 转引自〔英〕杰拉德·M·库特：《英国历史经济学：1870~1926——经济史学科的兴起与新重商主义》，乔吉燕译，中国人民大学出版社，2010，第 166 页。

② Cunningham W. , "The Perversion of Economic History," *Economic Journal*, 1892, 2 (7), p. 493.

③ 转引自〔英〕杰拉德·M·库特：《英国历史经济学：1870~1926——经济史学科的兴起与新重商主义》，乔吉燕译，中国人民大学出版社，2010，第 141 页。

④ 转引自〔英〕杰拉德·M·库特：《英国历史经济学：1870~1926——经济史学科的兴起与新重商主义》，乔吉燕译，中国人民大学出版社，2010，第 168~169 页。

的和当时的实践。"① 他引用马克思的话说："这些抽象本身离开了现实的历史就没有任何价值。它们只能对整理历史资料提供某些方便。"② 这就是说，不是建立在经济历史基础之上的经济学理论是没有任何价值的，当然，经济理论本身也不能代替经济历史。

三 通过预见未来资治当下

认识过去和现在，是科学地预测未来的基本方法与基本依据。马克思恩格斯之所以能科学地预见资本主义社会必将发展到社会主义社会和共产主义社会，"靠的就是正确地分析人类社会的过去和现在，揭示了社会发展的规律"。③ 历史、现实、未来是一脉相承的，三者之间是延续的，其间有历史发展的路径。所以通过研究历史，可以在一定程度上预见未来。修昔底德在写作《伯罗奔尼撒战争史》时，希望他的这部史书能预见未来。他说："如果那些想要清楚地了解过去所发生的事件和将来也会发生的类似的事件（因为人性总是人性）的人，认为我的著作还有一点益处的话，那么，我就心满意足了。"④ 阿什利在担任伯明翰大学商学院院长时，同时从事应用经济学和经济史学的研究，他发现"经济史对预测社会将来的发展有十分重要的意义，但是，不能想当然地认为，'前几个世纪的历史本身就预示着现代情况的意义和趋势'"。⑤ 这就是说，经济历史本身不能预示未来，但经济史学研究却可以预测未来。阿什利对德国贸易保护主义政策下的德国工人生活水平变化做了系统的历史研究，

---

① 吴承明：《经济学理论与经济史研究》，《经济研究》1995年第4期，第3页。
② 吴承明：《经济学理论与经济史研究》，《经济研究》1995年第4期，第1页，参见《马克思恩格斯选集》第一卷，人民出版社，2012，第153页。
③ 赵德馨主编《中华人民共和国经济史纲要》，湖北人民出版社，1988，导言第5页。
④ 〔古希腊〕修昔底德：《伯罗奔尼撒战争史》（上），谢德风译，商务印书馆，2017，第20页。
⑤ 转引自〔英〕杰拉德·M·库特：《英国历史经济学：1870～1926——经济史学科的兴起与新重商主义》，乔吉燕译，中国人民大学出版社，2010，第127页。

他结合英国的情况，推断"保护主义同样也能在英国推动社会和平的实现"。① 作为历史经济学家的比阿特丽斯·韦伯和西德尼·韦伯夫妇也认为，"通过研究历史来确定社会演进的方向，并已通过研究工团主义史、合作运动史、济贫法历史及当地政府的历史，确定了社会演进所依循的道路，他们希望能够指引社会沿着自然的演进道路和平演进"。② 1894年，韦伯夫妇完成了一项经济研究成果《工团主义史》，这项研究的"目的在于展示这项运动的由来及其发挥作用的历史，分析它与营利性企业的关系，它与消费者合作运动及政治民主之兴起的关联，以及从经济上为工会进行辩护"，③ 并指出工会的未来发展路径。希克斯明确指出，可以把经济史"看成是一个单一的过程——具有一个可认识的趋势（至少到目前为止）的过程"。④ 希克斯在这里所讲的"认识其趋势"就是根据历史经验对经济的未来趋势做出预测。

正因为经济史学具有预测未来的功能，所以经济史学家应该一只眼睛看着历史，一只眼睛盯着现实，既了解历史上的经济，也了解现实的经济。用历史眼光观察现实，对现实就会看得更透，并能对未来走势做出准确的认识。例如，中国经济增速以多少为宜？经济史学就能做出专业的判断与预测。从1958年开始研究中华人民共和国经济史起，赵德馨就关心中国经济增长速度。在对世界上主要工业化国家200多年和中国1950～1989年经济增长率做的调查基础上，1990年之后多次提出中国当前阶段经济合适的年平均增长速度在6%～7%，年度之间的波动是不可避免的，波动的幅度以在6%至7%上下两个百分点为宜。因为多年的实际情况是，经济增长超过9%，就会出现资源紧张、物价上涨、环境污染

① 转引自〔英〕杰拉德·M·库特：《英国历史经济学：1870～1926——经济史学科的兴起与新重商主义》，乔吉燕译，中国人民大学出版社，2010，第129页。
② 转引自〔英〕杰拉德·M·库特：《英国历史经济学：1870～1926——经济史学科的兴起与新重商主义》，乔吉燕译，中国人民大学出版社，2010，第201页。
③ 转引自〔英〕杰拉德·M·库特：《英国历史经济学：1870～1926——经济史学科的兴起与新重商主义》，乔吉燕译，中国人民大学出版社，2010，第206页。
④ 〔英〕约翰·希克斯：《经济史理论》，厉以平译，商务印书馆，2017，第7页。

等严重社会经济问题；如果低于 5%，就业就难以保证，也会出现严重的社会经济问题。[①] 21 世纪的第一个十年，中国 GDP 年均增速超过 10%，其时，一些经济学家对此大加颂扬，并且预言在未来 20 年、30 年可维持这样的高速增长。赵德馨在多次会议的发言和著作中坚持他的观点，认为这些年的超高速增长不仅不可持续，而且会给后来年份的发展带来困难。他主张提高发展的效益，将速度降到 7%。[②] 2014 年中央提出经济进入"新常态"的判断，使经济进入高质量发展阶段，赵德馨认为这是符合中国现阶段实际情况的正确决策。

四　教化今人

经济史学的教化功能表现为两个方面：一是教育人们懂得中外经济的发展历史；二是给人们以历史的垂训。

观今宜鉴古，无古不成今。经济史学与应用经济学除了研究对象的时间之外，在研究对象、研究方法上没有任何区别。正因为如此，希克斯等经济学家认为，今天的经济史是过去的应用经济学，今天的应用经济学是明天的经济史。准确把握应用经济学必先准确把握经济史学，因为经济史学可以教育人们从长时段的历史视角去观察今天的应用经济学，这就是经济史学的教育功能。毛泽东很重视历史的教育功能，1940 年，他指出："中国现时的新政治新经济是从古代的旧政治旧经济发展而来的，中国现时的新文化也是从古代的旧文化发展而来，因此，我们必须

---

① 赵德馨论述中国当前阶段年平均增长率以 6% ~ 7% 左右为宜的观点，参见《经济的稳定发展与增长速度》，《中南财经大学学报》1990 年第 4 期，第 1 页；《坚持速度与效益的统一至关重要》，《湖北日报》1998 年 11 月 12 日；《之字路及其理论结晶》，《中南财经大学学报》1999 年第 6 期；《中国经济 50 年发展的路径、阶段与基本经验》，《当代中国史研究》1999 年第 5 ~ 6 期，另刊发于《中国经济史研究》2000 年第 1 期。

② 在此期间，赵德馨论述当前阶段年平均增长率以 6% ~ 7% 为宜的观点，见赵德馨：《中国近现代经济史（1842 ~ 1949）》，厦门大学出版社，2013；赵德馨：《中国近现代经济史》，高等教育出版社，2016；赵德馨：《中国近现代经济史（1949 ~ 1991）》，厦门大学出版社，2017；赵德馨：《对 GDP 增速的四点认识——学两会文件的发言提纲》，《湖北老教授》2019 年第 1 期，第 410 页。

尊重自己的历史，决不能割断历史。"① 1941 年，毛泽东再次强调"不要割断历史"，中国人"不但要懂得中国的今天，还要懂得中国的昨天和前天"。② 新中国成立以后，毛泽东提出要深入研究中国的资本主义发展史。受此影响，新中国成立之初的高等学校非常重视经济史教育，在财经院校普遍开设中国近代经济史课程。改革开放初期，经济史教育依然受到重视，经济学专业开设中国近现代经济史课程，财政、金融、农业经济、商业经济等专业分别开设财政史、金融史、农业经济史、工业经济史等课程。但从 20 世纪末起，各财经专业为培育所谓应用型人才，纷纷砍掉经济史课程或者压缩经济史学课程的教学课时。这就导致经济学专业的学生对中国经济历史知之甚少甚至茫然不知。金融学专业的本科生不知道改革开放以前的中国金融业是什么状况，更不知道中国古代近代的金融发展状况；财政学专业的学生不明了中国古代的财政制度。这是经济史学教育功能的严重弱化，这种状况既不利于财经专业学生知识结构的完整化，更不利于中国经济学教育的发展和中国特色经济学理论体系的构建。

以史为鉴，垂训世人，是史学的重要功能。随着经济学的不断数学化，西方经济学家标榜经济学教育是技术教育，不是意识形态教育和道德教育。受此观点的影响，20 世纪末以来，国内的经济学教育过分强调经济学的技术教育。与此相适应，理论经济学类和应用经济学类课程量加大。这些课程如微观经济学、宏观经济学、金融学、财政学、会计学、统计学等在内容上，几乎与意识形态无涉、与道德无关。也就是说，学生在学习这些课程时，除了能得到理论和方法训练之外，无法得到道德陶冶。经济史课程则不然，除了能给学生提供理论和方法训练外，还能通过经济史上的鲜活人物和事例的垂范，给学生以道德上的熏陶。例如，企业经济学从理论上反复论证企业家的社会责任，学生听了以后，无法

---

① 《毛泽东选集》第 2 卷，人民出版社，1991，第 708 页。
② 《毛泽东选集》第 3 卷，人民出版社，1991，第 801 页。

从内心深入理解社会责任感，经济史学则只要信手举几个典型事例（民生公司总经理卢作孚毁家纾难，在 1937 年工厂内迁过程中冒生命危险亲自护送机器从沿海内迁到大后方），就能使学生从内心深处明白企业必须要负社会责任这个道理。

五 提供学科交流的平台

经济史学科自产生以来，对其学科属性一直存在广泛的争论。有人认为属于经济学，有人认为属于历史学，有人认为属于经济学与历史学之间的交叉学科，有人认为属于边缘学科。争论表明，经济史学科与多个学科有密切关系。人类历史上的一切经济活动都是经济史学的研究对象，研究对象的宽泛性决定经济史学学科研究面的宽泛性，研究面越宽泛，所涉及的学科就越多。人类经济生活的演变，就其原因与后果而言，与社会及自然界的所有领域有关。一个学科所涉及的学科越多，就会以这个学科为原点，发出许多根线，把相关学科连接起来，形成一个学科交流平台。经济史学科便是如此。以经济史学科为原点，可以发出几十根线，与几十个学科连接起来，形成一个跨学科的学术交流平台。

与经济史学科密切相关的学科主要有经济学、历史学、统计学、社会学、地理学、人口学、民族学、生态学等。例如，研究历史上的宏观经济运行，需要运用经济学、历史学、统计学的方法；研究历史上的民族地区经济，需要运用经济学、历史学、民族学、统计学、社会学的方法；研究历史上的人口与经济增长，需要运用经济学、历史学、统计学、人口学的方法。正如吴承明先生所指出的，20 世纪 50 年代以后，经济史学研究有一个重大变化，就是运用跨学科的方法研究经济史。因研究专题不同，经济学、历史学、社会学、人类学、民族学、农学、地理学、气候学、生态学等学科的方法都可以被纳入经济史学研究之中，这就形成了许多学派、专业。[①]

---

① 吴承明：《经济史学的理论与方法》，《中国经济史研究》1999 年第 1 期，第 115 页。

当经济史学者在运用各种方法研究某一个题目时，实际上就是提供了一个相关学科进行交流的平台。正如希克斯所说："在我看来，经济史的一个主要功能是作为经济学家与政治学家、法学家、社会学家和历史学家——关于世界大事、思想和技术等的历史学家——可以互相对话的一个论坛。"①

结　语

梁启超在《中国历史研究法》一书中指出："史者何？记述人类社会赓续活动之体相，校其总成绩，求得其因果关系，以为现代一般人活动之资鉴者也。"② 梁氏的这段话道出了历史的求真、求解与求用功能。"记述人类社会赓续活动之体相"，就是记述人类社会活动的真相。"校其总成绩，求得其因果关系"，就是总括人类社会活动的成绩，解释人类社会活动的内在逻辑关系。"以为现代一般人活动之资鉴者也"，就是为现实服务。

不要忘记，所有学术皆因希望求得事实的真相而诞生，也因此人类有了自己的"历史"（即客观存在的客体），在此基础上，产生了历史学（即人对客观存在的客体的认识）。所以，求真是历史学，也是一切学术的第一要义。③ 求真的本质是还原历史真相，是经济史学最基本的功能。如果经济史学的内容失真，经济史学就失去了根本，经济史学就不复成为经济史学。吴承明对 20 世纪 50 年代史学界的所谓"史学革命"做过反思。在他看来，以科学原理代替历史主义是行不通的，"这样做，就会出现模式论、逻辑实证主义、'结论先行'、目的论、决定论等历史研究法，都不可取"，④ "应当承认我们的认识有相对性、时代性（克罗齐）、

---

① 〔英〕约翰·希克斯：《经济史理论》，厉以平译，商务印书馆，2017，第 2 页。

② 梁启超：《中国历史研究法》，东方出版社，1996，第 1 页。

③ 路新生：《论治学求真与政治间的背反现象——以历史学为例》，《河北学刊》2009 年第 5 期，第 73 页。

④ 吴承明：《经济史学的理论与方法》，《中国经济史研究》1999 年第 1 期，第 115 页。

思想主观性（柯林伍德），不过，都可以归之于'认识还不清楚'，需要'再认识'。历史需要没完没了的再认识，否则史学家都要下岗。而再认识更需要实证主义"。①

　　经济史学不能停驻于求真层面上拒不前行。如果这样，经济史学就可能会沉溺于故纸堆中而不能自拔，成为纸上的学问，成为只见树木不见森林的学问，成为无用的学问。钱穆提出"历史资料"和"历史知识"两个概念，认为"'历史知识'与'历史资料'不同。我民族国家已往全部之活动，是为历史。其经记载流传以迄于今者，只可谓是历史的材料，而非吾侪今日所需历史的知识。……历史知识，贵能鉴古而知今。至于历史材料，则为前人所记录，前人不知后事，故其所记，未必一一有当于后人之所欲知。然后人欲求历史知识，必从前人所传史料中觅取。若蔑弃前人史料而空谈史识，则所谓'史'者非史，而所谓'识'者无识。生乎今而臆古，无当于'鉴于古而知今'之任也"。② 对于非专业历史学家而言，他们需要的历史是"历史智识"而非"历史材料"。历史留下来的只是"历史材料"，只有经过历史学家的加工，"历史材料"才能变成人人需要的"历史智识"。历史学家把"历史材料"加工成"历史智识"的过程，就是发挥历史学求解和求用的过程。年鉴学派早期代表学者布洛赫提出要"通过过去来理解现在，通过现在来理解过去"，"古今之间的关系是双向的。对现实的曲解必定源于对历史的无知；而对现实一无所知的人，要了解历史也必定是徒劳无功的"。③ 年鉴学派的另一个代表人物费弗尔也认为，历史学应当为现实生活中的人们提供智慧，并通过他们重现过去。英国历史学家爱德华·卡尔更加明确地指出：历史"是现在与过去之间永无休止的对话。"④ 西方历史学家普遍强调历史

---

① 吴承明：《经济史学的理论与方法》，《中国经济史研究》1999 年第 1 期，第 115～116 页。
② 钱穆：《国史大纲》，商务印书馆，1996，第 1～2 页。
③ 〔法〕马克·布洛赫：《历史学家的技艺》，张和声等译，上海社会科学院出版社，1992，第 24 页。
④ 〔英〕爱德华·霍列特·卡尔：《历史是什么》，吴柱存译，商务印书馆，2009，第 115 页。

与现实是互通的。这种互通就是通过把过去的"历史材料"变成为现实服务的"历史智识"来实现。所以真正的经济史学家是关心现实、了解现实的，其研究成果是对现实有益的、能对现实和未来发展趋势得出见解的。

应该警惕，为了致用，有些经济史学家脱离"历史材料"虚构"历史智识"。因此，必须防止经济史学因过于追求"致用"而堕落成为一种欺世盗名的伪科学。作为一门科学，经济史学家首先是通过广泛地发掘"历史材料"来求得历史真相，然后在缕析"历史材料"的基础之上抽象出"历史智识"，进而致用于社会。

第七章　经济史学的指导理论与理论抽象

经济史学的研究工作需要引入理论做指导才能取得好的成绩。经济史学的研究工作，又要经过分析综合过程，得出新的理论，以求达到有用的最佳境界和建设本学科的理论体系。这是经济史学与理论的"入"与"出"的关系。

开展经济史学研究，需要多种学科的理论做指导。吴承明指出："历史学不就是史料学。理解历史还需要理论，须借助于抽象思维和理性判断"。[1] 美国经济史学家理查德·梯利在批评德国经济史研究缺乏理论时指出："脱离经济学理论来研究经济史，正如脱离王子的身份来扮演哈姆雷特。"[2] 哈姆雷特与王子是浑然一体的，理论与经济史也应该水乳交融。

经济史学的研究成果可以而且应该出理论。"经济史理论是经济史学工作者研究经济发展过程后做出的理论概括与抽象。"[3] 这种经济史理论对多个学科和分析现实社会有用，即具有学科功能和社会功能。

经济史学的研究成果还可以而且应该出有关本学科的理论，即经济史学理论。本书的第一章已经说明"经济史学理论"与"经济史理论"内涵的区别。经济史学理论是经济史学工作者对自身研究工作经验和体悟的概括与抽象，是其他学科学者无法代替的，或者说，经济史学理论的建设是经济史学工作者不可推卸的职业责任。

---

[1] 吴承明：《经济史：历史观与方法论》，上海财经大学出版社，2006，第282页。

[2] 转引自隋福民：《创新与融合：美国新经济史革命及对中国的影响（1957～2004）》，天津古籍出版社，2009，第23页。

[3] 赵德馨：《经济史学科的发展与理论》，《中国经济史研究》1996年第1期，第13页。

本章讨论三个问题。第一，经济史学的指导理论，即经济史研究应该在什么理论的指导下进行？第二，如何从经济史中抽象出经济史理论。第三，中国特色经济史学理论的构建。

第一节　经济史学的指导理论

经济史学史表明，经济史研究如果离开了理论工具的指导，就难以揭示经济史实的本质，难以从经济变迁过程中抽象出经济史理论。经济史学与理论的"入"与"出"的关系中，是先有"入"而后才有"出"。本书的第二章已用历史事实表明，经济史学是引入经济理论分析经济历史的产物。

1949 年以来，包括经济史学在内的中国学术界，围绕史（指历史资料）和论（指理论工具和理论观点）的关系展开了多次讨论，形成了三种观点。第一，论从史出，强调历史的论断必须根据史料所反映的事实而得出。有人认为这是傅斯年"史料即史学"观点的翻版。[①] 第二，以论带史，强调历史研究中的指导理论的作用。有人对此提出质疑：指导理论是什么？是不是专指马克思、恩格斯、列宁、斯大林、毛泽东等马克思主义经典作家关于历史问题的论点？如何避免"以论带史"变成"以论代史"？[②] 第三，史论结合，强调史论并重，既重视理论又重视史料。但有人对此也提出质疑：史和论两者的主从关系究竟如何？谁去结合谁？两者之间如何结合？援引经典作家的一些语录，然后找点史料加以论证，算不算史论结合？[③] 三种观点交锋多年，使认识逐渐深化，但似乎没有过一个明确的、公认的结论。从经济史学的"三求"功能视角出发来审视上述三种观点，我们会有如下发现。

第一，发挥经济史学的求真功能，即探求经济历史的本来面貌，必

---

① 熊德基：《略谈"史"与"论"的关系》，《光明日报》1981 年 6 月 8 日，第 4 版。
② 蒋大椿：《关于史论关系的讨论简介》，《人民日报》1985 年 3 月 11 日，第 6 版。
③ 蒋大椿：《关于史论关系的讨论简介》，《人民日报》1985 年 3 月 11 日，第 6 版。

须广泛地发掘、考据史料。知道到何处去发掘史料，发现找到的史料中的问题，辨别史料的真假和价值，明确史料之间的联系，这是需要理论能力和史识的。在这几个方面都能做到正确，是论从史出的基础。《剑桥欧洲经济史》主编波斯坦是饮誉全球的经济史学家，他说："承认经济理论的作用，用其来说明事物的关系，舍此既不能提出问题，也不能取舍材料，不能菲薄理论研究。"①

第二，要发挥经济史学的求解功能，即分析经济史上的运行机制、经济规律、经济绩效，就必须运用理论工具，特别是用经济理论对获得的经过整理的经济史料做分析、综合、抽象的工作。

第三，发挥经济史学的求用功能，即将从经济史学中提炼出的经验教训和从经济史中抽象出的经济理论，用于资治现实和促进多门学科的发展，这需要对已获得的新理论根据其所处的历史背景做出正确解读和使用。这是一种理论能力。② 赫克歇尔是国际贸易理论的研究权威，同时又是著名的经济史学家。1926 年，他专门发表了一篇题为《呼吁经济理论来研究经济史》的论文，认为没有理论，历史研究只是徒然的劳动，没有用处。③

可见，在发挥经济史学"三求"功能的每一个环节，都必须坚持史论结合，都需要理论做指导。

那么经济史研究需要什么理论做指导呢？在经济史学研究中，任何理论都可看作方法论。这样一来，可以成为经济史学研究指导的理论不胜枚举，事实亦是如此。在经济史学研究中，并非所有的指导理论都同等重要，而是有层次之分。在哲学的层次上，马克思主义居于最高层次。在专业理论层次上，与经济史学研究对象三要素相对应的理论（经济学理论、历史学理论与地理学理论）是第一层次。与经济史学相邻的其他

① 转引自陈振汉：《步履集》，北京大学出版社，2005，第117页。
② 〔英〕杰拉德·M·库特：《英国历史经济学：1870~1926——经济史学科的兴起与新重商主义》，乔吉燕译，中国人民大学出版社，2010，第225页。
③ 转引自陈振汉：《步履集》，北京大学出版社，2005，第154页。

学科的理论，构成次要层次。在这里，层次区分的依据在于与经济史学关联的密切程度。较密切的，如社会学理论、人口学理论等为第二层次，其他如考古学、古文字学、文献学、民族学、钱币学、军事学、人类学、文化学、民俗学、生态学等为第三、第四层次。[①] 限于篇幅和学识，本书不可能列举所有理论，只选取最重要的几种理论进行介绍。

一　马克思主义哲学

我们必须旗帜鲜明地指出，在经济史学研究中，马克思主义理论的指导地位是不可动摇的，否则经济史学研究就会迷失方向。马克思主义理论体系由马克思主义哲学、马克思主义政治经济学和科学社会主义理论三大部分组成。辩证唯物主义和历史唯物主义作为世界观意义上的方法论，构成马克思主义哲学的精髓。

19 世纪 40 年代，马克思恩格斯发现了唯物主义历史观。唯物主义历史观成为经济史学研究的指导理论之后，经济史学才成为一门科学。[②] 唯物主义历史观对经济史学的指导作用，主要体现在社会历史观和方法论两个方面。

（一）社会历史观方面

首先，唯物史观揭示了人类社会的历史首先是生产力发展的历史，社会生产力是人类社会发展的根本动力。这就使历史、经济史的研究从根本上摆脱了"曲解人类史"的方向。正因为人类社会的历史首先是生产力发展的历史，生产力就成了经济史学研究对象的重要组成部分。只有彻底抛弃唯心史观关于意识是社会发展根本动力的观点、把人类历史

---

① 赵德馨：《学科与学派：中国经济史学的两种分类——从梁方仲的学术地位说起》，《中国社会经济史研究》2009 年第 3 期，第 2 页。

② 在唯物主义历史观产生以前，经济史学就已存在，但这种经济史学不能算是科学的经济史学，因为它的指导理论是非科学的历史观。这种历史观的主要缺陷是，忽略生产力在人类经济中的地位，否定生产力在人类社会历史发展中的决定性作用。其中最为错误的一种，是把生产力的发展仅仅看作意识的附属物。在这样的历史观指导下写成的经济史，不可能是科学的经济史。

发展的根本动力归结于生产力的发展，才能正确地揭示人类社会经济发展过程。把人类社会历史发展的动力归结于生产力、以生产力为研究对象的经济史学科，才有可能成为一门科学，同时就不再是附属于意识的依附性学科，而成为一门独立的学科。

其次，唯物史观把一切社会关系归结于生产关系，又把生产关系上升到一定要适应生产力的高度，从而揭示了人类社会的发展是一个自然历史的过程，这对经济史学而言意义重大。因为这从根本上否定了把人类社会的历史看作一个偶然因素的堆积体的观点，从而把各种社会因素的本质联系统一起来。正如马克思所指出的："人们不能自由选择自己的生产力——这是他们的全部历史的基础，因为任何生产力都是一种既得的力量，是以往的活动的产物。可见，生产力是人们应用能力的结果，但是这种能力本身决定于人们所处的条件，决定于先前已经获得的生产力，决定于在他们以前已经存在、不是由他们创立而是由前一代人创立的社会形式。后来的每一代人都得到前一代人已经取得的生产力并当做原料来为自己新的生产服务，由于这一简单的事实，就形成人们的历史中的联系，就形成人类的历史，这个历史随着人们的生产力以及人们的社会关系的愈益发展而愈益成为人类的历史。"[①] 把人类历史作为一个历史过程来研究，主要的方面不是意识形态发展史，也不是政治史或军事史，而是经济史。经济史学的价值，不是为意识形态做脚注，也不是说明经济如何为政治服务。它的意义在于揭示经济史特别是生产力发展历史本身的内在规律性。揭示了这种规律性，整个人类社会的历史联系就不再是一个庞杂混乱的堆积体了，而是以生产关系为基础的各种社会关系的统一。

最后，唯物史观揭示了生产力和生产关系、经济基础和上层建筑的矛盾运动，科学地阐明了经济决定政治、政治反作用于经济的规律。这就正确地规定了经济史学的研究对象在人类社会发展中的地位。非科学

---

① 《马克思恩格斯选集》第 4 卷，人民出版社，2012，第 408～409 页。

的经济史学和科学的经济史学的区别之一是，前者以政治决定经济的观点来研究经济发展的过程，后者则以经济决定政治的观点来研究经济发展过程。科学经济史学不是从政治出发来研究客观经济发展过程，而是从生产力和生产关系的矛盾运动出发来研究这一过程，它从经济根源上揭示某些政治事件发生的必然性，并且说明政治事件是如何促进或阻碍经济发展的。显然，这是正确认识客观经济发展过程唯一正确的途径。

（二）方法论方面

首先，唯物史观提出了实事求是的方法论。唯物史观的总原则是社会存在决定社会意识。用这个观点指导经济史学研究，必然是从事实出发而不是从观念或模式出发。对于科学的经济史学而言，从事实出发、大量地积累资料是全部研究的基础。但这只是全部经济史研究的共性。科学的经济史学不是用这些资料来为某种观点或模式做脚注，而是通过对资料本身的分析揭示经济发展过程的规律性。因此，有一分史料说一分话是基础；通过现象揭示本质、揭示客观经济发展过程的规律性则是一次飞跃，这是经济史学的理论价值所在。

其次，唯物史观提出了用历史观点观察问题的方法论。"在分析任何一个社会问题时，马克思主义理论的绝对要求，就是要把问题提到一定的历史范围之内。"[①] 人类社会的经济现象是异常复杂的。类似的经济现象在不同的历史阶段反复出现，就是这种复杂性的内容之一。探究这类经济现象的实质、科学地评价它的历史地位，就必须把它放在具体的历史环境之中，用历史的观点去分析它。"在社会科学问题上有一种最可靠的方法，它是真正养成正确分析这个问题的本领而不致淹没在一大堆细节或大量争执意见之中所必需的，对于用科学眼光分析这个问题来说是最重要的，那就是不要忘记基本的历史联系，考察每个问题都要看某种现象在历史上怎样产生、在发展中经过了哪些主要阶段，并根据它的这

---

① 《列宁选集》第 2 卷，人民出版社，2012，第 375 页。

种发展去考察这一事物现在是怎样的。"① 任何经济现象或经济范畴都有产生、发展和消亡的过程。只有了解了它的产生及其条件，了解它的发展及其条件，才有可能对其发展现状形成正确的认识，才有可能预测到它的未来。经济史学的直接任务，正是在于考察各种经济现象和经济范畴的产生、发展及其消亡的历史过程。因此，历史的观点是经济史研究的基本观点。

最后，唯物史观的量变到质变的观点为经济史研究提供了方法论。人类社会的经济发展过程就是一个从量变到质变的过程。既然存在量变，就需要对经济史进行量化的分析。从经济史研究对象本身的发展水平来看，从个体的、自给自足的、以使用价值为目的的生产，过渡到社会化的、发达的商品生产，客观上为数量分析的广泛应用创造了前提条件。唯物史观认为，事物的质通过一定的量表现出来，一定的量又总是反映一定的质。没有量的质和没有质的量，都是不存在的。揭示事物本质的重要途径之一，就是从数量分析入手，通过分析数量变化来揭示事物的质变过程。

马克思主义是推动经济史学发展的重要动力，经济史学研究必须旗帜鲜明地坚持马克思主义的指导地位，但是不能把马克思主义教条化。

二 经济学理论

经济史学是理论经济学的基础学科，经济学理论当然是经济史研究的指导理论。凡是通晓经济史学和经济学的学者都认为经济史学研究需要经济学理论。1909 年被任命为曼彻斯特大学经济史教授的乔治·昂温，享有英国第一位经济史教授的殊荣。他认为"经济史从历史学中吸取的东西要多于从经济学"。作为一名专业的经济史学家，他认为古典经济理论对解释历史用处不大，但他仍将其看作解释现代经济活动的有效工

---

① 《列宁选集》第 4 卷，人民出版社，2012，第 26 页。

具。① 凯恩斯指出："经济学与其说是一种学说，不如说是一种方法，一种思维工具，一种构想技术。"② 中国经济史学者李根蟠认为："经济史研究需要经济学理论的指导，应该鼓励把经济学理论，包括西方经济学理论应用到经济史研究的各种尝试，努力使经济学和经济史结合起来。"③ 只要合适，任何经济学理论都可成为经济史学研究的指导理论。如果不合适，再精密的经济学说也不能成为经济史学研究的指导理论。

在各种经济学理论中，马克思主义经济学理论占有特殊的地位。因为它"是以唯物史观为基础，以无产阶级和人类解放为目的的经济学理论体系，其研究对象是一定的生产力和上层建筑条件下的生产关系的本质及其发展规律"。④ 马克思主义经济学理论由五大部分组成，每一部分都可用来指导经济史学研究。

第一，关于社会经济发展的一般原理。马克思通过探究人类社会经济运动的过程，提出了五个基本原理：通过揭示生产力与生产关系的矛盾运动来阐释人类社会经济制度的演变；通过解构社会经济结构来剖析个体的经济行为；通过界定生产资料所有制的性质来确定社会经济制度的性质；通过解剖社会经济关系来说明政治法律制度；通过社会实践活动来达到社会经济发展的规律与目的的统一。⑤ 在经济史学研究中可以灵活运用这些原理，例如，阐释中国奴婢制度和地主制度演变，就可从揭示奴婢社会和地主社会生产力和生产关系的矛盾运动入手，尚钺等人在这方面做过卓有成效的探索。

第二，关于资本主义社会经济的基本原理。马克思通过研究英国等资本主义国家的经济历史与现状，从中抽象出了劳动价值论、剩余价值

---

① 转引自〔英〕杰拉德·M·库特：《英国历史经济学：1870~1926——经济史学科的兴起与新重商主义》，乔吉燕译，中国人民大学出版社，2010，第224页。

② 转引自吴承明：《经济学理论与经济史研究》，《经济研究》1995年第4期，第1页。

③ 李根蟠：《中国经济史学百年历程与走向》，《经济学动态》2001年第5期，第32页。

④ 张宇：《论马克思主义经济学的本质与理论框架》，《学习与探索》2012年第3期，第89页。

⑤ 林岗、张宇主编《马克思主义与制度分析》，经济科学出版社，2001，第5~6页。

论、社会资本再生产理论、利润平均化理论、垄断资本主义理论等。这些理论可以成为我们研究资本主义经济史或资本主义经济成分的工具。例如，研究民国时期外国在华企业和私营企业的生产劳动就可运用剩余价值论。

第三，关于社会主义经济的理论。主要包括所有制理论、社会化大生产理论、按劳分配理论、人的全面发展理论、消除三大差别理论等。我们研究中国的计划经济体制，就需要运用马克思的社会化大生产理论。研究 1949 年以后企业的分配和人民公社时期生产队分配，就需要运用按劳分配理论。

第四，关于世界经济的理论。马克思的世界经济理论涉及国际贸易、国际投资、国际货币、国际剥削、殖民主义等问题，马克思在这些问题上的观点可以成为我们研究相关问题的指导理论。比如，研究近代帝国主义对华的经济侵略就可运用国际剥削和殖民主义理论作为分析工具。

第五，关于经济发展的具体理论。马克思在研究各种经济现象时抽象出了很多的理论，主要有货币流通理论、劳动力商品理论、社会分工理论、社会再生产理论、信用理论、股份公司理论、地租理论等。研究中国货币史就需要运用马克思的货币理论，研究近代中国的劳工问题就需运用劳动力商品理论，研究中国企业史就需要运用股份公司理论。研究中国历史上的地租就需运用地租理论。

西方经济学自斯密以后成为系统的学说，迄今经历了古典经济学、新古典经济学、现代宏观经济学三个发展阶段。每一个阶段都产生了许多经济学流派。例如，在现代宏观经济学阶段，就存在新古典综合派、新凯恩斯学派、后凯恩斯学派、货币主义学派、供给学派、新制度经济学派、公共选择学派等。在经济史学研究过程中，只要适合，这些学派的理论均可成为经济史学研究的理论工具。西方经济学的主流是研究西方国家的市场经济，但也有一部分经济学家以传统社会主义经济体制为研究对象，形成了颇具特色的经济学理论体系。可以用这种经济学理论研究传统社会主义经济史。最具代表性的是科尔内的短缺经济学理论。

科尔内运用非均衡方法分析传统社会主义经济的运行机制，通过对传统社会主义经济中各种矛盾和摩擦的深入分析，发现传统社会主义体制经济运行的一个显著特点是存在普遍而长期的短缺。以此为基础，他建立了一套独特的经济理论——短缺经济学理论。短缺经济学的理论内核如下。第一，短缺的四种表现形式：纵向短缺（中央物资分配机关不能满足各类需求者对物资的需求）、横向短缺（卖方不能满足买方的需求）、内部短缺（企业缺乏更新设备的资金）、社会生产能力短缺（整个社会的生产能力被充分利用，达到资源约束的边界）。第二，提出了衡量短缺的指标，即直接指标和间接指标。前者是指搜寻物资的时间、排队的人数总量、排队等待的时间等，这些指标度量短缺本身。后者是度量短缺的后果，如黑市上的交易总量、非法交易的相对价格、公众意见等。第三，导致短缺的原因。科尔内认为主要是摩擦和吸纳。摩擦又主要体现在四个方面，即卖者的预测误差、卖者调节的延滞和刚性、买者的购买意图动摇不定、买者的信息不完全。计划经济体制下具有持续的吸纳机制，即投资饥渴和扩张冲动、数量冲动和囤积倾向、迅猛的出口、消费者对市场商品的过度需求、消费者对免费服务的过度需求。吸纳机制根源于计划经济体制下的预算软约束，预算软约束又根源于国家对企业的"父爱主义"。第四，解决短缺的途径。最根本的是改革旧体制，改革的目标是建立市场机制。[①] 科尔内的经济学理论可以成为研究中国改革开放以前和改革开放初期经济史的理论工具。

　　在当前的经济史研究中，主要在三个层面运用经济学理论。第一个层面是整体上运用某种理论研究经济史，用得最多的是新制度经济学。如杨德才运用新制度经济学研究中国封建社会的兴衰周期律、杜恂诚运用新制度经济学研究近代中国金融制度。第二个层面是运用某个经济学流派的某一个概念研究经济史，如李伯重运用新古典经济学的投入产出概念分析江南地区的农业投入产出、易棉阳运用交易费用概念分析近代

① 陶一桃：《科尔内与短缺经济学的产生》，《特区经济》2000 年第 6 期，第 50~51 页。

中国金融监管制度的演进。第三个层面是运用某一种部门经济学理论研究部门经济史或某一种专业经济学理论研究专业经济史，如研究财政史的学者运用财政经济学理论为指导、研究农业经济史的学者自觉运用农业经济学为指导、研究企业史的学者自觉地以企业经济学理论为指导等。

三　历史学理论

布罗代尔有一句名言："没有理论就没有史学。"至今日，史学界越来越意识到史学确实离不开理论，就好比史学离不开史料一样。[1] 于沛指出："史学建设首先是史学理论的建设，没有理论就没有历史科学。"[2]

历史学已经取得了许多理论成果。经济史学家应该吸收史学家所提出的历史学理论并运用于研究之中。历史学家对历史学的性质的认识存在分歧。有人认为历史学是科学；有人认为历史学是人文学科，是艺术；还有人认为历史学是带有科学性质的解释学。何兆武认为，历史学可以分为两个层面：史实认知层面和史实阐释层面。史实认知层面属于科学，通过科学的认知来还原历史的本来面貌。达到这一目的的手段就是开展实证研究，即通过发掘、甄别史料来复原历史。史实阐释层面则是解释学的领域。历史不等于历史学，历史学是对历史的解释。如果只描述历史过程而不解释历史过程，那就不是历史学。[3] 过去，由于对经济史学的功能缺乏完整的认识，导致中国的经济史研究停留在史实认知层面，即求真层面。在事实阐释层面即求解层面没有多大作为。求不了解更加求不了用，因为对现实的启迪更多地来自对历史的深刻认识而不是历史本身，或者说史料本身难以资治于现实，只有基于史料的认识才能资治于现实。正因为中国的经济史学停留在求真层面，使得经济史学的价值大打折扣。经济史学今天所面临的不被经济学界接纳、不被实业界和政界

---

① 王学典：《从"历史理论"到"史学理论"：新时期以来中国史学理论研究的回顾与展望》，《江西社会科学》2005年第6期，第15页。

② 于沛：《史学理论研究与新时期中国史学的复兴》，《学习与探索》2001年第1期，第116页。

③ 何兆武：《对历史学的若干反思》，《史学理论研究》1996年第2期，第42页。

重视的困境，不是因为经济史学本身不行，而是经济史学者没有深入挖掘经济史学这个宝库。

史学理论还认为，历史研究是主观意识加工客观存在的过程。就是说，史料是客观存在，但在史料变成史书的过程中就必须加入历史学家的个人主观意识。让十个历史学家去撰写同一历史事件，可能有十种写法，也可能有十种观点。之所以如此，是因为每一个历史学家的政治立场、生活阅历、研究方法、性格气质可能不同。历史叙述过程是一个从"科学"（即事实）走向"艺术"的过程。在这个过程中，科学是基础，但历史学不可能完全科学，因为加入历史学家的主观意识之后，历史最终走向了艺术。① 这对经济史学研究有着极为重要的启示。经济史学研究首先是基于事实，而现在的计量经济史学研究却是基于假设，如果所做出的前提假设与事实不符，这样的计量分析就毫无价值。这一点是经济史学家特别是计量经济史学家需要充分注意的。

口述史学的理论与方法对经济史学也非常重要。口述史学产生于美国。1948 年，哥伦比亚大学成立口述历史研究室（Columbia University Oral History Research Office），这个事件被看作口述史学产生的标志。20 世纪六七十年代，口述史学在加拿大和英国得到发展，八九十年代被世界多个国家接受。口述史学的产生，不仅促进了历史学研究理论与方法的革新、推动了历史学研究的深入，而且口述史学理论和方法在社会学、人类学、文学、民俗学、图书馆学、档案学、医学等人文社会科学和自然科学领域得到了广泛的应用，推动了这些学科的发展，特别在灾难研究、文化研究、移民研究、妇女研究等领域的研究成果尤其丰富。英国埃塞克斯大学经济社会史教授保罗·汤普森在其所著的《过去的声音：口述史》一书中提出，历史学家要把历史研究的重心转移到普通群众特别是弱势群体上，口述史学就是实现这种转移的有效手段。他还特别指出了口述史学在经济史、妇女史、劳工史、黑人史、社会史、文化史、

---

① 李振宏：《论史家主体意识》，《历史研究》1988 年第 3 期，第 4 页。

科学史、政治史等领域的重要性。作者在书中提出了一套比较完整的口述历史研究方法，包括口述历史如何选题、如何进行访谈、怎样整理口述历史资料、如何编辑与保存口述历史资料等问题。[①] 由美国历史学家托马斯·查尔顿（Thomas L. Charlton）、露易斯·迈尔斯（Lois E. Myers）、丽贝卡·夏普莱斯（Rebecca Sharpless）主编的《口述史学手册》，就口述史学的方法论进行了专门的探讨，涉及口述史学计划的制订、搜集口述史料的策略、口述史学的访谈方法、口述史学的转录和编辑方法、口述史学的归档和保存方法、口述史料搜集中的法律与道德问题。[②] 研究经济史特别是研究中华人民共和国经济史，口述史学理论和方法应得到重视。例如，研究人民公社史就很有必要发掘口述史料。这是因为，在人民公社时期，真实的但是"不光彩"的农民生产生活场景（如偷懒、劳动不负责任、瞒产私分），不可能全部真实地反映给官方。这样一来，现在能看到的文献资料和档案资料就难以真实地再现人民公社时期农民的生产生活场景。研究人民公社时期的生产与生活，需要发掘亲历者的口述资料，这样就可以真实地再现历史本来面貌，李怀印、高王凌在这方面做了有益的探索。[③]

利用口述史料时，要注意两点。第一，因亲历者的文化水平、记忆力有差距，不同亲历者人对同一事件的理解与评价也不尽相同，有些甚至完全相左，所以不能相信一面之词，最好的办法是召开有 5～7 个人参加的座谈会，对有争议的问题采取集体辩论的方式予以澄清，提取最大公约数，这样就可保证资料的可信度。第二，口述史料与文字史料相互印证可以增强口述史料的可信度。

---

① 〔英〕保罗·汤普森：《过去的声音：口述史》，覃方明等译，辽宁教育出版社、牛津大学出版社，2000，第 7 页。

② Charlton T. L., Myers L. E. and Sharpless R., eds., *Handbook of Oral History*, Alta Mira Press, 2006.

③ 李怀印：《乡村中国纪事：集体化和改革的微观历程》，法律出版社，2010；高王凌：《人民公社时期中国农民"反行为"调查》，中共党史出版社，2006。

四　地理学理论

经济史学研究对象包括三个要素：经济、时间和空间。经济史是特定地理区域范围内的经济历史。所以，经济史学研究离不开地理学理论指导。尽管地理学是一门老学科，但迄今尚未建立一个严密的学科分类体系。西方国家把地理学分为部门地理学和区域地理学两大部分。苏联把地理学分为经济地理和自然地理两大分支。在中国，地理学的学科分支比较细腻，区分为自然地理学、人文地理学、历史地理学、区域地理学、地图学、地名学、方志学等。只要合适，地理学各个分支学科的理论均可用于经济史学研究，下面择要述之。

自然地理学以自然地理环境的结构、特征、变化为研究对象，涉及地貌学、水文地理学、土壤地理学、气候学、生物地理学、化学地理学、医学地理学、冰川学、冻土学等领域。人类在特定的自然环境下开展经济活动，所以研究经济史离不开研究自然环境史。例如，研究农业经济史，就必须研究土壤变化对农业产量的影响，这就需要运用土壤地理学的理论。从古至今，气候变化对经济活动的影响巨大，经济史学者在研究相关问题时，就要考虑使用气候学理论做指导。

人文地理学以地球上各种社会经济活动的空间结构和变化为研究对象，它包括经济地理学、城市地理学、政治地理学、社会文化地理学等分支。其中，经济地理学涉及农业、工业、商业、交通等领域，形成相应的小分支学科，如农业地理学、工业地理学、商业地理学。经济史学者在研究相关问题时，可以吸纳这些理论。社会文化地理学涉及人种、人口、聚落、社会、文化等领域，形成人种地理学、人口地理学、聚落地理学、社会地理学、文化地理学等小分支学科。经济史学研究人的经济活动，自然离不开人种、人口、聚落、社会文化等因素，这些理论均可体现在经济史学研究之中。人类经济活动由乡村走向城市，城市史学本身就是经济史学的一个重要分支。因此，研究城市史可以运用城市地理学理论。

历史地理学以历史上自然地理和人文地理环境的变化为研究对象。

每个历史时期的自然和人文地理直接影响人类的经济活动。所以，历史地理学与经济史学密切相关。例如，中国经济重心经历了由西北到中原再到南方转移的过程。经济重心的变化既是经济发展的结果，在很大程度上也受地理环境变化的影响。所以，从历史地理学的角度研究经济重心的变化实属必要。复旦大学的历史地理学家在这方面进行了深入的探索，产生了一批高水平成果。

区域地理学以某一区域地理环境的结构、特征和演变为研究对象，强调区域内人文地理要素和自然地理要素在区域内的联系和综合。研究区域经济史，离不开区域地理环境的探讨。因此，区域经济史研究可以运用区域地理学理论。施坚雅在研究中国古代商业城镇和市场层次问题时引入了中心地理论，为探讨中国古代商业发展问题提供了一种新的方法，创立了宏观区域市场理论。南开大学许檀教授在此基础上又有新的创见。

数量地理学主要探讨地理要素的描述统计和数量分析技术、地理系统分析方法和地理信息系统的设计与应用。目前，国外已经开始用 GIS 来分析经济史，国内也可尝试运用数量地理学理论研究经济史。

此外，经济史研究还可运用地图学、地名学、方志学的理论与方法，在此不一一赘述。

五　社会学理论

社会学是研究人类的社会行为和社会结构的学科。社会学的研究对象非常广泛。在宏观层面包括社会分层、社会阶级、社会流动、社会宗教、社会法律，等等。在微观层面包括各种组织、企业、家庭、个人。经济史学的研究对象和社会学有相同之处。现代中国经济史学从一产生就与社会学结下了不解之缘。20 世纪三四十年代，中国经济史学就是以社会经济史为主流。20 世纪六七十年代以后，英国的经济—社会史学兴起并成为与美国新经济史学并驾齐驱的经济史学流派。中国在 1949 年以后的一段时期内取消了社会学这门学科，社会经济史的发展也因之中断了一个时期。20 世纪 80 年代以后，社会经济史复兴并成为中国经济史学的一个重要组成部分。

社会学理论非常丰富，主要有社会有机体论、社会发展论、社会互动论、社会公平论、社会交换论、社会进化论、社会均衡论、社会控制论、结构功能论、冲突学说等。

社会有机体论由斯宾塞提出。他认为，可以把社会及其组织看作人体。人体有营养、循环和调节系统，社会也存在三个系统：社会的工业组织、社会的商业组织、社会的政治组织。社会的工业组织的功能是向社会提供产品；社会的商业组织是把产品输送到社会的各个领域；社会的政治组织调节社会的各个部分，使之服从于整体。与此相对应，斯宾塞将社会中的人分为三类：第一类是工人和农民，其职责是从事生产活动；第二类是商人、企业家和银行家，其职责是从事流通事业；第三类是政府的官员和各种管理人员，其职责是管理整个社会并使之有序。这三类人缺一不可，各司其职，互相合作，保持平衡。如果某个社会的这种平衡被打破，如从事生产的工人和农民减少，社会有机体就遭到破坏。斯宾塞的社会有机体论可以用来研究特定历史时期的社会经济结构。例如，抗战胜利以后，国民党政府为什么在大陆迅速垮台？其中一个最重要的原因就是社会有机体被破坏，在高位通货膨胀的影响下，工业生产不如商业囤积，生产者减少，产品减少，商业组织就无商品可流通，社会就会动荡，社会政治组织就会失去公信力。

社会发展论是探讨社会变迁规律性的学说，主要探讨社会发展的现代化模式、战略和政策。社会发展论主要包括现代化理论和依附理论。从 20 世纪 90 年代起，中国史学界和经济史学界已经运用现代化理论研究中国经济史，产生了一批重要的研究成果。①

---

① 罗荣渠：《现代化新论：世界与中国的现代化进程》，商务印书馆，2004；赵德馨：《中国近现代经济史》，高等教育出版社，2016。

社会互动论认为人类的行为既是自我互动也是社会互动。社会互动探究个体与个体之间、个体与群体之间、群体与群体之间行为的相互作用。社会互动的表现形式多种多样，有的表现为统治与服从，有的表现为冲突与凝聚。经济史学研人类的经济活动史，人类的经济活动就是互动的，不是单向度的。个别学者研究经济史，往往把事情简单化。例如，研究中国共产党的土地政策的方法是，先把党的土地政策摆出来，然后就说政策实施得到农民的广泛拥护，革命形势迅速好转。按照这种描述，革命成了很简单的事，只要政策一出台，农民就会积极响应，革命形势就会大好。这样简单地处理历史，不能体现出中国共产党领导革命的艰巨性。我们可以运用社会互动论阐述党的土地政策出台以后农民是怎样回应的，党中央又是怎样根据农民的回应调整政策，通过党和农民的互动最终达到一致。社会互动论可以广泛地应用于研究人的经济活动的经济史领域。

社会学理论丰富多彩，这里仅举其要，以抛砖引玉。经济史学者可以根据研究课题的内涵，循着上述思路，寻找适合研究对象的社会学理论。

第二节　从经济史学研究中抽象出理论

一方面，深入研究经济史需要理论做指导；另一方面，在理论的指导下，可以从经济史学研究中抽象出理论，包括哲学理论、经济理论、历史理论、社会理论、地理理论等，这些可统称为经济史理论。

一　西方经济史学家在理论抽象上的贡献

西方经济史学家通过经济史研究抽象出不少经济学理论。斯密、马克思、罗斯托、希克斯、诺思等人是这方面的杰出代表。对这五个人的理论贡献，上文都有所涉及，特别斯密、希克斯和诺思。这里仅举马克思和罗斯托为例。

恩格斯说，马克思的"全部理论是他毕生研究英国的经济史和经济状况的结果"。① 他在这里强调的是"全部理论",仔细地想想,很有道理。
马克思在理论上的主要贡献,一是哲学领域的历史唯物论,历史唯物论
又被称为经济史观;二是在经济学领域的剩余价值理论,这是他在研究
英国资本主义经济产生、发展过程中的发现;三是科学社会主义学说,
这个学说以他研究人类经济史得出的社会经济形态演变理论为基础,社
会主义——共产主义经济形态是人类社会经济形态演变的必然归宿。②

　　罗斯托通过研究发达国家近现代经济发展史,从中抽象出了经济增
长阶段理论。他把经济发展划分为五个阶段:传统社会阶段、起飞前提
条件阶段、起飞阶段、走向成熟阶段和大众高消费时代阶段。罗斯托总
结出经济起飞的三个条件:生产性投资占国民收入的比例达到 10% 以上;
有一个或多个重要制造业部门以很高的增长速度发展;有一种政治、社
会和制度结构存在或迅速出现,这种结构利用了推动现代部门扩张冲力
和起飞的潜在的外部经济效应,并且使增长具有不断前进的性质。经济
起飞阶段完成的标志是国际贸易中的比较优势从农产品出口转变为劳动
密集型产品的出口。③

二　中国经济史学家在理论抽象上的贡献

(一)　王亚南的贡献

　　中国经济史学家也努力从经济史中抽象出理论观点。王亚南、傅筑
夫、胡如雷、吴承明、李文治、傅衣凌等众多学者在这方面进行了艰辛
的探索。限于篇幅,这里仅以王亚南、傅筑夫二位为例。

　　王亚南的治学之路是先学习和研究西方的现代经济学理论。这表现
在他和郭大力合作,先翻译亚当·斯密的《国富论》、李嘉图的《政治经
济学及赋税原理》等马克思之前的 6 部经济学和经济史名著,接着翻译

---

① 《马克思恩格斯文集》第 5 卷,人民出版社,2009,第 35 页。
② 参见赵德馨:《经济史学科的发展与理论》,《中国经济史研究》1996 年第 1 期,第 13 页。
③ 〔美〕W. W. 罗斯托:《经济增长的阶段:非共产党宣言》,郭熙保、王松茂译,中国社
　会科学出版社,2001,第 4 页。

马克思的《资本论》，而后倡议用这些经济学说做理论工具来分析中国的经济、建设中国经济学。他率先践行，从中国经济史入手，解剖中国的经济历史和经济现状，并提炼出一系列的理论观点。

在中国古代经济史方面，他的代表作是《中国地主经济封建制度论纲》。他认为中国的封建制度从西周开始，经历领主经济和地主经济两大阶段，着重从经济结构方面对地主经济形态进行分析，提出中国的地主经济论，并用此论来解释包括黑格尔、马克思在内的许多中外多个学者所认为的中国古代经济长期停滞问题。他的这一套理论为国内外经济史学、历史学、经济学界所注重。

在中国近代经济史方面，他的代表作是《中国经济原论》（1946 年初版，1957 年的增订版改名为《中国半封建半殖民地经济形态研究》）。[①]在这本书中，王亚南运用马克思的立场和方法，从分析中国近代社会经济形态形成发展过程入手（第一篇导论——中国半封建半殖民地经济的形成发展过程），即从"史"入手，以史为基础，而后进入"论"，分析这个社会经济形态的特征。在这个主体部分，直接运用《资本论》的体系范畴，从中国社会的商品与商品价值形态（第二篇）为逻辑起点，依次分析中国社会的货币形态、中国社会的资本形态、中国社会的利息形态与利润形态、中国社会的工资形态、中国社会的地租形态、中国社会的经济恐慌形态（第二篇至第八篇），最后是对中国半封建半殖民地社会生产关系下的诸经济倾向的总考察，即全书的结论（第九篇）。这样一来，它全面地揭示了中国近代社会经济形态——半封建半殖民地社会经济形态的本质特征。它是一部中国近代经济史的经济史论，一部关于中国近代经济形态的中国特色政治经济学。正是在这个意义上，该书被一些学者称为"中国的《资本论》"。1998 年，中国经济学家评出影响新中

---

① 王亚南在《中国经济原论》中分析的是他在写作时所处的时代，主要 1920～1946 年这 20 多年间的中国经济现状，是分析现实经济问题的著作。到 1957 年对该书进行增订并改名《中国半封建半殖民地经济形态研究》时，该书分析的对象已属于中国近代经济史范围。我们正是在这个意义上说它是一部中国近代经济史的经济史论。

国经济建设的十本经济学著作，此书是其中之一，而且是 1949 年之前中的唯一的一本，是中国经济学发展史上里程碑。在国外，它被译成日、俄、英等多国文字。王亚南是中国马克思主义经济史学理论的开拓者之一。

（二）　傅筑夫的贡献

如果说王亚南是经济理论学家对经济史论做出了重要贡献的典型，那么傅筑夫便是经济史学家对经济史论做出了重要贡献的典型。因为本书要探讨的是经济史学工作者应当怎样从分析经济史实中抽象出经济史理论，故用较大的篇幅介绍他的工作。

1. 傅筑夫的治学之路①

傅筑夫，1902 年生。1925 年读英文译本的《资本论》。1930～1931年先后任河北大学、安徽大学教授，讲授经济学概论、经济学原理等课程。1931 年出版专著《中国社会问题之理论与实际》，其中大段引用马克思的话，并提及中国社会发展的社会主义前途。此书的写作，开启了用马克思主义分析中国问题之路。傅筑夫在参加中国社会性质与中国社会史论战的过程中，发表了多篇关于中国经济的现实与历史的论文。他的治学是为了深入认识现实和解决现实问题而研究历史，是从现实转向历史。1932 年任中央大学教授，主讲中国经济史。此后便以研究中国经济史为志业。1937～1939 年到经济史学重镇英国伦敦政治经济学院研究经济理论和欧洲经济史，从此进入中国经济史和欧洲经济史的比较研究。1940～1945 年，在国立编译馆主持中国古代经济史做资料的搜集工作。1947～1985 年在南开大学任教，讲授中外经济史与《资本论》研究课程，进一步补充中国古代经济史资料，并整理成一套分为 7 卷、纲目清晰的中国经济史资料长编。通过这项工作，他形成了对中国经济史的系统的、成熟的看法，一部中国古代经济通史的雏形已在胸中。从扎实、系统地搜集资料、整理资料、分析资料，编辑资料长编，概括出历史过程，抽象出观点，这是他的论从史出治学之路。

①　关于傅筑夫的求学之路，参见本书第九章第三节。

在南开大学的 38 年间，傅筑夫有两次被借调到外校工作。第一次，1955～1956 年，到中国人民大学给经济史学专业教师研究班的研究生主讲中国经济史（主要是中国近代经济史）与外国经济史（主要是欧洲经济史），并为这两门课程编写了讲义，这使他对中国经济史的研究从古代延伸到近代。

第二次是 1978 年借调到北京经济学院（现首都经济贸易大学）。此时他已 76 岁高龄，又患有严重的冠心病。出于要把研究心得贡献给经济史学科和社会的强烈愿望，也由于该院给他配了助手，创造了良好的研究环境，他奋不顾身，在 7 年的时间里，完成了他一生中的主要研究成果，共 3 种、11 本书（即下文所列已出版的史料书两卷，史实书《中国封建社会经济史》五卷，史论书《中国经济史论丛》三册和《中国古代经济史概论》），给后人留下了理论遗产。[①]

2. 傅筑夫的学术成果

傅筑夫的学术成果主要体现在他的论著中。他一生的论著可按四个层次分类。

第一层次是社会的与经济的。在社会类中，专著有上文提及的 1931 年出版的书；论文有 20 世纪 30 年代参与中国社会性质论战和 20 世纪 40 年代两次当报纸主笔时写的时论；资料书有《葡萄牙侵占澳门史料》（笔名"介子"）。

第二层次，在经济类中，分为分析现实经济的和分析历史经济的两类。分析现实经济的，就他生活的时代而言（主要 1920～1949 年）是现实的经济问题，对今天的我们来说，则是对近代经济史实的分析。今天还可以搜集到的、署名傅筑夫的有关论文有 20 多篇。

[①] 傅筑夫于 1978 年 6 月调往北京经济学院，直到 1985 年初去世，7 年的时间里完成了 12 本书（其中有一本尚未出版），大约 420 万字，平均每年近 65 万字的写作量。见张汉如：《学贯中西 博通古今：傅筑夫的学术道路和思想研究》，南开大学出版社，2009。

第三层次，在分析历史经济类中，分为分析中国历史经济的和分析外国历史经济的。分析外国历史经济的，有外国经济史讲义（打印稿）；有译著（英）约翰·哈罗德·克拉潘：《1815~1914 年法国和德国的经济发展》（笔名"傅梦弼"）等；有访问记（如对瞿宁武教授谈关于 16~19 世纪法国和德国的农业经济），大量地体现在中西比较的论著中。

第四层次，在中国经济史类中，又分为三类。

一是史料书，计划是七卷，已出版第一、第二卷，第三卷已整理好未出版，其他四卷已分类条编（第四、第五、第六卷待整理，第七卷在"文化大革命"期间被毁）。

二是史实书。《中国封建社会经济史》（计划是七卷本，只完成了其中的 1~5 卷）和《中国近代经济史》（打印稿），对殷商至 1949 年的中国经济发展过程，特别是西周至宋代中国封建制生产方式的演变做了详尽的叙述与剖析。它们偏重陈述经济史实和说明现象，这是他建立史论的基础。

三是史论书。1956 年出版《中国封建社会内资本主义因素的萌芽》，1957 年出版《中国原始资本积累问题》，20 世纪 80 年代出版《中国经济史论丛》（上册、下册和续编）和《中国古代经济史概论》（以下简称《概论》）。后面的这两种书是他的经济史理论的代表作。

3. 傅筑夫的经济史理论

傅筑夫对中国经济史学科的理论贡献，一是经济史学理论，二是经济史理论，这里只介绍后一方面。

傅筑夫关于中国经济史理论的主要贡献，若用一句话来概括，那就是论证了中国古代经济发展道路的特殊性，或者说论证了一条与欧洲经济不同的中国特色的经济发展道路，中国和欧洲自古就走着不同的两条道路。用现在一些人用的术语来说，"大分流"始于 2000 多年之前，而非后来才有的。

他所论证的中国经济发展道路的时间性，上至殷商（约公元前 1600

年～前 1046 年），下至 20 世纪初，前后 3000 多年。在他研究的这 3000 多年中，包含三种社会经济形态：奴隶制社会经济形态，封建社会经济形态，半封建半殖民地社会经济形态。这三种社会经济形态都有其特殊性。

傅筑夫认为，殷代是奴隶制社会经济形态。就中国奴隶制社会经济形态而言，其特色是发展很不充分。就奴隶制而言，其特色是在殷代之后的封建经济形态中残存既久远又严重。

中国奴隶制社会经济形态发展很不充分的标志是远没有达到古希腊、古罗马奴隶制那样的水平。其原因有两个。第一，它产生于生产力发展水平低的时期，其时尚处于农业发展的初级阶段，即刀耕火种的"游农"阶段，不得不常常改换耕地，不能长期定居一地。在这种情况下，土地只能为氏族所有，奴隶也只能为氏族所有，这样也就限制了奴隶的使用，奴隶制不能高度发展。这是氏族制与奴隶制的混合物，一种氏族奴隶所有制。这样一来，中国的奴隶制社会经济形态与古希腊、古罗马奴隶制社会经济形态，在物质基础和奴隶所有者两个方面都不同。第二，在奴隶制社会经济形态尚未发展到成熟阶段时，就因周灭殷这个特殊的政治事件而被封建制度代替。在这种情况下建立起来封建制社会经济形态中，奴隶制的遗存非常严重，几乎与迄近代历史为止的全部历史相始终；在漫长的历史时期还有过几次发展，甚至是大发展。这样一来，在中国的历史上，在奴隶制社会经济形态里，氏族制的遗存非常严重。在封建制社会经济形态里，奴隶制的遗存非常严重。前一种社会经济形态在后一种社会经济形态遗存非常严重，非常久远，以致界限不清晰。这既是中国社会经济形态发展道路的特色，也是中国古史分期讨论长期难以取得共识的原因。

封建社会经济形态是傅筑夫分析中国古代社会经济发展道路的重点。他认为，中国从西周开始进入封建社会社会经济形态。它一直延续到 19 世纪中叶。在长达 2000 多年的时间里，经历两个大阶段、两种发展形态。第一阶段是从西周初年到东周前期，其发展形态是领主制经济。第二阶段是从东周后期到 19 世纪中叶，其发展形态是地主制经济。他称第一阶

段的发展形态为典型的封建社会经济形态，第二阶段为变态的封建社会
经济形态。如果说封建社会经济形态是傅筑夫分析中国古代社会经济发
展道路的重点，那么分析变态封建社会经济形态便是傅筑夫分析中国古
代社会经济发展道路重点中的重点。这是因为，第一，在中国有文字记
载的 3000 多年的历史中，中国的封建社会占了 2400 年以上。在中国
2400 多年的封建社会里，典型封建制延续的时间相当短，从西周初年开
始到春秋初叶时即已逐渐崩溃，历时不到 500 年，比欧洲的封建社会要短
500～1000 年。变态的封建社会经历了 1900 年，占整个封建社会历史的
80%。第二，变态的封建社会的下限即中国近代史的上限，这个阶段的
特殊性影响到中国近现代经济发展道路的特殊性，也就是与我们的现实
生活密切相关。第三，更为重要的是，这种形态是变态的，它不仅与中
国典型的封建经济形态不同，还与欧洲的封建经济形态不同，是中国古
代经济发展道路的特色所在。

　　傅筑夫对为什么将西周称为典型封建社会做了如下的说明："奴隶制
度崩溃之后，起而代之的新生产方式，必然是什么和应当是什么，本来
是一清二楚的，马克思和恩格斯也作了不少经典性的说明和精辟的科学
论断，当然这些说明和论断，都是根据欧洲的历史总结出来的。用简单
的话概括起来就是：当罗马的奴隶制度陷于无法克服的矛盾而必然要崩
溃的时候，它不可能跳越过历史发展阶段，由奴隶制度直接过渡到自由
农民的租佃制度；而只能前进一步，由奴隶变为隶农，即由直接的人身
隶属关系，变为隶属于主人的土地的一种间接隶属关系，隶属的关系未
变，改变的只是隶属的形式。然而这一点的变化，却是一个革命性的变
化，因为这个变化包含着一个新的生产方式的诞生。当奴隶变成了隶农
之后，不久又随着土地占有形式的改变，即庄园制度的产生，隶农变成
了农奴，从而正式拉开了封建生产方式的帷幕。典型的封建制度就是建
立在农奴制剥削的基础之上的，这种剥削又是以劳动的自然形态（劳役
地租）为主，而庄园制度正是为了实现农奴制剥削而形成的一种组织形
式。""中国在西周年间，产生了与此相同的变化，在长达三千年左右全

部封建制度的历史中，只有这一阶段的发展变化是正常的，是完全遵循着马克思和恩格斯所阐明的那样一种经济规律在运行的。"① 这就是说，所谓典型的封建制度，就是与欧洲封建制度相类似的制度。所谓变态的封建制度，既是相对于西周的封建制度而言的，也是相对于欧洲封建制度而言的，即与欧洲封建制度不一样的封建制度、中国特色的封建制度。

中国特色的封建制度有哪些特色？历经 2000 多年的中国特色封建制度的经济发展道路有哪些特色？对此，可以将傅筑夫的有关论述归纳为以下几点。

（1）因为货币经济以及相关联的商品经济发展得特别早，达到的水平也特别高。在《有关中国经济史的若干特殊问题》② 一文中，他写道："中国经济史中的另一重大特点，对整个国民经济特别是其中的商品经济的发展产生了巨大影响的，是货币经济发展得特别早，达到的水平也特别高。早在东周时期，由春秋末年到战国时期，货币经济已有突出地或优势地发展，不但有了金属铸币，而且贵金属黄金已在大量流通，发挥着货币的主要职能。这样一种相当高度发展的货币经济，在欧洲则发生在十五和十六世纪，是资本主义原始资本积累的一个重要环节，是诞生资本主义的一个必要条件。中国的货币经济发生在公元前的五至四世纪，经过战国，到了秦汉时期又有了进一步发展，并且形成了一个体系完整的、金铜并用的复本位制度，从而使古代的货币经济发展到一个更高的水平。这样高度发展起来的货币经济，系产生在封建社会的早期，尽管那时已经有了与之相应的一定程度发展的商品经济，但却远远没有达到使生产方式迈向一个新的更高的阶段，从而诞生资本主义。但是当社会上存在有大量的货币财富，而又不能转化为产业资本，便只能以货币形态停留在流通领域中。既然不能像欧洲那样，产生一系列的积极结果，

---

① 傅筑夫：《中国经济史论丛》，生活·读书·新知三联书店，1980，第 3 ~ 4 页。
② 傅筑夫：《有关中国经济史的若干特殊问题》，《经济研究》1978 年第 7 期，第 60 页。

它必然会把自己的威力发挥在消极方面。于是它便象洪水泛滥一样，冲垮了一切封建堤防，所有社会经济秩序全部被打乱，虽然没有引导出一个新的生产方式的产生，但是旧的生产方式，特别是作为它的基础的土地制度，被彻底破坏了。这在当时，实是一个天翻地覆的大变化。正由于没有新的生产方式的代兴，故只能在新的剥削方式上建立起一个变态的封建制度。所以这个变化，乃是决定历史发展方向和改变整个历史面貌的一个大变化，从这里产生了一系列的特殊问题，并且都是影响深远的重大问题。"

从他的这段论述中可以看出，如果不是货币经济以及相关联的商品经济发展得特别早，达到的水平也特别高，就不会有变态的封建社会经济形态的产生。从此文以及他的全部论著看，没有货币经济以及相关联的商品经济发展得特别早、达到的水平也特别高这个特点，也不会有变态的封建社会经济形态的其他特点。在他的这篇文章中，这个特点虽被列为第七条，实则是论证中国变态的封建社会经济形态的基石。

他把中国封建社会经济形态的这个特点放到世界历史中加以比较，发现中国春秋末年到战国时期这样一种相当高度发展的货币经济，在欧洲则发现在 15 世纪和 16 世纪，两者相距约 2000 年。傅先生的此说可称为"中国货币经济早熟论"。

他在上述这段话里所说的"产生了一系列的特殊问题，并且都是影响深远的重大问题"中，特别重大的是以下的三个。

（2）因为货币经济以及相关联的商品经济发展得特别早，达到的水平也特别高，社会财富，特别是社会财富的主要代表土地，成为货币可以购买的商品的这种现象也出现得特别早，达到的水平特别高，表现为可以自由买卖，成为私有财产。这促使土地私有制和以土地私有制为基础的地主经济的产生。土地私有制的产生和发展，逐渐地代替以公田制为基础的计口授田的井田制度，是中国古代经济史上最为重要的一次土地制度改革。地主经济的产生和发展，逐渐地代替领主制经济，是中国古代经济史上最为重要的一次经济体制改革。"从战国以来，在两千多年的漫长岁月中，地主制经济贯彻了全部历史，成为中国封建经济结构的主要形态，如果与欧洲封建制度的历史相比较，这显然是一个最大的特点。根据这个特点，可以把西周时期的封建制度称之为与欧洲庄园制度相似的典型的封建制度；把东周以后以地主制经济为代表的封建制度，称之为变态的封建制度。"①

土地可以自由买卖，使社会积累的资金主要用于购买土地的所有权，而不是流入生产过程。这一点在农民特别是自耕农身上表现得很明显。这不利于农业生产力的发展。

土地可以自由买卖和土地私有制带来土地兼并。土地兼并的直接后果是"富者田连阡陌，贫者无立锥之地"的土地所有权两极分化的现象。富者为地主，贫者为佃农。佃农因其贫穷，必然是小土地经营，即所谓小农经济。土地私有制是变态封建社会的经济基础，小农制经济则是变态封建社会经济结构的基本核心。这样一来，土地所有权高度集中与土地使用权高度分散成了地主制经济和变态封建社会的内在矛盾。

这个矛盾是内在的，故与地主经济和变态封建社会相始终。"土地兼并问题从战国时开始的第一天起，就注定了这是一个永远无法解决的问题。时间经历了两千多年，在每一个朝代中，都是不停止地日益向矛盾的顶点发展，而无任何有效的抑止办法，并且在每一个历史时期，都是当时社会动乱的总根源，历朝的统治者面对这种致命的威胁，总是一筹莫展。"②

这个矛盾使"地主制经济在各个方面都完全不同于领主制经济，其中比较突出的一点是，在地主制经济的结构中，地主对农民的剥削具有领主制经济不能达到的残酷程度，从而造成了农民的绝对贫困化"。③ 甚至不能继续其再生产，或不断缩小经济经营规模，或弃田不耕，转徙流亡。这"是妨碍社会经济发展的一个最大的阻力"，"是国内市场萎缩和

---

① 傅筑夫：《有关中国经济史的若干特殊问题》，《经济研究》1978年第7期，第51页。
② 傅筑夫：《中国古代经济史概论》，中国社会科学出版社，1981，第73页。
③ 傅筑夫：《中国古代经济史概论》，中国社会科学出版社，1981，第77页。

商品经济以及资本主义不能发展的主要原因"。① "小农制经济的长期存在，是中国社会经济长期处于发展迟滞状态的一个总根源。"②

这个矛盾造成贫者无法生存下去，出现大起义，多数以改朝换代为结局。中国经济不是没有发展，而是在发展了一个时期后，由于上述矛盾造成的社会大动乱和经济的大损耗，形成了发展的迟缓、停顿、倒退。在此之后，又来一个恢复、发展、倒退。社会周期性动乱造成经济的发展—危机—倒退的周期循环，使经济发展从长期的、总体上看表现为停滞。

（3）因为货币经济以及相关联的商品经济发展得特别早，达到的水平也特别高，商品生产和雇工制出现得特别早，达到的水平特别高，表现为出现雇有大量工人的厂矿的产生。商品生产和雇工制中包含资本主义因素。就此而言，资本主义因素和萌芽在中国经济中出现特别早。

1955 年，傅筑夫在给学生讲课时，对资本主义的分析是按照资本主义的发展过程，将它分为 4 个阶段和形态，分别使用了 4 个概念：资本主义因素、资本主义萌芽（资本主义因素的萌芽）、资本主义生产方式（资本主义经济成分）、资本主义社会经济形态（资本主义社会）。它们之间的共同点是有"资本主义"四个字，都属于资本主义性质。为了说明这四者之间的联系不同，他用稻作为比喻：每一粒成熟的稻谷上都有一个胚胎（胚芽），它就好比资本主义的因素，稻谷上的这个胚胎只有遇到适宜的条件（水分与温度），才能长出稻芽。这稻芽就好比资本主义因素的萌芽，稻芽只有遇到适宜的条件（温度或阳光、水分、土壤或营养液等），才能长成有根有茎有叶片的稻禾（稻的植株）。这稻禾就好比资本主义生产方式。在一块田里，稻稗共生，若稗草多于稻禾，这块田只能叫稗田，稻禾只是田中多种植株之一，这种情况就好比资本主义生产方式只是国民经济中诸多生产方式之一。若稻禾多于稗草，稻禾在田中诸植株中占优

①　傅筑夫：《中国古代经济史概论》，中国社会科学出版社，1981，第 85～86 页。
②　傅筑夫：《中国古代经济史概论》，中国社会科学出版社，1981，第 95 页。

势，这块田就可以叫做稻田，这就好比资本主义生产方式在国民经济中占了优势后，这种国民经济就是资本主义经济形态了，这时的社会就是资本主义社会了。在中国经济史上，资本主义因素出现在战国时期。唐宋时期出现最初的萌芽。19 世纪中叶之后出现资本主义生产方式。资本主义生产方式未能发展到在国民经济中占主导地位，中国没有成为资本主义社会经济形态。就是在这个时候，中国共产党领导的新民主主义革命取得了成功，中国进入新民主主义——社会主义经济形态。资本主义道路在中国没有走通。他讲课时，正好完成《中国封建社会内资本主义因素的萌芽》一书。到了 20 世纪 80 年代，他对"资本主义因素"和"资本主义因素萌芽"这两个概念做了新的阐述，并认为战国时期已经有了资本主义因素萌芽。

（4）因为货币经济以及相关联的商品经济发展得特别早，达到的水平也特别高，对现存社会结构与秩序的破坏力大，使封建统治阶级很早就认清了商业是引起社会变化的起点，是直接间接造成社会动乱的根源，因此与封建统治阶级的安危存亡息息相关。于是，"抑商"既是一个重农的需要，也是一个稳定统治的需要，所以制造出一整套理论和严密的经济制度。其中，最重要的是禁榷制度、土贡制度。禁榷制度就是官营工商业，把销售量最大和最有利的一些工商业（首先经营的是盐、铁，后来又不断扩大），由政府垄断，禁止私人经营。土贡制度是把统治阶级所需要的大量必需品和奢侈品，以"任土作贡"的方式，直接向产地索取。凡不能由贡的方式获得或得之不足的物品，由政府设立作坊或工场来自行制造。设计这些制度的目的，是限制商人的营运范围、堵塞他们发财致富的道路，同时也就限制了商品经济的发展，使资本主义始终停滞在萌芽的阶段上，使资本主义制度未能代替封建制度，封建制度得以长期延续。

4. 对傅筑夫经济史理论的评价

1980 年和 1981 年，《中国经济史论丛》和《中国古代经济史概论》先后问世，其理论系统和新颖，引起国内外经济史学界、经济学界、历史学界和教育界的欢迎与关注。《中国经济史论丛》1980 年 1 月出版，当年，《历史研究》第 2 期刊载张作耀的书评，[①] 可谓神速。后来，美国的加州大学和日本的上智大学采用他的《中国经济史论丛》作为讲授中国经济史的教材。[②]

《中国经济史论丛》是一本专题论文集。1980 年的夏天，美国华盛顿大学委托他将该书的观点综合起来，写成一本简明扼要的《中国古代经济史概论》。[③]《中国古代经济史概论》出版后，牛力达先发表读后感，[④]接着《经济研究》[⑤] 发表王成吉的文章予以赞扬。1982 年教育部发文将该书定为高等学校文科教材。到傅筑夫去世的 1985 年，4 年间印刷了 4 次。《中国封建社会经济史》5 卷简体本在内地相继问世后，在香港又出版繁体本。自 1981 年起至今，给予这三本著作好评的文章、与他商榷的文章接连不断，称得上反响热烈。

傅筑夫著作的一个特点是说服力强。牛力达在他的读后感中写道："我怀着极大的兴趣，一口气读完了傅筑夫同志的新著《中国古代经济史概论》。这是一本值得一读的好书，它观点鲜明，引证丰富有力。在中国古代史分期问题上，解放前我是相信范文澜同志西周封建说的，六十年代以后觉得郭沫若同志的战国封建说似乎更有道理。读了傅筑夫的书，我的思想又回到西周封建说上来了。傅筑夫用比较研究的方法，紧紧抓

---

① 张作耀：《勇于探索　不囿成说——评傅筑夫著〈中国经济史论丛〉》，《历史研究》1980 年第 2 期，第 123 页。

② 张汉如：《学贯中西　博通古今：傅筑夫的学术道路和思想研究》，南开大学出版社，2009，第 71 页。

③ 庆先友：《为国著书　矢志不移——访中国经济史专家傅筑夫教授》，《今日中国》（中文版）1981 年第 5 期，第 44 页。"去年夏天，傅老受美国华盛顿大学的委托，赶写了一本二十多万字的《中国经济史概况》。"1981 年冬天，我去拜望傅老师，他说这本书是美国的一家出版社要他写的，准备出英文版，现在的问题是找不到合适的译者。

④ 牛力达：《傅筑夫的〈中国古代经济史概论〉读后感》，《福建师范大学学报》（哲学社会科学版）1982 年第 4 期，第 31～36 页。

⑤ 王成吉：《一本有独特见解的书——读傅筑夫〈中国古代经济史概论〉》，《经济研究》1983 年第 2 期，第 79～80 页。

住经济基础，从几个方面剖析论证，为西周封建说提供了有力的证据。"①

经济学家许涤新②、王成吉③，经济史学家严中平④、瞿宁武⑤，历史学家姜义华、武克全⑥，哲学家张汉如，马克思主义研究者鲁力⑦，都认为傅筑夫的经济史理论自成体系，因而成一家之言（有的称其有独特的见解）。

傅筑夫之所以能在经济史理论上形成自己的体系，原因是多方面的，关键的一条是他的方法正确。刘啸⑧、鲁力、牛力达、张汉如等都对傅筑夫的治学方法做过探讨，其中张汉如最为深入。他是南开大学哲学教授，研究方向是科技哲学中人的创造性思维。他想在社会科学领域内找一个典型学者做解剖的对象。几位经济学家推荐傅筑夫。张汉如的研究成果是《学贯中西 博通古今：傅筑夫的学术道路和思想研究》一书。所得结论是："傅筑夫在经济史领域独树一帜，就是说他已形成了自己的一套思想体系。"⑨ 他以对马克思主义思想——不仅是经济思想，至少还有哲学思想——的深刻理解和娴熟掌握，特别是对马克思的《资本论》的长达半个世纪的研究为统帅，以训练有素的古文和外文为工具，以大量的第一手

---

① 牛力达：《傅筑夫的〈中国古代经济史概论〉读后感》，《福建师大学报》（哲学社会科学版）1982 年第 4 期，第 31 页。

② 许涤新 1984 年 6 月 5 日祝贺傅筑夫教授执教 55 周年题词；又傅筑夫逝世时在所赠挽联中写道："心潜今古，成一家言。"

③ 王成吉：《一本有独特见解的书——读傅筑夫〈中国古代经济史概论〉》，《经济研究》1983 年第 2 期，第 79～80 页。

④ 严中平所赠挽联是："学贯中西，自成一家。"

⑤ "在傅筑夫的全部著作中贯穿了一个他对中国经济史的自成体系的解释。"瞿宁武：《傅筑夫传略》，《晋阳学刊》1983 年第 6 期，第 68 页。

⑥ 姜义华、武克全主编《二十世纪中国社会科学·历史学卷》，上海人民出版社，2005。

⑦ 傅筑夫 "自觉用马克思主义的方法和原理来分析和解释中国的社会经济问题。在长达半个多世纪的中国经济史教学与研究中，傅筑夫取得了辉煌的成就，形成了对中国经济史自成体系的见解""对中国古代经济史提出了一系列独到的见解"。鲁力：《傅筑夫学术思想及其学术成就述略》，《石家庄经济学院学报》2014 年第 5 期，第 120、第 124 页。

⑧ 刘啸：《论傅筑夫的知识构成、治学方法及学术思想》，《社会科学战线》1986 年第 4 期，第 295～302 页。

⑨ 张汉如：《学贯中西 博通古今：傅筑夫的学术道路和思想研究》，南开大学出版社，2009，第 134 – 135 页。

资料、史实为依据，提出了自己的一些重要概念，形成了自己的研究思想和方法。例如，关于资料考证与理论研究的关系问题，"关于'从事实到理论'的归纳法使用问题，关于分析、综合与比较方法的使用问题，关于宏观研究与微观研究的关系问题，关于政治与经济的区别，不能用朝代划分经济史分期问题，等等。这些都凝铸了专论性成果、通史性成果、概论性成果。所有这一切，形成了纵横交错的框架结构，改变一点，牵动全局，这就是体系。这是他留给我们的宝贵精神财富。"[1] 傅筑夫之所以采取这种方法，是由于他有实事求是的理论品格，因而思想解放，勇于探索，敢于创新，不盲从教条，不囿于成说，更不苟同流俗。正如他逝世时一位学者的留言："勤苦治学，学天下更新之学；奋力著作，作世间未有之作。"

三　从中国经济史中抽象出中国经济发展学

纵观世界经济学说史，真正普适的经济学理论和经济学流派并不多见，即使是西方经济学家所推崇的供需定理、边际效用递减规律、边际产量递减规律、市场均衡学说，也是从西方国家的市场经济史中所抽象出来的，并不适用于所有国家和地区。例如，中国计划经济时期的商品价格就不是由供需定理决定的。西方很多经济学家认为，世界上没有具有普遍适用性的经济学理论，任何经济学理论都是对某个国家经济历史和经济状况的总结与抽象，经济学理论具有特殊性。19 世纪，德国经济学家就认为古典经济学理论不适用于德国，他们抵制古典经济学的理论体系和研究方法，运用历史归纳法从德国历史中抽象出新的理论流派——德国历史学派。实际上，现在国际上流行的主流经济学，在本质上是英美经济学，更加适合于英美，对其他国家并不适用。

中国的历史、文化、政治体制、风俗习惯与英美国家迥异，若搬用西方主流经济学来指导中国经济建设，只能是南辕北辙。当然主流经济

---

[1]　张汉如：《学贯中西　博通古今：傅筑夫的学术道路和思想研究》，南开大学出版社，2009，第 135 页。

学的某些理念，可以借鉴。在这方面，中国近现代经济史上提供了深刻的教训。二战结束以后，国民党决策层认为战争结束了，应该学习欧美，放松政府对经济的管制，用市场手段调控经济，增强经济活力，提高经济效率。1946 年，在国民政府行政院院长宋子文的主导下，按照西方自由主义经济理论制定经济政策，废止抗战时期政府的经济管制政策。宋子文根据西方经济学原理，天真地认为只有回笼市场的法币才能稳定物价，而回笼法币的措施只能是经济手段，这个经济手段就是通过抛售黄金来回购法币。其结果是，中央银行库存的黄金抛出去了，但市面上的法币数量依然没有减少，通货膨胀依然没有得到控制，还酿成了震惊中外的 1947 年"黄金风潮"。宋子文照搬西方经济学原理制定的经济政策，加速了国民经济的崩溃。① 1937～1949 年，长达 13 年的战争制造了超级战争型通货膨胀。面对这种局面，经济学家纷纷献计献策，他们的方案基本上都是来自西方货币金融学理论，方案不能说不完善，但就是起不到预期效果，物价越调越高。为什么？西方货币金融学理论是建立在完善的市场机制假设基础之上，在这样的市场环境中，没有利益集团的干预。而事实上，所有政策措施失效的根源就是因为利益集团的干预，不考虑利益集团干预的通货膨胀治理政策注定会失败。

在中华人民共和国成立之初，由于缺乏经验，中国照搬苏联模式，根据苏联政治经济学理论开展经济建设，虽然取得了巨大的成就，但问题也不少。1956 年前后，毛泽东意识到不能照搬苏联模式，不能把苏联政治经济学理论教条化。1959 年，他带头学习苏联《政治经济学（教科书）》并做了大量的批注。毛泽东发现苏联政治经济学理论存在很多问题："这本教科书有点像政治经济学辞典，总是先下定义，从规律出发来解释问题。可以说是一些词汇的解说，还不能算作一个科学著作。"② 苏联《政治经济学（教科书）》为什么"不能算作一个科学著作"呢？毛泽东认

① 易棉阳：《1947 年上海黄金风潮中的经济投机与政治博弈》，载刘兰兮、陈锋主编《中国经济史论丛》2014 年第 1 期，第 224～233 页。
② 《毛泽东年谱（一九四九——一九七六）》第 4 卷，中央文献出版社，2013，第 316 页。

为，"规律自身不能说明自身。规律存在于历史发展的过程中。应当从历史发展过程的分析中来发现和证明规律。不从历史发展过程的分析下手，规律是说不清楚的"。① 他还发现苏联《政治经济学（教科书）》中的很多理论观点不适合中国实际，如企业管理不吸纳工人参加、排斥商品经济、不注重群众力量的发挥、过分强调物质激励，等等。很遗憾的是，由于受到"左"的错误思想的干扰，毛泽东晚年对中国政治经济学理论的探索严重地偏离了中国实际。改革开放初期，由于中国的改革开放事业没有先例可循，没有现成的经验可以借鉴，一切都在探索中，一切都在实践中，一切都是"摸着石头过河"，缺乏系统的经济学理论指导。今日的情况与改革开放初期的情况已有天壤之别。第一，中国的改革开放已有 40 多年的历史，从实践中积累的经验教训非常丰富。第二，中国的改革开放事业和经济建设取得了举世瞩目的成就，成就本身就蕴含着丰富的经验。第三，中国已经初步摸索出了一套既吸收西方经验又有别于西方经验、切合中国实际的经济建设理论。有此三条，我们就具备了构建中国经济发展学和中国特色社会主义政治经济学的基础。

从远古到公元前 3 世纪，中国经济落后于埃及等古文明。公元前 3 世纪到公元 15 世纪，中国经济的发展水平远远领先于世界，这一点毋庸置疑。16 世纪以后，中国经济逐步落后于欧洲，至晚清、民国时期，中国成为经济落后国，对此也不必忌讳。新中国成立以后特别是改革开放以来，中国经济取得举世瞩目的成就并成为世界经济第二大国，这也是不争的事实。纵观中国经济史，中国经济走过也是一条"之"字形道路，即"落后—领先—落后—走向领先"的道路。这条"之"字形道路蕴含着丰富的经济理论。这个理论就是"中国经济发展学理论"。如同马克思的"全部理论是他毕生研究英国的经济史和经济状况的结果"② 一样，中国经济发展学是中国学者研究中国经济史和经济状况的结果。这里所指

---

① 《毛泽东年谱（一九四九——一九七六）》第 4 卷，中央文献出版社，2013，第 316 页。

② 《马克思恩格斯全集》第 44 卷，人民出版社，2001，第 35 页。

的经济状况，就是改革开放以来的经济建设历程。中国经济发展学是对中国经济史的理论抽象，是中国特色政治经济学理论体系的一种表现形式，是中国经济建设的指导理论之一，是世界经济学丛林中的一个分支，它将会取得与德国历史学派、奥地利学派同等的地位。

中国经济发展学的构建，有三个关键因素：理论、史实、方法。中国经济发展学的研究路径应该是：以马克思主义政治经济学为指导，吸取西方经济学的精华，以中国经济史和经济状况为基础，综合运用经济史学方法，抓住中国经济史和经济状况的主干，别开中国经济史和经济状况的枝叶，从主干中抽象出中国经济发展学理论。

中国经济发展学作为经济学理论的一大特色，是以经济史为基础。现在国际流行的主流经济学是通过逻辑演绎得来的，是建立在理论假设的基础之上，而不是建立在经济史的基础之上。但中国经济发展学又不是对中国经济史和经济现状的简单描述或者归纳总结，从中国经济史和经济状况中提炼出中国经济发展学的核心内涵，它是对中国经济史和经济状况的理论抽象，属于经济史理论形态。

中国经济发展学的核心内涵应该包括以下内容。第一，中国经济发展的历史进程。对历史以来特别是中华人民共和国成立以来经济发展的过程、阶段、水平进行分析，对中国经济发展做整体把握，这是探索中国经济发展问题的起点。第二，中国经济发展的国内条件。从历史视角分析人口、资源禀赋、自然环境、资本形成、基础设施、人力资本、技术进步等约束条件对中国经济发展的制约与推动作用。第三，中国经济发展的国际条件。从历史视角分析国际贸易、国际要素流动、国际投资对中国经济发展的制约与推动作用。第四，中国经济结构转换。从历史视角探讨中国产业结构的转换、传统农业的改造与转型、制造业的转型与升级、城乡经济结构的转换、区域经济结构的转换等。第五，中国经济发展中的制度变迁与制度创新。探究历史以来制度创新是如何推动经济发展以及在经济发展过程中如何形成制度创新，包括宏观经济管理体制、土地制度、价格制度、企业经营体制，等等。第六，中国经济发展中的政府与市场。探究历史以来政府与市场在中国经济发展中的作为与教训。第七，中国经济发展的模式选择。探究历史以来中国经济发展模式的种类，以及每种经济发展模式的特征、绩效。第八，中国经济发展的速度与质量评估。通过历史分析，回答中国经济不同发展阶段的潜在增长率和以什么样的速度发展比较适宜，什么样的投入产出比才是高质量的发展速度。第九，中国经济发展战略。通过历史分析，剖析中国适合于采取什么样的战略，什么样的战略不适合于中国经济实际。第十，中国经济发展的世界价值。中国是世界上唯一走过了一条经济发展"之"字形道路（即落后——领先——落后——走向领先）的国家，中国经济发展对世界的贡献至少有三个方面：为他国提供了经验教训，带动了世界经济的发展，丰富了经济学内涵。

中国经济发展学与发展经济学既有相似之处也有不同之处。发展经济学是 20 世纪 40 年代后期在西方国家逐步形成的一门经济学新兴学科，它是主要研究贫困落后的农业国家或发展中国家如何实现工业化、摆脱贫困、走向富裕的经济学。尽管发展经济学是研究发展中国家经济发展的学说，但发展经济学同样不具有普适性，也就是说，发展经济学可能适用于甲国但不一定适用于乙国，发展经济学的 A 理论适用于甲国但 B 理论可能不适用于甲国。因此，各个发展中国家很有必要以发展经济学作为理论根据，根据本国经济发展的历史与现状构建自己的经济发展学说。中国不仅是世界上最大的发展中国家而且是世界上发展得最成功的发展中国家，以中国经济发展历史与现状为基础构建中国经济发展学说，意义尤其重大。中国经济发展学与西方发展经济学是并列的关系，西方发展经济学的某些原理适用于分析中国经济发展。因此，西方发展经济学理论是中国经济发展学的理论来源之一。[①]

---

① 赵德馨、周军：《建立中国经济发展学刍议》，载张培刚、谭崇台、夏振坤主编《发展经济学与中国经济发展》，经济科学出版社，1996；赵德馨、周军：《中国需要一门中国经济发展学》，《经济评论》1997 年第 1 期，第 15 页；赵德馨、周军、陶良虎：《开设"中国经济发展学"课程刍议》，《云南财贸学院学报》1998 年第 4 期，第 64 页；易棉阳、赵德馨：《中国经济发展学论纲》，《求索》2017 年第 10 期，第 46 页。

四 经济史理论的普适性与特殊性

古典经济学家宣称古典经济学是对人类经济规律的总结，具有普遍适用性。德国历史学派则认为，任何经济学理论都是对特定国家、特定时期经济现象的总结，经济学具有民族性和时代性，世界上不存在普适性的经济学理论。古典经济学家和历史学派的观点都具有片面性，不是所有的经济学理论都具有普适性，也不是所有的理论都是某个或某些民族特有的，有的理论具有普适性，有的理论则具有民族性或特殊性。

有的经济史理论具有普适性。所谓普适性就是一种可以通用的理论。要创造出这种理论的前提条件是研究者自身要具有通识，要跳出一个国家一个地区的视角。下面列举五个案例。一是马克思。恩格斯说马克思的全部理论是建立在他对英国经济史和经济状况研究的基础之上的。所以马克思的理论是以英国为典型的，但马克思的研究不限于英国。从马克思的著作中可以看出，他对德国、法国、意大利、古希腊以及古罗马等都有涉足。他写过关于俄国、印度以及中国经济的文章。他还详细研究过摩尔根的《古代社会》。马克思、恩格斯早年认为人类社会一开始就有阶级斗争和私有制，他们在研究美洲部落的经济、了解了印度农村的公有制以及俄国的农村公社之后，改变了观点，认为人类的早期是公有制，没有家庭、私有制、国家以及阶级斗争。所以马克思的理论不是建立在一个国家之上，而是建立在欧洲、亚洲、美洲等基础之上。二是韦伯，《经济通史》是其名著。韦伯研究资本主义为什么首先在欧洲产生，同时对比为什么没有产生在中国。他在研究欧洲的同时研究中国，最终将原因归结于欧洲的基督教。他的研究没有局限于德国经济，也没有局限于欧洲，还研究了中国和亚洲一些国家。三是汤因比。在 20 世纪中叶，尤其是二战刚结束时，汤因比在历史学界几乎与马克思齐名。他的著作包括世界范围内的文明史。他的研究从古代贯穿到现代。他得出的结论涵盖了整个人类的经济过程。他对中国的文明提出了很多独立的见解，他对当代中国的发展道路也有自己的见解，认为中国不应走欧洲的工业化道路，而是走一条新型工业化道路。四是希克斯。希克斯所涉猎的经济史范围很广，从欧洲到亚洲，再到美国。因为他涉猎的范围广泛，所以后来提出的经济史理论涉及整个人类经济的演变规律。他的书中涉及中国的情况非常具体和准确。五是诺思。诺思写过两本关于美国经济史的书籍，即《1790～1860 年美国的经济增长》和《美国过去的增长与福利：新经济史》，他的这两本书属于经济史实而不是经济史论，所以他的结论只适用于美国的情况。后来诺思跳出了对美国经济史的研究，把眼光放到全世界，尤其是欧洲近代经济史，在理论上再做思考，后写出了《经济史上的结构和变革》，成为新制度经济史的经典著作。

有的经济史理论具有特殊性。这种理论只适用于某些国家、某些地区或者某些特殊现象。马克思关于资本主义的产生和发展的理论，人们普遍认为它带有普适性。但是马克思很严谨，他认为他的资本主义产生与发展的理论只适用于欧洲的情况。马克思在给俄国《祖国纪事》杂志编辑部的信中说道："他一定要把我关于西欧资本主义起源的历史概述彻底变成一般发展道路的历史哲学理论，一切民族，不管它们所处的历史环境如何，都注定要走这条道路，……我要请他原谅。（他这样做，会给我过多的荣誉，同时也会给我过多的侮辱。）"① 如列宁的俄国资本主义发展理论，这种理论主要适用于俄国，但其中某些论点适用于其他国家，带有普适性，如社会分工和市场与资本主义的关系。又如中国共产党的新民主主义理论、社会主义初级阶段理论、中国特色社会主义政治经济学理论，是对中国经济发展道路的理论抽象，所以带有特殊性。但再进一步抽象，如从多种经济成分及其互补中抽象出来的互补论，就带有普适性。

普适性的理论与特殊性的理论并不是绝对的，有些普适性理论并不适用于一切国家，有些特殊性理论中的某个论点通过提升又具有普适性。

---

① 《马克思恩格斯全集》第 25 卷，人民出版社，2001，第 145 页。

第三节　构建中国特色经济史理论

叶坦指出，中国经济史学研究成果呈现"三多三少"的特征，其中之一就是"研究成果多而基础理论创新相对少"。[①] 没有理论做支撑的研究成果，再多也形成不了一个学派。因为形成一个学派必须具备四个要素：代表性理论、代表性学者、代表性著作、代表性机构。其中，理论是核心和基础。没有理论就不可能形成一个学派。一个学派的理论要自成一体，其核心概念要有特色。理论的载体是有代表性的论著、代表性的学者、代表性的机构。例如，新制度经济学派的理论是新制度经济学，核心概念是交易成本，代表人物是诺思，代表作是《经济史上的结构和变革》《西方世界的兴起》等。中国经济史学尽管源远流长，但长期驻足于经济史实层面，在经济史学理论方面没有很大的建树。目前，经济史学理论主要创自于西方。当代中国的经济史学者肩负构建中国特色经济史学理论的重任。

一　构建中国特色经济史理论的必要性

20 世纪初，中国学者主动学习西方经济史学的理论和方法，把现代经济史学从欧美引入中国，其中，经济史理论是重点。由于西方经济史理论在规范性和科学性上确有突出之处，这些理论在传入中国以后，迅速成为中国学者解释中国经济历史的工具。这种情况实际上一直延续到现在。这样一来，对中国经济历史的解释与表达，在理论形态上，使用的是西方话语（某些术语，如"封建""圈地"等，虽是中国历史文献中有的，但其含义是西方理论与历史所特有的，以至于形成两种含义的

[①]　其他两个特征分别是：有针对性或专门性的科研多而有深度的原创性综合研究少；紧跟热点、借鉴或模仿他人的研究思路、浅尝辄止的多，而甘坐冷板凳、经得起检验、有生命力的传世之作还较少。叶坦：《中国经济史学的演进与走向》，《人民日报》2015 年 12月 6 日，第 5 版。

"封建""圈地")。在西方理论面前，中国学者处在"学生"状态，中国人没有掌握对中国经济史进行理论解读的话语权。20世纪五六十年代在美国兴起的计量经济史学，在80年代传入中国，中国经济史学者积极学习并运用计量经济史学的理论与方法，这应该鼓励。但是"有些量化研究的成果，过分追求模型，对于数据背后的深层次原因关注不够甚至熟视无睹，背离了经济史研究的主旨，……也有一些量化研究的论著，用复杂的数学模型，最终推导出一个非常浅显的常识性结论"。① 现代中国经济史学，已经经历了一百多年的发展过程，已经成熟到可以自主、可以独立，也就是可以摆脱、也应该摆脱"学生"状态的阶段，到了可以"毕业"并与老师站在同等地位的时候了。

理论是现实的反映，经济史理论也是这样的。不同国家的经济史理论，从来都是不同国家、不同时代和不同群体对经济史进行抽象概括的结果。国家不同，其经济结构与运行的轨迹也不同。国家不同，其经济史理论的内涵也有所不同。全球的经济史理论，是不同国家的经济史理论相互交流和融合的结果。不同国家的经济史学者都对它做出自己的贡献。中国社会经济形态以及在此基础上形成的社会形态和中国文明，经历了独立的、特殊的发展过程。在世界上的古代文明中，它是世界上唯一没有中断过的，它的发展是独立的。与其他国家比较，它有许多鲜明的特征。在人类历史上，中华民族从来就不是其他文明的模仿者，而是有所创造的贡献者。

近百年来，特别是近60年来，中国人民在革命与建设中取得节节胜利，中华民族正走向伟大的复兴。这呼唤着中国经济史学者的理论自觉和理论自信。我们承担着建设反映中国经济发展进程、基本制度、发展道路和历史经验的，具有中国风格、中国气派、中国特色的经济史理论。中国经济史学者如果没有构建中国特色经济史理论的自觉和自信、一味照搬照抄西方国家的经济史理论，就会忽视中国经济历史的特殊性，使

---

① 魏明孔：《构建中国经济史话语体系适逢其时》，《光明日报》2015年12月6日，第7版。

经济史理论脱离中国经济发展过程的实际，使研究者失去自主创新的能力和与时代同行的活力。只有在经济史理论上有了自己的贡献，中国经济史学者方能在国际交流中获得话语权。

二 构建中国特色经济史理论的路径

第一，引进、消化和吸收国外经济史理论。中国经济史学者摆脱"学生"状态，构建中国特色经济史理论，不是说从今以后不要再学习和介绍西方的理论与方法，不要再运用西方的理论与方法。我们不仅要继续学习、介绍和运用西方的一切优秀的理论和方法，而且要更加广泛地、深入地研究西方的理论。邓小平指出，中国当前面临的两个最大的理论问题，即总结社会主义建设经验，搞清楚社会主义是什么、马克思主义是什么。[①] 中国学者要结合中国的实际与世界社会主义的实践，重新学习与理解马克思主义和马克思主义中的社会主义学说。中国现代经济史学产生和发展的过程，也证明了向国外学习经济史理论的重要性。我们今后要进一步加强这种学习，把一切有用的好东西都学过来。在近百年的以学习国外经济史理论为主的阶段中，中国经济史学界的一些学者，已在考虑如何建设具有中国特色和完备体系的"中国学派"问题，并为此做出了起步性质的历史贡献。现在，这个问题已进入提高自觉性使之成为风气的阶段。理论自觉的提高，有利于加速中国特色经济史理论的创新，建立新的分支理论，并使之系统化。

第二，明确构建中国特色经济史理论的内涵。包括：（1）研究中国经济史学史，发掘中国传统经济史学蕴含的丰富理论，它们是中国特色经济史理论的历史基础；（2）概括近现代中国经济史学家已有的经济史理论，它们是中国特色经济史理论的最初基石；（3）加强理论创新意识，注意将研究中形成的新观点概念化、抽象化、系统化，形成中国特色经济史理论；（4）系统地研究和批判地吸收外国同行的理论成果，使中国

---

① 《邓小平文选》第 3 卷，人民出版社，1994，第 137 页。

特色经济史理论能包含人类文明的精华，不落后于外国的同行，并能与其交流。

第三，构建中国特色经济史理论应先从理论、思维方式与术语三个层面上取得突破。研究社会科学离不开理论的指导，对待理论的独立自主态度与独立自主状态，就是要对一切理论持自主思考的态度，予以审视。经济史研究以马克思主义理论为指导，但是有两点需要说明。首先，不能照搬马克思主义经典作家的理论，应站在今天的高度经典作家的理论，有的原本就是错误的，有的在当时本是对的，由于情况变了，现在已经过时了。马克思主义理论有三个来源，其中之一是空想社会主义。马克思的社会主义理论中带有空想社会主义的影子是一点也不奇怪的。因此，对马克思主义理论本身，要区分出哪些是正确的，哪些是错误的或已经过时的。这是一项艰苦的鉴别工作。做好这件工作，是正确运用马克思主义做指导的前提。其次，运用马克思主义做指导，要与实际相结合。这里所说的实际，有时、空两个方面。在时的方面，主要是当代；在空的方面，主要是不同国家和地区。对中国经济史学者来说，研究对象主要是中国问题，在运用马克思主义理论时，要与中国经济实际相结合，且要与时俱进。做到了这一点，中国人就有了运用马克思主义理论解释中国经济史问题的话语权。中国人在将马克思主义中国化的过程中，已经创造了半殖民地半封建经济形态理论、新民主主义经济理论、社会主义初级阶段经济理论、社会主义市场经济理论、中国特色社会主义政治经济学，等等，中国人在实践中已使马克思主义理论得到了升华。

外国的众多理论学说，如被称为"西方经济学"的经济理论，已在大学里成为必修课，并在国家的会计、统计制度建设中得到广泛运用，实际上已成为经济分析与经济工作的一种重要的理论工具。除了外国的理论，还有中国的理论。中国是世界人口最多的国家，人多智慧多。中国人聪明是举世公认的。中国文明发源很早，是世界上几个古代文明发源地之一，中国文明又是几个古代文明中唯一没有中断过的，文献连绵不绝，沉淀和积累了几千年的智慧，形成了许多理论。这些理论是在中国土壤中生长出来的，由中国人想出来的，用中国文字表达的，符合中国人的思维方式，易为中国人理解和运用，适合中国的情况。从 19 世纪下半叶起，一部分中国人把中国的落后归罪于中国传统文化，不分青红皂白，一股脑都予以打倒、否定。对中国传统文化的这种历史虚无主义的态度，一直延续到"文化大革命"（而且是发生"文化大革命"的历史根源之一），以致在中国对中国传统文化进行真正科学研究的人不多。于是，解释国学的话语权也部分地落到外国（包括已在外国入籍的华人）手里。"文化大革命"之后，人们逐渐认识到这种做法不对，开始重新研究国学。正在兴起的国学热，应该有三个目标：深入研究中国的传统文化，由中国人掌握解释中国传统文化的话语权；进而系统整理出中国人几千年来发明的理论，并用以解释中国的历史与现实；进而发掘出中国人思维方式和价值观的特点与优势。

近百年来，中西学者都发现中国人和西方人的思维方式和价值观有很大的差异，各有优缺点。比较一致的看法是，中国人重综合且擅长综合，西方人重分析且擅长分析；中国人重集体，西方人重个人。就西方重分析轻综合这一点而言，西方学者是承认的。美国密歇根大学政治学博士沈大伟（David Shambaugh），1983～1985 年在北京大学国际政治系（现国际关系学院）学习，1991～1996 年任《中国季刊》主编，现任美国乔治·华盛顿大学政治学和国际关系学教授，主管该校亚洲研究中心，并担任中心的中国政策研究项目主任，对西方研究中国的情况有深入的了解。他认为，今天西方的中国研究过于注重细节，而没有概括地研究中国的宏观问题。从事中国研究的学者今天"对于越来越小的问题知道得越来越多"。过去 20 多年里，学者们以这种关注细节的方式来解构中国的研究已经做了很多，他们应该开始把中国研究的片段再次拼合在一起，并提供一个显而易见的一般化的关于"中国"的研究。沈大伟讲的是实际情况。以研究中国历史而言，《剑桥中国史》是西方学者的代表性研究成果。不可否认，该书在许多问题上有独到的见解。但该书是各种专题的集合。如果某个领域有人研究且产生了成果，这些成果就会被纳入该书，如果某个领域没人研究或尚未取得成果，这个领域就空着。所以，该书不仅没有中国的先秦史——中国文明兴起与特点形成时期，就连秦汉以后的各卷也常有"缺门"。中国人写了多种版本的中国史，它们在某些方面可能不深入，但都是从"中国"这个整体着眼的，综合性强，能给读者一个中国整体历史的印象。这说明中国学者如果能发挥中国人思维方式的特点，就能够在许多领域，首先是在中国历史和现实问题的领域获得话语权。

　　用中国历史中形成的、反映中国历史情况的（从中国历史事实中概括，抽象出来的）、被长期沿用的术语来叙述和解读中国的历史，才能名副其实，如"封建""圈地"等。对英国 16 世纪以后的经济来说，最大的影响是外部市场的迅速扩大，刺激了英国羊毛及毛制品的出口，这就带来了英国畜牧业和毛纺业的大发展。所谓圈地，就是把土地界定为私有产权的行为。在封建制度时期，在贵族的直领地和农民的份地外，有所谓的公地。贵族把这部分地圈占起来，视为自己的直领地，予以使用并从中获得收益。这样，"圈地运动"就发生了。由于养羊的利润很高，远远高于从农民手里收取的地租，贵族纷纷与农民解除世代之约，取消了农民的永佃权。农民如不同意解约，就会被直接驱赶出去，收回的公地和份地，贵族用来养羊或租给企业家养羊，大发其财。这样，先前农民欲取消人身依附关系而不得，现在贵族主动给取消了。这些拥有自由择业权的失地农民，成了货真价实的产业工人。封建制度作为一种产权制度，就这样慢慢解体了，被私有产权和市场经济所取代。中国同样存在"封建"和"圈地"。中国的"封建"是西周时期天子对诸侯的"封邦建国"，"圈地"是清朝初期贵族圈占农民土地用于出租。所以，西方社会的"封建""圈地"与中国社会的"封建""圈地"的含义完全不同，用西方的术语来解释中国的历史，其结果只能是"牛头不对马嘴"。构建中国特色经济史学理论，必先构建自己的术语体系。

结　语

经济史学的"三求"功能，决定经济史学应该采取史论结合的研究范式，无史（即史料）就无论（观点和理论）。写史（经济史论著）要用论（理论）。作为社会科学的经济史学，一切社会科学理论都可成为经济史研究的理论工具。经济史学的学科特性规定，起指导作用的理论是马克思主义理论，以及在马克思主义指导下形成的、与经济史学相邻的各学科理论，如经济学理论、历史学理论、地理学理论和社会学理论等。既然这些学科理论对经济史研究具有指导作用，经济史学者就必须自觉地掌握它们，否则经济史学研究就难以深入。在当前的经济史研究中，有两种方法颇为流行：一种是历史学的考证训诂，另一种是计量经济学的实证分析。前一种研究使经济史学驻足于史料的层次，后一种方式使经济史学成为经济学的附庸，有时甚至是为了标新立异而故作高深。这两种研究方式的共同特点就是缺乏理论性。没有理论性的东西自然就没有思想性，没有思想性的经济史学，无法产生影响，这是经济史学遭到了主流经济学轻视的主要原因。[①] 经济史学要摆脱现在的困境，一方面要加强理论对经济史研究的指导作用，另一方面要从经济史研究中抽象出理论。

经济史学不仅肩负描述历史事实的重任，还肩负着出理论的重任，即从经济史中抽象出经济学理论的重任。在这方面，中外学者都已经做出了努力，并取得了丰硕的成果。目前，中国已经成为世界第二经济大国，但中国的经济学理论与经济发展水平很不相称。中国的经济建设需要自己的理论做指导，自己的理论就是中国特色社会主义政治经济学理论。根据中国经济史和经济状况构建中国经济发展学，既是中国特色经

---

① 朱富强：《经济学为何没了"历史"的交椅》，《中国社会科学报》2016 年 3 月 1 日，第 1 版。

济史理论的重要组成部分，也是中国特色社会主义政治经济学理论的主要内容之一。

　　中国经济史学尽管源远流长、成果丰硕，但研究成果主要表现为对经济史实的研究，经济史理论研究的成果太少。从 20 世纪二三十年代至今，中国经济史学研究仍在使用西方经济史学理论和方法，缺乏经济史理论的创新。如果不能构建完整的中国特色经济史理论，中国经济史学就总是落后于西方。构建中国特色经济史理论，首先要在理论、思维、术语三个方面取得突破。中国特色经济史理论虽然起步早、积累时间长，但目前仍处于发展阶段。这表现在理论队伍不够强大、理论创新的自觉性还不强、理论创新机制不够完善、理论创新的成果不多、理论基础相对薄弱、特色不突出。构建中国特色经济史理论是一个长期过程。

第八章　经济史学的研究方法

翦伯赞指出："不懂得方法论，不但不能正确地理解中国的历史，而且就是单纯的搜集史料，也是不够的。"①研究经济史也是这样，方法很重要。研究者要根据研究对象的特性选择合适的研究方法。方法选择的适当与否直接影响研究深度，怎样选择方法是一个重要问题。面对众多的研究方法，有些研究者一筹莫展，不知选哪一种好。这里存在一个在方法选择上应秉承什么样的基本理念的问题。

第一节　学有定规与史无定法：经济史研究方法论选择的基本理念②

在经济史研究中，研究者要坚持学有定规和史无定法的辩证统一。

一　学有定规

这里所讲的"规"，就是规范、规则、规矩。"学"就是包括经济史学科在内的一切社会学科。学有定规，就是一切社会科学研究必须遵循一定的规范、规则和规矩。任何一个或一群研究者，无论本人承认与否，都以一定的科学研究规范指导自己的研究工作。1983年，赵德馨与中南

① 翦伯赞：《历史哲学教程》，新中国书局，1949，第154页。

② 本节的撰写主要参考了史蕾《学有定规与史无定法——访问赵德馨先生》，《中国社会经济史研究》2014年第1期，第96~100页。

财经政法大学经济史研究团队在开始研究中华人民共和国经济史时，强调科学研究工作程序，历经搜集资料、做大事记、编资料长编、撰专题论文、写专著等这一循序渐进的过程。从那时到现在，30多年的实践使我们体会到，只有遵循规范、立足于对学术进步的总体关怀，才能得其门而入，保障知识的有效创新与积累，把握正确的方向；才能达到"疑难能自决，是非能自辨，斗争能自奋，高精能自探"的境地，学有定规，才能事半功倍。

严格按照规范、规则和规矩治学，不但不会束缚学者的思维，而且有利于学者的成长。因为科研程序只是为学术研究确立一般性的规范，并非束缚了自由探索的学术空间，也不是生硬的条条框框。其每个具体步骤是因时、因事而异的，是动态多变的，是有规律的自由行动。针对不同层次的研究人员和具体的研究对象，实际展开的社会科学研究工作方法、步骤亦有所差别。对于初次从事科研工作的人员而言，总是先选题，然后读前人著作、研究已有的成果、学习理论、搜集资料等。对于长期做研究工作的学者来说，则常常是研究甲课题时发现了关于某个问题的资料、前人的论述、不同的观点，以及自己有心得、观点等"副产品"，研究乙、丙等课题时，又发现了与该问题有关的资料、论点等，以至于对需研究的问题获得了大量资料，形成了一些观点，然后才选这个题去做进一步的研究。可见事情总是复杂的，不能用一个模式去套用一切。实际的社会科学研究活动中，许多工作可能需要经常地反复修改甚至推翻，许多在研究开始阶段就迫切需要解决的问题，往往只是到了研究工作的结束阶段才能解决。

二　史无定法

这里所讲的"法"，泛指研究工作中的一切方法，如选题之法、分析综合之法、成果表达之法等。"史"，就是指经济史学。但实际上史学和所有社会学科都是如此。在这个意义上，"史无定法"是"学无定法"是同义语。

史无定法是经济史学的内在要求。经济史学研究对象的基本特征是具体性，即它研究的是某时某地的经济生活现象。正如本书第三章说的，经济生活现象的内涵极其丰富多彩、极其复杂多变，不是用一两种方法所能解释的。一切社会科学（包括历史唯物论、经济学、历史学、社会学等）的原理、方法作为一种思维方法，是含有某些普遍性的东西。但它们都产生于特定的历史时期和环境，有效性限于当时当地。把一个只适合某时某地的原理生硬地应用于另一历史事件肯定是不对的。这就是说，经济史学家在研究任何一个具体问题时，必须运用适合于该特定历史环境的分析方法。完全适合于特定历史环境的分析方法往往没有现成的，这要求创造一个适合所研究的历史环境的方法，或将现成的方法加以改造、集成，使之适合所研究的历史环境。

史无定法既是一个老命题，也有它的新含义。清代章学诚就司马迁《史记》提出了"迁《史》不可为定法"。到了21世纪，在客观上，经济史学科研究的领域不断扩大、不断深入，不可能只用一种方法、一种模式来研究所有的问题、所有的情况。在主观上，科研人员的研究水平不断提升，掌握的方法越来越多，有可能使用不同的方法去分析不同的问题。1984年，在意大利米兰召开的经济史讨论会上，吴承明指出："就方法论而言，有新老、学派之分，但很难说有高下、优劣之别"。[①] 他特别指出，历史研究的是我们还不认识或认识不清楚的事物，任何时候都有待认识的东西；随着知识的积累，特别是时代思潮的演进，原来已知的需要再认识，研究就是不断地再认识，因此对研究方法应保持开放，即史无定法。

史无定法有三个层次。第一层次，不固执于某一种方法。研究方法很多，法无新旧、高低、中西之分，凡是能解决所研究问题的就是好方法。第二层次，不是用一种方法，而是将两种或多种方法糅合起来，成为一种亦此亦彼、非此非彼的新方法。第三层次，在所有已知的方法之

---

① 吴承明：《中国经济史研究的方法论问题》，《中国经济史研究》1992年第1期，第3页。

外，创造一种全新的方法。要进入这种境界，前提不仅是了解和掌握已知研究方法，而且要有创新理论（即方法）的能力。此时的"无定法"，就是不守成法，是创造新方法。

史无定法强调研究方法的多元性、选择性和创新性，这并不是说可以随意选择研究方法。一般来说，研究方法的选择与创新应该遵从以下原则。

第一，研究对象与目的。分析方法视研究对象而定。由于经济史学的研究对象很广泛，涉及人类经济生活的方方面面，不同的事物各有其特征、运行轨迹与机制，因而需要有与之相适应的方法来揭示它的特征、运行轨迹与机制。就同一事物而言，其内部构成有多方面、多层次，其发展经历多阶段，极其复杂；其与外部的联系更是千丝万缕，变化无常。用任何一种方法，不管此方法多么高明，都不能窥其全貌、穷其奥妙。因此，客观上要求多种研究方法。研究方法要服从研究对象的需要，从研究对象的构成要素出发，具体问题具体分析。

第二，方法的内涵。各种各样的研究方法都有自身的适用范围，不是无限的。研究上古、远古经济史时，须选用适合于古代课题研究的考古发掘方法；研究中华人民共和国经济史时，可选用适用于当代课题研究的现场调查方法。各种方法就其适用范围等方面来说，各自处于统一体系的不同层次上：有属于高层次的，如哲学方法论；有属于低层次的，如具体分析方法；有介于两者之间的，即中间层次的，包括各种通用方法。

第三，研究人员的知识结构与思维方式。每一个研究者都有自己特定的知识结构与思维方式。知识结构与思维方式不同的人，在研究工作中应各自扬长避短，沿着自己的思维路线展开探索。

第四，客观的条件。这里主要指资料，特别是数据。研究古代经济史时，因为年代久远，资料散失多，数据或缺乏，或不系统，不利于全面真实展现古代社会经济发展原貌。例如，我们可以从各个角度研究汉代的农业生产力水平，但至今还不能得出汉代全国平均粮食亩产量的数字，因为没有据以得出科学结论的充足资料。现有的资料只是地区性的，而当时各地粮食亩产量差异极大。大部分地区，主要是粮食亩产量低的地区，没有关于粮食亩产量的记载。在这种情况下，计量方法的应用就受到很大的局限。

在经济史研究中，单用一种分析方法就能解决的问题只占少数。事物运动发展有始有终，其中，各个阶段的内在构成要素与外在影响要素不同。要正确地认识、解释一件事物，必须全方面地找出这些要素，并分析它们的相互关系及形成机制。例如，货币既是一种历史现象，又是一种经济现象，还是一种文化现象，研究货币史就必须从历史学、经济学、文化学等不同角度进行考察，并采用现代科学技术手段分析货币的材料与制造工艺。

经济史学在选择研究方法时，最合适的方法随着研究对象（需要解决的问题）的变化而变化，以适用为上。凡适用于所要分析问题的，便是好方法，无论是旧的还是新的，无论是中国的还是外国的。在这个问题上，应该坚决实行"实用主义"或"机会主义"，不必迟疑。不适用的方法，不论其如何精妙高深和现代，因其不能解决问题，便是无用的方法。"一把钥匙开一把锁"是就此而言的。有些方法可用于多种问题，但通用方法不一定适用于所有问题的研究。在研究工作中，应该根据不同研究对象、不同方法的优势和适用性，选择合适的研究方法或者研究方法组合。无论什么方法，只要能解决所研究的问题且有运用的条件，就都可以采用，这是选择方法的原则。不变的是原则，万变的是方法。这就是"学无定法"的内涵之一。

三　学有定规和史无定法的关系

必须明确，学有定规和史无定法两者之间并非并列关系，而是递进关系。学有定规体现的是科研过程的基本规律。史无定法是对研究方法灵活性的精辟概括。学有定规是史无定法的基础；史无定法是在学有定规基础上进行的选择、集成与创造。事实上，人们学习任何事物，都须先学习基本规则、基本方法，如写作得先学习文法。

有定规是基础，无定法是境界。定规掌握得好，才能推动无定法的发展，才能达到研究的"自由王国"。既要将"有定规"置于指导地位，形成规范的科研学术框架，又要有"无定法"的包容与突破，达成方法的开放性，进而将"无定法"置于"有定规"的规范之中。经济史学者在研究方法上，力争创造新方法，另辟新径，推进经济史学研究。可见，经济史学研究既要讲史无定法，还要讲学有定规，而且首先要讲学有定规，这才是辩证的、对学科发展有益的。学有定规与史无定法的统一，是经济史学研究方法不断丰富的路径。

写论文各人有各人的习惯和方法，不可能有统一的模式和格式，故文无定法，不拘一格。文字规则是变化的。笔墨当随时代，写出当代人喜闻乐见的风格。文法是给守法不甚严谨的人预备的。对根本不愿守法的人来说，文法是没有用的，他们不受文法的约束。

文无定式，文章要写出个性来，首先是要不模仿别人（包括名家）的格式，在思路上与文字上都不落入俗套，做到"文无定式，水无常形，境由心生，文由心造"。文章一旦有了这种个性（个人风格），便是别人模仿不出来的了。正因为这样，司马迁创作的《史记》才成了"绝唱"。

第二节　历史唯物主义方法

一　历史唯物主义是社会科学的研究方法

马克思主义者认为，历史唯物主义是历史研究的重要方法。列宁认为，"历史唯物主义也从来没有企求说明一切，而只企求指出'唯一科学的'（用马克思在《资本论》中的话来说）说明历史的方法"。[①] 1895 ~ 1899 年，列宁运用历史唯物主义方法研究俄国资本主义发展史，撰写了《俄国资本主义的发展》一书。在书中，列宁研究俄国市场发育情况，不

[①] 《列宁选集》第 1 卷，人民出版社，2012，第 13 ~ 14 页。

是就市场研究市场，而是把市场与俄国商业、工业、农业和手工业的发展联系起来。列宁在研究俄国农业、工业等领域生产关系的变化时，联系各行业生产力的发展状况来分析生产关系的变化。通过研究俄国农业生产力的发展来揭示生产关系的变化。他说："我们弄清农业机器的制造和机器在改革后俄国农业中的使用高速度发展这一事实以后，现在就应当来考察一下这种现象的社会经济意义问题。……一方面，资本主义正是引起并扩大在农业中使用机器的因素；另一方面，在农业中使用机器带有资本主义的性质，即导致资本主义关系的形成和进一步发展。"① 列宁由此得出资本主义有利于俄国经济发展、生产力与生产关系互相促进等理论性结论。类似的结论还有不少，它们使该书成为一部经济史理论著作。

在非马克思主义的学者中，有很多人推崇马克思的历史唯物主义。英国学者埃里克·霍布斯鲍姆指出："我只能说我仍然坚信：马克思的研究方法依旧是唯一能够使我们解释人类历史整个过程的理论，并且为近代学术研究开创了最有成就的起点。"② 历史唯物主义对年鉴学派产生了重大影响。布罗代尔认为他的"长时段"理论就受到了历史唯物主义的影响："马克思的天才，马克思的影响经久不衰的秘密，正是他首先从历史长时段出发，制造了真正的社会模式。"③ 这些使用历史唯物主义的非马克思主义者，在历史学和经济史学的研究中都取得了举世闻名的成就。

在中国，马克思主义经济史学家自觉地运用历史唯物主义研究中国经济史。吴承明在《中国经济史研究的方法论问题》一文中指出，历史唯物主义是世界观意义上的方法论，属于方法论中的最高层次，历史唯物主义是研究中国经济史的方法，也是检验其他研究方法的标准。④ 他在

---

① 《列宁全集》第 3 卷，人民出版社，2013，第 198 页。
② 〔英〕埃里克·霍布斯鲍姆：《史学家：历史神话的终结者》，马俊亚、郭英剑译，上海人民出版社，2002，第 178～179 页。
③ 〔法〕费尔南·布罗代尔：《资本主义论丛》，顾良、张慧君译，中央编译出版社，1997，第 202 页。
④ 吴承明：《中国经济史研究的方法论问题》，《中国经济史研究》1992 年第 1 期，第 1 页。

这个方面做出了卓越贡献。[①] 中国马克思主义经济史学家使用历史唯物主义研究经济史取得的成就令人瞩目。对此，本书前后文有所论及。在非马克思主义的学者中，有不少人推崇马克思的历史唯物主义，胡适是其中的一个。他认为，"唯物的历史观，指出物质文明与经济组织在人类进化社会史上的重要，在史学上开一个新纪元，替社会学开无数门径，替政治学说开许多生路"。[②] 一些非马克思主义的学者，因为在研究工作中使用历史唯物主义取得了重大成就，转而信奉马克思主义，成为马克思主义者。

二　历史唯物主义在经济史研究中的运用

斯大林说："历史唯物主义就是把辩证唯物主义的原理推广去研究社会生活，……应用于研究社会历史。"[③] 钱学森把历史唯物主义称为"社会辩证法"（与自然辩证法相对应）。经济史研究中运用历史唯物主义法，主要是使用辩证法思维，具体体现在如下方面。

第一，历史唯物主义认为，人类历史的发展过程是不以主观意识为转移的客观过程，具有一定的规律性。研究历史、探求历史规律，必须从客观历史事实出发，不能从主观臆测出发。所以要通过占有和分析史料，描述历史发展过程并揭示历史发展规律。坚持传统研究方法的经济史学者，在材料的占有和使用上成绩显著，但在历史规律的提炼上火候不够，以致讲清了历史故事，却没有说透故事给人的启示。擅长计量分析的新经济史学者要时刻注意，计量只是经济史学的一种分析方法，计量本身不能代替经济史。没有充分的材料，再高明的工具也无用武之地；

---

① 董志凯在《如何认识经济史研究中的"史无定法"——缅怀吴承明先生》一文中，指出"史料愈多，愈要有科学的驾驭史料的方法。这方法，首先就是历史唯物主义。吴老把历史唯物主义视为研究经济史的基本方法"。丁长清在《纪念吴承明》一文中指出，学习吴承明先生以马克思主义唯物史观为指导，融通古今中外，为创造具有中国特色的经济史学而奋斗，这才是对吴承明先生最好的纪念。由此可见，以历史唯物主义指导经济史研究已经成为中国经济史学界的共识。
② 胡适：《四论问题与主义——论输入学理的方法》，《每周评论》1919 年第 37 期。
③ 《斯大林选集》（下），人民出版社，1979，第 424 页。

不以材料为基础的结论，再高深的理论也是毫无价值的伪命题。

第二，历史唯物主义认为，在历史进行中人与环境相互作用，环境创造了人，人又反过来影响环境。这给经济史学者的启示是，经济史学不仅要研究人的活动，还要研究自然，以及人与自然共同发展的进程、经验和教训。近年来，随着环境问题的日益突出，环境经济史受到了经济史学界的重视。但总体来看，研究成果很薄弱，研究的重点局限于古代生态的变迁，近代以来的工业污染、农业污染、土壤污染、水质污染、空气污染等问题的研究进展缓慢，有的甚至尚未破题。环境经济史研究的力度与环境问题本身的严重程度很不匹配。

第三，历史唯物主义认为，生产力决定生产关系，生产关系对生产力有反作用，生产关系一定要适应生产力的发展，这是历史发展的普遍规律。既然这样，经济史研究既要关注生产关系又要关注生产力，还要关注生产力与生产关系的相互作用、揭示生产力与生产关系相统一的历史规律。在1949年以后的中国经济史研究中，受时代认识的局限，有的经济史学家认为经济史的研究对象是生产关系。在这种理论影响下，忽视了对社会生产力的研究。这既不符合历史唯物主义，也无法揭示中国经济史的真谛。研究中国经济史，要深入探究各个历史时期生产力的发展状况，以及由此所引起的生产关系的变化，在此基础之上，深刻地揭示两者之间的作用与反作用的关系。

第四，历史唯物主义认为，历史发展过程是一个具有各种复杂联系的有机结构的系统运动过程。经济史研究应该使用联系的观点，要自觉地运用系统方法。研究经济史不能用孤立的观点研究经济史，就经济谈经济，忽视政治、军事、思想、文化、制度、社会心理对经济的影响。研究经济史要充分考察每个历史事件所处的背景，所受到的约束，这样才能客观地分析经济史。譬如，研究新中国成立之初的工业化战略，就要从当时的国际环境、国内经济条件、资源禀赋约束等方面来考察。

第五，历史唯物主义认为，事物的发展是普遍存在的，事物的发展是一个从量变到质变的过程。经济史研究应该使用发展的观点、从量变到质变的观点。任何一个经济历史事件，都上有源头、下有流变。在经济史研究中，上溯源头，下探流变，就是运用了发展的观点。经济史上的现象，有的表现为量变，如人口的增减、粮食产量的增减、土地面积的扩大与缩小、亩产量的上升与下降；有的表现为质变，如户籍制度的变迁、赋税制度的变迁、土地制度的变迁。在经济史研究中，既要注意质变，也要注意量变，完全忽视数量分析而只重视定性分析的研究方法是不可取的。完全突出量化分析而不顾质变的研究方法也是不可取的。经济史研究，应是定性分析与定量研究的结合，这样才能体现量变到质变的过程。

第六，历史唯物主义认为，万事万物都存在矛盾，矛盾具有对立统一性，对立的双方相互依存、相互吸引，在一定条件下可以相互转化。经济史上很多的事物既有矛盾的一面，也有统一的一面。由于有统一的一面，对立的双方可以互补。互补是一种常态。经济史学者在评价事物时，不能简单地肯定一方、否定另一方而是要在总结历史的基础上将对立的双方转化为互补关系、从而促进经济发展的经验。如中华人民共和国成立之初实行公私兼顾、劳资两利、城乡互助、内外交流的方针；又如政府与市场在经济发展中具有对立统一性。在某种特定条件下，如在战时经济状态下，政府全面统制经济是必不可少的手段，市场调控应该转化为政府管制，但在平时经济状态下，政府统制就会遏制市场主体的积极性，政府应该从某些经济领域退出，充分发挥市场的作用，将政府管制转化为市场调控。经济史学者应从矛盾的对立统一视角来考察历史上政府与市场的关系。

中南财经政法大学经济史研究团队在研究中华人民共和国经济史时，针对不同的问题使用了多种具体分析方法，但最基本的方法是历史唯物主义。我们在实践中体会到，利用这种方法对待历史，就能识真伪、辨利弊、明是非、深刻总结经验，不至于盲目地肯定一切或否定一切、用一种倾向掩盖另一种倾向或从一个极端走向另一个极端。

第三节　经济学研究方法

英国经济史学家科尔曼、巴克等对经济史下了如下定义："经济史就是关于过去各个社会的经济方面的研究；是从经济角度上怎样使用土地、劳动力、资本等资源的历史，是对过去的经济成就进行考察等等。"正因为如此，科尔曼、巴克认为经济史"是一种需要经济学知识的历史"，"经济史探讨的是经济问题——不管是商品需求和劳务需求，还是生产费用、收入标准、财富分配、投资数量和方向、海外贸易结构——所以它必然会涉及庞大的数字和累积"。所以，研究经济史就必须使用经济学的理论与方法。"第一，研究这些问题的人必须在一定程度上熟悉用统计方法处理一些可测定的变量；第二，他们必须了解并能够使用有关的经济理论体系。"①

哪些经济学方法是经济史研究要运用的呢？下面择要述之。

一　引入经济学理论研究经济史

吴承明指出："在经济史研究中，一切经济学理论都应视为方法论；任何伟大的经济学说，在历史的长河中，都会变成经济分析的一种方法。没有一个古今中外都通用的经济学。'史无定法'，要根据时空条件、所研究问题的性质和史料的可能，选用适当的经济学理论作为分析方法。"②

新经济史学的崛起，就是运用经济学理论和计量经济学分析工具研究经济史的结果。20世纪50年代，一部分经济史学家"怀疑对美国经济史的传统解释，深信新经济史学必须以可靠的统计资料作为坚实的基础"。③ 在他们看来，传统经济史学在方法论上有两大缺陷：第一，主要

---

① 〔英〕科尔曼、巴克等：《历史分支学科论坛：什么是经济史》，王建华译，《现代外国哲学社会科学文摘》1986年第6期，第1页。

② 吴承明：《经济史：历史观与方法论》，上海财经大学出版社，2006，第282页。

③ North D. C. , "Cliometrics – 40 Years Later," *American Economic Review*, 1997, 87（2）, p. 412.

是定性分析，对史料进行简单的分类与归纳；第二，强调史料的考证与罗列，与经济理论脱节。在 1960 年的一次美国经济史学家集会上，诺思等人倡导在经济史研究中要引入经济理论与数量研究法，"新经济史革命"由此发端。诺思和福格尔同摘 1993 年诺贝尔经济学奖桂冠，就是因为开创性地将经济理论运用于经济史研究，并且为解释经济与制度变迁创立了新的研究方法。①

新经济史学家所运用的理论工具并非固化的。半个多世纪以来，新经济史学理论框架的变迁经历了三个阶段：新古典理论框架、新制度经济学框架、比较历史制度分析理论框架。

20 世纪 50 年代，经济史学界的研究旨趣在于经济增长源泉、经济发展的决定力量等学术命题。以诺思为代表的新经济史学家，其早期文献也是在围绕这些问题做尝试性回答。不可否认，传统经济史学也利用数据回答上述问题，但方法是简单的数据计算，不是在经济理论的指导下进行统计分析，因而无法得出令人信服的答案。而新经济史学家的研究则是基于一个新古典经济学分析框架。如诺思在专著《1790～1860 年美国的经济增长》中，以新古典经济学经济增长理论为指导，利用 1790～1860 年美国的相关经济数据，检验诸如出口和区域专业化发展等新古典要素对美国经济增长的影响。索洛提出技术进步决定经济增长的新古典经济增长模型，古德里奇指出政府基础设施投入可以有力地促进经济增长，新经济史学家在这些理论的启发下，研究视野向具体产业转移，以美国交通运输业为案例，验证了技术进步对交通运输业的影响。

新经济史学家的研究得出单靠一项新技术并不能对经济增长产生革命性影响的结论。进而他们还发现新古典经济学关于制度既定的假设难以成立，认识到被新古典经济学遗漏掉的制度因素对经济增长有决定性影响，新经济史学家不得不探寻新的理论框架。科斯关于交易成本和产

---

① 〔美〕福格尔：《历史学和回溯计量经济学》，王薇译，《国外社会科学》1986 年第 8 期，第 51 页。

权的新制度经济学理论，成为新经济史学家的新理论工具。西方新经济史学进入新制度经济史学时代。运用制度经济学框架分析经济史，首先是从对美国经济史的分析开始的，诺思和戴维斯[①]合作发表了《制度变迁与美国经济增长》。在这篇文章中，作者明确提出美国的经济增长不仅仅是新古典经济学所说的要素积累的结果，也是制度不断创新与完善的结果。此时适逢西方经济学界掀起一场"产权运动"。诺思和托马斯尝试将产权理论、交易费用理论作为经济史研究的主要方法，考察欧洲经济史上的制度变迁。《西方世界的兴起》[②] 就是此次尝试的成果。该书通过对近代欧洲国家经济史的考察，进一步发现资本积累、技术进步、规模经济等因素只是经济增长的结果而非原因，有效的经济组织和制度安排才是西方世界兴起的关键。新经济史学家运用新制度经济学分析经济史，不仅得出了迥异于传统经济史的研究结论，而且在经济史分析中抽象出了制度变迁理论。在《经济史上的结构和变革》[③] 一书中，诺思提出了制度分析的三大理论基石：一是描述一个体制中激励个人和集团的产权理论；二是界定实施产权的国家理论；三是影响人们对"客观"存在变化的不同反应的意识形态理论。在《制度、制度变迁与经济绩效》[④] 一书中，诺思对制度理论进行了系统性表述，指出制度变迁是一个演进的过程，它是通过复杂规则、标准和可实施的边际调整来实现的。

新经济史学关注与国家有关的制度及其绩效的含义，对经济史上的制度变迁做出了较好的回答，但它却不能解释制度现象背后的原因及制度之间的关系等问题，如国家的制度基础是什么？为什么不同的社会走

---

① North，D. C.，Davis，T.，*Institutional Change and American Economic Growth*，Cambrige University Press，1973.

② North，D. C.，Thomas，R. P.，*The Rise of the Western World*：*A New Economic History*，Cambridge University Press，1973.

③ North，D. C.，*Structure and change in Economic History*，Little Brown and Company，1981.

④ North，D. C.，*Institutions*，*Institutional Change and Economic Performance*，Cambridge University Press，1990.

上不同的制度轨道？对此，新经济史学第三代代表人物格雷夫①指出，要真正理解以上这些问题，就需要重新定义制度，并创新经济史研究方法。20 世纪 90 年代以来，比较历史制度分析（CHIA）成为新经济史学家研究经济史上制度变迁的理论框架。在格雷夫那里，制度被定义为"自我实施的对行为的非技术决定的约束"，即所谓的自我实施制度（self-enforcing institution）。自我实施制度的一个最基本的特征就是它的自发产生和自我实施的性质。与诺思对制度的定义不同，自我实施制度必须是参加者各方经过协商、谈判、讨价还价后自愿达成一致的结果。因此，历史的比较制度分析将自我实施制度视为特定历史条件下制度博弈的一种均衡状态或均衡结果，在制度博弈和制度选择过程中，博弈者的预期无疑对博弈者现实的策略选择产生着重要的影响。格雷夫经过对中世纪晚期热那亚和马格里布商人的研究，发现博弈者的预期影响着制度的均衡结果，而博弈者的预期又受到文化信仰和文化传统的深刻影响。意大利的热那亚和地处北非地中海沿岸的马格里布都经历了 11～14 世纪欧洲"商业革命"带来的经济贸易繁荣，但在后来长期的经济与社会发展中却走上了完全不同的道路：以热那亚为代表的意大利实现了贸易和经济的长期增长，成为西方世界兴起的发源地；而马格里布地区却从此进入了经济的长期衰落。是什么因素导致了热那亚和马格里布的经济与社会发展走上了不同的道路？格雷夫②发现是不同的制度选择把热那亚和马格里布的经济与社会引上了不同的发展轨道。然而，在相同的环境和条件下，为什么热那亚和马格里布会做出如此不同的制度选择？是什么因素决定了这种选择？格雷夫在深入研究后发现，是马格里布人和热那亚人不同

---

① Greif, A., "Microtheory and Recent Developments in the Study of Economic Institutions Through Economic History", in Kreps, D., Wallis, K., eds., *Advances in Economic Theory*, Cambridge University Press, 1997.

② Greif, A., "Contract Enforceability and Economic Institutions in Early Trade: The Maghribi Trades Coalition", *American Economic Review*, 1993, 83 (3); Greif, A., *Self-Enforcing Political System and Economic Growth: Late Medieval Genoa*, Stanford University Press, 1997; Greif, A., *Genoa and the Maghrebi Traders: Historical and Comparative Institutional Analysis*, Cambrige University Press, 1998.

的文化遗产以及他们在文化方面表现出来的巨大差异性决定了他们对制度的不同选择。热那亚商人崇尚个人主义文化，而马格里布商人则信奉集体主义文化，马格里布和热那亚独特的文化遗产导致了商人与代理商在博弈中独特的均衡选择，热那亚人建立了双边惩罚基础上的"个人主义的均衡"，而马格里布人达到了含有集体惩罚的"集体主义的均衡"。与此对应，在海外贸易扩张的过程中，热那亚商人选择了以"个人主义"惩罚机制为基础的第二方实施制度，采取了无社区限制的"开放"的方式扩大海外贸易代理关系。马格里布商人选择了以"集体主义"的惩罚机制为基础的第二方实施制度，采取了以仅限于社区内的"封闭"的方式来扩大海外贸易代理关系。在社会内部代理关系模式的选择上，热那亚人采用的是"纵向"的代理模式；而马格里布人则采用了"横向"的代理模式。热那亚的第二方实施制度、开放型的扩大贸易方式和社会内部的纵向代理模式，对于一个社会的长期经济增长是十分有利的；与此相反，马格里布的第三方实施制度、封闭型的扩大贸易方式和社会内部横向的代理模式，对经济的长期增长则是不利的。比较历史制度分析方法的最大贡献在于把博弈理论引入经济史研究中，结合经济理论和博弈理论形成历史、制度变迁与经济发展关系研究的理论框架与分析方法。但还有许多有待进一步解决的问题，如模型的假设条件与历史的关系问题、博弈论模型在制度经济史研究的一个更大领域的适用性问题等。

　　总体而言，现在通用的经济学理论主要有三大派：马克思主义经济学理论、古典和新古典经济学理论、凯恩斯主义经济学理论。这三大派又可细分为很多流派，如新古典综合派、后凯恩斯主义、货币主义学派、理性预期学派、供给学派、制度经济学派、公共选择学派、发展经济学等。每一个流派又有不同的分支，如货币主义学派就可区分为"货币主义一号"和"货币主义二号"，制度经济学派可分为老制度经济学和新制度经济学。所以不可能对可适用于经济史学研究的经济学理论进行一一列举。一个总的原则是，只要适用，任何经济学理论都可成为经济史学的研究方法；如果不适用，任何高深的理论都不应成为经济史学的研究方法。例如，新古典经济学强调市场机制的作用，认为市场调节可以实现资源的最优配置。在新古典经济学的分析框架中，产权、制度、意识形态等因素被看作外生变量，没有被纳入分析框架之中，显然这与中国古代经济史上的实际情况不符，因为中国古代经济史不是市场经济史，同时，制度变迁如历次变法对经济发展都有显著的影响。所以不能简单照搬新古典经济学。当然它的某些概念如边际产量、供需均衡等还是可以借用的。凯恩斯主义经济学是建立在有效需求不足基础之上的萧条经济学。1997 年以前，中国经济是短缺经济，是供给约束型经济，从整体上看，凯恩斯主义经济学与中国经济史的情境完全不同。凯恩斯主义分析框架在总体上不适用于分析中国经济史，但其中的某些概念如 GDP、投资、消费、总需求、总供给、通货膨胀、失业等是可以借用的。在发展经济学理论中，有一个二元经济理论。中国近代既存在先进的工业，也存在落后的传统农业，是典型的二元经济，二元经济理论为研究中国近代经济史提供了一个新的方法。但是并非所有的二元经济理论都适用于研究中国近代经济史，如刘易斯模式、托达罗的城乡劳动力流动模式、费景汉和拉尼斯修正的模式，都不能解释近代中国经济的演变。[①]

　　对于经济学理论，吴承明指出："经济学理论也有很大局限性。当时通用新古典主义，勉强用于民国经济，不能用于明清。80 年代流行合理预期论，民国也用不上；90 年代流行博弈论，更难派用场。经济理论没有普遍性、永久性。"[②] 马克思主义经济学强调所有制、国家的作用和技术发展，比较适合分析中国经济史，但马克思主义经济学过于理论化，缺乏分析方法，在分析微观经济史时力有不支。还需指出的是，经济学理论仅仅是一种认识经济史的工具，不是经济史本身。所以以某种经济学理论而非以史料作为经济史研究的出发点是错误的。"经济学理论是从历史的和当时的社会经济实践中抽象出来的，但不能从这种抽象中还原

---

① 吴承明：《中国经济史研究的方法论问题》，《中国经济史研究》1992 年第 1 期，第 13 页。
② 吴承明：《谈谈经济史研究方法问题》，《中国经济史研究》2005 年第 1 期，第 3 页。

263

出历史的和当时的实践。"①

二 演绎推理法

所谓演绎方法，"是从一般走向特殊和个别的认识运动，是根据一类事物共有的一般属性、关系、本质来推断该类中的个别事物所具有的属性、关系和本质的推理形式和方法"。② 演绎的过程，就是从一般性的前提出发，通过推导（即演绎）得出具体陈述或个别结论的过程。演绎推理最初被广泛运用于数学和物理学的研究中。经济学产生以后，演绎法成为经济学的基本研究方法。斯密在撰写《国富论》时，既使用演绎推理法也运用历史归纳法。斯密相信自然秩序一方面可以从一般规律中演绎出来，另一方面，又需要通过历史归纳来验证。例如，斯密通过演绎推理出工资均等化趋势理论，又通过归纳提出了阻碍这种趋势的因素。《国富论》的出版，标志着古典政治经济学的诞生。此后的近半个世纪里，经济学家不断完善古典政治经济学，到李嘉图时达到顶峰。作为古典政治经济学集大成者的李嘉图是一个备受争议的人物。最大的争议在于他把经济学从斯密时代的归纳与演绎并重完全引向演绎。李嘉图认为："政治经济学是一门像数学那样严密的科学。他为此创立了后来被称为模型分析的纯粹演绎方法：首先以劳动价值论、地租理论、自然工资率、工资基金说和比较优势论为基础，构建起一套理论体系；然后从现实经济问题中抽象出基本要素，运用上述理论，通过纯逻辑推理，探讨要素间的相互作用；最后得出一系列以自由放任为核心的政策建议。"③ 李嘉图完全抛弃了斯密研究经济学的二元方法论，完全不顾历史归纳，舍弃了资本主义生产关系内在联系的本质的具体内容，把资本主义的生产关系看作一切社会经济形态都适用的普遍规律。熊彼特将李嘉图的"强制"

---

① 吴承明：《经济学理论与经济史研究》，《经济研究》1995 年第 4 期，第 3 页。
② 韩毅：《经验归纳方法、历史主义传统与制度经济史研究》，《中国经济史研究》2007 年第 2 期，第 31 页。
③ 转引自关永强、张东刚：《英国经济学的演变与经济史学的形成（1870～1940）》，《中国社会科学》2014 年第 4 期，第 46 页。

抽象法和"非历史"方法称为"李嘉图恶习"。[①] 李嘉图对西方经济学的发展产生了巨大影响，成为西方经济学主流学派的新古典经济学把李嘉图的演绎经济学发挥到淋漓尽致，以抽象演绎取代历史归纳，以数理模型取代文字表述。正因为如此，新古典经济学认为他们的理论是具有科学性的、放之于四海而皆准的普适性原理。随着新古典经济学逐渐成为西方经济学的主流学派，对于它的批评也与日俱增。其中绝大部分批评集中在两个方面：一是过于追求形式而脱离实际，二是过分强调其理论具有普适性而忽视各国经济现实的特殊性。萨伊认为李嘉图之后的"政治经济学是由几个基本原则，和由这几个基本原则所演绎出来的许多系论和结论组成的"。[②] 推崇归纳法的经济学家对李嘉图及其追随者给予激烈的批评。如理查德·琼斯直斥李嘉图学说是"妄想的假设"。琼斯认为政治经济学必须建立在经验的基础上，只有在充分了解经济发展历史和考虑政治、社会、文化等制度因素之后，才可能真正地分析、研究和彻底了解经济问题。[③]

19 世纪后半叶，西方经济学界出现了旗鼓相当的两派：边际学派和德国历史学派。边际学派与古典学派一脉相承，在方法论上不但崇尚演绎推理，而且把数学进一步融入演绎推理之中，使经济学更加科学化。德国历史学派不但占据德国经济学界的主流地位，而且在英国也有不少追随者。1883 年，边际学派旗手门格尔出版了《经济学与社会学方法论研究》一书，"为理论分析的权利辩护"。[④] 历史学派施穆勒发表了《统计学和社会科学方法的研究》一文反驳门格尔。门格尔又出版了《德国历史学派的错误》一书回应施穆勒，由此引发了一场长达 30 年之久的关于经济学方法论的论战。这场论战尽管持续的时间长，但主题一直很集

---

① 〔美〕约瑟夫·熊彼特：《经济分析史》第二卷，杨敬年译，商务印书馆，1992，第 147 页。
② 〔法〕萨伊：《政治经济学概论：财富的生产、分配和消费》，陈福生、陈振骅译，商务印书馆，2017，绪论第 23 页。
③ 〔英〕理查德·琼斯：《论财富的分配和赋税的来源》，于树生译，商务印书馆，2017，第 12 页。
④ 〔美〕约瑟夫·熊彼特：《经济分析史》第三卷，朱泱等译，商务印书馆，1994，第 95 页。

中，即围绕经济学研究究竟应采用历史归纳法还是演绎推理法。边际学派认为历史归纳法适合研究经济史，无法用来研究经济理论，经济理论只有通过演绎推理才能形成。门格尔的弟子庞巴维克在《资本实证论》中，比较了历史归纳法和演绎推理法，他认为历史学派之所以"没有人尝试用历史方法来解决利息这个大问题"，主要原因就是历史学派所使用的历史归纳法只是利用"烦琐材料"来"诡辩"，对利息等大的理论问题无能为力，只有演绎推理法才是"最适合于资本理论问题的特殊性质的——形式是抽象的，但实质是经验性的"。① 进入 20 世纪以后，历史学派的影响力日衰，历史归纳法也随之失去了与演绎推理法角逐的能力，演绎推理成为经济学研究的主流方法。当然，不断有经济学家对演绎推理法一统经济学界表示不满和担忧。需要指出的是，20 世纪以后，质疑演绎推理法的经济学家所要否定的不是应用演绎推理法，而是脱离经验的、日益数学化的演绎推理法。如当代美国经济学家艾克纳认为，新古典经济学"过分强调完全公式化理论体系的发展，而缺乏足够的行为假设和前提条件等的经验基础"。② 这就是说，如果演绎推理的假设前提建立在经验的基础之上，假设前提就更加符合历史与现实，以此为基础的演绎推理就不是凭空臆想而是基于实际的推断。

一般而言，经济学研究中的演绎推理法遵循三段式步骤：前提假设→逻辑演绎→结论。前提假设处在整个链条上的前端，是研究的基础。新古典经济学理论体系是建立在"经济人"假设、效用最大化假设、利润最大化假设、完全信息假设上的，根据这些假设，演绎出消费者效用理论、生产者理论、市场理论等。

经济史学研究需要演绎推理法。一般而言，在经济史学的"三求"功能中，复原历史真相、发挥经济史学的求真功能不需要运用逻辑演绎方法。但是发挥经济史学的求解和求用功能，从经济历史的长河中提炼

---

① 〔奥〕庞巴维克：《资本实证论》，陈端译，商务印书馆，1964，第 38 页。
② 〔美〕艾克纳主编《经济学为什么还不是一门科学》，苏通等译，北京大学出版社，1990，第 42 页。

经济发展规律、抽象经济史学理论，就需要演绎推理方法。经济史学运用演绎推理法比经济学具有更大的优势，这个优势就是经济史学的前提假设是建立在对历史资料的归纳之上，使得经济史学理论的前提假设更加符合实际。19 世纪后期到 20 世纪上半叶的经济史学，坚持历史归纳法，反对演绎推理法。二战以后，美国的部分新经济史学家运用新古典经济学范式研究经济史，使得演绎推理法在新经济史学家那里得到了体现，最具代表性的人物是诺思。诺思在 20 世纪 80 年代以前是一个经济史学家，80 年代以后，他因提出制度变迁和创新理论而成为饮誉全球的经济学家。诺思首先修正新古典经济学的前提假设。新古典经济学假设人是完全理性的、社会的交易成本为零。诺思认为这不符合实际，他根据历史和现实对上述假设进行了修正，人是有限理性的，社会的交易成本为正。正因为社会交易成本为正，这就导致不同的制度会导致不同的成本，好的制度带来低的交易成本，差的制度带来高的交易成本。人是有限理性的，不可能立即认识到某种制度的交易成本的高低，但一旦认识到某种制度的交易成本过高时，人们就会进行制度创新，以交易成本低的制度去取代交易成本高的制度。诺思的研究假设以历史为基础，其逻辑推理以历史事实为佐证，得出的结论更加符合历史与现实。诺思的成功在于他把历史嵌入经济学的演绎推理之中。所以，经济史学不是不需要演绎推理方法。恰恰相反，经济史研究要出理论的话，必须使用演绎推理法。不懂得演绎推理法，经济史学就无法抽象出经济学理论，经济史学也就停留在求真的层面而难以前行。

在目前的中国经济史学界，某些经济史学者因为出身于历史学界，没有受过严格的经济学研究方法训练，不熟悉演绎推理研究方法。他们习惯于、也满足于搜集史料和解读史料的研究范式，没有想过要从浩如烟海的史料中提取若干假设，再以假设为基础、以史料为素材，对所研究的对象进行逻辑推理，得出新的理论性结论。一些出身于经济学界的经济史学者熟悉演绎推理研究法，但由于对历史把握不深刻，难以做出贴近历史的假设。假设是演绎推理研究的前置条件，如果在假设上没有区别于既有理论的新意，在后面的逻辑推理上也无新意，最后当然得不出新的结论。所以，出身于经济学界的经济史学者也不敢轻易使用演绎推理法。这样一来，在中国经济史学界，运用演绎推理方法的人很少。这是中国经济史学研究落后于美国的突出表现，也是中国经济史学不受经济学重视的关键原因。

经济史研究怎么使用演绎推理法呢？首先，经济史学者要掌握经济学研究者演绎推理的基本方法。对这套方法的基本内涵，本书的其他部分做了提纲挈领式的介绍，但也只是一个纲。其丰富的内涵蕴含在经济学研究方法论中和经济学经典文献之中，需要经济史学者下力气去掌握。其次，经济史学者要有抽象思维的能力。经济史学研究面对的是一大堆纷繁芜杂的史料，经济史学要用抽象思维从众多史料中剔除非关键因素，提炼出关键的共性因素。以此为基础，抽象出前提假设，再用抽象思维，结合史料对所研究命题进行逻辑演绎。例如，研究近代中国的政府与市场，需要根据近代中国的史料，提出前提假设或者修正新古典经济学的关于政府与市场的前提假设。新古典经济学关于市场信息充分假设、市场主体完全理性假设、政府守夜人等前提假设，不符合近代中国的实际情况。近代中国的市场信息是不对称的，市场主体是有限理性的，政府是有自身利益诉求的。只有以这些假设为分析前提，才能对近代中国的政府与市场开展切合实际的研究。然后，利用近代中国关于政府与市场行为的史料，对政府与市场的行为开展逻辑演绎，最后得出研究结论。再如，研究20世纪50年代初期"农业合作化运动"和"人民公社化运动"中的农民行为，就需要先对农民行为进行假设，即有限理性假设，然后运用行为经济学理论、结合史料分析"农业合作化运动"和"人民公社化运动"中的农民行为。[①]

三 统计学方法

经济史分析包括定性分析和定量分析两大类。定性分析给人以概念

---

① 参阅易棉阳、罗拥华：《农业合作化运动中的农民行为：基于行为经济学的研究视角》，《中国经济史研究》2016年第6期，第42~52页。

性的认识，结合定量分析就可以使认识具体化，有时还可以克服定性分析中以偏概全的缺点。① 定量分析又包括统计分析和计量经济学分析两种。先谈经济史的统计学分析。

统计学是一门很古老的科学。它起源于社会经济问题研究，迄今已有两千多年的历史。在欧洲，统计学的发展至少经历了三个阶段，即"城邦政情"、"政治算数"和"统计分析科学"。"城邦政情"阶段始于亚里士多德撰写的 150 多种"城邦纪要"。它的内容涵盖了各城邦的历史、行政、科学、人口、资源、财富等社会经济情况。亚里士多德在记述各城邦的社会经济发展情况时，运用了图表和数据分析，这种表述方式后来演变成为统计学，并被后世学者沿用。到 17 世纪中叶，威廉·配第把统计学推到了一个新的阶段，即"政治算术"阶段。配第于 1676 年完成《政治算术》一书。其中的"政治"指的是政治经济学，"算术"是指统计方法。在这本书里，配第运用数字、重量和尺度等统计方法，详细地对英国、法国和荷兰三国的国情国力做了系统的数量对比分析，为统计学的形成和发展奠定了方法论基础。正因为如此，马克思把威廉·配第视为统计学的创始人："政治经济学之父，在某种程度上也可以说是统计学的创始人威廉·配第。"② 19 世纪中叶之后，统计学进入"统计分析科学"阶段。"学生"氏（William Sleey Gosset）于 1908 年发表了关于 t 分布的论文，创立了小样本代替大样本的方法。这是统计学方法论上一次重大突破，开创了统计学的新纪元。统计学逐步分化为数理统计和社会统计两大学派。数理统计的创始人是比利时科学家凯特勒。他对数理统计的最大贡献是把概率论正式引进统计学。费歇尔以此为基础创立了推断统计学。20 世纪 50 年代，又出现了贝叶斯统计学，将统计推断

---

① 例如，有些人认为近代中国商业资本的发展是洋货入侵的结果，但许涤新和吴承明主编的《中国资本主义发展史》中的定量分析发现，在 1936 年的全国商品交易总额中，农产品占 45%，手工业品占 26%，工矿产品占 16%，进口商品占 9%，据此可知，近代中国商业资本的发展并非洋货入侵的结果。吴承明：《中国经济史研究的方法论问题》，《中国经济史研究》1992 年第 1 期，第 7 页。

② 《马克思恩格斯全集》第 44 卷，人民出版社，2001，第 314 页。

运用于决策问题。社会统计学派的创始人是德国经济学家克尼斯，主要代表人物有恩格尔、梅尔等人。他们赞同凯特勒将概率论引入统计学之中的做法，但他们认为统计学在学科性质上是一门社会科学，是研究社会现象变动原因和规律性的实质性科学。在社会统计学派看来，统计研究必须以事物的质为前提，就是说，定量分析必须以定性分析为前提，这同数理统计学派的计量不计质的方法论有本质区别。[①]

统计学在本质上是一门关于数据的科学，是关于数据的搜集、整理、加工、表示、刻画及分析的一般方法论。它涵盖记述统计和推断统计两大领域。所谓记述统计，就是对所搜集的数据资料进行加工整理、综合概括，通过数字、图示、表格的方式，如编制次数分布表、绘制直方图、计算各种数字的总体情况等，对所研究对象进行数量化的分析和描述。推断统计则是在搜集和整理样本数据的基础之上，对产生样本数据的母体或系统进行推断的方法论科学，其特点是根据带随机性的观测样本数据以及问题的条件和假定而对未知事物做出以概率形式表述的推断。[②]

统计学对经济史研究非常重要。熊彼特指出，经济史具有历史性和数量性两个特征，当历史事实可以用统计的时间序列来表示时，表述的清晰度就会提高，通过统计学这个中介，可以把经济史学和经济学理论连接起来，因为经济理论通常用数学方程表达，数学方程的自变量、因变量就是统计学中的统计量，统计量的数值可在历史材料中找到。[③] 希克

---

① 钱学森于1990年提出了定性与定量相结合的综合集成方法。这一方法的实质就是将科学理论、经验知识和专家判断相结合，提出经验性的假设，再用经验数据和资料以及模型对它的确实性进行检测，经过定量计算及反复对比，最后形成结论。它是研究复杂系统的有效手段，而且在问题的研究过程中处处渗透着统计思想，为统计分析方法的发展提供了新的思维方式。

② 洪永森：《经济统计学与计量经济学等相关学科的关系及发展前景》，《统计研究》2016年第5期，第4页。

③ 隋福民：《创新与融合：美国新经济史革命及对中国的影响（1957～2004）》，天津古籍出版社，2009，第43页。

斯在《经济史理论》一书中指出："我们也许会发现我们在历史的任何门类中都在寻找统计学上的一致性"，历史上的经济现象构成经济史的研究对象，"凡是可以应用一种历史理论的历史现象，在我们的心目中都可以看作具有这种统计学的特点。经济史上的大多数现象（不论考虑得多么广泛）确实具有这一特征；经济史上我们要探讨的那些问题大都涉及可以被认为具有这种特征的群体"。[①] 既然经济史上的大多数现象具有统计学特征，那么经济史研究就需要使用统计学方法。确实，经济史中蕴含着丰富的历史数据，如人口数量、农业产量、田亩数、货币发行量、税收、财政收入、财政支出、物价指数，等等。运用统计的方法对这些历史数据进行定量分析，有利于人们对经济历史形成更加精准的认识。正因为如此，经济史学家都赞同运用统计分析法研究经济史。英国学者认为，"现代人赋予统计学的含义是对事实的定量表述。一般认为，当这门科学重点只在搜集、整理事实以供其他人解释其中内在的政治或道德意义时，它就是客观的"。[②] 英国经济史学有重视统计的传统。早在 19 世纪后期，英国历史经济学家罗杰斯"将统计学加进了发展中的经济史学科"。1866～1892 年，罗杰斯"利用得自大学档案馆、英国档案局和庄园花名册的数据"，"将这些数据以年均价格形式列表，分别按年份和地区排列"，撰写成六卷本《英国农业及价格史》。在这套书中，"罗杰斯为经济史提供了定量分析的维度，暗示将来经济史将需要人们施以专业的关注"。[③] 罗杰斯把统计学引入经济史，意义重大。有的经济学家甚至认为，这是经济史成为经济学经济史的标志。1919 年，坎宁安指出："从他的时代开始，它就不再被仅仅看作历史的一个方面，……而是经济研究的一

---

① 〔英〕约翰·希克斯：《经济史理论》，厉以平译，商务印书馆，2017，第 4 页。
② 转引自〔英〕杰拉德·M·库特：《英国历史经济学：1870～1926——经济史学科的兴起与新重商主义》，乔吉燕译，中国人民大学出版社，2010，第 70 页。
③ 转引自〔英〕杰拉德·M·库特：《英国历史经济学：1870～1926——经济史学科的兴起与新重商主义》，乔吉燕译，中国人民大学出版社，2010，第 70、77、83 页。

个部门。"① 爱丁堡大学经济史学科创始人尼克尔森认为，"纯粹理论应使用数学方法"，"而对于应用经济学与经济史，他则提倡使用归纳法与统计法"。② 德国经济史学家伊纳玛·施泰尔纳格于 1882 年出版了《历史学与统计学》一书，在这部书中，作者系统地探讨了统计学与历史学的关系，以及历史研究中如何运用统计学。

吴承明明确指出："经济史凡能计量的都尽可能计量。"③ 他在此处所讲的计量，指的是统计分析，认为统计分析"是从统计资料中作出指数、权数、增长率、速率等变动的量"，这种统计分析"非常有用"，因此"凡能作变动分析的都要作"；④ 而计量分析则"通常指建立模型，从方程中推导出来未知的量或率。但最常用的是回归方程和相关分析"。他认为回归分析要谨慎，因为回归分析是建立在数据自由度的基础之上，自由度越高，回归分析就可能越准确；自由度越低，回归分析就越不准确；自由度少于十个连续数据，回归分析就无法进行。所以，吴承明不赞成用模型，"模型法只适于单项研究，因为历史不是按模型发展的。计量分析最好是用于检验已有的定性分析，而不要用方程创造新的理论"。⑤ 吴承明赞同在经济史研究使用记述统计，因为经济史研究需要对历史上的经济数据进行加工整理，计算总数、均数、权数、变动率，并以图表的方式直观地表达出来，因此，记述统计是研究经济史必不可少的方法。吴承明不赞同的模型法，实际上就是推断统计与计量经济学方法。我们认为，只要运用得当，推断统计和计量经济学也可以成为经济史研究的方法。陈振汉也认为经济史研究必须使用统计分析方法，他认为："经济史本身并没有什么故事性的东西，不像政治史那样，这是经济史本身的

① 转引自〔英〕杰拉德·M·库特：《英国历史经济学：1870～1926——经济史学科的兴起与新重商主义》，乔吉燕译，中国人民大学出版社，2010，第83页。
② 转引自〔英〕杰拉德·M·库特：《英国历史经济学：1870～1926——经济史学科的兴起与新重商主义》，乔吉燕译，中国人民大学出版社，2010，第174页。
③ 吴承明：《经济史学的理论与方法》，《中国经济史研究》1999年第1期，第116页。
④ 吴承明：《谈谈经济史研究方法问题》，《中国经济史研究》2005年第1期，第4-5页。
⑤ 吴承明：《谈谈经济史研究方法问题》，《中国经济史研究》2005年第1期，第5页。

弱点。因为这样的弱点，所以需要某些理论假设，把经济史实串起来。统计分析应用于经济史，正是体现和验证这一理论假设"，"量的概念在经济史中之所以重要，是由于经济史的特点——变化不显著，要说明经济发展、倒退等演变只能通过量的分析，否则只能用形容词来说明，说不到根本上。……历史研究之所以提高不快，是因为只停留在文字描述上，还不能用数字、时间、程度来说明某一改革、发明、政策的具体影响有多大，要增加说服力离不开统计"。"对经济史有用的统计方法主要有次数分配、时间序列、相关系数这些计算"，实际上，次数分析属于记述统计，时间序列和相关系数分析则是推断统计。①

　　中国传统经济史学很注意数目。司马迁著《史记》、班固写《汉书》、郑樵撰《通志》，都有数据的记载，而且在不同程度上运用了简单的统计法。宋代史学家李心传在计算西汉和东汉时期人口时得出如下结论：在西汉至盛时期，每十户人口为四十八口；到东汉时期，每十户为五十二口，李心传的结论就是依据《汉书》《后汉书》等提供的人口和户数估算统计得出的。中国现代经济史学更重视运用统计学分析方法。汤象龙从1930年起开始查阅清代军机处档案中1861～1910年五十年中的海关报销册，共6000件（这6000余件档案只占他先后经手搜集的全部档案资料的5%）。他采用统计方法把档案中一些有定期的、系统的数据的政府报告和报销册进行摘录，制成统计表格。在搜集海关税收资料时，用印好的统计表格把海关监督每年每季的报销册中的旧管、新收、开除、实在四项数字摘录下来，编成系统的统计资料，积55年之精力，于1985年写成鸿篇巨制《中国近代海关税收和分配统计（1861～1910）》。中国现代经济史学的另一奠基人梁方仲，积数十年的心血，对自西汉到清末2000余年间的户口、田地、田赋进行了统计分析，编制成216个表、6幅图，这

---

① 次数分配主要是计算平均数和离差等，平均数的作用在于找出能代表各数字平均水平的一个有代表性的数字，平均数的代表性如何，要用离差表示；时间序列用来说明某一活动在时间上的过程，它表示历史发展的形态、变化的过程和方式；相关系数需要从某个理论假设出发，或从某一种学说出发观察因素之间的关系。陈振汉：《步履集》，北京大学出版社，2005，第53～55页。

些成果最终形成巨著《中国历代户口、田地、田赋统计》。[①] 1949 年以后，老一辈经济史学家非常重视对经济史，尤其是中国近代经济史统计资料的整理，成绩斐然。如严中平等编的《中国近代经济史统计资料选辑》，涵盖了近代中国的贸易、工业、农业、铁路等领域。

在当代经济史学家中，不少学者也注意统计学方法的运用。吴承明所撰写的著作《中国资本主义的发展述略》《中国民族资本的特点》《论我国半殖民地半封建国内市场》等，[②] 是运用统计方法分析经济史的代表作。赵德馨在研究中华人民共和国经济史时，很注重新中国经济数据的整理与分析，体现在他所主编的五卷本《中华人民共和国经济史》中。刘佛丁、王玉茹、张东刚等学者研究中国近代经济史的一个显著特点就是注重统计分析。杜恂诚在撰写《民族资本主义与旧中国政府》一书时，一半的篇幅是统计表格。经济史统计研究受到了政府部门的高度重视。陈争平主持的国家社科基金重大项目"近代中国经济统计研究"将建构涵盖清后期、北洋政府时期、南京国民政府时期等长时段中国经济统计数据的系列，预期在两方面有重大突破：一是建成两套近代中国经济统计数据库（原始数据库及改进数据库）；二是在系列数据基础上展开进一步分析，据此出版多卷本中国近代经济统计研究专著。

总体而言，统计学方法在中国经济史学研究中的运用还不甚理想。那么，经济史研究怎样加强统计学方法的运用呢？首先，经济史学者必须掌握统计学理论与方法。毫无疑问，加、减、乘、除是统计分析，但这只是简单的统计。如果要进一步做权数、指数、变化率、边际贡献率的分析，就必须懂得统计学原理。其次，经济史学者必须下苦功夫搜集资料。南京国民政府以前的统计资料一般都很散，没有系统的统计数据。这就需要研究者先把散落于各种史料中的数据抽检出来，然后将同类的各种数据进行反复对比，去伪存真。前辈学者汤象龙、梁方仲就是这样

---

①　石潭：《计量史学研究方法评析》，《西北大学学报》（哲学社会科学版）1985 年第 1 期，第 102 页。

②　吴承明：《中国资本主义与国内市场》，中国社会科学出版社，1985。

做的。光是从文献中找数据还远远不够，官方资料没有记载的经济数据需要大面积查阅家族档案、企业档案、时人记述、碑刻、当事人口述数据，要将这些资料互相印证、形成可靠的统计资料。再次，经济史学者要用正确的统计分析方法分析正确的统计资料。如果所使用的统计方法是正确的但统计资料不正确，统计分析就毫无意义。反之，统计资料是正确的，但统计方法是错误的，统计分析也毫无意义。经济史学界经常出现这样一种尴尬：一些学者掌握了正确的统计数据但不知道怎样去分析；另一些学者通晓统计分析方法却不知道数据在哪里。走出尴尬境地的治本之方无非两途：一是学者们沉入浩如烟海的史料中去发掘、整理数据；二是开展合作研究，取长补短，好好运用数据。

四　计量经济学方法

计量经济学是与统计学密切相关的一门学科。计量经济学假设国民经济系统是一个遵循某一客观经济规律的随机过程，任一经济数据都产生于这个随机经济系统。计量经济学分析就是以经济观测数据为基础、以经济学相关理论为指导，运用推断统计方法分析各种经济变量之间的因果关系，以此来揭示经济运行的规律的一种方法。计量经济学分析以经济数据为材料。计量分析结论的科学性很大程度上取决于经济数据准确程度。没有高质量的经济数据，再完美的计量分析也毫无意义。经济数据怎样获得？主要靠统计学方法。如通过记述统计可以对已经有的数据进行去伪存真，通过推断统计可以推导出书籍没有记载的数据。推断统计可以被广泛地应用到各个领域，如社会统计分析、卫生统计。当推断统计应用到经济研究领域，并且与经济学理论有机结合起来时，计量经济学就产生了。所以，计量经济学以统计学为基础，但又不同于统计学。它们各自有自己的研究对象和研究范畴。"经济统计学是对各种经济现象、经济行为和经济主体的一种量化描述，其本质是经济测度学。而计量经济学是在观测经济数据的基础上以经济理论为指导进行计量经济学建模与统计推断，从而检验经济理论和经济假说的有效性与正确性，并揭示经济变量的因果关系和内在经济运行规律。"[1] 计量经济学是统计学、经济理论的有机结合，是一门交叉学科。计量经济学家格兰杰说："计量经济学可以定义为这样的社会科学：它把经济理论、数学和统计推断作为工具，应用于经济现象的分析。"[2]

美国的新经济史学是应用计量经济学的成功典范。[3] 诺思、福格尔、戴维斯等人以历史统计资料为基础，运用计量经济方法重新诠释经济史，实现了对传统经济史学研究方法的颠覆。正如诺思所言："他们（新一代经济史学者）怀疑对美国经济史的传统解释，深信新经济史学必须以可靠的统计资料作为坚实的基础。"[4] 戴维斯也说："如果这门科学还想完全停留在文字传统上面，那么除了继续把现存的史料拿来改头换面一下，除了延续经济学与经济史学之间长达一百年的脱节现象之外，很难看出还有其他什么指望。"[5] 福格尔认为："重新建立起过去曾经存在却没有发扬的计量方式，强调重新组合原始资料，使之能以前所未有的方式得到计量处理，强调如何去发现那些无法直接计量的经济现象。"[6] 戈尔丁更是将历史计量学的诞生视为经济史学纳入经济学的规范的标志性事件，

①　洪永淼：《经济统计学与计量经济学等相关学科的关系及发展前景》，《统计研究》2016年第5期，第6页。

②　Goldberger, S., *Econometric Theory*, Wiley and Sons, 1964.

③　20世纪以来，计量经济史学经历了三代人的历程。第一代代表人物是西蒙·库兹涅茨和亚历山大·格申克龙。库兹涅茨的贡献在于把数学和统计学引入经济史研究，并关注了国家规模对经济增长的影响。格申克龙则从经济史中归纳出后发优势的理论。第二代代表人物是两位年诺贝尔经济学奖获得者，罗伯特·福格尔和道格拉斯·诺思。福格尔是通过新古典经济学和数量统计的方法来研究经济史，这被称为"新数量经济史"。诺思在新古典经济学的基础上，成功地将新制度经济学的产权理论和凯恩斯的宏观经济学方法运用于经济史的研究，实现了抽象演绎与历史归纳法的有机融合，创立了"新制度经济史学"，并成为新制度经济学的支柱理论之一。第三代代表人物是阿夫纳·格雷夫。格雷夫将历史经验归纳方法和博弈论分析方法相结合，创立了"历史的制度分析"，把诺思的新制度经济史学向前推进了一步，这是经济史学在20世纪90年代的最新发展。

④　Greif, A., "Cliometrics After 40 Years", *American Economic Review*, 1997, 87 (2), p.412.

⑤　Davis, L., "'And It Will Never Be Literature': The New Economic History: A Critique", *Explorations in Economic History*, 1968, 6 (1).

⑥　Fogel, R., *Railroads and American Economic Growth: Essays in Econometric History*, John Hopkins University Press, 1964.

因为它使用了与主流经济学相同的模型和统计工具。[①]

新经济史学家的计量分析与传统经济史学家的数量分析是完全不一样的。这体现在两个方面。第一，传统经济史学家的数量分析主要表现为资料搜集和对原始资料简单分类，一般不对资料进行综合加工和再组合。而新经济史学的计量研究却强调："要按照经济学的概念赋予严格的定义，并根据经济理论对第一手资料进行加工和再组合；当资料缺乏以及为了推算无法搜集的资料时，就从残存的资料中运用经济学、统计学、数学的理论，再将失去的资料重新组合起来；广泛使用比较方法和间接的推算。"[②] 第二，在方法论上，传统经济史学家的数量分析主要采取简单的统计分析方法，新经济史学家除了采取回归分析方法以外，还广泛地运用包括线性规划、超几何分布、投入产出分析、模拟模型、方差分析、因子分析和马尔科夫链等在内的比较高深的计量分析方法。[③]

在方法论上，计量经济史学或者历史计量学（cliometrics）除了娴熟地运用了已有的计量经济学方法外，还结合经济史的特征发明了两种计量分析工具，即反事实计量法和间接计量法。

福格尔创造了反事实计量法。在福格尔看来，在经济史研究中，可以通过假设（as-if）提出与事实相反的问题，然后通过计量分析进行验证。1964 年，福格尔用反事实计量法研究美国铁路对经济增长的贡献。传统经济史学认为，19 世纪后期，美国在西部修筑铁路带动美国经济的增长。福格尔对此表示质疑。他先做了两个假设：假设一，19 世纪后期美国西部不存在铁路；假设二，美国存在两种可以替代的运输方式，即水运和马车。福格尔根据这两个假设分别建立存在铁路情形下与不存在铁路情形下的运输成本模型。他的数据主要来自当时的工业统计资料。

---

① Goldin C. , "Cliometrics and the Nobel," *Journal of Economic Perspectives*, 1995, 9（2），p. 191.

② 转引自郭士征：《计量经济史的兴起和发展》，《外国经济与管理》1986 年第 3 期，第 36 页。

③ 〔美〕福格尔：《历史学和回溯计量经济学》，王薇译，《国外社会科学》1986 年第 8 期，第 53 页。

通过计量分析，发现铁路确实降低了运输成本，但是两个模型得出的国民生产总值却相差无几。这就说明，铁路的出现，对拉动美国经济增长确实起到一些作用，但这种作用明显被夸大了，推动美国经济增长的原因应更多地从铁路以外的其他因素中去寻找。[①] 1974 年，福格尔和英格曼再次利用反事实计量法来研究南北战争前美国南部诸州奴隶制庄园的效率。[②]

所谓间接计量方法，就是把不能直接拿来做比较的数据通过转换处理，甚至选取一些中间变量，使这些数据转变成为可以直接比较的样本的一种计量分析方法。福格尔认为，传统经济史学在做数据分析时，所运用的数据局限于简单可比的数字，这种分析导致经济史学研究范围受到极大的限制。采用间接计量法，把不能直接比较的数据转化成为可以比较的数据，就扩大了经济史学的研究范围。这样一来，就可以对过去因缺乏资料或因资料难以量化而无法研究的课题进行研究。间接计量法首先要有相关经济学理论做指导，只有在相关经济学理论的指导下，研究者才能明确哪些方面需要计量方法，才能指导间接计量过程中有关数据的转化与换算问题。1968 年，诺思运用间接计量方法对 1600～1850 年海洋运输生产率变化的原因进行了深入的探究。传统观点认为，导致海运生产率提高的最主要的原因是技术进步。可事实却是，这一期间海洋运输技术没有显著的进步。显然，技术进步并非海运生产率提高的关键原因。诺思认为，推动海洋运输效率提高的主要原因是全要素生产率的增长。诺思运用间接计量法对他的观点进行了论证。诺思的分析思路如下：1600～1850 年的海洋运输生产率缺乏直接可比的数据，但是可以用单位航运成本来代替海洋运输生产率变化的中间指标。找到了这个中间指标之后，就可以对影响航运成本的各种因素进行分析。分析发现，

---

① Fogel R., *Railroads and American Economic Growth：Essays in Econometric History*, Johns Hopkins University Press, 1964.

② Fogel, R., Engerman, L., *Time on the Cross The Economics of American Negro Slavery*, Little Brown and Company, 1975.

1600～1784 年，全要素生产率的增长很缓慢，导致海洋运输生产率提高的主要因素是船员人数减少和在港口停留时间缩短。1814～1860 年，海洋运输生产率快速增长，年均增长率几乎是前两个世纪的 10 倍，导致生产率增长的主要原因是船只装载量的大量增加和更大的装载因子。进一步的研究还发现，技术进步对海洋运输生产率提升的贡献要远远小于其他的因素，主要是组织形式的变化、海盗的减少。[1]

尽管反事实计量法和间接计量法是经济史学家的创造，但是它们在本质上仍然是计量经济学方法。福格尔把计量经济史研究方法的主要特点概括为两个方面："第一，对现象的计量；第二对经济理论的依赖。计量经济史力图提供一种对历史和经济学都适用的更科学的方法，它提出经济史研究必须着力于系统的量化以及（数学的）建模。这样就能够很好地解读历史。通过对经济理论、统计分析和经济计量技术的使用，历史可以被提炼，从而通过逻辑一致性和经验相关性的检验。"[2] 反事实计量法的逻辑原理在于原命题和逆否命题具有等价的功能，如果想要研究经济变量之间的某种因果关系是否存在，但又苦于找不到直接的证据或者是论证的方法，在这种情况下，对它的逆否命题进行研究也可以达到目的。间接计量法在本质上就是对计量分析中工具变量的运用，其中的关键环节在于中间变量的选取、样本数据的获得、回归分析结果显著性检验等。反事实计量法和间接计量法的使用，是经济史学研究视角的转换。通过这种转换，可以得到一些传统经济史学家难以想象的结论。因此，对于传统经济史学而言，计量分析是极具颠覆性的。[3]

总体而言，计量经济史学对计量方法的运用还不是很多。定量分析包括两个方面，"一是统计、计量的实证分析，二是数学建模"。经济史

---

[1]　North, D. C. , "Sources of Productivity Change in Ocean Shipping, 1600 - 1850", *Journal of Political Economy*, 1968, 76（5）, p. 953.

[2]　转引自 Dora Costa, Jean-Luc Demeulemeester, Claude Diebolt：《什么是"计量经济史"》，《中国计量经济史研究动态》2010 年第 3 期。

[3]　孙涛、张蕴萍：《历史计量学：经济史学研究的进展》，《文史哲》2005 年第 5 期，第 160 页。

学界的定量分析尚停留在实证分析的层面。福格尔就认为计量经济史学"产生于历史问题和先进统计分析的结合，在这里，经济理论是女傧相，计算机是男傧相"。福格尔"仅强调了利用经济理论进行统计和计量分析的方面，没有将历史计量学定量分析中构建模型的内容包括在内"。①

经济史学界对计量经济史学评价不一。格雷夫认为，历史计量法对于经济史研究的贡献是，计量经济史学改变了和丰富了对大量有关经济史论文的理解，对经济理论的创新和经济政策的制定也有很大的贡献。②但经济学家对计量经济史学却没有给出这么高的评价。索洛认为，"很多著作看起来正是我讽刺过的那种经济分析：千篇一律地用积分、回归、t 系数来替代思想"，他担心地说："经济史已经被经济学腐蚀了"。③罗默甚至认为历史计量学意味着经济史学已经终结。陈振汉认为福格尔的"反事实计量法"不是从历史实际出发，认为福格尔所著的《铁路与美国经济增长》一书"不但看不到铁路的社会文化作用，而且连铁路的经济影响也不能全面考虑"，认为福格尔等所著《苦难的时代：美国奴隶制经济学》一书是根据经济学理论割裂利用原始资料，是一本"完全脱离了原来社会历史面目的'历史学'著作"。所以，他认为以福格尔为代表的计量经济史学在总体上是失败的。④霍布斯鲍姆也认为反事实计量法对历史研究没有显著的意义。⑤

计量经济史学自 20 世纪 80 年代传入中国以来，中国经济史学界对计量经济学的应用方兴未艾。广东外语外贸大学、上海财经大学、北京大学、清华大学、河南大学、中南财经政法大学、中国社会科学院经济研究所等单位的部分学者比较注重计量经济学方法的运用。其中，刘巍教

---

① 转引自孙圣民：《历史计量学五十年：经济学和史学范式的冲突、融合与发展》，《中国社会科学》2009 年第 4 期，第 142 页。

② Greif, A., "Cliometrics after 40 Years", *American Economic Review*, 1997, 87 (2), p. 400.

③ Solow, R. M., "Economics: Is Something Missing?" in Parker, W., *Economic History and the Modern Economist*, Blackwell, 1983, p. 23.

④ 转引自陈振汉：《社会经济史学论文集》，经济科学出版社，1999，第 683~685 页。

⑤ 〔英〕埃里克·霍布斯鲍姆：《史学家：历史神话的终结者》，马俊亚、郭英剑译，上海人民出版社，2002，第 128 页。

授的研究颇具影响。他和他的团队围绕近代中国的 GDP 估算、货币供应与需求等问题开展了系列较有深度的研究。① 例如，《1927～1936 年中国柯布—道格拉斯生产函数初探》一文，利用柯布—道格拉斯生产函数理论模型，运用插值法估算出 1927～1930 年的 GDP。② 《对中国 1913～1926年 GDP 的估算》一文，使用计量经济学方法，从总供给和总需求的视角，对 1913～1926 年的 GDP 数据进行估算，从进口、银行存款和投资角度对这一时段 GDP 做了验证，该文的估算结果显示，1914～1918 年中国 GDP是连续负增长的。③ 《近代中国货币需求理论函数与计量模型初探（1927～1936）》一文，构建了 1927～1936 年中国货币需求理论函数，运用 Beta 系数分析了各解释变量的相对重要性，使用双对数回归方程分析了这个时期的货币需求量对各解释变量的弹性。④

　　按照刘巍教授的概括，⑤ 计量经济史研究的标准范式是"前提假设——

①　刘巍教授是国内较早开展计量经济史研究的学者，他本人于 2008 年当选为中国数量经济学会的常务理事，在其所在的工作单位广东外语外贸大学组建了中国计量经济史研究中心，出版内部刊物《中国计量经济史研究动态》，在国内外经济史学界产生了一定的影响。

②　刘巍、刘丽伟：《1927～1936 年中国柯布—道格拉斯生产函数初探》，《求是学刊》1998年第 3 期，第 50 页。

③　刘巍：《对中国 1913～1926 年 GDP 的估算》，《中国社会经济史研究》2008 年第 3 期，第 90 页。一战期间中国经济负增长的主要影响因素来自两个方面。第一，第一次世界大战期间中国经济是供给约束类型，几乎没有闲置的生产能力，突如其来的需求首先拉动价格，价格信号传导到厂商后，厂商必须购买资本品，扩张生产能力，方可增加供给，从而 GDP 增长，中国近代工业的资本品大都来自海外进口，一战期间，列强经济转向战时状态，出口减少，中国资本品进口大幅萎缩，致使投资增长严重受阻。因此，只能在既有的生产规模上加班加点生产，受生产力水平的约束，产量增长不多，导致价格上涨。既有的厂商利润大增，市面繁荣，"黄金时代"虽有赚钱效应，但经济增长不尽如人意。资料说明，一战期间，中国工业增速并不比前期快，而且，有些行业还是增速下降的。第二，近代中国的农业始终占据着国民经济的压倒性比重，农业经济的状态是影响中国 GDP 的重要因素。资料分析表明，大战期间中国农业总产值是下降的。占总产出大头的农业总产值下降，占小头的工业产值也没有证据证明显著增长，于是，GDP 总值必然是下降的。刘巍：《第一次世界大战期间中国 GDP 下降之影响因素研究》，《民国研究》2009 年第 1 期，第 78～79 页。

④　刘巍、徐颖：《近代中国货币需求理论函数与计量模型初探（1927～1936）》，《中国经济史研究》1999 年第 3 期，第 36 页。

⑤　刘巍：《经济运行史的解释与经济学理论的检验：1996 年以来中国近代计量经济史研究评述》，《中国经济史研究》2013 年第 1 期，第 162 页。

逻辑推理——实证检验"。"前提假设"就是对研究对象所处的宏观经济环境的主要特征做抽象处理。这是计量经济史学研究的逻辑起点。要对研究对象所处宏观经济环境的主要特点做出符合历史场景的抽象，就必须查阅、分析大量的历史资料。否则，所做出的抽象就可能与历史场景不符。比如，要研究近代中国法币改革前的货币供给问题，就必须研读近代中国的银两和银圆流通状况、中外银行和钱庄票号的存贷款业务、各种发行机构的钞券发行、铜币发行与流通状况等方面的资料，然后从中抽象出几个基本特点，将其作为研究的逻辑起点，由此开始货币供给的逻辑分析。历史学家把"历史不允许假设"作为信条，这不但没有错而且应该坚持，但是计量经济史研究中的前提假设与历史学家所说的假设不是同一概念，历史学家所说的"假设"是指虚构，计量经济史所言的"前提假设"是对宏观经济环境特点的抽象，是建立在史实基础上的抽象，并非虚构。当计量经济史学家所做的前提假设与某种经济学理论贴近时，就可运用经济学理论对研究对象进行逻辑推理。比如，如果近代中国进口活动的前提假设与国际贸易理论基本一致时，就可以运用国际贸易理论框架对近代中国的进口问题进行分析。需要指出的是，要注意理论与历史是否相符的问题，如果某种经济学理论与经济史实况不相符，就不能进行逻辑推理。例如，近代中国经济是供给约束型经济，因此不能用凯恩斯宏观经济理论来阐释近代中国经济，因为凯恩斯经济学是建立在需求约束基础之上，主要用来解释在供给充足的情况下如何拉动有效需求的问题。实证检验是计量经济史学者"标志性"的研究手段，实证检验就是"做模型"，其作用在于用数据验证前面逻辑推理的结论是否可靠。如果逻辑推理能通过实证检验，结论就得到了证实；若不能通过实证检验，则说明某一环节出了问题，必须重新做分析。前提假设和逻辑推理，要求经济史学者具备历史学和经济学的功底，进行实证检验即"做模型"则要求经济史学者必须具备计量经济学的学术修养。

计量经济学应该成为研究经济史的一种重要方法。但计量经济学也是有明显缺陷的。吴承明认为这主要体现在两个方面。第一，计量经济学方法适合研究生产力但不适用于生产关系的研究，因为生产关系属于经济制度的范畴，经济制度无法量化。福格尔等在《苦难的时代：美国奴隶制经济学》一书中，运用计量方法得出这么一个结论：在美国南北战争以前，南方奴隶制庄园的经济效益比北方的资本主义农业要高。这个结论颠覆了传统观点，非常新颖，学术界对此却持异议，因为自由和平等是无法计量的，福格尔却把它们做了量化处理。在经济史上，经济制度的创新、经济结构的转换对经济发展产生了至关重要的影响，而这些都难以计量，这就必然会导致计量分析和预测的失败。第二，经济历史的演变过程是一个从量变到质变的过程，经济史研究也应该反映这种变化过程，计量经济学方法反映量变而忽视质变，对那些只有质变而没有量变的东西，计量经济学方法就无法进行研究。例如，中国的资本主义萌芽主要表现为质变，量变并不明显，计量经济学就无法研究这个问题。[①] 吴承明在晚年对经济史研究中的计量分析方法做了全面的思考。他说："我是学经济出身的，毕业后还做了 20 多年经济工作，教书也是教经济。我早年研究经济史就主要用分析方法，喜欢计量分析。但到上世纪 80 年代，看法开始有改变。首先感到计量分析的局限性。一个模型的变量有限，许多条件只能假定不变，这不符合历史。研究农业，灾荒不好计量，只能有灾是 1，无灾是 0。战争也是这样。1986 年我在美国参加计量史学会议，那时福格尔还未获诺贝尔奖，但有些计量史家已转业，气氛低沉。把历史现象都作为函数关系，与实际不符。正如 R. 索洛所说，不能'用时间变量代替历史思考'。历史是要下功夫思考的，不能用 t 推出来。"[②] 古德里奇认为，以计量分析为特征的新经济史学的出现，是经济史研究历史上一次"知识革命"，它使传统经济史研究面临一场严峻的挑战，这就好比工业革命时期机器生产对手工生产的挑战一样。但是他认为，新经济史学家所研究的并不是经济史本身，他们的研究是把经

---

① 吴承明：《中国经济史研究的方法论问题》，《中国经济史研究》1992 年第 1 期，第 11 页。
② 吴承明：《谈谈经济史研究方法问题》，《中国经济史研究》2005 年第 1 期，第 3 页。

济史当作"背景"，他们真正关心的仅仅是经济增长而已，所以，古德里奇认为，以文字形式表达的经济史才是经济史，以数据形式表现的不能称为经济史，需要另起一个名称。① 熊彼特师承历史学派，对经济史情有独钟，他对经济史也有独到的理解。他认为经济史"只是通史的一部分，只是为了说明而把它从其余的部分分离出来的"。② 通史中的多数内容是难以量化的。作为通史一部分的经济史，也不可能用量化分析法去取代一切。因此，无限地夸大量化史学的作用是不正确的。需要量化的就量化，不能量化或者不适用于使用量化分析的，就不能量化。这一点，福格尔也是赞同的。他说："我并非主张经济史中的每个问题都适于运用数学方法，而且也不认为在原则上适用于数学方法的所有问题在实际上都能用数学方法恰当地处理。一些问题包含着现在的数学所能解决的问题范围以外的关系。在另一些情况下，描述某种既定实情所需要的方程组可能是无解的；或者虽然可以确定出一个模型并能解之，但是估计模型的参数所需要的数据却不可能得到。"③

越来越多的人意识到，计量经济史学与传统经济史学不是对立的。计量经济史学必须以传统经济史学为基础。20 世纪 70 年代美国经济史学会主席席德就说："没有以往史学家所做的各种质的研究（qualitative studies），计量史学家可能就会误解了他们用以量化研究的材料的意义；没有史学家所积累的研究成果，理论学者也很难设定各种近乎真理和实际的模型。"④ 完整的经济史学研究，既需定性研究也需定量研究，两者如同车之两轮、鸟之两翼，同等重要。席德希望做定性研究的"传统经济史学家"和擅长于做定量研究的"新经济史学家"之间，在研究方法

---

① 转引自李伯重：《史料与量化：量化方法在史学研究中的运用讨论之一》，《清华大学学报》（哲学社会科学版）2015 年第 4 期，第 51 页。

② 〔美〕熊彼特：《经济发展理论：对于利润、资本、信贷、利息和经济周期的考察》，何畏等译，商务印书馆，2017，第 67 页。

③ 〔美〕福格尔：《历史学和回溯计量经济学》，王薇译，《国外社会科学》1986 年第 8 期，第 51～52 页。

④ 转引自隋福民：《创新与融合：美国新经济史革命及对中国的影响（1957～2004）》，天津古籍出版社，2009，第 171 页。

上多交流，相互理解，彼此尊重。席德的上述观点毫无疑问是正确的。因为使用量化方法，必须以真实的史料为基础，也就是说，只有在对史料进行考证并对相关问题进行了定性分析之后，才能够运用计量分析的方法。所以，计量经济史是建立在史料考证的基础之上。英国经济史学家巴克指出，20 世纪 60 年代，计量经济史从美国传播到英国，"这投合了英国经济史学家的兴趣，但主要是那些接受经济学家训练、而不是那些具有历史学背景的经济史学家。即便在前一类人中，也有许多人已认识到，计量经济史著作虽以数字资料作为基础，但却不够注意这些资料的可靠性，而且常常未能把它们同传统的史料联系起来"。① 福格尔在撰写《苦难的时代：美国奴隶制经济学》一书时，为了证明奴隶主不是贪婪的剥削者而是"具有高尚道德和充满人性"的人，引用 1860 年的人口调查记录，说在纳什维尔市的娼妓中，黑人只占 4.3%，而且这些黑人娼妓都是自由人，没有一个是奴隶。事实却是，1860 年的人口调查根本没有包括奴隶，但黑奴沦为娼妓确是众人皆知的事情，在当时报刊中屡有报道，福格尔对这种实情却充耳不闻。②

用计量分析方法研究前近代中国经济史，遇到的最大尴尬就是无量可计。除了中国现代经济史有比较连续而完整的数据之外，中国古代和近代经济史的统计性数据非常缺乏，古代经济史领域尤其突出。在中国的历代典籍中，"很少统计数字，计量也多是约数"，而且典籍中的数字大多带有"是非褒贬"的感情色彩，真实性值得怀疑。正因为如此，黎澍提示当代历史学家在运用这些数据进行计量分析时要万分审慎。③ 在《食货志》和地方史志等正史中，确有大量有关人口、税赋、田亩、产量的数据，这些数据要么缺乏系统性，要么缺乏真实性。例如，中国从商开始就有人口统计，但从商代到清代，各个朝代的统计对象多为户和丁，

---

① 〔英〕科尔曼、巴克等：《历史分支学科论坛：什么是经济史》，王建华译，《现代外国哲学社会科学文摘》1986 年第 6 期，第 2 页。
② 石潭：《计量史学研究方法评析》，《西北大学学报》（哲学社会科学版）1985 年第 1 期，第 101 页。
③ 黎澍：《马克思主义与中国历史学》，《历史研究》1983 年第 2 期，第 13 页。

而不是当时的全部人口。"将现有的全部中国历代户口资料汇集起来，就会发现它们存在着很大的时间和空间上的空白，……有时近千年间没有一个比较可靠的数字。"① 数据不足阻碍了计量经济史学在中国经济史研究中的应用。宋代经济史专家赵冈断言，南宋时期中国城市化水平达到20%，这在当时世界上是无可比肩的。② 赵冈对宋代城市化水平的计量分析结果为什么这么高呢？因为他赖以计量的资料本身就有误。赵冈的数据来源于霍林斯沃斯对杭州人口的研究，而霍林斯沃斯的数据又是根据《马可·波罗游记》中关于杭州胡椒消费量的记载推算出来的。据马可·波罗记载，杭州每日可销售43担胡椒，每担重223磅，折合4338公斤。据此，霍林斯沃斯认为杭州至少有500万人口。仅仅根据胡椒销售量就来推算人口数量未免过于武断。如果杭州是一个胡椒集散地，那根据胡椒销售量推算出来的人口就不是杭州的人口。回归分析建立在时间序列的基础之上。一般而言，回归分析至少需要20个到30个连续的数据，"历史资料要找长时期的完整、连续的时间序列是困难的。其中必然有间断、空白"，这就极大地制约了回归分析方法的运用。③

数据库建设是国内经济史研究的当务之急。在这方面，近年来取得了显著的成绩。李中清团队创立了7个大规模数据库，内容涉及100万名中国民众的生产生活状况。陈志武团队正在整理清代刑科题本和民国司法统计资料，以构建1700年以来中国利率史数据库建设工作。陈争平团队正在构建近代中国经济统计研究数据库。④

经济史学与数量关系密切。经济史学处于传统型状态时，即以记载与计算数量为特征。自现代型经济史学诞生以来，100多年间，研究方法逐步向精密化、科学化、公理化、符号化方向发展。这些"化"必须借

---

① 葛剑雄：《中国人口发展史》，福建人民出版社，1991，第70~71页。
② 参见赵冈：《中国城市发展论史集》，新星出版社，2006，第29页。赵氏认为中国城市化在自南宋达到顶峰之后，一直在走下坡路，1820年降到7%。
③ 陈振汉：《步履集》，北京大学出版社，2005，第56页。
④ 孙圣民：《对国内经济史研究中经济学范式应用的思考》，《历史研究》2016年第1期，第165页。

助计量，故定量分析方法就成了经济史学的重要分析工具。20 世纪 30 年代 "凯恩斯革命" 以后，尤其是二战以后，数学和计算机科学迅速发展，经济增长分析和经济预测盛行。出于经济政策和决策的需要，经济学家借助数学的思维和论证方式，探讨各种经济现象的内在联系和量变规律。西方经济学的量化分析日益强化。经济史研究应鼓励使用计量研究方法，但也要充分注意到计量方法的不足。事实上，计量经济学的相关性分析必然只能关注那些同质的数量间关系，却忽视了无法观察到或者无法量化的结构、机制和力量等因素，而这些结构、机制和力量等因素的改变，必然会导致计量预测的失败。阿克罗夫（加州大学伯克利分校的经济学讲座教授，2001 年诺贝尔经济学奖得主）和席勒（耶鲁大学经济学讲座教授，有名的凯斯 - 席勒房地产指数的创立者之一）在《动物精神》（Animal Spirit）一书中，对当下的经济学发起质疑和冲击。作者在全书中努力说明，数理逻辑是不能取代 "生命逻辑" 的。经济史学用的是生命逻辑，当代主流经济学用的是数理逻辑，这是二者的不同，故不能互相取代。2008 年 11 月英国女王访问皇家科学院，问了一个让经济学家尴尬的问题："毁灭性的市场危机扑面而来，经济学者为何无法觉察并预警？"[①] 为了回应英国女王的质疑，经济学家两度致函女王，在集体认真检讨的基础上，提出他们的看法，大致认为："是经济学在学科数学训练的偏狭和学术文化的缺失，脱离现实世界，固执不切实际的理论假说，以及对市场的实际运作不加评判地美化等等"，造成了经济学对现实的诠释和指导能力的贫弱。这说明经济学需要经济史来纠偏和补充。

第四节　历史学研究方法

经济史学的首要任务是真实地探究和再现过去的经济实践，这就需要

---

① 说经济学人都毫无所知，指责未免过甚。比如，席勒就曾一连几年大声疾呼 "狼快来了"。他的声音被淹没在主流的噪声里。又如，席勒的同事、同是耶鲁大学经济学教授的基纳考博劳斯（Geanakoplos）发觉现行的经济学模型的基本假设前提有严重缺陷，并在 2000 年发表论文，认为 "杠杆周期效应" 很容易就能拖垮市场，业界也几乎充耳不闻。

运用历史学的研究方法。正如英国经济史学家克拉夫茨所说的："经济史要取得重大的进展，既需要经济学方面的技能，也需要历史学方面的技能。"[①]

哪些历史学方法是经济史研究需要运用的呢？下面择要述之。

一　史料考证法

什么是史料呢？梁启超认为是"过去人类思想行事所留之痕迹，有证据传留至今日者也"。[②] 如果人类思想行事的痕迹没有留下证据，就没有史料。史料与史学是什么关系呢？"史料为史之组织细胞，史料不具或不确，则无复史之可言。"[③] 没有史料就没有史学。所以，开展经济史研究，首先是治史料。而治史料的第一步是掌握发现和搜集史料的方法。史料主要有两种表现形式：一是没有文字记录的史料，二是有文字记录的史料。

没有文字记录的史料包括哪些呢？梁启超认为有 5 种。[④] 第一，现存之实迹。现存的实迹是对过去人类活动的反映。例如，万里长城实迹反映出当时的建筑艺术与水平，汉通西域的道路实迹反映出当时的汉代经济交往圈。第二，口碑（口述资料）。代代相传的口碑是对人类某种经济行为习俗的反映。第三，考古发现。每一次重大的考古发现就是发掘出一批新的史料。考古发现一座湮没于地下的古城堡，就是找到研究某个历史时期的新史料。例如，1991 年，考古工作者在湖南澧县车溪乡岳村发现城头山古城遗址，据测定，遗址建成年代距今约 4600～4700 年，属新石器时代晚期。2011 年上海世博会中国馆大厅地面玻璃板下展示了一座古城模型，其上有红色灯管打出的文字："城头山——中国最早的城市。"不久，在郑州西山发现了一座新石器时代中期偏晚的古城遗址，其建成年代距今 4800～5300 年。这"类城"是在原始氏族社会后期出现的设施，主要目的防御外人进攻，规模不大。城头山城内面积约为 0.076 平

---

①　转引自〔英〕科尔曼、巴克等：《历史分支学科论坛：什么是经济史》，王建华译，《现代外国哲学社会科学文摘》1986 年第 6 期，第 3 页。

②　梁启超：《中国历史研究法》，东方出版社，1996，第 44 页。

③　梁启超：《中国历史研究法》，东方出版社，1996，第 44 页。

④　梁启超：《中国历史研究法》，东方出版社，1996，第 45～54 页。

方公里，西山城内面积约为 0.03 平方公里。功能单一，以房屋、窖穴为多，另有陶窑、墓葬。上述考古研究成果证实，新石器时代晚期的城，只是供原始氏族社会先民居住并保卫他们安全的聚落设施。第四，再现的原物，如器皿、工具、服饰、货币、陶瓷等，都是珍贵的史料。例如，历朝所遗存的货币、度量衡器皿就反映了各个朝代的经济状况。第五，实物的模型及图影。古代的实物不在了，但留下了实物图影，通过实物图影便可推知当时的经济发展情况，例如，通过观察《清明上河图》便可推知宋朝经济的发展状况。

　　以文字记录形式保留下来的史料主要包括 7 种。第一，史书，包括历代所修的正史，也包括非官家所修的别史、杂史、杂传、杂记等，"其价值实与正史无异，而时复过之"。① 第二，关系史迹之文献，主要指的是档案、函牍、日记、家传、族谱等等。宋代以后，此类史料非常丰富。例如，张居正的《太岳集》和晚清曾国藩、胡林翼、左宗棠、李鸿章等人的文集，"与当时史迹关系之重大，又尽人所知矣。善为史者，于此等资料，断不肯轻易放过"。② 第三，史部以外之群籍。经史子集中除史部以外的书籍均可视为史料，如《尚书》《左传》《诗经》《论语》《孟子》《礼记》《天问》《两都赋》等都具有史料价值。梁启超特别指出，在寻常百姓家的故纸堆中也可找到珍贵史料，"一商店或一家宅之积年流水帐（账）簿，以常识论之，宁非天下最无用之物？然以历史家眼光观之，倘将同仁堂、王麻子、都一处等数家自开店迄今之帐簿，及城间乡间贫富旧家之帐簿各数种，用科学方法一为研究整理，则其为瓖宝，宁复可量？盖百年来物价变迁，可从此以得确实资料；而社会生活状况之大概情形，亦历历若睹也。又如各家之族谱家谱，又宁非天下最无用之物？然苟得其详赡者百数十种，为比较的研究，则最少当能于人口出生死亡率及其平均寿数，得一稍近真之统计"。③ 第四，类书。所谓类书，就是把当时

---

① 梁启超：《中国历史研究法》，东方出版社，1996，第 56 页。
② 梁启超：《中国历史研究法》，东方出版社，1996，第 58 页。
③ 梁启超：《中国历史研究法》，东方出版社，1996，第 61 页。

所有的书分类汇总而成的书。类书收录了很多逸书，"于学者之检查滋便，故向此中求史料，所得往往独多也"。① 宋代的《太平御览》，明代的《永乐大典》，清代的《古今图书集成》，都是大型类书。第五，再现之古逸书和古文献，主要指的是记载于竹木简之上的文字。第六，金石及其他镂文。"金石之学，逮晚清而极盛。其发达先石刻，次金文，最后则为异军突起之甲骨文。"把重大事件刻于石头之上作为纪念，是中国人的习惯。刻于石碑之上的资料是对某件经济史事件的记载，如水利石碑就具有很高的史料价值。金文是刻于商周彝鼎之上的文字。梁启超认为"金文证史之功，过于石刻"，例如，西周时期民间债权交易状况在古书中一无可考，《曶鼎》对此却做了比较详细的记载，"自《曶鼎》出，推释之即略见其概"。② 第七，外国人著述。外国人关于中国经济史的记载，可谓重要的史料，如唐代时阿拉伯商人对中国市场的记载、马可波罗对元朝经济社会状况的记录。近代以来，外国人关于中国的记载和著述更多，如日本人写的《东洋史》等。

　　研究中国经济史特别是古近代经济史的学者，既要善于发掘文字形式的史料，又要善于发现非文字形式的史料。发现新的史料，是经济史研究创新的源泉。例如，东汉以后，市面上流通的黄金数量突然减少。为什么减少？人们能见到的有文字记录的史料没有回答这个问题，解开这个谜团，必须要有新的史料的发现。再如，城郭是中国古人的发明，中国的城郭与欧洲中世纪的堡垒不一样，欧洲的堡垒形状像碉堡，是君主和贵族为保护自己的财产而建造的。中国的城郭是为保护一般民众的利益而建造的。古代的民众，到冬天把所有的收获品集聚在一起，最初是筑墙，后来修城郭，以防御外来强盗和外族的掠夺。那么城郭到底兴起于何时？城郭具有什么样的经济功能？南方和北方的城郭又有何区别？解答这些问题，不仅要仔细搜集相关文献资料，还要发掘古城实物。

---

① 梁启超：《中国历史研究法》，东方出版社，1996，第 62 页。
② 梁启超：《中国历史研究法》，东方出版社，1996，第 71 页。

第八章　经济史学的研究方法

史料不是史学。搜集史料只是史学研究的第一步。开展经济史研究，还需对史料进行考据，去伪存真，从而写出信史。什么样的史料才是可靠的呢？年鉴学派历史学家拉杜里说："任何历史研究都应当从分析原始资料开始。"[①] 但是，所有的原始资料都可靠吗？梁启超所说的诸种史料存在形式，应该都是原始资料，但这些原始资料未必都可靠。例如说，正史的一些记载就被史官篡改过；个人记述也可能因本人不在现场而记录失真；石碑的记载极有可能夸大事实；口传史料更有可能以讹传讹。因此，开展史学研究必须对所掌握的史料进行细密而认真的考据，方可写作。吴承明认为："史料是史学的根本。绝对尊重史料，言必有征，论从史出，这是我国史学的优良传统。……治史必须从治史料始，则是道出根本。不治史料径谈历史者，非史学家。所以说'治史料'，因为史料并非史实，经考据、整理后，庶几代表史实。"[②]

如何考证史料？中国传统史学非常重视考据，著名史家在史料考证上都颇有建树。如清代乾嘉学派所发明的训诂、校勘、辨伪、类推、辑佚等方法。王国维创造的"二重证据法"，即以古文献和出土文物相互印证。陈寅恪在王国维的基础上，把考据对象放得更宽，他把诗文、小说、佛经甚至杂书都引入历史考据之中，"取地下之实物与纸上之遗文相互释证"，"取异族之故书与吾国之旧籍互相补正"，"取外来之观念，与故有之材料互相参证"。[③] 他们进行史料考据的方法，至今仍有参考价值。经济史上永远会存在尚未被认识的、认识不清的、需要重新认识的事物。所以无论什么时候，史料考据都是经济史研究不可或缺的方法。从学科发展史积累的经验来看，经济史学者至少应该掌握如下几种基本的史料考证方法。

第一，比较法。同一历史事件，历史记载可能不一样，即所谓"一

---

① 〔法〕埃马纽埃尔·勒华·拉杜里：《蒙塔尤：1294～1324 年奥克西坦尼的一个山村》，许明龙等译，商务印书馆，1997，第 2 页。

② 吴承明：《中国经济史研究的方法论问题》，《中国经济史研究》1992 年第 1 期，第 3－4 页。

③ 《中国现代学术经典·陈寅恪卷》，河北教育出版社，2000，第 854 页。

室之事，言者三人，而其传各异"。① 在同一部书中，前后对同一事件的记载也可能不同。出于众人之手的史书在这类问题上尤其严重。经济史学者在碰到此类问题时，不可轻信一方，要运用比较方法对历史事件进行考证。通过比较考证，就能明辨是非、去伪存真。战国和秦汉时期，伪书盛行。经济史学者在研究战国和秦汉经济史时，如不通过比较辨别史料，就会做一些毫无意义的研究。如《尚书》的《胤征》篇中，有一则关于夏仲康时日食的记载。19 世纪末 20 世纪初，一些不懂中国历史的欧洲天文学家就此事展开了激烈的争论，还撰写了多本著作。殊不知，《胤征》是东晋人所做的伪古文，所记载的日食之事纯属捏造。欧洲人不明底里，白费精力进行研究。20 世纪 20 年代，西方经济史研究开始重视比较研究法的运用。法国经济史学家布洛赫在《建立欧洲社会比较史学》一文中，首倡比较法。芝加哥大学的经济史学教授奈夫运用比较法撰写了系列论著，如《16 ～ 17 世纪英法工业增长的研究》《1540 ～ 1640 英法的物价和工业资本主义》《1540 ～ 1640 法英两国的工业和政府》。二战以后，比较法在经济史研究中得到更多的应用，但总体上处于不温不火的状态。②

第二，求源法。就是探求史料的最原始形式。有些史料经过几次转引以后，史料内容发生了变化，甚至与史源本意完全相悖。面对此种情况，史学者就要通过探求史料的根源来正本清源。例如，清代学者崔述著有《考信录》36 卷。他治史，力倡无征不信、慎言阙疑，只要涉及考证，就必须追溯是非本源，某则史料如果无法考证就存疑。③ 同一事件的史料发生矛盾时，如何处理呢？梁启超认为，"论原则，自当以最先最近者为最可信。先者以时代言，谓距史迹发生时愈近者，其所制成传留之史料愈可信也。近者以地方言，亦以人的关系言，谓距史迹发生地愈近，且其记述之人与本史迹关系愈深者，则其所言愈可信也"。④

---

① 方苞：《方望溪先生全集》（上），商务印书馆，1912，第 268 页。
② 陈振汉：《步履集》，北京大学出版社，2005，第 58 ～ 59 页。
③ 张世明：《"治史如断狱"：历史考据学与律学渊源的知识史考察》，《光明日报》2015 年 3 月 25 日，第 14 版。
④ 梁启超：《中国历史研究法》，东方出版社，1996，第 92 页。

第三，钩稽法。就是在考证过程中，通过钩沉相关史料，从旁证或反证等角度考证某则史料的方法。很多的历史事件在某一本史书中并无详细的记载，而是散落于各种史料中。此时，研究者就要将相关材料逐一排列，相互印证，找到真相。任何人在记载史料时都带有自己的感情色彩，这就导致所记载之史料可能失真。梁启超坦率地承认，他所著的《戊戌政变记》，被别人当作研究戊戌变法的第一手宝贵资料，自己却不敢视其为信史："何则？感情作用所支配，不免将真迹放大也。治史者明乎此义，处处打几分折头，庶无大过矣。"① 中国自产麻而不产棉花，棉花是唐朝时期从海外传入，但到底是从南洋还是从西域传过来的？棉布产生于何时？是自己发明的还是从外国传入的？如果是从外国传入的，来自哪个国家？没有一本专门的史料集来回答这些问题。回答这些问题，必须钩沉相关史料，反复对比方得真谛。

明代学者陈第认为"治史如断狱"，颇有道理。断狱以证据确凿为基础，没有证据、证据不充分证据不准确，就不能断狱，就会制造冤假错案。治史就如同断狱，没有充分的史料作为证据，或者作为证据的史料不准确，就不能下断语，否则写出来的就是伪史。梁启超也有类似的看法，他说："治史者谓宜常以老吏断狱之态临之，对于所受理之案牍，断不能率尔轻信。若不能得确证以释所疑，宁付诸盖阙而已。"② 余英时指出："史学论著必须论证（argument）和证据（evidence）兼而有之，此古今中外之所同。不过二者相较，证据显然占有更基本的地位。证据充分而论证不足，其结果可能是比较粗糙的史学；论证满纸而证据薄弱并不能成其为史学。韦伯的历史社会学之所以有经久的影响，其原因之一是它十分尊重经验性的证据。甚至马克思本人也仍然力求将他的大理论建筑在历史的资料之上。韦、马两家终能进入西方史学的主流绝不是偶然的。"③

① 梁启超：《中国历史研究法》，东方出版社，1996，第110页。
② 梁启超：《中国历史研究法》，东方出版社，1996，第110页。
③ 转引自何俊编《余英时学术思想文选》，上海古籍出版社，2010，第523页。

二 历史归纳法

(一) 历史归纳法的含义

罗雪尔认为历史归纳法"早在亚里士多德和孟德斯鸠的著作中就已萌芽"。[①] 作为科学研究方法的归纳法，产生于 17 世纪。创始人是英国科学家弗朗西斯·培根。完整的归纳包括三大步骤。第一步，搜集通过感官就可获得的各种经验材料，所搜集的材料越全面越好；第二步，对所搜集的材料进行整理、加工、排序；第三步，运用排斥法，剔除否定例证，得出肯定结论，这样，事物的规律就被人们发现了。第一步工作是归纳法的基础。培根认为，所搜集的材料必须经过人的切实感官，也就是必须亲自观察材料，而不是靠道听途说或者似是而非的经验，这样才能保证归纳不是建立在想象或者猜测的基础上而是事实的基础上，"必须准备一部充足、完善的自然和实验的历史"作为归纳法可靠的基础。[②] 第二步工作是对第一步工作的思维剪裁。由于自然本身是纷繁芜杂的，所搜集到的材料也必然是纷乱的，如果不按照某种秩序对所搜集的材料加以整理、排列，人们不仅不能从材料中有所获，反而会感到混乱。所以"必须按某种方法和秩序把事例制成表式和排成行列，以使理解力会能够对付它们"。[③] 第三步是归纳法的终点，就是通过深入的分析，排除非本质的、错误的东西，挑出反映事物本质的、正确的东西，这一去伪存真的过程就是理性分析过程。[④]根据培根对归纳三步骤的划分，归纳法就是这样一种方法：对众多的材料进行加工处理，从中形成一个一般性结论的方法。例如，人类在生产生活实践中发现如下情况下会产生"热"：连续撞击两块石头、连续撞击两个铁饼、用石棒在木块上连续不断旋转、两手摩擦，等等，人们通过

[①] 〔德〕威廉·罗雪尔：《历史方法的国民经济学讲义大纲》，朱绍文译，商务印书馆，1981，第 191 页。

[②] 北京大学哲学系外国哲学史教研室编译：《十六—十八世纪西欧各国哲学》，生活·读书·新知三联书店，1958，第 52 ~ 53 页。

[③] 〔英〕培根：《新工具》，许宝骙译，商务印书馆，2017，第 129 页。

[④] 吴家国：《谈谈培根归纳法》，《北京师范大学学报》（社会科学）1963 年第 3 期，第 20 页。

对这些现象的思考，就可以归纳出"摩擦生热"这个一般性结论。[①] 归纳法自培根提出之后，被广泛地应用于各个学科的研究之中。

当归纳法被应用于历史学科的研究之中或其他学科的发展历史时，历史归纳法就产生了。历史归纳法的特点，就是在广泛地搜集历史资料的基础上，对史料进行整理和归类，从史料中归纳出一般性结论。历史归纳法既是中国传统经济史学的主要研究方法，也是现代经济史学的主要研究方法。经济史学研究运用历史归纳法的一般分为三步。第一步，尽可能多地搜集相关史料；第二步，对史料进行考据加工；第三步，抓住涉及事物本质的史料并从中归纳出一般性结论。

（二）经济史研究中归纳法的运用

在经济史研究中，存在三种形式的归纳法。一是完全归纳，即在"类"（"类"即客观存在的史料）所限定的范围之内，研究所有史料，归纳出共性。这种结论适用面宽、可靠性强。一般而言，选题宏大的经济史论著涉及面宽，涉猎的史料多，其结论接近于完全归纳，如许涤新和吴承明主编的《中国资本主义发展史》、严中平主编的《中国近代经济史（1840～1894）》、汪敬虞主编的《中国近代经济史（1895～1927）》、刘克祥和吴太昌主编的《中国近代经济史（1927～1937）》、中南财经政法大学中华人民共和国经济史课题组的《中华人民共和国经济史》，运用的都是完全归纳法。二是不完全归纳，即从一则或几则有限的史料中推导出一般性结论，或者从一个或几个历史事件中推导出一般性结论。简单枚举法就属于不完全归纳。绝大多数的专题研究是不完全归纳。例如，研究中国通商银行，资料主要是关于通商银行的史料，在此基础上归纳出来的关于商业银行经营管理的结论就是不完全归纳。再例如，研究北洋政府时期的财政，史料局限于北洋政府时期，所归纳出的关于财政收支、财政结构、财政效率的结论，就是不完全归纳。通过事实举例来论证观点，是新制度经济史学的一个重要方法，新制度经济史学的事实举例实

---

① 苑成存、周广智：《谈归纳法的职能》，《佳木斯师专学报》1994 年第 4 期，第 18 页。

际上就是不完全归纳。三是类比，是归纳法的一种特殊形式。如果已知两类事物有某些相同属性，从而可以推测它们在另一方面的属性也可能相同。例如，中国银行和交通银行是清末和北洋政府时期的国家银行，两者之间有诸多相同的属性，如发行钞票、代理国库，由此可以推测两行在其他方面也具有相同的属性。

运用历史归纳法研究经济史，应该注意以下三点。第一，史料是历史归纳法的基础，没有充分的史料，历史归纳法就失去了前提。求真是经济史学的基础功能，求真建立在史料的基础之上。经济史学者要发挥传统史学的优良传统，在开展研究之前，无论是围绕某个历史事件或人物展开的描述性研究，还是长时段的分析性研究，首先是要沉下去广泛地收集史料。第二，对史料的加工整理。主要就是上文所言的史料考据。乾嘉学派善用归纳法，他们的考据结论都是从汗牛充栋的具体文献材料中归纳得出的。这就使得乾嘉学派的考据具有严密性和科学性。梁启超称赞乾嘉学者有"科学的头脑"。胡适也认为乾嘉学者的归纳法是"科学的方法"。历史归纳法运用于史料考证中，就是通过对史料做"类"的分析，从中得到获得一般性的结论。乾嘉学者将这种做法称为"比物连类"。以类为考据对象，使史学的考据不再局限于某一则史料，所得出的结论当然比较深刻。第三，抓住事物的本质，从纷繁的史料中归纳出符合经济史实的结论。无论在国内还是国外，传统经济史学家都擅长运用历史归纳法，很多皇皇巨著都是通过历史归纳而成。中国经济史学界的很多前辈学者在历史归纳方法做出突出的成绩，如汪敬虞先生从中国近代资本主义的发展史料中归纳出"资本主义的发展与不发展"结论、从中国商业史料中归纳出"商兴国兴"的结论。

在这里之所以强调上述三点，一是因为某些擅长计量分析的经济史学者不重视历史归纳，在资料不充分但方法充分的情况下就着手进行研究。这样的研究看似逻辑严谨但经不起史料检验。二是部分传统经济史学者特别是擅长微观研究的学者，很擅长搜集史料、鉴别史料，最终却归纳不出一个深邃的结论。这就好比用做"满汉全席"的食材做出一顿家常便饭。这也是当前中国经济史学界存在的一个突出问题。为什么黄仁宇撰写的《十六世纪明代中国之财政与税收》和《万历十五年》能产生较大的学术影响？为什么非专业经济史学家贡德·弗兰克的《白银资本》能风靡全球？其实，无论是黄仁宇还是弗兰克，他们都很擅长从历史中归纳出发人深省的结论，也就是说，面对同样的史料，他们能归纳出更有价值的结论，自然他们的著作就有更大的影响。

（三）归纳与演绎的兼容并蓄

历史归纳法是经济学的一个主要研究方法。重商主义者的核心观点如金银是社会财富的主要表现形式、金银主要来源于贸易顺差、政府应该采取贸易保护主义政策来实现贸易顺差，均来源于对英国经济历史的归纳。威廉·配第在撰写《政治算术》一书时，使用的就是归纳法。亚当·斯密撰写《国富论》综合运用了历史归纳法与抽象演绎法。在《国富论》第三篇中，斯密从欧洲经济史中归纳出分工和专业化带来经济进步的一般性结论。李嘉图彻底抛弃历史归纳法，遭到了历史主义者的激烈反对。英国历史经济学家琼斯于1831年发表《论财富的分配和税收的源泉》，批判了李嘉图的经济学方法论。杰文斯主张经济学研究应回到斯密方法论，将演绎法与归纳法有效结合。马歇尔在撰写《经济学原理》时，综合使用历史归纳法与演绎推理法，他对两种方法的关系做了精辟的概括："归纳法借助于分析和演绎，汇集有关各类材料，整理它们，并从中推出一般原理或规律。然后演绎法一时又起着主要的作用，它把这些原理彼此联系起来，从中暂时求出新的更广泛的原理或规律，然后再叫归纳法主要分担搜集、选择和整理这些材料的工作，以便检验和'证实'这个新规律。"[1] 二战以后，发展经济学和增长理论取得了重大突破，也得益于历史归纳法的应用。罗斯托通过对主要资本主义国家的工业革命过程的历史归纳，提出经济起飞理论、经济成长的阶段理论。库兹涅茨认为经济研究的一个主要目的是用过去的经验来启迪当代人，用其他

---

[1] 〔英〕马歇尔:《经济学原理》(下卷)，陈良璧译，商务印书馆，2017，第506页。

国家的经验来启迪本国人。要实现这个目的，就必须广泛地搜集各国的历史资料并进行比较，以此为基础，形成经济增长理论体系。

　　归纳法是经济史研究的重要方法之一，但经济史不能局限于归纳法，否则就会犯德国历史学派的错误。在德国历史学派学者看来，人类历史的发展过程不仅具有不可重复性，而且每个国家的历史都具有独特性，人类历史不存在共同规律。所以，研究历史只能采用基于一国实际的归纳法，不能用普遍规律或模式进行逻辑推理研究。19 世纪七八十年代，新历史学派的代表人物施穆勒认为，"政治经济学的一个崭新时代是从历史和统计材料的研究中出现的，而绝不是从已经经过 100 次蒸馏的旧教条中再行蒸馏而产生的"。① 基于这种认识，历史学派认为经济研究就是以归纳为基础的经济史研究，政治经济学的主要任务就是搜集历史资料，从中归纳出若干结论。正如熊彼特所言："历史学派方法论的基本的和独特的信条是：科学的经济学的致知方法应该主要地——原来说是完全地——在于历史专题研究的成果以及根据历史专题研究所作的概括。"② 历史学派把经济学等于经济史学，③ 在方法论上排斥逻辑演绎法，是错误的。事实上，归纳法具有局限性。例如，归纳法所得出的结论一般是单称性命题，很难对历史全貌做出概括，难免以偏概全。正如马歇尔所指出的："归纳法和演绎法都是科学的思想所必须采用的方法，正如左右两足是走路所不可缺少的一样。"④

　　实现经济史学的"三求"功能，在方法论上必须达到归纳与演绎的兼收并蓄。在经济史学史上，马克思和诺思成功地实现归纳和演绎的兼收并蓄，据此，我们提出两条实现路径：马克思路径和诺思路径。

---

① 转引自高德步：《经济学中的历史学派和历史方法》，《中国人民大学学报》1998 年第 5 期，第 3 页。

② 〔美〕约瑟夫·熊彼特：《经济分析史》第三卷，朱泱等译，商务印书馆，1994，第 85 页。

③ 德国历史学派代表人物罗雪尔认为经济学首先是"记述事物本身发展的过程"，而不是指出事物的理想状态应该是怎样的。〔德〕威廉·罗雪尔：《历史方法的国民经济学讲义大纲》，朱绍文译，商务印书馆，1981，第 4 页。

④ 〔英〕马歇尔：《经济学原理》（上卷），朱志泰译，商务印书馆，2017，第 33 页。

1. 马克思路径

马克思是一个伟大的经济学家，也是一个伟大的经济史学家，因为他的全部理论"是他毕生研究英国经济史和经济状况的结果"。[①] 马克思的经济学和经济史研究集中体现于《资本论》。《资本论》是一部史论结合的巨著，"整个《资本论》也可以说是一部经济史的理论。……是资本主义社会发生、发展和走向衰亡这样一个历史过程的理论"。《资本论》中的"许多基本的论点都是从事实（引者按——包括历史的和现实的）出发的理论，或（者）说是事实的推论"。[②] 马克思在《资本论》第一卷初版序言中指出："分析经济形式，既不能用显微镜，也不能用化学试剂。二者都必须用抽象力来代替。"[③] 在马克思看来，经济事件和经济史料就像细胞一样多，如果拿显微镜去解剖一个一个细胞，这样的分析"是斤斤于细故"。如果研究完全不顾事实和史料，这样的研究就像用化学药剂做实验，会改变物质的本性。既不拘泥于细节的考据也不脱离事实的最好方法是科学的抽象。在《资本论》中，马克思把归纳法和演绎法统一于科学抽象之中。马克思的科学抽象分为两步。第一步是由具体到抽象，即从个别认识到一般认识的过程。这是一个揭示事物本质规律的过程。正如恩格斯所言："马克思把存在于事物和关系中的共同内容概括为它们的最一般的思维表现，所以他的抽象只是用思维形式反映出已存在于事物中的内容。"[④] 马克思把从具体到抽象的过程称为研究的过程。"研究必须充分地占有材料，分析它的各种发展形式，探寻这些形式的内在联系。"[⑤] 马克思写作《资本论》，阅读了 1500 多本书，撰写了 65 本笔记，马克思主要采用归纳法，从众多的历史和现实材料中归纳出了以剩

---

① 《马克思恩格斯文集》第 5 卷，人民出版社，2009，第 35 页。
② 陈振汉：《步履集》，北京大学出版社，2005，第 17 页。
③ 《马克思恩格斯全集》第 23 卷，人民出版社，1972，第 8 页。
④ 《马克思恩格斯选集》第 4 卷，人民出版社，2012，第 570 页。
⑤ 《马克思恩格斯全集》第 44 卷，人民出版社，2001，第 21 页。

余价值规律为中心的资本主义生产方式的一般原理。① 列宁对此做出高度
评价，他说："（马克思）每一句话都不是凭空说的，而是根据大量的史
料和政治材料写成的"，② 比如在《资本论》第一卷第一篇"商品和货币"
中就"再现了交换和商品生产发展史的大量实际材料"。③ 列宁还说："《资
本论》不是别的，正是'把堆积如山的实际材料总结为几点概括性的、
彼此紧相联系的思想'。如果谁读了《资本论》，竟看不出这些概括性的
思想，那就怪不得马克思了。"④ 第二步是由抽象到具体，把一般概念还
原到现实中去，用具体事例来检验、修正、丰富一般概念，使一般概念
变得有血有肉。"从抽象上升到具体的方法，只是思维用来掌握具体、把
它当做一个精神上的具体再现出来的方式。"⑤ 马克思把从抽象到具体的
过程称为叙述的过程。叙述以研究为基础，"只有这项工作完成以后（引者
按——指研究工作），现实的运动才能适当地叙述出来。这点一旦做到，材
料的生命一旦在观念上反映出来，呈现在我们面前的就好像是一个先验的
结构了"，马克思还指出，"在形式上，叙述方法必须与研究方法不同"。⑥
研究与叙述在方法论上的区别，体现在前者主要使用归纳法（辅之以演绎
法），而后者主要使用演绎法（辅之以归纳法）。也就是说，通过研究众多
的资料，从中归纳出资本主义生产方式的本质及其运动规律，然后，通过
演绎把资本主义生产方式的本质规定和运动过程以具体形式叙述出来。

　　马克思把归纳与演绎统一于科学抽象之中的做法，为经济史学者提
供了方法论指导。陈振汉对《资本论》所体现的科学抽象法做了如下诠
释："《资本论》是一个关于资本主义发展的理论或学说……马克思根据
他所观察到的资本主义现象抽象化为理论"，马克思的研究是先提出理论

---

① 雍桂良：《〈资本论〉中引证了多少书刊资料》，《社会科学战线》1984 年第 1 期，第
　 72 页。
② 《列宁选集》第 4 卷，人民出版社，2012，第 27 页。
③ 《列宁选集》第 2 卷，人民出版社，2012，第 430 页。
④ 《列宁选集》第 1 卷，人民出版社，2012，第 9 ~ 10 页。
⑤ 《马克思恩格斯选集》第 2 卷，人民出版社，2012，第 701 页。
⑥ 《马克思恩格斯选集》第 2 卷，人民出版社，2012，第 93 页。

假设，"然后到具体实践中、实际事物当中去检验，经过检验来修正原来的理论假设。这就是，理论—实践—理论，即理论假设——具体历史资料，历史事实检验——通过理论安排说明事物间的关系，得出结论"。[①] 在《资本论》中，凡是史论结合的部分，基本上都是先从具体中抽象出一般理论，然后把一般理论放置到实践中去，结合史料叙述其具体表现形式，同时用史料检验理论，最后得出结论。例如在第一卷第七篇，马克思在占有丰富材料的基础上，从资本家处理利润的各种形态中归纳出关于资本积累的一般原理，然后以英国经济史为典型，把关于资本积累一般原理放置于实践之中，运用演绎方法叙述资本积累的具体形态，即资本的积聚和资本的原始积累，最后指出资本积累的历史趋势是资本主义必然会被更高级的社会制度所代替。经济史学者可以把马克思的科学抽象法运用于经济史研究中，运用的路径可以是：首先是充分占有史料，而且必须是一手史料；[②] 然后是对史料进行归纳概括，从具体中抽象出一般结论；再把一般结论放置于历史之中，通过演绎叙述一般结论的具体表现形式，最后得出结论。本书作者在这方面已经做过一些尝试性的探索。[③]

2. 诺思路径

诺思的计量经济史学研究以扎实的历史归纳为基础。计量经济学"理论模型的科学性和正确性取决于归纳推理过程，更取决于'个别事

[①]　陈振汉：《步履集》，北京大学出版社，2005，第 48～49 页。

[②]　恩格斯对德国青年学者不使用一手资料就进行理论研究的做法予以尖锐的批评。恩格斯批评他们创作态度过于随意，所使用的材料"全是第二手的东西"，以二手材料基础"匆忙地解决那些自己都知道还没有完全掌握的问题"，急于"把自己的相当贫乏的历史知识……尽速构成体系，于是就自以为非常了不起了"。《马克思恩格斯全集》第 37卷，人民出版社，1971，第 319，432～433 页。

[③]　易棉阳在研究近代中国农业合作金融制度变迁时，先是运用归纳法从近代中国农业合作金融史料中归纳出近代中国的三种农业合作金融制度模式，即北洋政府时期的社会引动与农民自动型制度、南京国民政府前期的国家和社会引动以及社会自动型制度、南京国民政府后期的国家代动与农民被动型制度，这是一个从具体到抽象的过程，然后，用史料叙述每种制度模式的内涵、特征、优缺点，使每种制度模式有血有肉，这是一个抽象到具体的演绎过程。易棉阳：《近代中国农业合作金融制度的演进：基于国家与社会之间关系视角的研究》，《财经研究》2016 年第 4 期，第 71 页。

实'的数据和质量"。① 我们可以从两个方面理解这句话。第一，理论假设是计量分析的基础，理论假设是从经济事实中归纳而来。如果所归纳的理论假设与事实不符或者偏离了事实，那么以此为基础的模型分析的正确性和科学性就难以保证。正如陈振汉所指出的："模型建立的假设都还是从实际出发，根据历史事实。这是历史对理论之建立、发展的作用。无论多么抽象的理论都不能脱离历史，否则理论就没有意义，或是成为哲学，或形而上学，或是胡说一气了。"② 第二，模型是工具，数据是材料，用正确的工具去分析错误的材料，得出的结论自然不科学，同样，根据错误的材料选择的工具必然是错误的。当然，用错误的工具分析错误的材料，只能得出更加错误的结论。只有用正确的工具去分析正确的材料，才能得出正确的结论。福格尔的研究受到质疑，关键在于没有实现归纳与演绎的兼收并蓄。诺思吸取这个教训，他的演绎建立在扎实的历史归纳之上，使其研究更具科学性。诺思实现归纳与演绎兼收并蓄的路径如下。第一步，在对经济史开展演绎分析之前，诺思首先根据历史事实修订新古典假设并从历史事实中归纳出新的假设，以历史归纳保证下一阶段演绎分析的科学性。《经济史上的结构和变革》一书第一章的标题为"问题"，这一章的内容就是首先归纳概述新古典经济学所提出的六大假设，然后把新古典假设置于历史长河之中，用历史事实对新古典假设进行验证，发现新古典假设所存在的问题并对这些问题进行了修正。③在此基础之上，诺思提出新的假设。在该书理论部分最后一章的结语部

---

① 李子奈：《计量经济学模型方法论的若干问题》，《经济学动态》2007年第10期，第23页。
② 陈振汉：《步履集》，北京大学出版社，2005，第10页。
③ 诺思把新古典所提出的假设归纳为六个方面：（1）假设"社会是一个无摩擦的社会，在这种社会中，制度不存在……获得信息的成本、不确定性和交易成本都不存在"；（2）假设"一种刺激结构将使个人按全部差额得到投资的社会收益，就是说，使个人和社会的收益相等"；（3）假设"新知识的获得和利用的收益不递减，因为在成本固定下能够增加自然资源的存量"；（4）假设"储蓄有实际收益"；（5）假设"生育后代的个人和社会费用是相等的"；（6）假设"人们的选择和预期的结果是一致的"。然后，诺思用历史事实对上述假设进行验证，他发现：（1）制度对社会变革至关重要，社会的交易成本不是为零，而是正数；（2）投资的个人收益和社会收益相等的状况在历史上（转下页注）

分，诺思这样总结："我已经试图做的，首先是对经济史学家提出的问题重新组织，……其次提供一组相互联系的假设，使我能表明这一方法的前途。"[①] 诺思所"提供的一组相互联系的假设"就是其在该书第三、第四、第五章所提出的关于国家理论、经济组织理论和意识形态理论的假设。第二步，从既定的假设前提出发，通过演绎推理提出新的理论模型。在《经济史上的结构和变革》的第一篇"理论"部分，诺思"从现代经济学的理性选择假定出发，运用交易成本、公共产品、相对价格等分析工具，构建了包括所有权理论、国家理论和意识形态理论在内的新经济史学理论体系"。[②] 第三步，运用理论解释经济史过程，运用历史事实验证理论，这是演绎与归纳的结合。在《经济史上的结构和变革》的第二篇"历史"部分，诺思运用第一篇所提出的所有权理论、国家理论、经济组织理论、意识形态理论，对人类历史上的两次经济革命、古代西方社会的经济变革、西方封建制度的兴衰、近代欧洲经济结构的演变、工业革命、近代美国经济结构变革，进行了解释性分析，同时，通过对相关时段和国家的历史事实归纳，对相关理论进行实证。雷德利克对诺思的研究给予了很高的评价，他认为诺思的假设是基于历史归纳的，所提出的假设经受了历史的验证，他的演绎推理符合历史事实，因此，诺思的研究成果是真正的"经济史"。[③]

（接上页注③）"从来就不曾有过，……最好的不过是把个人收益提高到与社会收益相当接近的程度"；（3）在科学和技术没有合而为一之前，知识难以"真正克服收益递减"；（4）"在整个历史上，已储蓄的收入的比例和资本构成的比率通常是极低的，有时为零或负数"；（5）"马尔萨斯危机在整个历史上反复出现就充分证明这一条件（生育后代的个人成本和社会成本一致）尚未具备"；（6）"无效率的制度和政策"使得个人选择和预期结果难以一致。〔美〕道格拉斯·C. 诺思：《经济史上的结构和变革》，厉以平译，商务印书馆，1992，第 7～9 页。

① 〔美〕道格拉斯·C. 诺思：《经济史上的结构和变革》，厉以平译，商务印书馆，1992，第 68 页。

② 〔美〕道格拉斯·C. 诺思：《经济史上的结构和变革》，厉以平译，商务印书馆，1992，第 iii 页。

③ Redlich F., "New and Traditional Approaches to Economic History and Their Interdependence", *Journal of Economic History*, 1965, 25 (4), p. 491.

诺思路径在经济史研究中的具体办法可概括为：在充分掌握历史素材的基础上，从历史中提炼出符合历史事实的假设，再以假设为基础，采用逻辑推理方式或者计量分析方式，对所研究的对象进行演绎分析，从中得出新的结论。国内按照新经济史学范式开展研究的学者，在诺思路径的应用上做出了一些有益的探索。如刘巍先研读近代中国的银两和银圆流通状况、中外银行和钱庄票号的存贷款业务、各种发行机构的钞券发行、铜币发行与流通状况等方面的资料，然后从中抽象出几个基本特点，将其作为研究的逻辑起点，从此开始货币供给的逻辑分析。①

细细品读马克思的《资本论》和诺思的《经济史上的结构和变革》与《西方世界的兴起》，发现马克思和诺思的路径有异曲同工之妙。同工之处在于，马克思和诺思都把演绎建立在归纳的基础上，又把归纳建立在历史经验的基础上。基于历史经验的归纳，保证了一般原理的科学性。基于归纳的演绎，保证了演绎分析的准确性。这就是马克思理论和诺思理论能经得起时间检验的根本原因。异曲之处在于，诺思是在新古典经济学范式下追求归纳与演绎的统一，诺思的研究程序遵循严格的新古典经济学范式，先是用历史材料验证新古典假设，然后从历史材料中归纳出新的假设，再以假设为基础演绎出新的理论模型，最后用历史材料对理论模型进行验证。马克思把归纳与演绎统一于科学抽象之中。科学抽象法是马克思的独创，不受任何一种经济学范式的约束。马克思路径是一种哲学意义上的方法论。诺思路径则是一种经济学意义上的方法论，马克思路径适合所有的经济史学者，而诺思路径则更适合出身于经济学界的经济史学者。

三　长时段研究法和短时段研究法的辩证统一

年鉴学派代表人物布罗代尔认为，就像电波可以区分为长波、中波

---

① 刘巍：《经济运行史的解释与经济学理论的检验：1996 年以来中国近代计量经济史研究评述》，《中国经济史研究》2013 年第 1 期，第 159～160 页。

第八章 经济史学的研究方法

和短波一样，人类历史也可分为长时段、中时段、短时段三种时段，完整的历史学由长时段的人与环境关系史、中时段的群体与团体史、短时段的事件与人物史构成。[①] 其中，短时段主要是指历史上爆发的偶发事件，如战争、灾难、政变等。诸如此类的历史偶发事件，通常以传统的政治编年史形式被记载下来。这些事件如同海面上掀起的朵朵浪花，瞬息即逝，事过以后就成为历史的尘埃，对历史的走向没有显著的影响。短时段的事件史由于充满偶然性，不能解释历史本身。中时段是指在一段较长时期内出现的相对稳定的经济社会结构，具有"周期性波动"的特点。中时段的历史短则 20 年、50 年，长则百年。例如经济制度的形成、生产关系的变更、生产力的增长、人口的增减等。此类历史事件对历史发展产生了一定的影响，通过解构"中时段"的"情态史"，即经济社会结构和人们心态的演变，就可以说明"短时段"的"事件史"的根据。长时段的历史属于"构造史"，属历史时间的最深层，以世纪为基本度量单位。地理环境、生产方式、地域条件、文化传统等长期不变或变化极慢的历史，属于长时段历史。长时段历史对人类社会的发展起着或支撑或阻碍的作用。按照布罗代尔的长时段概念，历史上的各种事件不是按照某种逻辑奔向既定目标的"自然历史过程"，而是不同层次的历史经历不同层次的时间段，就好比"屋顶上瓦片的叠加"。作为史学家，不能只看到瞬息即变的短时段事件，还必须认识中时段的社会变迁和长时段的社会结构变迁。长时段的结构是历史的基础，它常常规定了人们无法超越的边界，短时段的事件使人眼花缭乱，最不可预见。[②] 推动历史发展的动力不是来自一两种决定性因素，而是多种因素相互作用、共同推动的结果。历史也不是一个或几个英雄人物的"独唱"，而是多声部的"合唱"。由此，年鉴学派把历史研究视野从经济、政治、军事等宏观领域，扩展到隐藏在背后的更广阔的日常生活领域，彻底地颠覆与解构

---

① 吴承明：《中国经济史研究的方法论问题》，《中国经济史研究》1992 年第 1 期，第 18 页。

② 吴承明：《经济史：历史观与方法论》，上海财经大学出版社，2006，第 238 页。

用编年顺序把偶然个别事件连起来的编年史式的传统史学。年鉴学派的观点颇具新意，也备受争议。被批评最多的是布罗代尔的长时段结构史，布罗代尔过于强调长时段结构史的重要性，忽视短时段的事件史。很多史学家认为，社会结构是由人所构造的，不是存在于真空之中，某一个重大事件可能就会改变整个社会结构，所以布罗代尔的观点失之偏颇。

需要指出的是，学派意义上的年鉴学派早已解体，但年鉴学派所提出的长时段研究方法却流传下来。美国学者古尔迪（Joanna Guldi）和阿米蒂奇（David Armitage）在 2014 年出版的《历史学宣言》一书中，对当时历史学界的短视与碎片化倾向提出尖锐的批评。他们呼唤历史学家回归长时段历史研究，号召历史学家在政治决策与公共领域发挥更积极的作用。《历史学宣言》一书所提出的长时段概念来源于布罗代尔关于历史时间的概念，但有了新的内涵。古尔迪和阿米蒂奇所讲的长时段研究是建立在历史大数据基础之上的，利用最新计算机技术手段，将历史、现实、未来糅合在一起，通过长时段的历史分析来启迪现实、预测未来。由此可见，布罗代尔所提出的"长时段"理论已被当代的历史学家引申为一种整体的、宏观的大历史的代名词。[①]

经济史是一部人类社会的经济生活演变历史，其发展变迁受到地理环境、文化传统、人们的生活习惯等多因素的影响。若要深刻认识经济史的规律、发挥经济史学的求用功能，需要借鉴年鉴学派的长时段研究方法。例如，经济史研究很重视对"主线"的提炼。"主"之意为"根本"，是相对"次"而言。"线"之义为"线索"。寻找线索的关键在于找出主线，简言之，就是众多问题中分出主次来。主线问题即趋势或走向问题。1949 年以来，经济史学界对中国近代经济史提出过多条主线：半殖民地半封建经济形态主线、经济现代化主线、资本主义的发展与不

---

① 张君荣：《历史学缘何重回"长时段"研究》，《中国社会科学报》2016 年 1 月 21 日，第 1 版。

发展主线等。这些主线从不同侧面体现了中国近代经济史的演变规律。每一条主线的形成都与中国的地理环境、文化传统息息相关，深刻认识中国近代经济史主线，需要对 100 多年的中国近代经济做长时段的研究，否则就提不出主线，也看不透主线。

宏大的历史叙事是建立在精确的历史事件描述的基础之上的。经济史学不仅要吸收历史学长时段研究的方法，还要运用历史学短时段研究的方法。应该说，传统史学擅长于微观的、实证的、基于档案史料的"短时段"研究。这种研究方法曾为部分史学家津津乐道，甚至有历史学家认为只有短时段研究才是真正的历史研究。如果历史研究完全醉心于短时段研究而不顾历史长期走势的探究，如果历史研究完全沉迷于细枝末节的考证而不顾相关背景的探究，如果历史研究完全陶醉于史料的考证而不顾历史的现实关怀，历史研究就会走进碎片化的死胡同。[1] 古尔迪和阿米蒂奇在《历史学宣言》一书中指出，20 世纪 70 年代以来，职业历史学家过多地聚焦于短时段的历史细节的微观研究，忽视了历史的宏观、长期研究，放弃了对现实的关怀和资治于现实的传统，致使历史学与现实世界、与大众渐行渐远。历史学对诸如环境、气候、社会不公等重大的现实问题漠不关心，更进一步导致了其人文价值的衰落和史学社会功能的减弱。[2]

法国马克思主义历史学家伏维尔认为，布罗代尔发现了历史时间的"多元性"，但是布罗代尔的"三时段"理论是个模糊概念，因为无法找到各个时段之间的明确界限。这样一来，历史研究很难准确地区分什么是长时段研究、什么又是短时段研究。基于此，伏维尔提出，历史研究

---

[1] 什么是碎片化？碎片化不等于选题的具体化和细微化。碎片化是指历史学研究的核心关怀被遗忘和淡化，进而导致论题的琐碎与无效化。有效的微观研究不存在所谓的碎片化问题，无效的宏大叙事同样是碎片化的体现。参见张君荣：《历史学缘何重回"长时段"研究》，《中国社会科学报》2016 年 1 月 21 日，第 1 版。

[2] 张君荣：《历史学缘何重回"长时段"研究》，《中国社会科学报》2016 年 1 月 21 日，第 1 版。

要确立"短时段和长时段之间的新辩证关系"。① 这种新辩证关系应该理解为，在历史研究中，不要拘泥于长时段和短时段到底有多长，而是要把长时段和短时段当作一种研究方法，既从短时段的视角研究微观历史，又从长时段视角探究历史的长期走势与规律。

在经济史学界，一部分学者（主要是出身于经济学界的经济史学者）的选题动辄讨论一百年甚至几千年的问题。其中被称为上乘者，表面上看结构严谨、视野宏阔、方法精深，而因其缺乏扎实的历史学素养，实际上硬伤百出，如史料不准确、史料运用失当、理论与史料脱节、结论与历史实际不符、牵强附会等。还有一部分学者（主要是出身于历史学界的经济史学者）的选题则过于琐碎，如对一个存在几十年的经济机构，还要分为若干个时段研究，写成若干本著作。其中被称为上乘者，表面上看资料丰富、论证严谨、叙述细腻，实际上，读者读完以后，上不知源头，下不知所归，而且因缺乏理论分析，读起来有烦琐之感。一个简单的论点，一两则史料就已经可以论证得清清楚楚，非得用几页资料反复佐证。要克服上述问题，就必须深刻把握短时段研究和长时段研究的辩证关系，要以长时段研究的方法指导短时段研究，以短时段的思维开展长时段研究，唯有如此，短时段研究才能走出"一叶障目不见泰山"的盲区，长时段研究才能避免陷入不切历史实际的窘境。正如魏明孔所指出的："中国经济史研究势必要在注重国际视野的前提下规范分析与实证分析相结合，对历史的短期考察与中长期考察相结合，对历史上经济突变因素与渐变因素的考察相结合。"②

第五节　其他方法

科尔曼、巴克等认为"经济史研究的对象是社会上的个人和群体。

---

① 　转引自高毅：《年鉴学派走向哪里》，《中国社会科学报》2016 年 1 月 21 日，第 1 版。
② 　魏明孔：《构建中国经济史话语体系适逢其时》，《光明日报》2015 年 12 月 6 日，第 7 版。

它关心的是特定的企业主或公司，是影响或执行经济政策的人，是压力集团或行政实体"，既然是研究社会上的个人和群体，经济史研究就应该借鉴其他社会科学的方法，"经济史也许会借鉴各门社会科学，比如借鉴社会人类学"。① 正如意大利经济史学家奇波拉所指出的，经济史不应只研究经济状况本身，而应当将其放在广泛的社会联系中去加以考察，主张根据历史资料的不同、时代的不同，在经济史的研究中采用不同的方法。② 经济史学是社会科学丛林中的一门，社会科学的一般方法应成为经济史学的研究方法。当然，适用于经济史学研究的社会科学研究方法很多，本书不可能——列举，只列举主要者。③ 另外，科学是相通的，自然科学的研究方法也应成为经济史学的研究方法。

一　社会学方法

经济史与社会史有区别但又关系密切。英国经济史学界普遍认为"经济史也包括社会史"。④ 在中国，正如李根蟠所指出的，现代中国经济史学一开始就与社会史相结合，是社会史的核心部分。也就是说，它是以"社会经济史"的面貌出现的。"在当时人们的心目中，所谓'经济史'是指与社会有机体的发展联系在一起的，所谓'社会史'则是以经济为主体的；两者是一致或相通的。"⑤ 因此"在 30 年代的中国，'经济社会史'、'社会经济史'、'社会史'、'经济史'这几个名词的含义是相

---

① 〔英〕科尔曼、巴克等：《历史分支学科论坛：什么是经济史》，王建华译，《现代外国哲学社会科学文摘》1986 年第 6 期，第 1 页。

② 转引自刘佛丁：《齐波拉经济史学思想述评》，《中国经济史研究》2000 年第 3 期，第 150 页。

③ 吴承明认为，20 世纪 50 年代以后，经济史学与社会科学的结合越来越紧密，因研究专题不同，人类学、民族学、农学、科技、地理、气候、生态等科学也被纳入经济史研究，这就形成许多学派、专业。吴承明：《经济史学的理论与方法》，《中国经济史研究》1999 年第 1 期，第 115 页。

④ 〔英〕科尔曼、巴克等：《历史分支学科论坛：什么是经济史》，王建华译，《现代外国哲学社会科学文摘》1986 年第 6 期，第 1 页。

⑤ 李根蟠：《中国经济史学形成和发展三题》，载侯建新主编《经济—社会史：历史研究的新方向》，商务印书馆，2002，第 103 页。

同的或相近的，以至可以相互替换使用"。① 20 世纪 50 年代以后，出现了专门的经济史。20 世纪 80 年代以后，出现了专门的社会史。它们被归入不同的学科门类，如社会史成为社会学和专门史下的学科方向，经济史则成为理论经济学下的二级学科，同时又是专门史中的研究方向。学科再怎么细分也分不开经济史和社会史，因为它们的研究内容有交集。按照何兹全的解释，社会史的研究内容不仅包括社会生活的各个方面，如人们的衣食住行、风俗习惯、宗教信仰等，而且包括经济社会的生产方式、社会结构、社会形态等。② 社会史的大多数研究内容如衣食住行、生产方式也是经济史的研究内容。所以，社会史和经济史是不可分的。正因为如此，社会学的研究方法自然也就成为经济史的研究方法。

社会学非常重视社会调查研究法。积累了一套科学的调查方法。"历史虽属往事，但进行当代的和追溯性的调查，是十分必要的。"③ 傅衣凌是中国社会经济史学派的奠基人，他和他的团队擅长运用调查方法研究经济史。他们坚持以"以民俗乡例证史，以实物碑刻证史，以民间文献（契约文书）证史"，开辟了一条"进行社会调查，把活材料与死文字两者结合起来"的经济史研究道路。④ 1944 年，傅衣凌出版《福建佃农经济史丛考》一书，该书以偶然发现的数百张明清至民国时期各种土地文书及租佃契约为基本史料，"提出一些过去尚未为人论及的看法，并为中国社会经济史的地区研究开拓一个新的领域"。⑤ 厦门大学历史系和中山大学历史系的经济史研究，长期坚持社会调查研究，成就卓著。经济史研究为什么需要调查研究呢？前文已经论及，经济史料以文字记录和非

---

① 李根蟠：《中国经济史学形成和发展三题》，载侯建新主编《经济—社会史：历史研究的新方向》，商务印书馆，2002，第 86 ~ 106 页；《唯物史观与中国经济史学的形成》，《河北学刊》2002 年第 3 期，第 125 页。

② 何兹全：《何兹全文集》第 1 卷，中华书局，2006，第 555 页。

③ 吴承明：《中国经济史研究的方法论问题》，《中国经济史研究》1992 年第 1 期，第 17 页。

④ 傅衣凌：《我是怎样研究中国社会经济史的》，载傅衣凌：《傅衣凌治史五十年文编》，厦门大学出版社，1989，第 39 页。

⑤ 傅衣凌：《治史琐谈》，载傅衣凌《傅衣凌治史五十年文编》，厦门大学出版社，1989，第 36 页。

文字记录两种形式存在，非文字记录形式的史料如现存之实迹、口述资料、再现的原物（器皿、工具、服饰、货币、陶瓷等）、实物的模型及图影，大都存在于民间，有的甚至被常年掩藏。要发现它们、得到它们，需要经济史学者走出书斋、走向田野，开展调查研究。

社会学中有一个分支叫经济社会学，它的理论与方法值得经济史学借鉴。经济社会学是研究经济与社会的相互关系以及经济社会发展过程中经济因素和非经济因素作用机制的一门学科。经济社会学的核心观点包括：（1）经济活动的决定因素是社会群体，不同类型的社会群体对生产、交换、分配、消费等经济活动产生不同的影响；（2）影响经济发展的因素，除了经济因素外，还有社会因素，因此分析经济活动要从社会因素出发，如政治、文化、人口是制约经济发展的重要社会因素；（3）人类的经济活动带有社会性，因此不仅要分析经济活动的经济效益，还要分析其社会效益，如生产、分配、交换、消费的社会效益等；（4）社会结构是一张网络，牵涉个人、群体、组织等多层次社会单位之间的关系，社会结构对经济发展产生重要的影响，因此需要从社会网络的角度去分析经济结构；（5）经济政策的制定和实施都受制于社会条件，因此研究经济政策就需要探究经济政策的社会依据和社会条件。毫无疑问，经济社会学的这些观点有利于拓宽经济史研究的视野和范围。日本经济史学家滨下武志把亚洲经济贸易圈看作基于血缘、族缘、地缘而形成的经济现象，并将其置于社会网络之中，研究运用新经济社会学理论，对以中国为核心的朝贡贸易体系做了深入研究，结论颇具新意。国内学者如戴一峰所撰《网络化企业与嵌入性：近代侨批局的制度建构（1850s～1940s）》一文，就是运用经济社会学理论研究华侨经济史的文章。

社会学中还有一个分支学科叫政治社会学。它的理论与方法也值得经济史学借鉴。国家与社会关系理论是政治社会学的核心内容。国家与社会关系理论的发展经历三个阶段：国家中心论阶段、社会中心论阶段、国家与社会互动论阶段。在经济史上，国家与社会的关系一直是一个重要问题，经济史学者可以运用国家与社会关系理论分析经济史。例如，易棉阳运用国家与社会关系理论对近代中国农业合作金融制度的演进进行了研究，认为近代中国存在三种农业合作金融制度模式。北洋时期的农业合作金融属于社会引致与农民自发型制度，到南京国民政府前期演变成为国家和社会引致以及社会自发型制度，到南京国民政府后期又演变成为"国家代动"与"农民被动型"制度。这个演变过程，就是国家力量不断强化、社会力量不断弱化的过程。①

二　自然科学研究方法

经济史学能否借用自然科学研究的方法？这是一个社会科学界长期存在争论的问题。从科学发展史看，以下一些事实与经验是毋庸置疑的。自然科学借用过社会科学的方法，社会科学也借用过自然科学的方法，其结果有成功的，也有失败的。从总体上来说，这种借用对社会科学的发展有利，起了促进的作用。自然科学与社会科学研究的对象不同，研究的手段和方法也不同。社会科学研究者在使用自然科学研究方法时，首先要对自然科学和社会科学的区别有详细的了解，并在此基础上对自然科学研究方法加以筛选、改造、补充，使之适合研究社会现象。以往一些用自然科学方法研究社会问题的尝试之所以失败，原因大都出在缺乏了解和改造上。自然科学的成就一定会影响社会科学的理论与方法。恩格斯早就指出："随着自然科学领域中每一个划时代的发现，唯物主义也必然要改变自己的形式。"② 毋庸置疑，现代自然科学技术的新成就，必然带来社会科学新的理论思维、思维方式与研究手段。

柯林伍德指出："近代史学研究方法是在她的长姊——自然科学方法的荫庇之下成长起来的。"③ 可见，早在近代，自然科学方法就与史学研究方法结合在一起。有一些课题需要社会科学与自然科学的合作才能得

---

① 易棉阳：《近代中国农业合作金融制度的演进：基于国家与社会之间关系视角的研究》，《财经研究》2016 年第 4 期，第 78 页。
② 《马克思恩格斯选集》第 4 卷，人民出版社，2012，第 234 页。
③ 〔英〕柯林伍德：《历史的观念》（增补版），何兆武等译，北京大学出版社，2010，第 487~448 页。

到解决。前文提到的夏商周断代工程，就是历史学、文献学、考古学、天文学等多学科协作的项目。在研究这类课题时，不是可不可以借用自然科学研究方法的问题，而是必须采用的问题。赵德馨在写作《楚国的货币》一书的过程中，较为广泛地利用了地质学和金相分析学等自然科学的研究成果。研究金属货币这类问题，经济学方法和历史学方法很重要，自然科学的方法也同样重要，对某些自然科学研究方法不妨试一试。列宁做过"自然科学奔向社会科学"的预言。社会科学与自然科学互相渗透、互相补充、互相推移，是当前科学发展的趋势之一（整体化），特别在研究方法上是如此。采取多种方法去分析研究对象，可以使人们对研究对象认识得更全面、更深入、更准确。因此，社会科学研究者对使用自然科学研究方法，自己要敢于去试一试。对别人的"试一试"，要采取鼓励的态度，不要横加指责。社会科学研究者在试用自然科学方法时，应具备一定的条件，至少要对所研究的社会科学和所要使用的自然科学方法（控制论、系统论、信息论、耗散结构论、协同论等）有所了解。如果要用控制论来研究中国的历史，那么研究者理应对控制论和中国历史都比较熟悉。若对两个方面都只知其皮毛便大胆地得出结论，其结论也不会是科学的。

计算机技术和互联网技术对经济史研究的作用日益显著。全球很多研究机构纷纷将对史料进行数字化处理，不仅改变经济史学者传统的资料搜集手段，而且为经济史学者提供极大的学术便利。经济史学者必须顺应技术发展潮流，娴熟地利用计算机技术和互联网技术。

结　语

研究经济史的方法甚多，它们各有优长。经济学方法的长处是以经济为对象，横向适应性广，可以检验（因而成为社会科学中唯一设有诺贝尔奖的学科）。历史学方法的长处在于它以社会发展过程为对象，一是把社会作为一个整体来认识，分析其中经济、政治、文化、环境、人口之间的互相影响，故整体性强。历史学理论补充了经济学做理论抽象时所舍弃了的东西和经济学理论被运用时经常忽略了的东西。经济史学方法的优势恰恰在于，它在分析经济增长等问题时用了历史学的方法补充了非经济因素。诺思的新制度学派是以新古典经济学为基础的，但他强调非经济因素，把国家和意识形态引进经济史。诺思说他是取法马克思，可惜他不懂中国史学史，中国史学传统就是强调政府与儒家的作用。二是注重整体中的结构。分析历史过程可揭示长期发展过程中的规律，纵向适用性强，以史为鉴可据以预见未来，可以知兴衰。预见未来的历史观，是历史学理论所独有的。因此，经济史学所运用的经济学方法，已不同于经济学的方法。有了历史学理论的补充，经济史学对经济的研究已不限于横断面，而是更注重过程；已不是就经济论经济，而是把经济作为天人（社会与自然）合一整体中的一个部分，从特定时期的社会整体看该时期的经济，是从整体入手；已不仅是从经济关系中抽象出概念，还从发展过程中概括出规律。从长期发展过程中认识事物，或把事物放到长期发展过程中去认识，从历史规律中认识历史与现实现象的本质。它就是熊彼特所说的历史感与历史经验，经济分析有三项基本功：历史、统计和理论。其中最重要的是历史。所以世界上没有也不可能有不懂经济史而可以被称为经济学家的人。

研究经济史的方法各有局限。对于研究经济史来说，经济学方法的局限性在于，它的研究对象限于纯经济，分析限于经济因素，而经济的发展却受经济以外的许多因素如自然环境、国家体制、政策、意识形态、人口等的影响。历史学方法的局限性在于，它适用于描述历史过程，但不太适用于分析历史规律，也很难从经济历史中抽象出经济学理论。

正因为任何一种研究方法都有其特殊的优势与适用性，也各有其自身的缺陷和适用范围的局限性，各种方法才应该实现互补。社会是如此复杂，没有一种方法适用于解决所有经济史问题。想只用某种方法去分析经济史问题，甚至把这种方法宣称为唯一的方法而固定化，无异于作茧自缚。如果已有茧缚身，应用力破茧而出，每一种方法都是一种探索之路。对社会的任何一个领域和任何一个问题，只要采取新方法去探索，就可能有新的发现。这在任何一个国家、任何一个时期都是如此。在中国当前阶段更是如此。因为在此之前，没有人将唯物史观方法论与具体方法的联系与区分弄清楚，导致研究方法单一化和固定化，形成了一个大而硬的茧，束缚了研究者的思想。

　　研究方法的创新是研究工作创新的重要组成部分，也是推动科学发展的有效工具。在给英国历史学家杰弗里·巴勒克拉夫的《当代史学主要趋势》一书的序言中，爱丁堡大学历史学教授哈里·狄金森总结当代史学发展的过程和学科特点说："比历史知识的巨大增长更为重要的是学者们在如何对过去进行研究的方法和态度上发生了重大的革命。"[①] 所谓的"重大革命"，就是历史学家在研究方法上的创新。新的方法使人们从新高度、更深的层次去认识研究对象，从而揭示出新的结论。一门学科的产生、发展，在很大程度上得益于研究方法的创新。学科创新往往从研究方法创新开始，学科发展是研究方法创新的结果。一部学科发展史，也是一部研究方法的创新史。如果研究方法停滞不前，这门学科就会陷入停滞不前的困境之中。以 20 世纪中国的历史学为例，它的发展在很大程度上是靠方法的创新，如王国维的"古史二重证据法"（文献资料与考古资料相结合进行研究的方法），傅斯年的"语言文字比较的考据法"（历史学与语言学结合起来进行研究），陈寅恪的诗文互证考据法（用历史的材料笺证诗文，又从诗文的材料中考订历史的真相），以顾颉刚为代表的疑古派的所谓"层累地造成的中国古史"的方法，夏商周断代工程中文献与自然科学（天文学、物理学）相结合的方法，等等。

　　在学科分化与综合化趋势不断加强的当代，长期以来行之有效的单科独进的研究方式难以适应当代科学发展的需要。在思考问题和分析事物时，若使用单向性思维方式、单一的方法，往往会出现如下情况：在

---

① 〔英〕杰弗里·巴勒克拉夫：《当代史学主要趋势》，杨豫译，上海译文出版社，1987，序言第 1 页。

思考过程中或容易受阻，思考的结果容易简单化或片面化。现在，人们为获得新知识，尝试用多学科综合研究的方法、跨学科的研究方法来寻求解决理论和实际问题的各种途径。在借助多学科的方法以加强综合性研究时，要特别注意与本学科关系密切的相邻学科。因相邻学科与本学科在研究对象等方面关系密切，其研究方法往往对本学科的研究有很大的帮助。以经济史学科而言，它与经济学、历史学、地理学、人类学、人口学、社会学为邻，要注意运用它们的分析方法，包括实证方法、计量方法等，使研究成果焕然一新。在科学研究方法中，核心部分是分析综合的方法。正确的学科研究结论取决于正确的分析综合方法。建立新的理论、新的学派，往往是以创造新的分析综合方法为前提的。马克思如果没辩证唯物主义哲学基础，就不可能揭示资本主义生产关系的本质。列昂惕夫若不采用统计科学方法研究经济史上的增长速度，就不可能得出长周期理论。诺思研究经济史，若不采用抽象方法，就不可能创新制度经济学理论。对于一门学科，使用某一种分析综合方法，可以得出正确的结论。继续使用这种方法，可以使该学科沿着原来的方向得到充实、提高、完善，却难以得出新的理论、建立新的学派。新的社会问题、新的课题往往要求运用新的分析综合方法去解决，这就对已有的思维方式提出了挑战。新的科学研究成果、新的思维科学与新的社会科学的发现，又为创立新的分析综合方法提供了可能，所以新的分析综合方法层出不穷。研究者要紧密关注那些新的方法。没有研究方法上的创新，就很难在研究成果上有所突破。大胆创造和运用新的研究方法，是开创经济史学新局面的一个必要条件。

第九章　经济史学的分期理论

　　经济历史既是连续的，同时又是具有阶段性的。正因为经济历史是连续的，所以要对经济历史做纵向的长时段考察；正因为经济历史发展是具有阶段性的，所以要对经济历史进行分时段研究，以此揭示经济历史长河中不同时期或阶段之间的联系与差别，找出差别才能看到变化和变化的趋势。对经济历史进行分时段研究，就是经济历史的分期问题。对经济历史进行分期，是经济史研究的一个重要特征。经济史学从萌芽时期起就对经济发展过程划分阶段。经济史学在形成和发展过程中，不同的学者提出过多种分期的方案及相关理论。对经济史进行合理的分期，是经济史学研究的一个重要内容，因此很有必要辟专章予以讨论。

第一节　经济史学分期的意义和标准

　　历史既是在特定时间范围内的运动，又是在特定空间范围内的发展，这种特定时空范围内的运动就是历史学家所称的历史场景。[①] 历史场景既具有延续性，也具有裂变性。延续与裂变构成了人类社会经济生活的全部历史过程。每当历史场景发生裂变时，一个新的历史时期就诞生了。在人类经济史上，历史场景不断的延续与裂变表明经济史在不断向前发展。裂变意味着在经济史中不断地出现革命。每一次裂变实际上就是一个老的历史时期的结束和一个新的历史时期的开始。寻找新旧历史时期

---

　　① 　杨豫、胡成：《历史学的思想和方法》，南京大学出版社，1996，第65页。

的交替点，就是寻找历史分期的时间节点。例如，土地所有制在不断延续，但土地所有制又在不断裂变。要深刻地认识土所有制，就很有必要对土地所有制的演变过程进行合理的历史分期。

一 为什么要对经济史进行分期

正如耿元骊所指出的："'分期论'本身还是有着重要学术意义的，是学术发展内在要求。这与新史学发展密切相关，是现代史学发展刺激之下的产物。"[①] 经济史分期的学术意义主要体现在两个方面。

第一，经济史学以人类经济生活为研究对象，而人类社会经济生活处在不断的演变之中。所以，经济史学研究既要静态地描述每个时间节点上人类经济生活的场景，更要探究人类经济生活的演变过程。经济生活的"变"在经济史研究中如何体现出来呢？就是通过分期。或者说，只有对经济史进行科学的分期才能准确地凸显经济史的"变"。这种"变"具体表现为：哪些现象消亡了，出现了哪些新现象；哪些东西变大了，哪些东西又变小了。例如，如果从经济形态的视角考察中国近代经济史的演变，中国近代经济史就处在一个从封建经济一步一步演变成为半殖民地半封建经济的过程之中，要科学地阐述这个演变过程，就需要对中国近代经济史进行分期，这在 20 世纪 60 年代有过较为充分的讨论。赵德馨认为可以将这个演变过程划分为三个阶段：1840～1894 年是中国由封建社会经济逐步演变为半殖民地半封建社会经济的时期，即半殖民地半封建社会经济的形成时期；1894～1927 年是半殖民地半封建社会经济的加深时期；1927～1949 年是半殖民地半封建社会经济的走向崩溃和新民主主义经济产生和确立时期。[②] 茅家琦的看法略有不同，他主张划分为四个时期：1840～1864 为半殖民地半封建社会经济形成阶段；1864～1895 年为半殖民地半封建社会经济完全形成时期；1895～1927 年是半殖

---

① 耿元骊：《帝制时代中国土地制度研究》，经济科学出版社，2012，第 77 页。
② 赵德馨：《关于中国近代国民经济史的分期问题》，《学术月刊》1960 年第 4 期，第 56～66 页。

民地半封建社会经济进一步加深时期；1927～1949 年是四大家族官僚资本统治时期。[①]

第二，经济史的发展过程具有阶段性。阶段是客观的，是事物量变特别是质变的结果。正确认识不同发展阶段的特性以及各个发展阶段的内在联系性，是认清经济发展规律的必备条件。只有对经济历史进行科学的分期，才能科学地概括经济历史的发展规律。反过来，如果"对经济发展过程不划分阶段，即不分期就不能说明经济的变化、发展，各阶段的特点及其规律，不能完成经济史学科的基本任务"。[②] 经济规律建立在一定的经济条件的基础之上，或者说不同的经济条件呈现的是不同的经济规律。例如农业合作，西方的农业合作是建立在农民自愿的基础之上，农民享受充分的入社和退社自由权，农民相互之间既"合"又"作"。中国近代和新中国成立初期的农业合作在很大程度上是政府强制的结果，不少农民缺乏加入合作社的主动性。这样一来，中国农业合作经济史就呈现农民"合而不作"规律。改革开放以后的新型农民合作，基本上不存在强制农民入社的现象，经济条件变了，"合而不作"的规律也就不存在了。

二　怎样对经济史进行分期

正确的经济史分期，首先要有科学的分期标准，标准不同分期必然不同。分期的对象（如交换、货币、土地制度等）不同，分期的标准就不相同。对同一对象，也会有不同的主张。即使标准相同，对标准运用也可能不同。在分期问题上，存在标准多样化及对标准运用方法多样化的情况是正常的、合理的。这有利于对经济发展过程做多方面的考察，有利于经济史学科的繁荣。

对经济史进行科学分期，有两个因素是必须考虑的：一是经济因素，

---

① 茅家琦：《读"关于中国近代国民经济史的分期问题"》，《学术月刊》1960 年第 8 期，第 52 页。

② 赵德馨：《中华人民共和国经济史的分期》，《青海社会科学》1986 年第 1 期，第 3 页。

二是时间因素。

先看经济因素。经济因素的内容非常广泛，如生产力发展、生产关系变革、经济制度变迁、经济机制演进、交换方式创新等；至于劳动者人身自由度，更是其主要内容。对经济史进行科学分期必须考虑上述因素。

第一，生产力发展。可以从生产力发展的不同方面对经济史进行分期。李斯特根据产业发展状况将人类经济史划分为五个阶段：田猎时代、游牧时代、农业时代、农业制造业时代、商业时代。[①] 罗斯托根据生产力发展水平，把世界各国的经济发展划分为六个阶段：传统社会阶段、准备起飞阶段、起飞阶段、成熟阶段、高额群众消费阶段、追求生活质量阶段。在传统社会阶段，人类的经济活动围绕生存展开，生产活动采取的是牛顿时代以前的技术，国家处于封闭或者孤立的状态，对现代化茫然不知。准备起飞阶段是摆脱落后走向先进的准备阶段，在这个阶段，社会开始启动经济体制改革，主导产业是农业和劳动密集型制造业。起飞阶段是由落后走向先进的过渡阶段，在这个阶段，劳动力从农业向制造业转移，出口产品由以农产品为主转向以劳动密集型工业品为主，国家出现若干个区域经济中心。成熟阶段，国家的生产技术水平有了显著提升，高附加值的出口产品日益增多，投资重点转向资本密集型产业，国民福利和基础设施建设水平有了显著提升。在高额群众消费阶段，服务业占国民经济的比重显著提高，人们生活水平显著提升，人们在休闲娱乐、教育保健、社会保障上的消费不断增加。在追求生活质量阶段，服务业成为国家的主导产业，国家的主要目标是全面提高人们生活质量，人们不仅享受丰富的物质产品，还享受美好的环境，自我价值得到更好的实现。[②]

第二，生产关系变革。根据经济形态的演变，马克思把人类经济史划分为原始经济、奴隶经济、封建经济、资本主义经济、社会主义经济

[①] 转引自〔德〕桑巴德：《经济理论与经济史》，《食货》第1卷第8期，1935年，第8页。

[②] 〔美〕W. W. 罗斯托：《经济增长的阶段：非共产党宣言》，郭熙保、王茂松译，中国社会科学出版社，2001。

五种形态、五个阶段。

第三，经济制度变迁。经济制度是人们从事经济活动必须遵守的基本原则，不同国家的经济制度不同，同一国家在不同历史时期的经济制度亦有所不同。罗仲言根据中国国民经济制度的演进，对中国国民经济史进行了分期，具体的分期将在后文论述。

第四，经济机制演进。经济机制是一个经济机体内各种要素之间相互联系、相互制约的关系的总和。不同历史时期的经济机制不一样，因此可以根据经济机制的演进对经济史进行分期。如希克斯把西方经济史划分为习俗经济、命令经济、市场经济三个阶段。在新石器时期和中世纪初期，村社经济活动受习俗支配，因而属于习俗经济阶段。之后，军事统治在各国逐渐确立，官僚制度形成，政府命令对经济起支配作用，西方经济进入命令经济阶段，习俗经济仍然存在，中世纪的封建主义就是习俗经济和命令经济的混合。随着商业专门化，习俗经济、命令经济逐渐向市场经济演变，这种演变是渐进、曲折而反复的。[①]

第五，交换关系。交换是连接生产和消费的中间环节，没有交换，社会再生产就难以为继。希尔德·布兰德根据交换方式，将人类经济史划分为三个阶段：自然经济阶段、货币经济阶段、信用经济阶段。自然经济阶段是农民民主社会，货币经济阶段是自由经济，到了第三个阶段，人类的交换活动靠信用维系，不再依赖于货币，有利于消除货币经济所导致的贫富悬殊。[②] 毕歇尔也从交换视角把人类经济史分为三个阶段：没有交换的、封闭的家庭经济；生产者和消费者直接交换的都市经济；生产者和消费者之间需要中间人的国民经济。第一种经济主要存在于中世纪的庄园，第二种经济主要存在于中世纪的城邦，第三种经济主要存在于中世纪晚期，生产者和消费者之间不再直接交换，而是通过中间商进行交换。[③]

---

① 〔英〕约翰·希克斯：《经济史理论》，厉以平译，商务印书馆，2017。

② 转引自吴承明：《经济学理论与经济史研究》，《经济研究》1995 年第 4 期，第 7 页。

③ 转引自〔英〕克拉判（潘）：《经济史的纪律》，《食货》第 2 卷第 2 期，1935 年，第 8 页。

第六，经济活动的组织者。相对于人类的欲望而言，资源总是稀缺的。正因为资源具有稀缺性，谁掌握了经济资源，谁就是经济活动的组织者。组织者具有决定经济生活、支配社会其他生活的权力。奇波拉根据经济组织者的不同，把人类经济史划分为三个阶段：狩猎经济、农业经济和工业经济。[①]

再看时间因素。经济史分期必然是个时间问题。这里的时间涉及绝对时间、相对时间、政治时间等概念，有必要进行辨析。

第一，绝对时间。经济史分期中的绝对时间是指具体到世纪、年份的时间，如罗章龙（罗仲言）对中国国民经济史的分期就具体到了年份。

第二，相对时间。经济史分期中的相对时间不会具体到某个时间点，如古代经济史、近代经济史、现代经济史。

第三，政治时间。经济与政治密不可分，有的学者用政治时间来作为经济史分期的时间，如唐代经济史、宋代经济史、元代经济史、清代经济史、民国经济史、中华人民共和国经济史。

经济史分期的标准可以多种多样，也应该多种多样。只有这样，才能从不同侧面去认识经济史——发现规律。但是，无论何种标准，必须考虑经济因素，不考虑经济因素的分期不是经济史分期。至于主要根据哪种因素进行分期，则视研究对象而定。对于经济史分期的时间表述，可以是绝对时间，也可以是相对时间，还可以是政治时间，至于采用哪一种时间表述，也应视研究对象而定。

第二节　中国经济史的分期问题

20 世纪 30 年代以来，中国经济史学界就中国经济史的分期问题提出了诸多创见。下文将通过中国经济史学界和历史学界对中国经济通史、中国古代经济史、中国近代经济史、中华人民共和国经济史、中国近现

---

① 〔意〕卡洛·M. 奇波拉：《世界人口经济史》，黄朝华译，商务印书馆，1993，第 96 页。

代经济史分期的讨论，阐述分期标准多样化及对标准运用方法多样化的理论观点。

一 中国经济通史的分期

（一）罗仲言"以经济制度为中心"的分期

罗仲言（罗章龙）于 1944 年和 1947 年出版了《中国国民经济史》和《经济史学原论》两部论著。在这两部论著中，作者首次提出了中国经济史的分期标准，并按所提出的标准撰写了中国第一部上自原始时期、下至民国时期的中国经济通史。罗仲言"以国民经济制度为中心，综合政制演进，民族创化，视其推移，作为划分时期之标准"。[①] 什么是经济制度呢？罗仲言认为，经济制度由自然经济与意志经济组成。自然经济包括"陆圈水圈与气圈等，陆圈中之大地山林，水圈中之海洋湖泊，气圈中之空气日光，举凡自然物（如铁藏渔盐等），与自然力（如水力风力等），均属于自然范围之内"。人类之经济制度，"并非纯自然秩序，而是人类意志所发动，思想之所贯彻"，所以，人类经济制度还应包括意志经济。"基于人之智慧与毅力而产生之工具技术，经济组织（包括生产组织、交通组织、商业组织与金融组织等），以及其他公私经济等，更为组成经济制度之直接因素。"[②] 在罗仲言看来，一个国家财富的增减与政治制度密切相关，因此对经济史进行分期，必须考虑政治制度因素。政治制度是什么呢？罗仲言认为："政治是一种群体制度，其主导形式为国家。国家乃国境之内应，全体国民物质与精神之需求所发生之组织。""国民经济之构成无国权则不能发生，基于国权所发生之政治、经济、立法、教育、文化、道德、习俗等均为国民经济所必备之条件，此诸条件实为具有创造性之经济手段。与政制关联最密切为国权之集中与统一问题，此问题对于经济史之演进有甚深之影响。"[③] 罗仲言指出："民族创化

---

① 罗仲言：《中国国民经济史》（上），商务印书馆，1944，第 1 编第 1 页。
② 罗仲言：《经济史学原论》，经济新潮社，1947，第 37～38 页。
③ 罗仲言：《经济史学原论》，经济新潮社，1947，第 38～39 页。

乃民族精神之奋进，意志之奋进，亦即制度学术文化之奋进。""经济史之所以能循序演进，民族创化实司其枢机。""倘无民族创化，经济史必不易有所推进。"① 因此，应把民族创化作为经济史分期标准的一个重要内容。

根据上述分期标准，罗仲言把中国经济史划分为三个时期。

第一个时期：原始经济。中国自史前至夏为原始经济时代。存续时间约 2000 年。原始经济的"经济主体以本能劳动为主。经济客体以渔猎畜牧为主。经济器用以石器为基础。（杂用木器骨器等）经济组织以血缘为基础。经济分工以性别为特征。经济之物以狭义自足为特征。（但非完全封锁经济）是为原始经济之通质。其政治与民族创化之因素尚在萌芽"。②

第二个时期：封建王国经济。中国殷至西周为封建王国经济时代。封建王国经济的"经济主体以经验劳动为主，经济客体以农业为主。经济器用为金属工具，经济分工为职业分划，（体力与精神之分，乃脱离原始经济之光明因素）经济之物为广义之自给自足，而交通商业货币制度亦肇其始基。自国民经济观点言：本期经济分列，政治分权，但其封君之经济权与政治权合一……政治作用渐形显著则民族创化之效用亦日向发挥"。③

春秋战国时期，是封建王国经济向帝国经济的过渡时期。"春秋战国为王国经济蜕变时代，亦即自王国经济达到帝国经济之过渡时代。本期经济动态析言之：其前期之春秋乃封建经济之殿军，后期之战国乃国民经济之先驱。自前后两期合并观察本期经济特性，一方面表现为封建经济之破坏，国民经济之生长；另方面表现为王国衰落与帝国之形成。而在民族创化方面言则表现为用夏变夷的急剧进程。"④

第三个时期：国民经济。中国自秦汉至民国为国民经济时期。国民经济的形成，"以民族之共同历史文化与统一国家之政治为基础"。"在国

① 罗仲言：《经济史学原论》，经济新潮社，1947，第 39~40 页。
② 罗仲言：《经济史学原论》，经济新潮社，1947，第 41 页。
③ 罗仲言：《经济史学原论》，经济新潮社，1947，第 41 页。
④ 罗仲言：《经济史学原论》，经济新潮社，1947，第 56 页。

民经济时代，自经济本质言，各经济单位之间，有无数直接与间接的关系形成一种有机之经济组织。最后则完成中央经济组织。自政治关系言，国民经济之建立，以统一集权之政治为先决条件，而受公法与私法之约束，因而经济政治互相胶合，凝固为一。自民族创化关系言，国民经济乃自共同之种族历史文化形式所发生，此即民族理性之共同或意志之共同。"[①]

罗仲言把国民经济时期细分为六个阶段。

第一阶段，秦汉帝国经济。存续于秦始皇二十六年（前 221 年）至东汉建安二十四年（219 年），共 441 年。罗仲言称这个时期为国民经济第一盛期。秦汉帝国经济"自民族关系言：为自觉的民族国家经济。自政制关系言：则进入国民经济之前期，此即指政制统一集中，中央权力高于一切，经济通功易事，公私经济受国权纪制而成的全领域经济。（全领域指与帝国版图相当之领域）"。[②]

第二阶段，魏晋南北朝经济逆潮。存续于魏黄初元年（220 年）至陈祯明二年（588 年），共 369 年。经济逆潮"表现在经济方面为经济组织之分列与败坏，经济运行之顿挫与经济因素之凋敝（指人口耗丧，土地荒芜，资本消散，技艺荒落等）。因而造成生活水准之下降。在政制方面为政出多元，内乱延续，公经济混乱，国防屡弱，对外战争失利与领域之蹙损。在民族创化方面则为民族创化之失序，尔时旧族之优势暂失，新族之势力代起，二者虽终归化合，但在其演进进程之中则发生种种损耗。总此诸项遂造成经济逆潮"。[③]

第三阶段，隋唐帝国经济再建时期。存续于隋开皇九年（589 年）至唐天祐三年（906 年），共 318 年。罗仲言称这个时期为国民经济第二盛期。"本期经济性质在原则上与秦汉帝国经济同型，惟其程度则又胜之，且亦与秦汉有若干差异之点。盖秦横联函关东西，而隋则纵合长江南北，隋唐经济领域之面积与深度开发较秦汉为胜。隋唐盛期其经济富庶，政

---

①　罗仲言：《经济史学原论》，经济新潮社，1947，第 43 页。

②　罗仲言：《经济史学原论》，经济新潮社，1947，第 57 页。

③　罗仲言：《经济史学原论》，经济新潮社，1947，第 57 页。

治明一，民族和同，均足空视前代，因而造成国民经济之第二盛期，建立东亚共主帝国经济。"① "本期中国经济动势与动量均表示南北易位，北方经济衰落而南方经济兴盛！更就经济组织言，则由黄河区域为主之农业与内陆工商业转变到长江区域之农业与海岸工商业，此种地域性之变动，可称为水平均衡之互变（唐以前之经济重心南迁自局部言则为进步，但就全中国言则否。唐以后之经济重心南迁则就全部及局部观均属进步，盖宋元以来中国经济大势南方已足为全国之领导）。"②

第四阶段，五代至宋元经济均衡之互变时期。存续于后梁开平元年（907 年）至元至正二十七年（1367 年），共 461 年。所谓互变，"乃帝国经济均衡在时间与空间二方面互为变动，其经济效用互相成反"。在时间方面，"前后五百年间前有五代十国之乱历五十三年，后有宋辽金夏元之互争约经四百五十年。在此期内政治分裂，经济对垒，疆场之间，此胜彼败，经济方面相互构成暂时之局部均衡，……可称为垂直均衡之互变"。在空间方面，"在前期则隋唐旧宇列（裂）为十国，次分为宋辽金夏，至元则帝国领土大张，远驾前代之上，此种经济领域之分合及其后先相逾之更动，益促当代经济均衡之互变"。③

第五阶段，明清帝国经济之完成时期。存续于明洪武元年（1368 年）至清宣统三年（1911 年），共 544 年。罗仲言称这个时期为国民经济第三盛期。本期经济有三大特征，"一为其经济领域因边疆开发已使自然的疆界与历史的疆界齐一。二为其经济精神对内极重自由而对外不废管制。三为其民族创化气韵融浑足令五族会同"。"于此足证明清帝国经济序列条贯前代在帝国经济诸方面作广泛与深度之发展，是以收功确实得以完成固有之大陆性之国民经济（即大陆帝国经济领域与政治领域文化领域一致国内农工商业经济进度完成人口数量激增等是为国民经济前期之完成）。而使国民经济迫向更高期（即后期的国民经济亦即世界性向海外发

---

① 罗仲言：《经济史学原论》，经济新潮社，1947，第 57 ~ 58 页。
② 罗仲言：《经济史学原论》，经济新潮社，1947，第 58 页。
③ 罗仲言：《经济史学原论》，经济新潮社，1947，第 58 页。

展之国民经济）发展，工业革命之发轫即其重要之征象。"[①]

第六阶段，民国经济时期。罗仲言称这个时期为国民经济第四盛期，也是国民经济后期。"民国以前诸帝国经济虽然在国民经济进程中，获有确切明显之进步（指自国民经济之第一盛期至第三盛期）但此种进步尚非国民经济全体之实现。盖中国大陆国家之国民经济，其本身发展至明清而达于一定之限度（即国民经济前期之完成）清代中叶以来，中西经济往来之结果，中国经济在世界经济意义上言，表示技术的落后。故民国经济乃从世界经济之观点重新完成一种具有世界意义的国民经济。（即国民经济后期之完成）。其具体任务对内为急速有效改造农工商业完成高度之民族经济，厚生经济与国防经济。对外继续向海外（亚洲以外）发展，完成一种广远之准备庶联合世界各大区域经济以从事组织世界经济，此即'中国时代'之再临。"[②]

（二）赵德馨的"六主"经济分期

赵德馨通过考察中国经济史上国民经济整体变化的重要表现，即生产力与生产关系变化的重要表现，对中国经济史进行分期。在中国经济史上的每一个时期，生产工具、生产关系、产业构成、生产技术、产品分配、商品交换、人与人在生产中形成的经济关系都不完全相同。能够支配社会经济资源并据此组织社会经济活动的群体在社会经济生活中居于主导地位。根据这种地位的变化，赵德馨对古代经济史进行重新分期，认为中国古代经济史经历六种关系的演变：主胞关系（氏族主和氏族同胞）、主众关系（家族主和族众）、主奴关系（奴婢主和奴婢）、主客关系（庄主和庄客）、主佃关系（地主和佃农）、主雇关系（雇主和雇工）。中国经历了氏族主、家族主、奴婢主、庄主、地主、雇主六种经济形态，下面逐一述之。

---

① 罗仲言：《经济史学原论》，经济新潮社，1947，第58~59页。
② 罗仲言：《经济史学原论》，经济新潮社，1947，第59页。

第一，氏族主经济形态。

氏族主经济形态存在于夏代以前。它与氏族社会或原始社会相对应，是中国历史上第一个经济形态。氏族主经济形态包括旧石器时代后期和新石器时代前期，木（包括树木、竹和藤等）石器是主要的生产工具。火对氏族社会发展的推动力尤大。150万年前，人类开始知道生火、利用火，用火烧荒，开辟土地，改造自然；用火烧、烤、煮、煎，得以熟食，改造自己；用火防御和驱赶野兽，保障自身安全，获得食物。

家族取代氏族成为经济活动的基本单元和社会的基层组织，家族主代表家族掌握家族的经济资源，组织家族的活动。

氏族是经济活动的基本单元。由于生产力极其低下，单个氏族成员一旦离开了氏族主，难以独立生存。正因为如此，氏族成员对氏族主有极强的人身依附关系，氏族主在氏族内部享有至高无上的地位。他（她）代表氏族掌握氏族的经济资源，组织和指挥氏族的生产和消费活动。氏族主若为女性，是为母系氏族。若为男性，则为父系氏族。是母系还是父系，取决于自然和社会生存环境导致的生产方式、生活方式与习俗的不同。一般而言，在氏族社会早期，母系居多；到了后期，以父系居多。氏族之间有氏族联盟和氏族部落。氏族内部已经有了简单的性别、年龄分工。

在氏族社会早期，主要的产业从采集业（采集植物的根、茎、叶、花、果实、种子）和渔猎业（捕杀动物），到游牧与游农，氏族没有固定的居所，到处迁徙。随着生产力的发展，特别是农业的发展，氏族慢慢地有了相对固定的活动范围，在自己的土地上开展生产。生产资料为氏族公有，生产者是氏族的成员，产品归氏族集体所有，由氏族主组织集体消费。各个氏族从实践中形成一套适合本氏族实际情况的劳动与食物分配的习俗制度。这就是原始公有制。到了新石器时代，个别氏族占有的个别物品可能出现剩余。这为氏族之间交换各自的剩余物品提供了可能，于是出现了氏族之间的、由氏族主做代表的、偶然的、零星的物物交换。

在氏族主经济形态下，没有阶级、国家、货币，属于希克斯所讲的习俗经济，也是最原始的自然经济。

第二，家族主经济形态。

家族主经济形态存在于公元前 21 世纪到公元前 8 世纪，即夏商周时期。与之相对应的是宗主制社会，又称封建社会。夏朝是氏族主社会向家族主社会的过渡时期，商是家族主社会的形成时期，西周是家族主社会的鼎盛时期和典型时期。

家族主经济形态起源于新石器时代后期，是石器时代到青铜器时代的过渡时期。在这个时期，木石器的质地、种类、功能迅速发展。人们学会了冶炼铜、锡、铅等金属，用于制造青铜器。青铜器主要是武器和祭祀器皿，少部分是生产工具，主要是手工业工具。生产工具的改进提高了生产效率，使得很多生产活动不需依靠氏族，而由家族完成。父系氏族很容易滋生出父系家族。社会经济基层组织逐步由氏族转型为家族，家族成为社会经济的基本单元。在家族主经济形态下，狩猎、游牧活动发展为畜牧业，采集、游农活动向农业经济转变。随着生产工具的改进和产业结构的变化，出现第一次社会生产大分工，即畜牧业与农业的分离。这次生产大分工促进了社会生产力的发展，家族开始有了剩余产品，私有制产生。

家族取代氏族成为经济活动的基本单元和社会的基层组织后，家族主代表家族掌握家族的经济资源，组织和指挥家族的生产和生活。生产者是家族的成员（族众）。主要的生产环节由家族成员集体完成，主要的产品归家族集体所有。由家族主组织集体消费。为了节约，家族主将部分产品分配给各个家庭消费。家族主社会与氏族主社会的区别之一是有了家庭。家庭最初是生育单位，随之成为消费单位，逐步地承担生产过程中某些环节的任务，发展到能独立地完成生产全过程，成为生产单位。

不同的家族主因所在地的资源禀赋不同、掌握的生产技术不同，所生产出来的产品亦不同。这为交换彼此的产品提供了条件。交换的发展，使经济形式由原始自然经济演变成有商品交换的自然经济。商品交换的发展导致商品交换主体增加，交换频率增高，出现了商业、以商品交换为职业的商人和专门用来交换商品的场所——"市"。"市"一般位于人口稠密、交通方便的"城"内。这样，城与市就结合起来了，"城市"由此产生。商业带来了经济的繁荣。商周时期，政权为了给统治者提供优质的、丰富的物质，也为了垄断制造商品和出售商品的利益而经营工商业，即所谓"工商食官"。春秋时期，出现了职业商人阶层，商业成为一个独立的行业。为便于商品交换，商品交换的媒介——货币产生。商品经济的发展导致社会财富的增加，拉开了家族之间的财富差距。① 为了争夺财富，家族之间的战争不断。而家族间战争形成的征服、兼并，催生了家族联盟和家族部落。每一个家族（或家族联盟、家族部落）即一国。国即是家，家即是国，家国同构。夏禹时有万国，夏是其中最大的家族部落，许多家族部落都臣服于它，它的国王即天子。商族强大以后，取代了夏族。周族崛起以后，又取代了商族。他们都沿袭夏朝制度，其国王也称为天子。

有了剩余产品和商品交换，私有制的产生就有了土壤。用货币可以买到各类物品，也可以买到土地。农业是基本产业，土地是农业生产的主要生产资料。生产资料的所有制主要表现为土地所有制。在家主制社会里，实行封建制。在法权上，土地归国家所有，归代表国家的天子所有。天子把土地分封给诸侯，诸侯再分封给大夫，大夫分封给士。经过一级级的分封，土地最终归各个家族占有，并由家族中的各个家庭使用。天子按照各家族的势力大小，将它们分为不同的等级、授予不同的爵位，并封给大小不同的领地。爵位世袭，由宗子继承，此为世卿世禄制。国君分封给诸侯一块土地就建立一个邦国，这就是以国有土地制为基础的封邦建国制度（简称封建制）。

---

① 家族主时期，龟、鳖是代表长寿的吉祥物。红山文化遗址的墓葬中，生者把玉龟、玉鳖放在死者手中。玉和龟是财富的代表。5000年前红山文化部落中，可能有被部落最高首领控制的制玉氏族。这个部落中的交换，首先发生在各氏族首领之间，以玉和龟为媒介（货币），后来氏族成员中间发生交换，以龟为媒介。

中国的封建制与欧洲的封建制完全不同。西周封建制约在公元前 11 世纪至公元前 771 年。欧洲的"feudal"在翻译成中文时，被译成封建制，这引起了一个大误会。欧洲的"feudal"存在于 8 世纪到 14 世纪。它与中国的封建制相距一千多年。中国与欧洲相隔万里，那时没有交往，谈不上互相影响。欧洲的封建制建立在铁器、马拉犁和黄金货币的经济基础上，有神权和王权的对立，有法治传统和城市自治传统，贵族和自由民享有种种自由，孕育出现代自由、民主、法治、宪政社会和现代科学技术。西周的封建制是建立在木石铜器生产力和尚无金属货币的经济基础上，实行血缘宗法制度，君师合一，行政与司法合一，家族吞噬个人，父母、祖父母在，不准"别籍异财"——个人的自由和财产权全为宗法关系排除，两者根本不同，不可混为一谈。

第三，奴婢主经济形态。

在中国先秦文献中，"奴""婢"并称，奴和婢的社会身份（地位）与法律身份（地位）相同，只是性别有异，男性称奴，女性称婢。到西汉，出现"奴婢"联称。在先秦和西汉文献中，"奴"和"隶"既不并称，更无联称，因为二者的身份、地位不同。东汉许慎的《说文解字》中有"奴婢"，而无"奴隶"。宋代范晔的《后汉书》中始见"奴隶"一词。可见，对汉及汉以前与"奴"有关的现象，用"奴婢"比"奴隶"更符合当时的情况。奴婢主经济形态存在于公元前 8 世纪到公元 2 世纪，即春秋、战国和秦汉时期。春秋时期是家族主社会向奴婢主社会的过渡时期，战国至西汉是奴婢主社会的鼎盛时期。

春秋时期鼓风冶铁技术得到应用，铁器被应用于手工业和农业生产领域。战国至西汉武帝时期，两牛六人一犁和两牛三人一犁生产方式是最先进的农耕翻地方式。铁产量少，牛马缺乏，因此价格很贵，一般自耕农无力使用。汉武帝以后，铁器逐步普及，牛马数量因汉初鼓励养牛、养马而增加，使铁器、牛马的价格下降；犁具技术改进，一人一牛一犁的生产方式出现。这两种植业变化使部分自耕农具备了使用牛耕的能力。牛耕这种生产方式促进了农业生产力的发展。生产技术主要是耕作技术在汉代有了显著提高。西汉时期发明的代田法，通过垄圳互换以休养地力。后来又发明了间种和轮作，土地的生产率和利用率显著提升。

采用两牛六人一犁和两牛三人一犁的生产方式，需要的条件是两头牛、三个以上的劳动力和一副铁犁。自耕农大多数是有两个劳动力的五口之家。如果想采用这种效率高、收益大的生产方式，必须增添一两个奴婢。由于铁农具和牛马价格的相对高昂，土地所有者不得不大量使用奴婢进行生产，以奴婢取代农具和牛马。春秋战国时期，连年征战，人民流离失所，破产农民、战俘、罪犯成为私人和国家的奴婢。在秦汉时期，有公开买卖奴婢的市场。国家和私人奴婢主组织奴婢从事农业、手工业生产以及商业经营，奴婢主的生产和经营规模比自耕农大，生产的效率高，收获的产品多，提供给市场的商品也多，是当时先进生产力的代表。

进入奴婢主经济形态以后，奴婢成为奴婢主的私人物品。奴婢在奴婢主（及其代理人）的统一指挥下从事生产劳动和商业经营，奴婢没有任何自主权和自由权。奴婢对奴婢主的人身依附关系不仅是终身的，而且延续到后代。

第四，庄主经济形态。

庄主经济形态存在于公元3世纪到8世纪，即从魏晋到唐中期。东汉时期是奴婢主经济形态向庄主经济形态过渡的时期，魏晋南北朝是庄主经济形态的鼎盛时期。

生产方式的改进和生产技术的提高，为奴婢主经济形态的瓦解奠定了基础。在奴婢制的发展过程中，一些奴婢主为了维持奴婢劳动力的可持续性，允许奴婢成立家庭，成为生育单位和消费单位。一些大奴婢主为了节约管理奴婢的费用，也为了考核奴婢的劳动效率，明确了他们的责任，分给每个奴婢若干劳动任务或者若干固定土地，先是管理土地上农作物的生长，后演变成由奴婢主提供土地、耕牛、主要农具和种子，奴婢负责从土地的耕耘到农作物种植的全过程，即奴婢主把一块块土地承包给奴婢耕种。收获以后，奴婢将收获物的一部分（按约定的比例）

交给奴婢主。如果不上交收获物，奴婢就必须无偿给奴婢主服务一定的时日，包括耕种奴婢主自营土地和承担家内劳役。奴婢家庭承包耕地的办法就是最早的租佃制。与原来的经营方式相比，这种新的办法使奴婢主的支出减少、收入增加；奴婢获得部分自由支配劳动时间的权益，收入随之增加。经营方式的这种改变，使奴婢主因之转化成为庄园主，奴婢转化成为庄客。与奴婢相比，庄客有更多的可以自由支配的劳动时间和更多的人身自由，这就激发了庄客的生产积极性，庄客的家庭经济逐渐厚实。魏晋南北朝时期战乱频繁，一些逃亡奴婢、罪犯、破产农民、战争中被打散的士兵投奔庄主，成为庄客（又称"客户"）。还有一些农民，或因缺乏农具和耕牛，或因逃避苛捐杂税，主动将土地献给有势力的庄主，成为庄主的庄客，以求庇护。奴婢主经济形态演变为庄主经济形态。

庄主向庄客提供土地、耕牛、大型农具和种子，庄客与庄主之间除了经济关系，还有人身依附关系。庄主用劳役租制或分成租制支配庄客的劳动与生产物。大庄主将若干庄户组织成以自己为核心的经济自给体。庄主制发展导致商品货币关系的衰落，布帛与粮食等实物再度成为商品交换的媒介。直接征收实物（粮食、布帛）与劳役的租庸调制，成为赋税的主要形式，出现"五百年中古自然经济"现象。庄主制是一种典型的指令性经济。

从人身依附关系看，庄客有自己的家庭和收入，相对于奴婢对奴婢主的人身依附关系而言，庄客对庄主的人身依附关系要松弛得多。

第五，地主经济形态。

地主经济形态存在于公元 9 世纪到 19 世纪中叶，即唐中期到清代前期，存在时间长达 1000 多年。隋到唐中期是庄主经济形态向地主经济形态的过渡时期，明代和清代前期是地主经济形态的鼎盛时期。

隋唐时期，农业生产技术大为提高。首先是曲辕犁的发明。这种犁采取一人一牛一犁的耕作方式，减少了耕作环节人力和畜力的投入。唐代发明了以水力驱动的筒车，灌溉不需人操作。这类技术进步都降低了农民的生产成本。唐宋以后，农作物栽培技术稳步提高，占城稻、番薯、玉米、马铃薯等作物先后从国外引进。棉花取代麻成为主要的布料原材料。占城稻成为南方主要的粮食品种。马铃薯和番薯的耐寒和耐旱性强，适合于贫瘠地区、干旱地区、高寒地区播种。这些有利于提高农民的生产能力和土地产量，使更多的农民家庭具备了独立耕作的能力。具备了独立耕作能力的农民家庭，势必向土地所有者提出独立经营的要求。土地所有者为了降低监督成本和风险，也愿意向农民出租土地。这样一来，契约租佃制就产生了。之后，它发展很快。到唐中期，佃农和地主的契约关系逐渐取代庄客和庄主的人身依附关系。契约是立约双方根据自己的意志进行自由选择的结果。这里说的"自由"，包括以下内容：一是订不订约，双方有决定权；二是和谁订约，佃农和地主都有选择权；三是契约的内容由订约双方商定，双方都有权提出要求，也有权拒绝对方的要求；四是双方有解约的权利。订约以后，如果符合解约的条件，经双方同意可以解约。

唐中期，随着均田制的瓦解，公田不断转化为私田，以致私田数量逐渐超过了公田，地主土地所有制成为主要的所有制形式。宋代以后，地权交易活跃。清雍正年间，废除了亲邻优先购买土地的权利，地权交易完成市场化。

地权随着土地交易的繁荣而不断地裂变，地权被分解为"两权"，即所有权和使用权。出现了"一田二主"的情况，即土地所有权归地主，土地的使用权则长期归佃农。16 世纪出现永佃制，取得土地永久经营权的佃农，不仅可以自由经营土地，而且可以出卖、出租土地的使用权。出卖田面所得的田价和出租田面所得的田租，带有补偿垫付资本的意义。在清代，土地的使用权也可以交易。

在劳役地租形态下，地主有权直接支配佃农的部分劳动时间，佃农没有支配自己全部劳动时间的自由权。在分成制实物地租形态下，地主直接支配佃农在每块土地上的生产行为，种植什么、何时种、种多少，由地主决定，佃农没有支配作物品种的自由权。在定额地租形态下，地主只按租约向佃农收取定额的实物或货币，不再干预佃农的生产和经营行为，佃农获得了完全的生产自由权。

随着地权的分裂，购买土地使用权的，绝大多数是为了利用土地进行生产的农民。大量土地在生产者之间流动，提高了土地资源的配置效率，也提高了土地的利用效率。

唐以后，佃农的法律地位逐渐地提升。到清中期，佃农和地主在法律上都是自由人，只不过在礼仪上有长幼和尊卑之分。

唐以后，赋税制度逐步改革。唐中后期，以两税法取代租庸调。明代实行"一条鞭法"，清代实行"摊丁入亩"。征税的标准由按人丁征税演变成为按土地面积征税，征收实物税逐渐转变成为征收货币税，国家对农民的干预日趋减少，结果是有利于商品经济的发展。

第六，雇主经济形态。

雇工出现于战国时期，以后历代都有。那时使用雇工的，或为国家，或为奴婢主、庄主、地主、富裕农民，或为手工业者，使用雇工的人不具有雇主身份，因而不是雇主经济形态。雇工的身份也很复杂，有的是短工，有的是长工。唐以后，雇工的地位在不断提升。1588 年，明朝颁布法令授予短工"凡人"地位。1788 年，清政府颁布律令，授予长工以"凡人"地位；雇工获得自由人身份。在 16 世纪以前，中国尚未出现雇工阶层。雇主制是与资本主义经济相联系的。从 16 世纪开始，中国的沿海地区零星地出现了雇主经济。到 19 世纪初，在十多个手工业行业和部分地区的农业中，出现具有资本主义性质的手工工场和农场。场主与场内劳动者之间是雇主与雇工的关系，雇主通过计时或计件给雇工报酬，雇主和雇工之间不存在任何人身依附关系。19 世纪中期以后，外国人先是在华设立洋行、银行从事商业活动。1895 年以后，外国人获得了在华开办工厂的权利，在此背景下，清政府允许本国商民投资设厂、开办银行。无论是洋人开办的工商企业，还是中国人自己开设的工商企业，均采取资本主义雇佣制的经营方式。雇主经济形态因之在近代中国获得较快的发展，特别是在工商业领域。随着雇主经济形态的发展，中国出现了新的阶级——雇主阶级和雇工阶级。它们先后走上了政治舞台，成为中国革命的领导阶级。

有一些特例必须说明。19 世纪 60 年代，洋务派创办了大量的企业。这些企业主要分为官办、官商合办、官督商办三种形式。在官办企业里，企业属于国家所有，国家成了雇主。农业领域也出现了资本主义的经营方式，主要有三种农业经营实体：经营地主、富农、农垦殖公司。这三种农业经营实体均采取雇工的形式，雇主经济形态在近代中国的农业领域也逐步产生。在雇主经济形态下，存在三种企业制度：业主制企业、合伙制企业和公司制企业。在业主制企业里，雇主是单一的。在合伙制（含合作制、集体所有制）企业里，雇主是几个人、几十个人或几百人。在公司制企业里，所有的投资者或出资人在理论上都是雇主。有些公司制企业为了激励员工对员工配股，员工有雇主和雇员双重身份。

二　中国古代经济史的分期

20 世纪 30 年代开始，中国史学界运用马克思的社会经济形态理论对中国古代史进行分期，引起持续半个多世纪的争论，至今尚无定论。争论的主要问题有两个。

第一，中国古代有没有经历过奴隶社会。围绕这个问题，在不同时期，学者的观点有所不同。一种观点认为中国经历过奴隶社会，郭沫若最早提出此观点。范文澜、周谷城、吕振羽、白寿彝、翦伯赞、侯外庐、尚钺、李亚农、何兹全等人亦持此论。改革开放以后不少学者提出中国没有经历过奴隶社会的观点。

第二，中国什么时候进入封建社会。围绕这个问题形成了著名的"三论五说"八种观点。之所以出现这么大的分歧，是因为对"封建制产生的标志是什么"这个根本问题的理解各不相同。范文澜等人认为应从生产关系的变化如剥削方式的变化中界定封建制是否产生；吴大琨主张从生产力发展的变化中去判断封建制是否产生；杨向奎主张通过生产者地位的变化来确定封建制是否产生。由于划分标准不同，中国史学界产生"三论"，即西周封建论、战国封建论、魏晋封建论；"五说"即春秋封建说、秦统一封建说、西汉封建说、东汉封建说、东晋封建说。

持西周封建论者以范文澜、翦伯赞、吕振羽、傅筑夫为代表，吴玉章、杨向奎、徐中舒、王玉哲、王亚南、杨翼骧、李埏等亦持此论。1940年，范文澜在《关于上古历史阶段的商榷》一文中，首次从生产关系的角度论证西周就已进入封建社会。翦伯赞则在《中国史纲》中指出，西周时期，周王是全国土地的所有者，周初实行的分封制以及对周边部族的封建制改造，使封建国家在西周时期就基本形成。

春秋封建说。代表人物是李亚农等人。他们认为，封建领主制确立于春秋时期，到春秋末期和战国初期，地主制取代领主制。

持战国封建论者以郭沫若、吴大琨为代表。杨宽、白寿彝、田昌五、林甘泉等也赞同此说。他们从生产力变化的角度出发论证封建制的产生。他们认为，战国时期，因铁制农具的广泛推广，公田和私田的界限被打破，庶民的地位得到极大提高，奴隶制因之崩溃，封建制产生，各诸侯国变法运动既是对封建制的回应，也是对封建制的巩固。

秦统一封建说。代表人物是黄子通、金景芳等人。他们认为到秦统一以后才确立封建制，"使黔首自实田"标志着土地私有制得到国家的法律认可。

西汉封建说。代表人物是侯外庐、赵锡元等人。他们认为封建制到西汉时期才确立。

东汉封建说。代表人物是周谷城等人。他们认为，到东汉时期，封建地租剥削关系才在全国占支配地位。

持魏晋封建论者以尚钺为代表，林志纯、唐长孺、何兹全等人支持此说。他们认为，在战国以前，农村公社与奴隶制在中国同时存在，到秦汉时期奴隶制才确立，东汉末年的农民大起义瓦解了奴隶制，至魏晋时期封建制才得以确立。

东晋封建说。代表人物是梁作干，他认为直到东晋时期才确立封建制度。

无论是"三论"还是"五说"，都是中国史学家运用马克思主义社会经济形态理论对中国古代历史进行深入研究的结果。每一种观点都凝聚了学者们的研究心血。他们的研究，把中国古代经济史研究水平向前推进了一大步。但这并不意味着古史分期问题的终结。这个问题不仅没有终结，还需进一步的讨论，这就是当前中国经济史学界需要捡起的接力棒。

三　中国近代经济史的分期

20 世纪 60 年代以来，中国经济史学界就中国近代经济史的分期标准展开了深入的讨论，提出了六种分期标准，形成了一系列观点。

（一）根据阶级斗争来对中国近代经济史进行分期

吴杰在 20 世纪 50 年代撰写《中国近代国民经济史》一书时提出，"国民经济史划分时期，主要是以社会经济关系的变化为主要标准的"。他认为社会经济关系的变化主要表现为"阶级斗争的高涨和爆发，有时斗争的结果被巩固于国家和法律之中，有时反映在人们的意识里，而阶级斗争尤其是最重要的标志"。据此，他又认为，"我们考虑中国近代国民经济史的分期时，更必须把革命斗争作为社会生产力与生产关系的发展中最重要的具体表现"。[1] 吴杰把社会经济关系变化界定为阶级斗争的变化、意识形态的变化，而不是生产力和生产关系本身的变化。正因如此，吴杰把中国近代国民经济史的分期与革命史的分期完全等同起来，把中国近代国民经济史划分为旧民主主义革命和新民主主义革命两个时期。有的学者认为吴杰的"分期的标准，实际上不是'国民经济关系的变化'，而是'阶级斗争'"。[2] 事实亦是如此，吴杰在《中国现代经济史的研究和教学问题》一文中明确提出"经济史的分期必须以作为阶级社会历史动力的阶级斗争为基本的标帜"。[3]

---

[1]　吴杰：《中国近代国民经济史》，人民出版社，1956，第 13 ~ 14 页。
[2]　赵德馨：《关于中国近代国民经济史的分期问题》，《学术月刊》1960 年第 4 期，第 56 页。
[3]　吴杰：《中国现代经济史的研究和教学问题》，《学术月刊》1959 年第 7 期，第 53 页。

许涤新、吴承明主编的《中国资本主义发展史》，将中国近代时期的资本主义，分为旧民主主义革命时期的中国资本主义和新民主主义革命时期的中国资本主义，也是以革命性质做分期标准。

（二）根据国民经济变化的重要表现来对中国近代经济史进行分期

赵德馨认为，国民经济史的分期应"以国民经济变化的重要表现作为分期标准"。具体到中国近代国民经济史的分期，赵德馨是这样认为的："它（中国近代国民经济史）的对象是社会经济整体的发展过程，是生产力和生产关系的矛盾和统一的发展过程，虽然不可能也不应该离开阶级斗争、民族斗争和其他社会现象，但是它的主要内容和任务是叙述和分析经济发展过程的。这是它和近代通史的主要区别。从这里我们可以看出，中国近代国民经济史的分期标准，应当是国民经济变化的重要表现。"国民经济变化的重要表现，"首先是国民经济在各个时期发展的快或慢，生产力的增长或破坏，经济的高涨或危机，工、农、商、交等部门的发展或停滞、倒退，等等"。① 茅家琦赞同赵德馨关于以国民经济变化的重要表现来对经济史进行分期的观点，他进一步提出要区分"标准"和"标志"这两个概念。"标准"用来回答国民经济史的主要任务和基本线索问题，而"标志"则是根据经济史的分期标准区分不同历史时期的具体"界标"。茅家琦认为，国民经济变化的重要表现可作为经济史分期的标准，而阶级斗争的表现则是经济史分期的标志。②

（三）根据新经济现象或事物的出现来对中国近代经济史进行分期

郭庠林认为"应以新经济出现时为经济史上一个新的时期的起点（尽管还是很微弱）"。③ 郭庠林以此为标准对中国近现代经济史进行了分期，划分为三个时期：1840～1927 年是中国近代经济史时期；1927～1949 年是中国现代经济史时期；1949 年以后是中国社会主义经济时期。

---

① 赵德馨：《关于中国近代国民经济史的分期问题》，《学术月刊》1960 年第 4 期，第 53 页。
② 茅家琦：《读"关于中国近代国民经济史的分期问题"》，《学术月刊》1960 年第 8 期，第 52 页。
③ 郭庠林：《关于中国现代经济史的几个问题》，《复旦月刊》1960 年第 2 期，第 25 页。

1840 年之所以是中国近代经济史的起点，是因为在中国出现了半殖民地经济这个新现象；1927 年之所以是中国现代经济史的起点，是因为在中国出现了新民主主义经济的新现象。茅家琦不赞同郭庠林的观点，认为在事物发展中，从新要素的产生到事物质变的发生，需要一个过程，新要素的出现不等于事物发生了质变。所以，以"新经济的出现"作为经济史上新的时期的起点在理论上是站不住脚的。茅家琦还举出反证：在明清时期中国就出现了资本主义萌芽，这是封建经济体制内的新事物，显然不能据此就认为中国近代经济史开始于明清时期。① 丁日初认为郭庠林所提出的分期标准和他对中国近代经济史的分期之间互相矛盾，社会主义经济作为一种新的经济成分，早在 1927 年就产生了，既然如此，社会主义经济时期的起点就不是 1949 年而是 1927 年。②

（四）根据生产关系的变化来对中国近代经济史进行分期

丁日初认为经济史分期的标准应当是生产关系的重要变化。他从两个层面对生产关系的重要变化做了界定：在不同的社会经济形态之间，分期标准应该是基本的生产关系的根本质变；而在同一种社会经济形态内部的各个阶段之间，则是基本的生产关系的相对属于量变性质的部分质变，或各种生产关系的显著消长。丁日初认为，在存在剥削和被剥削生产关系的社会里，阶级斗争是推动社会进步的动力，但不是所有的阶级斗争都能摧毁一个旧的国家政权从而摧毁一种旧的生产关系，历史上很多的阶级斗争都没有引起生产关系的变革，因此，阶级斗争不能作为划分经济史的标准，只有那些引起了生产关系的变革，即马克思所说的使"整个社会受到革命改造"的重大阶级斗争事件，才可以当作经济史分期的界标。③

---

① 茅家琦：《读"关于中国近代国民经济史的分期问题"》，《学术月刊》1960 年第 8 期，第 54 页。
② 丁日初：《关于中国近代、现代经济史的分期问题》，《学术月刊》1961 年第 2 期，第 22 页。
③ 丁日初：《关于中国近代、现代经济史的分期问题》，《学术月刊》1961 年第 2 期，第 22 页。

（五）根据经济因素质的变化来对中国近代经济史进行分期

陈绍闻认为，经济史分期的基本标志"是经济因素的质的变化。这里所说的经济因素实质上就是指的生产方式，包括生产关系和生产力两个方面"。[①] 陈绍闻还认为，以经济因素的质的变化作为经济史分期的标准，"没有否定阶级斗争推动社会经济发展的巨大作用的意思"，因为新的生产方式的确立和新的生产关系的形成，是通过不断的阶级斗争来实现的，经济史分期以经济因素的质的变化为标志，并不排斥以某一重大阶级斗争作为一个经济史时期的起点，只要这个重大阶级斗争事件引起了经济因素的质的变化。例如，1917 年发生的十月革命是一个重大的阶级斗争事件，这场阶级斗争直接导致苏维埃政权在俄国确立，经济因素发生了质的变化，因此，它可以作为世界现代史和世界现代经济史的开端。[②]

（六）根据社会主要矛盾来对中国近代经济史进行分期

魏永理在《中国近代经济史分期问题》一文中提出："研究中国近代经济史内部划分阶段的问题，就必须抓住中国近代社会的最主要矛盾，否则，就不可正确的解决这一问题。"按照毛泽东所指出的，帝国主义国家和中华民族的矛盾是中国近代社会的主要矛盾，这对主要矛盾决定中国近代社会经济的走势，所以，它应是"中国近代经济史内部划分阶段的标准（或标帜）"。[③]

采取什么标准，与研究者对研究对象采取何种研究视角密切相关。在研究成果（论著）中，分期标准与论著的主线一致。对同一事物，可以从不同的视角去观察。学术界所提出的上述六种分期标准，都有一定的道理，有利于我们深化对中国近代经济史分期问题的认识。既不可能也没有必要分出谁对谁错。我们认为，对经济史进行分期的主要目的就

---

① 陈绍闻：《略论经济史的分期和中国现代经济史的起点问题》，《复旦月刊》1960 年第 2 期，第 20 页。
② 陈绍闻：《略论经济史的分期和中国现代经济史的起点问题》，《复旦月刊》1960 年第 2 期，第 18 页。
③ 魏永理：《中国近代经济史的分期问题》，《兰州大学学报》1980 年第 1 期，第 29～30 页。

是划分经济发展阶段来揭示经济发展的路径、规律和特征，既然如此，按照经济发展过程中重大变化的表现来划分经济史时段，似乎更加符合实际。

四　中华人民共和国经济史的分期

中华人民共和国经济史是现代经济史，有人称之为当代经济史。当代人写当代史，优势是当代人经历了当代史，熟悉其情况；局限性在于事态仍在发展，无法做定论。由于无法做定论，也就难以对当代史进行科学的分期。但是，研究当代史又必须对它进行分期。解决的办法是只将可以做定论的事物和历史阶段纳入研究对象之中。

我们认为，中华人民共和国经济史分期的标准仍然是国民经济变化的重要表现。那么，中华人民共和国经济史有哪些重要的变化呢？第一，经济形态的变化。从 1949 年中华人民共和国成立到 1952 年农村土地改革和城市民主改革的基本完成，新民主主义经济形态全面取代半殖民地半封建经济形态。1956 年三大改造完成以后，社会主义经济形态取代新民主主义经济形态。第二，所有制结构的变化。中华人民共和国成立之初，国营经济领导下的五种经济成分分工合作，公有制、私有制并存。三大改造完成以后，私有制被消灭，公有制一统天下，改革开放以后，确立以公有制为主体、多种所有制并存的格局。第三，经济体制的变化。中华人民共和国成立之初，中国实行有计划的市场经济体制。1953 年之后，中国总体进入计划经济时代，市场经济成为计划经济的补充，这种经济体制可称为有市场的计划经济体制。改革开放以后，中国向市场经济转轨，这种经济体制可称为有计划的市场经济体制。1992 年，党的十四大报告明确提出，中国经济体制改革目标是建立社会主义市场经济体制，此后，中国进入社会主义市场经济体制时代。第四，经济增长方式的变化。新中国成立以来，经济增长速度经历了快→慢→快的"之"字形道路，经济增长质量也经历了好→差→好的"之"字形道路。第五，经济发展战略的变化。中华人民共和国成立之初，中国提出并实施"一体两翼"战略（即过渡时期总路线），20 世纪 50 年代末提出"超英赶美"
（十五年赶上并超过英国，三十年赶上美国）战略，20 世纪 60 年代中后
期提出"备战备荒为人民"战略（以加速建设三线战略后方基地为中
心），十一届三中全会以后实施"以经济建设为中心"的"三步走"战
略。根据上述变化，我们可以对中华人民共和国经济史进行分期。

第一个时期：经济形态转变和生产由恢复走向发展的时期（1949 年
10 月至 1956 年）。过渡性是这个时期的特性，经历了两次经济形态的过
渡。经济形态的转变促进了生产力的恢复和发展。这个时期又可以划分
为两个阶段。

第一阶段：1949 年 10 月到 1952 年。新民主主义经济形态代替半殖
民地半封建经济形态和生产力恢复阶段。在农村，通过土地改革消灭了
封建和半封建土地所有制。在城市，通过没收官僚资本主义企业并对企
业实行民主改革，消灭了企业的半殖民地性。土地改革使 3 亿多无地或
少地的农民无偿分得了梦寐以求的土地，极大地激发了农民的生产积极
性，促进农业生产力的发展。城市企业的民主改革，极大地提高了工人
的地位，工人翻身当家做主人，劳动积极性得到激发，生产力因之向前
发展。到 1952 年，主要工农业产品中的大数，在总量上恢复到抗战以前
的水平。在这个过程中，社会主义经济因素不断增加，如个别的公私合
营企业、金融业的全行业公私合营、农村零星出现的带有社会主义性质
的初级农业生产合作社。

第二阶段：1953～1956 年。社会主义经济形态取代新民主主义经济
形态和有计划、大规模开展经济建设的阶段。1953 年，我国实施过渡时
期的总路线，即实现国家的工业化，实行对农业、手工业和资本主义工
商业的社会主义改造，通过 1953～1956 年的三大改造，社会主义经济形
态在我国全面确立，1953 年开始实施"一五"计划，到 1956 年工业生产
力得到初步发展，农业合作化运动的推进也促进了农业生产力的发展。

第二个时期：全面开展经济建设的时期（1957～1976）。1957～1966
年是社会主义建设探索的十年。由于没有经验加上急于求成，探索中出

现了严重的失误。在经历 1958～1960 年的生产大起大落之后，1960 年开始对经济进行调整，1966 年"文化大革命"发生前夕，经济调整基本完成。

这个时期又可以划分为三个阶段。

第一阶段：1957～1960 年。这个阶段经济探索的主要内容是社会主义建设总路线、"大跃进"和人民公社。有学者认为这个阶段应该起于1958 年，因为"一五"计划结束于 1957 年。我们认为国民经济史不是计划工作史，"一五"计划的主要指标已于 1956 年提前完成。历史是事后书写的，应根据实际完成时间来分阶段。况且 1956 年以前，中国的经济管理体制、计划管理方式、农轻重比例的确定、积累和消费比例的确定、工资制度等，基本上照搬苏联模式。1956 年毛泽东在《论十大关系》中，提出要探索中国经济建设道路。1956 年 9 月，党的八大总结了中国社会主义建设的经验，提出了有别于苏联的理论与方针。1957 年 9 月，党的八届三中全会通过了关于改进财政体制、改进工业管理体制、改进商业管理体制的三个文件，开始正式探索中国经济建设道路。党的八届三中全会也是失误产生的起始点。在会上，毛泽东否定党的八大关于中国社会主要矛盾的提法，认为中国社会的主要矛盾不是先进的社会主义制度与落后的社会生产力之间的矛盾，仍然是无产阶级与资产阶级的矛盾、社会主义道路和资本主义道路的矛盾。党的八届三中全会以后，公开地反反冒进，提出"大跃进"的口号，"左"的思想在 1957 年正式抬头并被付诸实践。[①]

第二阶段：1961～1966 年。1957 年开始的冒进使经济遇到前所未有的困难，工农业均出现倒退，人民生活水平严重倒退，非正常死亡率上升。在 1960 年 6 月召开的中共中央政治局扩大会议上，毛泽东做了题为《十年总结》的报告，他意识到 1958 年和 1959 年的错误是过于强调数量

[①] 赵德馨：《中华人民共和国经济史的分期》，《青海社会科学》1986 年第 1 期，第 7 页；《简论国史分期问题》，《当代中国史研究》2010 年第 1 期，第 17～18 页。

和速度，提出从 1960 年起要讲质量、规格、品种，把数量放在第二位，把质量和品种放在第一位，要调整计划指标，指标不要打得太满，要留有余地。[①] 根据毛泽东的讲话精神，1960 年 8 月，周恩来和李富春在制订 1961 年国民经济计划时，首次提出了"调整、巩固、充实、提高"的八字方针。1960 年 12 月召开的中央工作会议和 1961 年 1 月召开的八届九中全会，决定从 1961 年起根据八字方针对国民经济进行全面调整。1962 年 1 月 11 日到 2 月 7 日的"七千人大会"，进一步总结了过去几年所犯的错误，提出从 1962 年起，大规模压缩基本战线，大力精减城镇人口和企业职工，加强企业经营管理，改革劳动制度和价格体制，确立人民公社的"三级所有、队为基础"的体制。经过 4 年的艰苦努力，全面调整的任务于 1965 年完成。在 1964 年 12 月召开的第三届全国人民代表大会第一次会议上，周恩来在《政府工作报告》中指出："调整国民经济的任务已基本完成，工农业生产已经全面高涨，整个国民经济已经全面好转，并且将要进入新的发展时期。"[②] 1965 年，中国的工农业生产总值超过 1957 年。1966 年，工农业继续保持快速增长。

第三阶段：社会经济建设的曲折探索与畸形发展时期（1967~1976）。在"文化大革命"中，1956 年以后特别是 1961 年以后探索社会主义建设的一些措施被当作"修正主义路线"遭到批判，这是对前一时期所取得的进步的否定。大批判导致了经济上的大损失，经济几起几落，产业结构与生产力布局出现畸形发展。这个时期又可以划分为两个阶段。

第一个小阶段：1967~1971 年。"文化大革命"造成全面内乱，经济大幅度滑坡。后来又出现新的跃进，导致了所谓的"三个突破"。关于这一阶段的起点是在 1966 年还是 1967 年，有过争论。有学者主张断在 1966 年，理由有两点。第一，1966 年是"文化大革命"的第一年。第二，1966 年又是"三五"计划的开局之年。我们认为，上限断在 1967 年

---

① 胡绳主编《中国共产党的七十年》，中共党史出版社，1991，第 370 页。
② 转引自苏星：《苏星自选集》，学习出版社，2002，第 76 页。

比 1966 年更合理。因为 1966 年是政治事件出现的起点，政治的变动肯定会影响经济，但需要一个过程。1966 年上半年，经济形势依然很好，8 月开始的全国大串连和随之而来的"批判资产阶级反动路线"，对党政机关、工农业生产、交通运输产生了较大的冲击，对工农业生产、基本建设、外贸等产生影响，但总体而言，1966 年的经济保持较快的增长，工农业总产值比 1965 年增长 13.4%，国家财政收入比 1965 年增长 24.4%，收支相抵，净结余 17.1 亿元。由此看来，1966 年的经济增长是前一阶段经济增长的持续。到 1967 年，经济全面滑坡，财政状况恶化，"文化大革命"对经济的破坏作用全面凸显，国民经济出现了重大的变化。所以，这一阶段的起点定在 1967 年比较合适。

第二个小阶段：1972～1976 年。这四年间，尽管有"批林批孔"和"反击右倾翻案风"扰乱了正常的经济建设，但是，毛泽东对"文化大革命"的危害有所觉察，他指示既要抓革命又要抓生产。在周恩来和邓小平的主持下，对国民经济进行了全面整顿，经济发展出现了转机。

第三个时期：1977 年至今。探索经济建设新道路和经济起飞时期。其间并非一帆风顺，经历了转折、调整、改革的过程。

第一阶段：1977～1978 年，经济恢复和酝酿经济建设新道路的阶段。1976 年，"四人帮"被打倒，通过清除"四人帮"残余势力，结束了长达十年的内乱，重新出现安定团结的政治局面。但"左"的错误思想仍然延续，经济建设再次出现急于求成问题。与此同时，迈开了对外开放的步伐，也出现了所谓"洋跃进"。在各个领域开始了改革的试探，一些地区的农民自发实行承包经营制度，一些地区开始探索国有企业改革。大学恢复招生，科学界迎来了春天。党内部分人士对"左"的错误思想开始进行拨乱反正，重新考虑经济体制、商品生产、按劳分配等重大经济理论问题，开展了真理标准问题大讨论，为下一步的调整创造了条件。

第二阶段：1979～1984 年，以调整为主的阶段。党的十一届三中全会全面纠正了"左"倾错误，确立了解放思想、开动脑筋、实事求是、团结一致向前看的指导方针，抛弃"以阶级斗争为纲"，明确以经济建设为中心，把全党全国人民带到向"四化"进军的新的历史征程上。全会实事求是地分析了国民经济中存在的问题，提出了解决办法。1979年春，也就是十一届三中全会结束后四个月，党提出了"调整、改革、整顿、提高"的新八字方针。新八字方针的提出和实施，标志着经济建设思想根本转变的开始，1981年，党的十一届六中全会通过《关于建国以来党的若干历史问题的决议》，1982年9月党的十二大召开，标志着指导思想上拨乱反正任务的全部完成。这是一个伟大转折，因为过去经济建设之所以出问题，根源就是错误的指导思想。新八字方针的执行，局部调整了国民经济管理体制，激发了经济活力，经济发展的速度和质量均有所提高，人民得到了更多的实惠，国民经济逐步走上了稳步发展的轨道。1983～1984年，贯彻实施党的十二大制定的"走自己的道路，建设有中国特色的社会主义"的战略方针，进入了以改革为主的阶段。改革以农村为重点，承包经营制度扩展到全国，农村人民公社制度退出历史舞台。

第三阶段：1985～1991年。在这个阶段，改革重点转向城市。中国经济体制改革全面铺开并取得重大进展，初步形成了计划管理与市场调节相结合、法律手段与行政手段并举的国民经济宏观管理体系。通过放权让利和承包经营制度的推行以及股份制改革的试点，国有企业经营机制发生了深刻变化。国有企业、乡镇企业、城镇集体所有制企业、三资企业、个体企业等多种所有制经济得到快速发展，公有制为主体、多种经济成分并存的格局初步形成。对外开放水平有了新的提升，长江三角洲、珠江三角洲、闽南三角地区于1985年被开辟为沿海开放区；1988年，进一步把辽东半岛、胶东半岛、渤海湾的秦（皇岛）唐（山）沧（州）地区、广西北部湾地区开辟为沿海经济开放区；1988年，海南经济特区成立；1990年，上海浦东被开辟为开发区。经济发展水平显著提升，按可比价格（1978年＝100）计算，1991年，中国国内生产总值达到10541.8亿元，比1984年增长了76.03%；人均国内生产总值为915.75

元，比 1984 年增长 58.67%。[①] 这一阶段，新旧体制的摩擦给经济生活带来新的问题和困难，主要表现在三个方面：一是由于社会总供给难以满足社会总需求导致物价上涨；二是经济秩序较为混乱；三是经济结构失衡问题较为突出。

第四阶段：1992～2000 年，社会主义市场经济的确立和初步发展阶段。1992 年邓小平南方谈话和党的十四大的召开，标志着中国确立了社会主义市场经济体制改革目标。按照社会主义市场经济的要求，中国不断地创新经济体制机制，成功地克服了 1997 年亚洲金融危机带来的不利影响，通过深化国有企业改革和扩大内需，完成了三年脱困目标。实施沿海、沿边、沿江、沿路"四沿战略"，初步形成了全方位、多层次、宽领域的对外开放新格局。实施西部大开发战略、可持续发展战略、科教兴国战略，为中国经济的平稳健康发展奠定了初步基础。这个阶段，国民经济加快发展，人民生活水平显著改善。2000 年，中国已初步建立了社会主义市场经济体制。

第五阶段：2001～2008 年，社会主义市场经济的统筹发展阶段。2001 年，中国正式加入 WTO，中国融入世界的步伐进一步加快。2002 年，党的十六大召开，确立了全面建设小康社会的宏伟目标。2003 年十六届三中全会提出"以人为本"的科学发展观，提出要以"五个统筹"来协调发展社会主义市场经济。2002～2008 年，中国深化财税、金融、投融资体制改革，进一步健全宏观调控体系，提高宏观调控水平；实施"工业反哺农业、城市支持农村"的方针，建设社会主义新农村；深化企业改革，建设创新型国家；对外开放继续深化，使中国成为世界上最为开放的"新兴市场"。在这个阶段，国民经济高速发展，2002 年、2003 年、2004 年、2005 年、2006 年、2007 年经济增长速度分别为 8.3%、10.0%、10.1%、10.4%、11.6%、13%。2008 年，受全球金融危机的影响，经济增速减缓为 9%。人均国内生产总值于 2002 年首次突破 1000

---

① 国家统计局编《中国统计年鉴（1992）》，中国统计出版社，1992，第 31 页。

美元，2007 年超过 2000 美元。这个阶段，中国经济总量在世界上的位次持续上升，2005 年，超过法国和英国，跃居世界第四，2008 年超越德国，跃居世界第三。[1]

2009 年以后，中国经济进入一个新的阶段。很多经济现象至今仍在不断演变的过程中，认清其本质还需一段时间。因此，2009 年以来的经济问题属于现实经济问题，不是经济史学的研究对象。

五　中国近现代经济史的分期

我们坚持以国民经济整体变化的重要表现作为经济史的分期标准。国民经济变化的重要表现体现在不同的方面。在 20 世纪 50 年代，我们以 1949 年为界，把 1842 年以后的中国经济发展过程区分为中国近代经济史和中国现代经济史。随着时间的推移和研究的深入，我们发现这种划分是合理的。问题在于，由于这种划分，人们往往只看到这两个阶段的不同，而忽视两者之间的联系，这就导致很多本身具有连贯性的经济问题被人为地切断了，最典型的是新民主主义经济形态。它产生于 1927 年，结束于 1956 年。1927～1956 年是它的完整的过程。在这个过程中，新民主主义经济先是取代了半殖民地半封建经济，后又转化为社会主义初级阶段经济。在写中国经济史时，如果打通 1949 年这个界限的话，读者就能准确地认知新民主主义经济史的完整过程。把中国近代经济史和中国现代经济史合并成为中国近现代经济史。合并以后的最大问题是，必须寻找新的视角观察国民经济变化的重要表现。过去使用的经济形态视角肯定不行。因为 1949 年以后不再存在半殖民地半封建经济。只有经济现代化才是一个可以贯穿中国近现代经济史的视角。以这个视角来观察中国近现代国民经济史的重要表现，可以对中国近现代经济史进行重新分期。[2]

---

[1]　萧国亮、隋福民：《中华人民共和国经济史（1949～2010）》，北京大学出版社，2011，第 317 页。

[2]　赵德馨：《中国近现代经济史（1842～1949）》，河南人民出版社，2003，第 26～27 页。

第一阶段：1842～1894 年。中国经济从独立的封建经济形态向依附型的半封建半殖民地形态演变，中国与世界经济关系发生巨大变化，中国被卷入世界市场，经济现代化从流通领域开始，在军事工业、缫丝业、采掘业等领域出现了机器生产，生产力的现代化进程得以开启。1861 年，两江总督曾国藩在安庆创办内军械所，制造子弹、火药和枪炮，掀开了中国工业化的第一页。此后的 40 年间，洋务派代表人物李鸿章、左宗棠、张之洞等人先后在上海、南京、福州、兰州、武汉等地创办了一批使用机器生产的工业企业，据统计，1861～1890 年，洋务派在各地创办了 24 个军工厂和船舶厂，经费约 6000 万元。① 规模较大的企业有江南制造总局、福州船政局、兰州机器局、天津机器局、湖北枪炮厂、吉林机器局、山东机器局、奉天制造局、汉阳铁厂等，其中军工企业占大多数。它们开启了中国工业化进程。

洋务派在创办军事工业企业的过程中意识到，现代机器工业是一个体系，没有燃料工业、钢铁工业、采掘工业、交通运输业等工业门类做支撑，中国军事工业体系无法建成。从 19 世纪 70 年代起，洋务派发起创办了一批服务国计民生和满足军事工业需要的工业企业。到了 1894 年，共创办工业企业 27 家。其中，采矿冶炼业 16 家，纺织业 6 家，交通运输企业 5 家。② 在洋务派创办工业企业的同时，民间也在创办工业企业。私人所创办的企业主要集中在采矿业和轻工业。采矿业以直接服务于军事工业的煤矿为主，轻工业以直接服务于民生的缫丝、纺织、火柴、碾米、磨面为主。据不完全统计，1894 年以前，民间共创办了 100 多家企业。与此相适应，资本主义生产关系也开始慢慢产生现代化的雇主制开始出现。1840～1894 年，自然经济初步解体，国内市场商品交易量的平均年增长率，1840～1869 年为 1.69%，1869～1894 年为 1.25%，比 1840 年以前快得多。

---

① 赵德馨：《中国近现代经济史（1842～1949）》，河南人民出版社，2003，第 141 页。
② 许涤新、吴承明主编《中国资本主义发展史》第二卷，人民出版社，1990，第 378～395 页。

第二阶段：1895～1936 年。经济现代化在困境中前行。1895 年以后，列强获得在华投资设厂的特权。为了与外国竞争，清政府调整了产业政策，鼓励民间投资办厂。1912 年，北洋政府颁布了系列经济法令，支持私人资本主义发展。1927 年南京国民政府上台以后，迅速地结束了长期混战的局面，收回了部分经济自主权。1895～1936 年，自然经济进一步解体，随之而来的是市场经济的较快发展。这个时期，商品交易迅速扩大。1894 年，国内市场商品交易为 12.67 亿两（规银），1936 年为 127.71 亿两，增长了 9 倍多。就平均年增长率而言，1894～1908 年为 4.02%，1908～1920 年为 10.46%，1920～1936 年为 3.6%，比 1894 年之前快得多。[①] 国际国内的经济发展环境达到了近代的最好状态，国家资本主义和私人资本主义均有所发展。中国的生产力、生产关系、经济制度、社会结构、人民生活方式的现代化水平都有所提升。

在这一时期，中国先后出现三次工业化浪潮。第一次浪潮出现在 1895～1913 年。1894 年工业资本总额为 7745 万元，1911～1914 年为 66622 万元，增长 7.6 倍。其中，制造业资本增长 5.7 倍，矿业资本增长 9.3 倍。[②] 第二次浪潮发生在 1914～1927 年。这个时期的开端适逢第一次世界大战，主要帝国主义国家忙于战争，放松了对中国的经济侵略；同时，交战国的工业生产主要集中于军需物品，民用物资生产远不能满足国内需要，它们要求中国向其出口面粉、棉纱、蛋粉等物资。这些有利于中国工业的发展，史家称其为中国工业的"黄金时期"。这个时期由政府经营的官僚资本企业主要是接办清朝时期的洋务企业。北洋政府本身非常弱势，财政状况捉襟见肘，没有创办上规模的工矿企业。即使是接办的清政府遗留下来的工矿企业，除汉冶萍公司、江南造船厂有所发展外，多数陷于停顿。[③] 因此，第二次工业化浪潮主要是私人资本主义企业

---

① 吴承明：《中国的现代化：市场与社会》，生活·读书·新知三联书店，2001，第 303 页。
② 吴承明：《中国的现代化：市场与社会》，生活·读书·新知三联书店，2001，第 106 页。
③ 许涤新、吴承明主编《中国资本主义发展史》第二卷下册，人民出版社，2003，第 800～801 页。

的发展。第三次浪潮出现在 1928～1936 年。1927 年南京国民政府上台以后，迅速地完成了国内的政治统一，结束了十多年的军阀混战。南京政府在经济上采取系列措施刺激现代工商业发展，形成了第三次工业化浪潮。南京政府成立初期，无力创办大型工矿企业，主要是接收北洋政府的官营企业，1928～1936 年，南京政府所创办的工矿企业数量非常有限，仅占全国工矿业投资的 15%。① 这个时期的私人资本主义工业获得了比北洋政府时期更快的发展。

第三阶段：1937～1949 年。经济现代化的暂时挫折。这段时期，先是抗日战争，后是解放战争，中国处在战时经济状态之下。受战争的破坏，中国的经济现代化遭遇了巨大挫折。近代以降，中国东南部发达、中西部落后的经济发展不平衡格局加深，先进的工业生产基本集中于东南地区。全面抗战前夕，上海、江苏、浙江三地的工厂数占全国工厂总数的 56%，仅上海的工厂就占全国工厂总数的 31.39%，占全国工业资本总额的 39.73%。② 1937 年全面抗战开始以后，东南沿海成为日本的重点攻击地区，江浙迅速沦陷。从 1937 年 8 月起，国民政府组织各方力量开展工厂内迁，内迁至 1940 年 6 月结束。从沿海地区迁入大后方的工厂约 600 家，机件材料 12 万吨。沿海工厂的内迁，使大后方工业在抗战时期得到了较快的发展，工业产值以 1938 年为 100，1945 年 9 月达到 473.58，年均增长率达到 26.9%。③ 尽管抗战时期大后方工业生产确有发展，但与全面抗战前全国相比则是大为退步。1942 年大后方主要工矿产品产量占战前全国产量的比例是：煤为 25.5%，生铁为 49.8%，电力为 7.9%。④ 总体而言，战时大后方工业发展水平约为战前全国的 11%，这是中国近代工业化的巨大倒退。抗战胜利以后，工业发展出现过短暂的

① 许涤新、吴承明主编《中国资本主义发展史》第三卷上册，人民出版社，2003，第 102 页。
② 陈真编《中国近代工业史资料》第 4 辑，生活·读书·新知三联书店，1961，第 95～97 页。
③ 赵德馨：《中国近现代经济史（1842～1949）》，河南人民出版社，2003，第 271 页。
④ 郑友揆：《中国的对外贸易和工业发展（1840～1948）》，程麟荪译，上海社会科学院出版社，1984，第 345 页。

恢复。随着解放战争的全面爆发，1947 年之后，工业生产陷入停顿状态。据估计，1948 年工业生产产值比 1936 年下降了 20.8%，采矿业产值更是下降了 57.7%。[①] 如果以 1936 年的工业生产总值为 100，1947 年为 90，1949 年为 50，比 1936 年下降了 50%。

第四阶段：1949～1956 年。新民主主义经济形态下经济现代化取得长足进步。在这个阶段，新民主主义经济全面取代半殖民地半封建经济，新的经济现代化局面形成。从 1927 年建立革命根据地开始，中国就在局部地区出现了新民主主义经济形态。1949 年新中国成立以后，新民主主义经济形态在全国范围内确立并全面取代半殖民地半封建经济形态。中华人民共和国成立后，中国人民按照《共同纲领》的要求发展多种所有制经济，国民经济快速恢复。在此基础上，中国共产党实行"一化三改"。到 1956 年，中国的工业化水平有了较大的提升，对农业、手工业、资本主义工商业的社会主义改造也相继完成。新民主主义的生产力、生产关系在中国取得巨大发展。

第五阶段：1957～1978 年。社会主义初级阶段经济形态下的经济现代化。由于中国共产党缺乏领导经济建设的经验，加上全国上下急于求成，经济现代化一方面取得了巨大的成绩，另一方面由于"大跃进"和"文化大革命"而损失严重。

第六阶段：1978 年以来。改革开放时期经济现代化的全面铺开。党的十一届三中全会以后，党把工作重心转移到经济建设上来，工业、农业、商业、金融等各行各业的经济现代化水平得到前所未有的提升，中国的经济现代化步入正轨，朝着中国特色社会主义道路迈进。

结　语

人类经济生活处在不断的变化之中。经济史以人类经济生活的演变

---

① 许涤新、吴承明主编《中国资本主义发展史》第三卷下册，人民出版社，2003，第 758 页。

为研究对象，不仅要静态地揭示人类经济生活在某个时点上的情况，更要揭示人类经济生活的演变路径和规律，为当前的经济建设提供历史启迪。要科学地揭示人类经济生活的演变路径和规律以及每个发展阶段的特征，就必须对人类经济生活的演进历程进行科学分期。按照什么样的标准对经济史进行分期是经济史学必须回答的问题。不同的学者从多个视角提出了不同的分期标准。我们认为，以国民经济变化的重大表现作为经济史的分期标准比较合适。根据这个分期标准，我们对从古至今的中国经济通史、晚清以来的中国近现代经济史、1949 年以来的中华人民共和国经济史进行了分期。当然，这种分期是尝试性的。

在研究现代经济史时，应特别注意研究对象的下限与当前年度要保持一定的距离，也就是说，研究下限不宜断在当前年份。马克思在给恩格斯的信中深刻地指出："由于某种判断的盲目性，甚至最杰出的人物也会根本看不到眼前的事物。后来，到了一定的时候，人们就惊奇地发现，从前没有看到的东西现在到处都露出自己的痕迹。"[①] 在对当代经济史进行分期时，一定要注意下限年份的断定。拿不准的不要武断下结论，这是科学精神的要求。

---

① 《马克思恩格斯选集》第 4 卷，人民出版社，2012，第 469 页。

第十章　经济史学者的素养

经济史学功能的实现，需要经济史学者具备发挥经济史学功能的素养。如果经济史学者不具备发挥经济史学功能的基本素养，经济史学就可能面临危机。那么，经济史学者应该具备什么样的素养呢？我们认为，经济史学者的素养应该包括两个层面，首先是学术精神层面的素养，其次是学术层面的素养。

第一节　经济史学者的学术精神素养

回溯经济史学史，我们知道，经济史首先是经济学的经济史。可是，某些经济学家却不愿意研究经济史。这是为何呢？原因之一是经济史学是门难学问，出成果难。另一个原因是，经济史学是门冷学问，研究对象与现实相隔一定距离，研究成果难以引起社会的广泛关注，更难以转化成为物质待遇。但是，社会离不开经济史学，经济学更离不开经济史学。没有了经济史学，经济学就会成为无源之水、无本之木。无论社会怎么变，经济史学不会被淘汰，这一点毋庸置疑。同时，经济史学也不会成为显学，这一点经济史学者也应该有清醒的认识。研究经济史，需要经济史学者具有一定的精神层面的素养。

一　敢于坚持真理的情操

历史必须是信史，信史乃史德的要求。唐代刘知几提倡史才、史学、史识，后人概括为"史家三长"。"史识"的内容包括职业道德。清代章学诚从史识中分出史德。史德，即追求历史真实的忠实心。梁启超把才、学、德、识称为"史学四长"。

信史的含义是求准确，首先是事实的准确性，不捏造，不隐瞒，不夸大，不缩小。能说清楚几分就说几分，说不清楚的就不说。信史的目的是对当代人负责、对后代负责、对历史负责。刘知几说："盖君子以博闻多识为工，良史以实录直书为贵。"[1] 培根说："历史使人聪明"，其前提是写真相的历史，长期生活在历史谎言的宣教中的民众只能日益愚昧。中国古代史书有一以贯之的价值观，这是从孔子著《春秋》时定下来的，遣词造句都代表着褒贬，叫作"春秋笔法"，所以有"孔子成春秋而乱臣贼子惧"之说。因为孔子维护的是正统的秩序，不容犯上作乱。例如臣杀君叫"弑"，君杀臣叫"诛"。前者是大逆不道，后者是罪有应得。春秋时期有两个坚持说真话的史官，即文天祥在《正气歌》里颂扬的"在齐太史简，在晋董狐笔"。齐国大臣崔杼把齐庄公给杀了，太史简记录其事，云："崔杼弑其君。"崔杼威逼太史简，不能用"弑"字，太史简不屈从，坚持用"弑"字，最后被崔杼杀害。春秋时期的史官职一般由一家继任。太史简死后，其弟继其职位，也坚持用"弑"字，结果也被杀，另一个弟弟再接替这个工作，仍然坚持用"弑"字，也被杀了。三兄弟前仆后继，就为了这一个"弑"字。最后崔杼不得不让步，认了这个"弑"字，所以《春秋》里的记载是"崔杼弑其君"。这件事说明：第一，他们非常在乎用哪个字；第二，当时的史官是很有血性的。他们为了认定的原则，不惜以身殉职。那时候的人确实较真，把坚持他们认定的真理看得比性命还重。为了用哪个字而牺牲性命，一些人认为此事看起来很可笑，但他们认为这是原则问题，这是他们的职业道德。晋国董狐的事迹也差不多，不过没有被杀，在此不详述。在中国历史上，通常有"殉国""殉职""殉道"之说。无论如何，这两位史官为后来写历史的人树立了一个标杆，中国古代修史以此为榜样，坚持写真事，不为了

---

① （唐）刘知几：《史通》，上海古籍出版社，2008，第 294 页。

迎合皇帝的喜好而编造，这是一个很好的传统。刘知几说："盖烈士徇名，壮夫重气，宁为兰摧玉折，不作瓦砾长存。若南、董之仗气直书，不避强御；韦、崔之肆情奋笔，无所阿容。"① 其实，齐太史记录的是当时眼前发生的事，应属于新闻，而不是历史。今天的新闻就是明天的历史。统治者的言行载入史册是给后世看的，关系个人身后的名誉。一个人的行为是流芳百世，还是遗臭万年，老百姓可能不太在乎，中国士大夫却很在乎，当政者则更在乎。因为这关系他们死后的历史地位。要想历史把他写得好，就要做得好。做不好，在历史上就会是昏君、亡国之君。所以对于皇帝或统治者来说，史书起到一定的监督作用，使他们有所敬畏。

在中国历史上，每一个朝代都有史官专门负责写史，正因为如此，顾准把中国文化视为"史官文化"。可能就是从齐太史之后立下的规矩，君主本人不能看史官如何记载他的言行。这样，史官就可以无顾虑地如实记载，为后世提供真实的史料。这个传统在皇权专制时期能保持近千年。唐太宗做了不好的事，怕史官记下来，坚持要看自己的"起居注"，褚遂良等官员顶不住他的压力，就破了这个规矩。后来为尊者讳、歌功颂德的就逐渐多起来。不过总的来说，史官还是有一定的独立性，心目中有一个榜样，治史者对后世有一份责任心，对真相心存敬畏，不敢胡编乱造。另外，除了官史之外，还有许多野史、私家编撰的见闻录。宋周密撰《齐东野语》，他在序言中说："国史凡几修，是非凡几易，唯我家历史不可易"，即认为官史受当时的政治斗争影响，有私心，有党争，常以得势者的是非为是非，只有他们家祖辈传下来的实录是可靠的。当然这也只是一家之言。在明清大兴文字狱之前，这种民间野史的刻写、流传还有一定的自由度。即使是修官史，也主要是写前朝历史，不涉及本朝利害，可以客观一些。其所依据的史料也包括搜罗的野史，甚至民间传说。而且史官特别希望当朝皇帝能吸取经验教训、不自欺欺

---

① （唐）刘知几：《史通通释》，上海古籍出版社，2009，第180页。

人，因此也有写真实历史的动力。赞扬前朝的开国皇帝、揭露过去亡国之君的弊政，都不会冒犯当今的在位者。所以，二十四史还是有相当可信度的。

诚实是严谨学风的本质。马克思在《〈政治经济学批判〉序言》中说，他的研究过程"是多年诚实研究的结果"。[①] 社会科学研究中的诚实表现为忠于客观事实及讲求论据，根据论据做结论。有一分论据说一分话，有二分论据说二分话，没有论据不说话。自己没有研究过的，没有弄清楚的，不做新说。没有充分根据的不做最终结论，即便做结论，也只能称之为"初步意见"。竭力做到"例不十，法不立"，不据孤证下判断。知之为知之，不知为不知，智者也；以不知为知，没有论据随意提论点，只有一分论据却说二分话，以及乱造论据，愚者也。对自己没有弄清楚的问题，采取存而不论的态度，"修辞立其诚"。允许不写千万句真话，绝不允许写一句假话。不知不为罪，心知是假话仍写上，是道德的沦丧，是有罪的。在某些时候，某些原因使人不能说真话，做一个不说假话的人很难。在此情况下，作为研究者，在其研究成果中，宁可保持沉默，但绝不说假话。只有真话，才会从平淡中闪光彩。诚实是一种一丝不苟的严谨工作态度。这种态度要贯穿于研究工作的始终，写每一张卡片要字字校对，力求无误；写出学术论著时，从内容到字、句、标点、资料注脚，力求准确。不要将尚需查证的二手资料作为信史引用而又不加注明，以致以讹传讹、贻害无穷。严谨的工作态度表现在严格遵守学术规范上。

对于从事社会科学研究的人来说，科研成果是生命的结晶。文章就是生命，文品就是人品。正是在这个意义上，人们说文如其人，见文知人。现在学者讨伐的学术腐败，主要的表现是造假，如假数据、假资料、假论证、假成果等，皆源于不诚实。论著不严谨，是因为作者为人不诚实。对这种论著不能信任，对这种作者也不能信任。文章千古事，一个

---

① 《马克思恩格斯选集》第2卷，人民出版社，2012，第5页。

人对这种圣洁的事业、对广大的读者都敢于欺骗，那么对谁又不会欺骗呢？判断一篇学术论文的学术价值，实际上也是判断其作者的人品，判断是不是一个诚实地做学问的人。这种鉴定是有标尺的。看看其论著的如下三项就可以知道了。第一，题目是否属于作者从事的特定专业领域。第二，资料是否为第一手的和经过本人整理过的。第三，论点是否有创见。而这些都属于遵守学术规范的范畴。

当代经济史学家要发扬古代史家敢于坚持真理的传统。坚持真理主要体现在两个方面。第一，写史必须写信史，写禁得起时间检验的信史。写信史首先就要求经济史学者广泛地去搜集、甄别和利用史料。历史学出身的经济史学者在潜意识里就重视史料，所写的经济史著作的可信度比较高。一些出经济史出身的经济史学者，潜意识里没有强烈的"信史观"，不重视史料的占有与考据，有时为了论证某个观点或者便于计量分析，不惜捏造史料、修改数据，这是经济史学科万万不能允许的。第二，用经济史启迪现实，在现实面前，敢于从"史"的角度讲真话、提真意见。

二　甘于坐冷板凳的精神

因社会发展需要经济学为其服务，经济学成为社会科学中的显学。张五常用"经济学帝国主义"来表达经济学的显赫程度。什么是"经济学帝国主义"？我们认为至少包括两层含义。第一，社会各个领域都需要经济学为其服务。例如，任何一个行业都要搞成本收益核算，任何一个行业都要讲效率，任何一个行业都要了解世界经济走向，任何一个行业都要了解本国经济政策和经济形势，等等。这样一来，任何一个行业都离不开经济学。在市场经济中，每一个人都是市场主体，其生产、消费、投资行为都受到宏观经济政策和经济形势的影响，所以每个人都必须懂点经济学，也愿意学点经济学。这样一来，经济学自然成为人人需要的显学。第二，经济学经过斯密以后 200 多年的发展和完善，已经形成了一个严谨的逻辑体系和较为科学的分析框架。经济学的这套逻辑体系和分析框架对社会经济现象确实有很强的解释力。相比而言，其他社会科学就没有这样严密的逻辑体系，更没有这样科学的分析框架，因此需要借助经济学的逻辑体系和分析框架。于是，经济学就很自然地渗透到各门学科之中。例如，体育与经济学相结合就产生了体育经济学，医药与经济学相结合就产生了卫生经济学，工程项目与经济学相结合就产生了工程经济学，哲学与经济学相结合就产生了经济哲学，文化与经济学相结合就产生了文化经济学，旅游与经济学相结合产生了旅游经济学，等等。

研究现实问题的理论经济学和应用经济学，早已是炙手可热的热门学科，这是好事。相对而言，研究历史问题的经济史学则是冷门学科，这也是正常现象。如果把与经济有关的各个学科比作一个综合市场，经济史学就是其中的一个门店。现在的状况就是市场很热闹，但经济史学这个门店是门前冷落鞍马稀。但是无论形势怎么变，经济学这个综合市场永远不能缺少经济史学门店，否则这个综合市场就难以为继。这就要求留守经济史学门店的人即经济史学者要耐得住寂寞、坐得住冷板凳，不为热闹所动，沉下心去搞学问。20 世纪八九十年代，从事外国经济史研究的著名学者宋则行提到其他学者时曾这样说："外国（经济）史教学研究这条路我是走定了，一定要走到底，死不后悔！"[①] 赵德馨从 20 世纪 50 年代起，就立志一辈子献身于经济史研究。为搞清什么是经济史、怎样研究经济史这两个问题孜孜不倦，上下求索了近 70 年。2017 年出版的《社会科学研究工作程序与规范》和即将出版的这本书，就是对上述两个问题的系统回答。赵德馨自述晚年有四个幸福的源泉，其中之一就是"对我来说，以学为乐。治学唯有创新才会乐。为了创新，远离喧闹，在狭小的工作室里沉思，以自己的心力，执着地尽自己的本分，不断写出论著，为加厚中华文化的墙基添沙加水。这成为快乐的源泉之一"。[②] 中

---

① 宋则行：《对中青年经济史学者的希望：在中国经济史学会首届年会上的闭幕词》，《中国经济史研究》1991 年第 3 期，第 6 页。

② 赵德馨：《四个幸福的源泉》，未刊稿。

第十章　经济史学者的素养

　　青年经济史学者首先需要学习的就是老一辈经济史学者献身于经济史研究的精神。只有具备了这种精神，才能沉得下去搜资料、学理论、开展研究。没有这种精神，就只能浮在表面，做不出真正的大学问。[①] 顾颉刚说："凡是一件有价值的工作必须由于长期的努力，一个人的生命不过数十寒暑，固然可以有伟大的创获，但必不能有全部的成功，所以我们只能把自己看作一个阶段，在这个阶段中必须比前人进一步，也容许后一世的人更比自己进一步。能够这样，学术界才可有继续前进的希望。"[②] 从事经济史研究，就应该如顾颉刚所说，甘坐冷板凳，做长期的努力。

　　坐得住冷板凳的精神还表现为经济史学者不可盲目跟风。所谓跟风，"是指在学术研究中，有人以图名邀利为目的，不顾自身的学术基础，热衷于追逐各种热点，随意改换研究方向，以便快出、多出'成果'的一种不良风气"。[③] 盲目跟风如果不及时刹住、任其流播，可能会损害中国的学术事业。近年来，在经济史学界也存在跟风现象。党中央提出"一带一路"倡议，一些经济史学者就把自己的研究方向转向"一带一路"，这是应该的，但随意把自己的研究成果都贴上"一带一路"的标签，则是欠慎重的，如有人把民国时期的对外贸易也称为民国政府在实施"一带一路"倡议。党中央提出"供给侧改革"，一些经济史学者就"深入"发掘历史上的"供给侧改革"。有人甚至说从汉朝开始就有"供给侧改革"，真是匪夷所思！这种跟风性研究，不是在发挥经济史学的服务现实功能，而是在滥用经济史学。总会有一些论著被时间淘汰，但也总会有一些论著经过时间淘洗被留下来，淘洗的时间越长，被淘汰掉的就越多。总会有一些论著走不远，受到空间的限制，被距离淘汰掉，在某种距离

---

　　① 司马光是楷模，他的德、识、才、学贯穿于《资治通鉴》始终。他在最后完成的《进资治通鉴表》中说："重念臣违离阙庭，十有五年，虽身处于外，区区之心，朝夕寤寐，何尝不在陛下之左右！顾以驽蹇，无施而可，是以专事铅椠，用酬大恩，庶竭涓尘，少裨海岳。臣今骸骨癯瘁，目视昏近，齿牙无几，神识衰耗，目前所为，旋踵遗忘，臣之精力，尽于此书。"《资治通鉴》，中华书局，1956，第9608页。这是一位伟大学者的自述，是他为学术献身的写照。

　　② 顾颉刚编著《古史辨（三）》，上海古籍出版社，1982，自序第9页。

　　③ 张云华：《做学问不要跟风》，《中国社会科学报》2012年10月8日，第A04版。

之外就不会有它的踪影。但也总会有一些论著，其腿长，走得远，不受空间的限制，在某种距离之外还会有它的身影，甚至政治的、意识形态的藩篱也不能阻挡它的穿透。而且时间越长，它走得越远，传播的距离总是与时间成正比。跟风而作的论著，风一旦刮过，它的影响也就随风而去、烟消云散了。

坐得住冷板凳的精神还表现为经济史学者要有深刻的反思精神。坐在门庭若市的店铺里的人忙于事务，无暇冷眼观察世界，更没有心思去反思世界。坐在冷门店里的人，却有大量的时间去观察、反思世界。经济史学者有反思世界的先天优势。例如，在 21 世纪初，经济学家们长篇累牍地论证中国经济能长期保持 8% 以上的超高速增长。部分中国经济史学家根据历史经验，冷静地提出高速增长不可能长期持续，告诫经济学家不要老是给政府出如何保持超高速增长的主意，要提醒政府应保持适宜的高速度和如何适应将来的中高速增长。这就是经济史学家反思精神的体现。

三　精益求精的工匠精神

经济史学要实现求真、求解和求用的功能，就要求学者必须有精益求精的工匠精神。王国维说："凡事物必尽其真，而道理必求其是，此科学之所有事也；而欲求知识之真与道理之是者，不可不知事物道理之所以存在之由与其变迁之故，此史学之所有事也。"[1] 王国维告诉我们，要实现史学的求真功能，史学家必须有精益求精的探求精神。王国维的治学精神受到广泛的推崇。梁启超对他做出这样的评价："先生之学，从弘大处立脚，而从精微处着力；……以极严正之学者的道德贯注而运用之。……而每治一业，恒以极忠实极敬慎之态度行之，有丝毫不自信，则不以著诸竹帛；有一语为前人所尝道者，辄弃去，惧蹈勦说之嫌以自玷污。"[2]

---

① 王国维：《王国维先生全集》，大通书局，1976，第 1425 页。
② 梁启超：《王静安先生纪念专号序》，《国学丛刊》1927 年第 3 期，第 1~2 页。

史学家如不精益求精，就会人云亦云，难成一家之言。不能成一家之言，在中国古代就会受到责难。班固的史学成就斐然，但郑樵批判班固没成一家之言，说他是"浮华之士，全无学术，专事剽窃"。

精益求精的工匠精神体现在很多方面，包括作文时的遣词造句。某些论文不是用词不当，就是言不及义，缺乏可读性。下录严绍璗教授的一则故事。"1987年，严绍璗出版了《中日古代文学关系史稿》。当时他47岁，还是副教授。次年他申请破格提升教授。负责审定他这本书的周一良说，书很好，但有4处引文，出现'其曰'，应该是'其文曰'。作为一个中文系的教授，如果不能把握'其'字作为代词的用法，是不合规范的。严绍璗说，当年他就落选了，'我只有反躬自问，心服口服'，从那以后，'我对遣词用句，就非常用心'。"此事见严绍璗所写《我的老师们》一文①。严绍璗文中还用脚注的形式说："'其'字的用法是很难的，《于丹〈庄子〉心得》第一节标题为'庄子何其人'，'其'字就用错了。"

经济史学论著要讲求科学性，这就要求经济史学者在文字上下功夫，要像严绍璗教授那样，在遣词造句上务求准确。

经济史学的精益求精体现在史料的运用上，要做到没有根据的史料不能用，存疑的史料也不能用。有些学者在撰写经济史学论著时，不认真查对资料，不深入思考历史场景，胡编乱写，犯下常识性错误。例如，有学者在论证中国资本主义形成史时，把同治时期的事件作为因，把咸丰时期的事件作为果，完全颠倒了历史的时间顺序，也就颠倒事情的因果关系。

四　批判反思精神

经济史学"求用"功能的一个表现就是，通过批判过去、昭启当下和未来。经济史学家如果抛弃了批判精神，就失去了经济史学的灵魂。

---

① 此文收入钱理群《寻找北大》，长安出版社，2008，第1~275页。

众所周知，兰克是 19 世纪伟大的实证史学家，其对史料考证的贡献尤其巨大。但是，兰克过分地突出实证，忽视甚至否定史学家应负的批判责任。兰克在《拉丁和条顿民族史》一书的序言中说："历史指定给本书的任务是：评判过去，教导现在，以利于未来。可是本书不敢期望完成这样崇高的任务。它的目的只不过是说明事情的真实情况而已。"① 兰克把历史学的任务固化在说明真实情况层面，拒绝做价值评判。这种做法不可取。兰克的学生吉泽布雷特这样评价兰克："兰克由于缺少道德情感而降低了自己的声望。……大多数读者，不仅寻求知识而且也寻求在道德上得到鼓励。"② 历史不是冷酷的事实，而是一门有血有肉、有精神的学问。面对社会伦理道德的危机，史学家不能无动于衷，应该用史学作品来批判道德沦丧与社会失序，并为重构伦理体系和有序社会做出自己的贡献。英国史学家阿克顿指出，历史学不仅仅在于向人们展示真实的过去。"史学的伟大任务在于发展，改善与加强信仰。"③ 阿克顿这样告诫历史学家："我劝告你们永远不要使道德的通货贬值，而要以那支配你们生活的终极准则来审查别人；另外不容任何人与任何事逃脱那个永存的处罚，这即是，历史有权对作恶行为所施加的处罚。"④ 阿克顿一生都未完成他的巨著，但是阿克顿是公认的伟大史学家。他的学生说："与阿克顿交，即是与全欧最有文化的人士来往。在他那深沉的音调里仿佛可以听到历史的语言。"⑤

经济史学者同样要有批评精神，通过研究经济史揭示经济史上的教训，以历史批判来启迪现在。例如，经济史学者研究中国近代金融监管

① 转引自杨豫、胡成：《历史学的思想和方法》，南京大学出版社，1996，第 389 页。
② 转引自〔英〕乔治·皮博迪·古奇：《十九世纪历史学与历史学家》（上），耿淡如译，商务印书馆，1989，第 242 页。
③ 转引自〔英〕乔治·皮博迪·古奇：《十九世纪历史学与历史学家》（下），耿淡如译，商务印书馆，1989，第 619 页。
④ 转引自〔英〕乔治·皮博迪·古奇：《十九世纪历史学与历史学家》（下），耿淡如译，商务印书馆，1989，第 613 页。
⑤ 转引自〔英〕乔治·皮博迪·古奇：《十九世纪历史学与历史学家》（下），耿淡如译，商务印书馆，1989，第 619 页。

史，就不能停留在只描述近代中国金融监管状况的层面，也不能满足于用精巧的工具、构建精美的模型去分析近代中国的金融监管，而应该在此基础之上批判近代中国金融监管的缺陷，为今天完善金融监管制度提供历史借鉴。再如，研究中国近代农业合作经济史，不能满足于对近代中国农业合作的状况做真实的描述，而应对近代中国农业合作进行批判性反思，以为当下的农业合作经济发展提供历史启迪。

五　追求学术个性的精神

每个人先天都有独特的基因，使每个人的外貌不同、内在的秉性不同，千人千面，千姿百态，从不重复。先天的不同，加上后天的环境不同，使每个人神态、气质、性情、学识、素养不相同。作为个体，每个人都是世界上独一无二的，都有自己独特的智识与风度，这些不同之处即个性。学术论文的写作是高度个性化的创造活动。文字是表达思维的，有个性化的思维便会有个性化的表达方式、视角、语境。论文反映作者对事物的认识与思想感情，没有经过粉饰的朴实文字必然带有作者独特的个性风格。个性的即独有的，有时一个字也能显出作者性格来。文之道乃人之道，读其文如闻其声。对熟人的文章，只要读几句，便知道那是不是他写的。中国文论有"文无定式，水无常形，境由心生，文由心造""文如其人"的说法。西方文论也有"风格即其人"的格言。文章要写出个性来，文章的思路与文字都必须不落俗套，不模仿别人（包括名家）的格式。社会科学论文的内容是客观事物及其发展过程、发展规律的反映；因而不同的研究者都可以发现它。经济学中的价值规律，不被这个人发现便会被另一个人发现，但内容的表现形式则不同，带有鲜明的个性。这种个性（个人风格）是后人模仿不出来的。正因为这样，司马迁创作的《史记》成了"绝唱"。

论文的个性集中表现在一个"气"字上，即它的气派、气魄、气象、气度。"气"是中国文论中的一个重要范畴。写论著讲究个"气"字，"腹有诗书气自华"。气是从作者胸襟里流出来的，所以所有的文章都有气，但有大气与小气之分。胸襟小，文章的气象就小。像梁启超、陈寅恪等人的论著，无论论证的问题是大是小，都给人一种大气的享受。有些人写的论著，无论是多么大的题目，用了多少"伟大""重要""宏观""世界""古今"一类的词，读后总是感觉小气。因为论著中的气，是一种学术的、精神的气象，它源自深厚的文化素养和良好的人品，是作者学术功底与精神状态的表现。

个性也表现在文体上。一些新的体裁往往是从富有个性文体中产生的。在历史学界，黄仁宇的《万历十五年》在这方面有所创新，它使一些人看到，学术文本除了传统写法外还可以这样写。

第二节　经济史学者的学术素养

求真是经济史学的还原功能，求解和求用都建立在求真的基础之上。如果经济史学的内容失真，经济史学就失去了根基，经济史学就不再是经济史学。当然，经济史学不能驻足于求真层面拒不前行，如果这样的话，经济史学可能就会陷于故纸堆中不能自拔，成为纸上的学问，成为只见树木不见森林的学问，成为无用的学问。所以，"三求"是一个整体，缺一不可，否则就不是真正意义上的经济史学。经济史学者是经济史学功能发挥的载体，这就要求经济史学者必须具备能充分发挥经济史学功能的学术素养。经济史学者的学术素养主要包括两个方面，一是思维层面上的素养，二是研究能力层面上的素养。

一　掌握经济史学研究方法

经济史学求真功能的发挥，要求经济史学者必须具有史料考证的能力，否则就无法探求经济历史的真相。经济史料是经济史学的基础，没有经济史料就没有经济史学。不治经济史料而径谈经济史者，并非真正的经济史学者。广泛搜集、考据、征引史料，言必有据，论从史出，是中国经济史学流传千年的优良传统。治经济史者必须从治史料入手。但

第十章　经济史学者的素养

是史料不是经济史实，同一个经济史事件，可能有不同的史料对其予以记载，这就必须对史料进行考据、整理，挑出接近史实的史料。"经济史研究只能以历史资料为依据，因此史料学和考据学的方法也是经济史研究的基本方法。无论何人研究经济史，都必须掌握历史学的基本方法。"①因此，也是经济史学者必备的素养。

经济史学的求解和求用功能建立在对经济历史进行长时段、整体性分析的基础之上。经济史学家通过对经济历史的整体把握，从中提炼历史规律，发掘资治于现实的历史经验，抽象成经济学理论。这就要求经济史学者必须具备下述两种学术素养。

第一，具有对长时段历史数据进行统计与计量分析的能力。马克思说："一种科学只有在成功地运用数学时，才算达到了真正完善的地步。"② 经济史学要成为一门完善的科学，就必须成功地运用数学方法。年鉴学派第三代史学家拉杜里说："唯有计量的历史学才是科学的历史学。"③ 拉杜里的话也许过于绝对，但反映了计量对历史学的重要性。其实，即使以定性描述为主的传统经济史学，当其研究对象涉及数量时，或者它的研究对象具有可测量性时，如经济增长、价格变动、土地和人口等，经济史学家总是自觉地运用数量分析方法。不过，传统经济史学的数量分析

---

① 李伯重：《历史上的经济革命与经济史的研究方法》，《中国社会科学》2001 年第 6 期，第 180 页。

② 中共中央马克思恩格斯列宁斯大林著作编译局编译：《摩尔和将军：回忆马克思恩格斯》，人民出版社，1982，第 95 页。马克思的观点并非一家之言，而是一种共识。例如，杰文斯认为历史统计对经济学很重要，他曾经运用历史统计的方法撰写过多篇关于经济周期和物价波动等问题的论文，但他不赞同历史经济学家的关于政治经济学建立在历史归纳法基础上的说法，他认为这样会使得政治经济学"成为纷杂的不连贯的事实之结合"，或者"沦为斯宾塞社会学的一支"。他不赞同李嘉图学说但他并不以为演绎法有问题。相反地，他认为，政治经济学成为一门真正的科学，仅靠逻辑推理还不够，还必须从数学的基础出发，才能进行圆满的探究。为此，杰文斯建议把"政治经济学"（Political Economy）这一学科名称改为"经济学"（Economics），去除其中附着有历史和制度因素的修饰词"政治"，同时加上象征普适科学的"‐ics"后缀。〔英〕杰文斯：《政治经济学理论》，郭大力译，商务印书馆，1984，第 7、30 页。

③ 转引自《史学理论丛书》编辑部编《八十年代的西方史学》，中国社会科学出版社，1990，第 74 页。

主要是采用以加减乘除或权数分析为主的描述性统计方法。这种方法毫无疑问属于数量分析范畴，但这是低层次的数量分析方法。按英国学者的解释，"统计学的含义是对事实的定量表述。一般认为，当这门科学重点只在搜集、整理事实以供其他人解释其中内在的政治或道德含义时，它就是客观的"。① 经济史学甫一产生，历史经济学家"罗杰斯将统计学加进了发展中的经济史学科"。② 罗杰斯把统计学引入经济史，是使经济史学有别于历史学、成为一门独立学科的渠道之一。爱丁堡大学经济史学科创始人尼克尔森认为："纯粹理论应使用数学方法，而对于应用经济学与经济史，他则提倡使用归纳法与统计法。"③ 中国经济史学界很重视描述性统计方法的运用。梁方仲所著的《中国历代户口、田地、田赋统计》和汤象龙所著的《中国近代海关税收和分配统计（1861～1910）》两部名著，便是运用统计学方法研究经济史的代表作。梁方仲所著的《中国历代户口、田地、田赋统计》被认为"是一部内容丰富具体化了的计量经济学，又是一部大型的经济史研究的基本工程的巨著"。④

较高层次的数量分析法应运用推断统计学和计量经济学理论和方法，按照计量经济学范式对经济史进行分析。在 20 世纪五六十年代的美国，推断统计学被广泛地应用于经济史、政治史、社会史领域，从而出现了所谓的"新经济史""新政治史""新社会史"。⑤ 其中，新经济史的成就最为斐然。经过新经济史学革命以后，计量经济史学成为美国经济史学界的主流。

---

① 转引自〔英〕杰拉德·M·库特：《英国历史经济学：1870～1926——经济史学科的兴起与新重商主义》，乔吉燕译，中国人民大学出版社，2010，第 70 页。
② 转引自〔英〕杰拉德·M·库特：《英国历史经济学：1870～1926——经济史学科的兴起与新重商主义》，乔吉燕译，中国人民大学出版社，2010，第 70 页。
③ 转引自〔英〕杰拉德·M·库特：《英国历史经济学：1870～1926——经济史学科的兴起与新重商主义》，乔吉燕译，中国人民大学出版社，2010，第 174 页。
④ 汤明燧、黄启臣主编《纪念梁方仲教授学术讨论会文集》，中山大学出版社，1990，第 36～37 页。
⑤ 运用推断统计学方法研究历史，成为 20 世纪 60 年代以后世界史学界的共识，以至于历史学家都认为历史学面临的问题不是"计量史学能否成立"，而是"在什么条件下用什么方法进行计量的历史研究和解释"。转引自杨豫、胡成：《历史学的思想和方法》，南京大学出版社，1996，第 276 页。

第十章 经济史学者的素养

据 1991 年的数据，列入美国计量经济史学会文摘中使用经济学理论和数学方法的论文占《经济史杂志》论文总数的比重，1961~1965 年为 17.6%，1966~1970 年上升到 44.1%，1971~1975 年上升到 78.3%，1986~1990 年达到 83.1%；在 1986~1990 年的《经济史杂志》上，平均每页的篇幅中，表格占 22%，曲线图占 2.84%，计量分析占 33.9%。[①] 以至于前美国经济史学会会长理查德·萨奇认为，将经济史从一个研究领域转变为一门学科需要完成三个独立任务，"首先，我们必须让经济理论和计量方法对于好的经济史研究与教学而言是重要和必要的"。[②] 萨奇的话有过于夸大计量经济史学的作用之嫌，但我们应该对新经济史所掀起的方法论革命有清醒的认识。早在 20 世纪 90 年代初，著名经济史学家宋则行就指出，经济史比其他专门史要蕴含更多的数字资料，这就为开展定量分析奠定了坚实的基础。因此，经济史研究不能停留在定性分析层面，要进行科学的定量分析。他还指出，定量分析不是简单地罗列数字，也不是做简单的加减乘除分析，而是采用现代统计分析方法，发掘数字资料之间的关联性，对历史变动的因素尽可能地做出量化分析。[③] 彭泽益也指出，经济史研究不仅要丰富地占有史料，而且要加强经济学理论修养，特别是现代统计学的训练，否则，若干年后我国经济史学者不仅看不懂国外同行的著作，而且可能看不懂国内学者用数量方法研究的经济学著作，经济史学研究就可能沦落到二流、三流的水平。[④]

第二，运用相关理论分析经济历史的能力。中国现代经济史学从诞生之日起，走的就是理论与史料并重的治学之路。1934 年，陶希圣在《食货》创刊号上指出："史学虽不是史料的单纯的排列，……有些史料，

---

① Whaples, R., "A Quantitative History of the Journal of Economic History and the Cliometric Revolution", *The Journal of Economic History*, 1991, 51 (2), p. 293.

② Sutch, Richard, "All Things Reconsidered: The Life-Cycle Perspective and the Third Task of Economic History", *The Journal of Economic History*, 1991, 51 (2), p. 272.

③ 宋则行：《对中青年经济史学者的希望：在中国经济史学会首届年会上的闭幕词》，《中国经济史研究》1991 年第 3 期，第 6 页。

④ 彭泽益：《提高理论修养，更新知识结构》，《中国经济史研究》1990 年第 1 期，第 8 页。

非预先有正确的理论和方法，不能认识，不能评定，不能活用，也有些理论和方法，非先得到充分的史料，不能证实，不能精致，甚至于不能产生。"① 后来，陶希圣又撰文明确提出要"以社会科学的理论与方法来研究中国经济社会史"。② 城市经济史专家吴景超也说，他的研究就是"先由理论下手，根据这些理论，来研究中国都市"，然后又"以研究中国都市的所得，再来修改理论"。③ 当代经济史家继承了理论与史料并重的治学之路。李伯重认同吴承明的观点："方法论（在史学研究中）应当占有与历史资料同等重要的地位"，④ 也认同黄宗智"不应当号召学者们退回到纯粹的考证工作上去"⑤ 的观点。与经济史密切相关的理论主要是经济学、历史学、社会学、地理学理论。尤其是经济学理论，对经济史研究的影响最为显著。英国经济史学家巴勒克拉夫说："在所有社会科学中，对历史学影响最大的是经济学，尤其是计量经济学。这种影响不仅改变了一代经济史学家的研究方向，使他们从叙事式转向分析式，而且还是使各个部门和领域中的历史学家们都深切地感受到统计学和数据资料确实非常重要的一个主要因素。"⑥ 掌握相关理论是研究经济史的必备前提。例如，探究历史上的商品生产规律、提炼商品经济发展经验，就必须使用商品经济理论；探究历史上的金融发展规律并为现代金融业发展提供历史启迪，就必须运用金融经济学的理论；探究历史上的产业变迁规律并为当今产业政策的制定提供历史经验，就必须运用产业经济学的理论。因此，掌握包括经济学、历史学、社会学、地理学在内的社会科学理论，是经济史学者必备的一项基本素养。早在 20 世纪八九十年

---

① 陶希圣：《编辑的话》，《食货》第 1 卷第 1 期，1934 年，第 29 页。

② 陶希圣：《食货学会本年六项工作草约》，《食货》第 1 卷第 6 期，1935 年，第 1 页。

③ 吴景超：《近代都市的研究法》，《食货》第 1 卷第 5 期，1935 年，第 3 页。

④ 李伯重：《理论、方法、发展趋势：中国经济史研究新探》，浙江大学出版社，2013，第 126、70 页。

⑤ 黄宗智：《中国经济史中的悖论现象与当前的规范认识危机》，《史学理论研究》1993 年第 1 期，第 42 页。

⑥ 〔英〕杰弗里·巴勒克拉夫：《当代史学主要趋势》，杨豫译，上海译文出版社，1987，第 75 页。

代，张仲礼就提出，经济史研究要引入发展经济学、区域经济学、数理经济学和自然科学中的系统论、控制论和信息论等相关学科理论和方法，这样才能提高中国经济史的研究水平。[①]

凡是有成就的学者，大都在方法上博采众长，使之互补，这有利于创新。在经济史学界，本书前后文介绍的傅筑夫，以及多次提到的梁方仲、傅衣凌、吴承明等都是典范。在史学界，陈寅恪是一个范例。他的祖父陈宝箴是举人，官至巡抚；父亲陈三立是进士、晚清著名诗人；母亲俞明诗出身山阴书香世家。陈寅恪年幼时，就由母亲教他读唐宋诗词。6 岁读家塾，十三经大都能背诵，后来对高邮王氏父子训诂之学用过一番苦功，深受清代乾嘉考据学派和宋代史学的浸染。他自称"议论近乎曾湘乡张南皮之间"，以折中汉宋之学的儒家自居。后来接受现代教育，留学日本、美国和欧洲多个国家。辛亥革命之际在瑞士阅读《资本论》（他可能是最早阅读德文《资本论》原著的中国留学生之一），接受马克思的经济史观，赞赏英国罗素的新实在论，继承德国语言历史考据学派的方法。他了解多种方法，掌握 10 多种语言，有助于对这些方法做精深的了解，融会成了他的多元史观。陈寅恪在广西大学任教时，认为罗素新实在论的历史观可补马克思"经济史观"的不足。他的著述具有朴素的历史唯物论与辩证法的成分原非偶然。蒋天枢教授在《陈寅恪先生编年事辑》中说："先生治学方法，用思之细密极于毫芒。虽沿袭清人治经途术，实汇中西治学之方法而一之。"[②] 这使陈寅恪在研究问题时左右逢源，得心应手，不断开拓创新，每发千年之覆，成为一代史学宗师。

二　具有经济史学科的思维方式

每一门独立学科的研究者，都有与学科性质相适应的思维方式。这种思维方式都是由其研究对象及相应的研究方法决定的。研究什么、要

---

① 张仲礼：《理论研究资料开拓和选题调整》，《中国经济史研究》1990 年第 1 期，第 5 页。
② 蒋天枢：《陈寅恪先生编年事辑》，上海古籍出版社，1981，第 86 页。

用什么方法去解决所要研究的问题，这要求有与之相适应的思维方式。经济史的研究对象涉及时间、空间和经济三个要素。经济史学研究对象的三要素决定经济史研究者必须具备经济史学思维方式。这种思维方式是经济史学研究者特有的，其内涵与多门相邻学科的思维方式关系密切。

与经济史学相邻的学科很多。就其思维方式对经济史学思维方式形成的作用及其在经济史学思维方式构成中的地位而言，它们处在不同层次上。经济学、历史学与地理学，因其与经济史学研究对象三要素直接相关，其思维方式对经济史学思维方式的形成影响很大，在经济史学思维方式构成中地位重要，属于第一层次。在这属于第一层次的三个学科或经济史学研究对象三个要素中，"经济"与经济学自不待言，时间即"史"与历史学亦不待言，故不少人把经济史学称为经济学与历史学的交叉学科或边缘学科。相对而言，空间要素常被忽略。空间即特定地域内的地形地貌、气候生态、资源禀赋、居民种族、风俗习惯等。经济的演变与社会界、自然界的关系密切。对于经济史学研究者来说，地理学思维方式是不可或缺的。与其把经济史学称为经济学与历史学两门学科的交叉学科或边缘学科，不如把经济史学称为经济学、历史学与地理学三门学科的交叉学科或边缘学科更加确切。

属于其他层次的学科甚多，仅举数例言之。社会学研究人类社会生活各个方面人与人的关系。经济史学研究人类社会经济生活（它是社会生活的一个方面）中人与人的关系，经济史学在分析经济发展原因时，必须考察它与社会其他方面（如国家、阶层、意识形态等）的互动关系，才能概括出其中的经验、找出其中的规律；在分析经济发展的后果时，必须考察它对社会其他方面（如政权、阶级斗争、意识形态等）的影响，使人们认识到经济生活在社会生活中的基础地位。只有这样，经济史学研究才不会把经济视为孤立之物，陷入一切从经济内部找原因、说后果，就经济谈经济的困境。要做到这一点，经济史学应该使用社会整体的结构方法、群体或阶层方法、实地调查等社会学方法。用社会学方法分析经济史，当然要用社会学思维方式。

第十章　经济史学者的素养

经济史学研究的是人类经济生活的演变进程。经济生活是人的实践，发展经济是为了人的发展。人口的数量、质量与经济发展密切相关。人是经济的主体，也是经济史学的主体。研究经济史离不开对人口的研究，离不开人口学的角度和人口学思维方式。离开了人口学思维方式，经济史上的许多重大问题便说不清楚（如欧洲 14 世纪以后租佃农业资本家的兴起与黑死病引起的人口减少之关系、中国 16 世纪以后人口的剧增与经济增长方式转变和经济发展停滞的关系等）。故经济史学和人口学产生以后，出现了这两个学科思维方式融合的产物，即人口经济史学，研究人口经济史，要求研究者具有人口学的思维方式。

在经济史学思维方式的构成中，社会学、人口学这一类学科的思维方式属于第二个层次。还有一些学科作用更小一些，对经济史学的影响更小一点，属于第三、第四层次。下面举考古学、古文字学与民族学为例。

并非所有的经济史学课题都会与考古学、古文字学、民族学发生关联。但若研究的对象是传统文献没有记载的或记载很少的，或记载属于传说的，如商周时期和商之前时期的经济史，那就要求教于考古学和古文字学，研究者最好有点古文字学（甲骨文、金文、战国文字等）和考古学的知识与思维方式。在这方面，赵德馨有过切身的体会，从 1956 年起，凭着兴趣开始研究楚国的货币，历时 30 多年，形成《楚国的货币》一书。出版时，赵德馨在"后记"中表示，由于不懂古文字学和考古学，不具备研究这个问题的条件。克服困难的办法，一是学习这两个学科的研究成果，二是向这两个学科的专家求教。在这个过程中深深地体会到：第一，这样做，虽然可以解决研究中的某些困难，但难以提出创新性观点；第二，语言和文字是思维的表现形式，古文字的创造者有他们的一套思维方式（正因为如此，中国的先人创造的是汉文字，希腊的先人创造的是拉丁文字，印度的先人创造的是梵文字，阿拉伯人创造的是阿拉伯文字，等等），古文字研究者只有弄清了这种思维方式，并使自己的思维方式与之相一致，才能释读他们创造的那些文字。经济史学研究者只有具有这种思维方式，才能识得其字，并从中发现某些经济史学的信息，达到在研究中有所创新的目的。

考古学也是这样，它有自身的思维方式。在研究文字产生前的远古时期的经济史时，离开考古学便不能对任何一个问题做判断。考古学家用考古学的思维方式，对人类经济生活的演变进行研究，取得了丰硕成果。有文字记载的人类经济史只有几千年，而研究几千年之前到100多万年前无文字记载的人类经济生活演变史的任务，主要由考古学者承担。即使在有文字之后的历史时期里，考古学家的成果也是经济史学研究的重要参考。没有考古学，对某些历史时期的研究将是空白，对另一些历史时期中的许多问题也说不清楚。

同样，并非每一个经济史课题都会涉及民族学，但是经济史学中有不少问题与民族学有关。每个民族内部有共同的经济生活，每个民族的经济生活都有自己的特色。正是民族学家从民族学的视角、用民族学的思维方式揭示了各民族经济生活及其特色与形成过程，从而形成了民族经济史，也使经济史学具有民族特色。

上文说了经济学、历史学、地理学、社会学、人口学、古文字学、考古学和民族学。实际上类似的情况还有不少，如方志学、钱币学、军事学、人类学、文化学、民俗学、生态学等学科的思维方式都是研究经济史学所需要的。经济史学工作者由于学习这些学科的思维方式而使本学科的研究领域不断扩大、内容不断丰富、成果质量不断提高，从而推动了学科的前进。[①]

养成包含多学科思维方式在内的经济史学思维方式有很多好处。其中之一是有利于在选题时找到学术增长点。有的学者著作论文不少，影响力却不大；有的学者著作论文不多，却有很大的影响力。出现这种现象的原因之一是有的学者善于"找点"，有的学者则不善于或者说没有强

---

① 赵德馨：《经济史学思维方式的特征与养成》，载赵德馨：《经济史学概论文稿》，经济科学出版社，2009，第 527～529 页。

烈的意识去"找点"。所谓"找点",就是寻找学术热点、学术难点、学术重点和学术空白点。找到了点,就是找到了学术增长点。用不同的思维方式去思考同一现象会得出不同的结论、发现不同的问题、找到不同的学术增长点。

第三节　经济史学者提高学术素养的途径

全面提升经济史学者的学术素养,需要政府、学会和机构、个人的共同努力。在政府层面,当务之急就是重新调整经济史学科定位。在学会和机构层面,要组织各种研讨会、学习班,为经济史学者提供学术交流的平台。个人层面,就是要根据"三求"功能刻苦钻研,完善自身知识结构。

一　政府通过调整经济史学科定位来全面提升经济史学者的学术素养

充分发挥经济史学的"三求"功能,要求经济史学者必须具备三项学术能力:史料考证能力、统计分析能力、理论分析能力。那么当前中国经济史学人才培养模式是否能提供这相关学术训练呢?

中国经济史学人才培养的任务主要由高等学校的经济系和历史系、社会科学院的经济所和历史所承担。由于没有设置经济史学本科专业,经济系(所)和历史系(所)只能从研究生阶段培养经济史学专门人才。根据2011年国务院学位办和教育部颁布的《学位授予和人才培养学科目录设置与管理办法》的规定,中国目前共设置13大学科,每个学科又细分为一级学科和二级学科,经济史学被划分在经济学学科门,属于理论经济学一级学科下的二级学科;在历史学学科门里,经济史只是专门史、中国古代史、中国近现代史等二级学科门下的一个研究方向,未进入学科目录。20世纪八九十年代,研究生培养单位可以自主确定研究生入学考试科目,多数培养单位在招录经济史学专业研究生时,要求考生必须学习历史学和经济学类的课程并参与考试，这样，招录的学生既有学习历史学专业的，也有学习经济学专业的，当然还有其他专业的。20 世纪末，培养单位在研究生入学考试科目设置上不再具有自主权，完全按照教育部颁布的学科目录设置考试课程。经济史学是理论经济学一级学科下的二级学科，其入学考试科目与政治经济学、西方经济学、世界经济等专业的考试科目一致，即数学、外语、政治和经济学理论四门课程。这就导致历史学专业的本科生因无法通过数学考试而被拦在经济史学的门外；没有任何经济史学知识背景的学生只要考得过上列四门课程就可以成为攻读经济史专业的研究生。按照这种考试方式选拔出来的经济史学专业研究生最缺乏的就是历史感和史料考证能力。[①] 在研究生教学上，课程设置同样突出一级学科，经济史专业研究生的专业核心课程一般由西方经济学、计量经济学、中外经济史三大部分构成。这样的课程设置，向研究生提供的学术训练主要是经济学的理论与方法，旁及历史学的理论与方法，基本上不涉及史料考证的学术训练。这样一来，经济史学专业所培养的研究者很难承担经济史学求真功能的重任。求解和求用以求真为基础，求真既不能，遑论求解与求用。作为历史学的经济史学，在入学考试上并无太高的门槛，但历史系（所）给研究者提供的主要是历史学的史料考证与历史归纳法等学术训练，一般很少涉及经济学、统计学等其他学科的理论与方法。学习历史学出身的研究者，在经济理论与方法、统计与计量方法等方面存在先天不足，这就使他们难以承担发挥经济史学求解与求用功能的重任。

由此看来，目前中国的学科设置，面临着难以培养能承担"三求"功能的经济史学者的困境。这是当前中国经济史学发展所面临的最大的体制性障碍。

---

① 我们最近几年在给经济史专业硕士生和博士生讲授中国近代经济史课程时，发现硕士生和博士生对中国古代和近代经济史几乎不了解，也不愿意花时间去系统地学习中国古代、近代经济史，在做学位论文时，绝大多数研究生在当代经济史领域选题，极少有学生在近代经济史领域选题，几乎没人在古代经济史领域选题，主要原因是看不懂古代和近代经济史文献，至于史料考证，他们脑海中根本就没有这个概念。

第十章　经济史学者的素养

当前学科设置格局下的经济史学科无法培养出满足经济史学"三求"功能的合格人才。按照本书所提出的构想，建议把经济史学科调整为与理论经济学、应用经济学并列的一级学科。重新定位之后的经济史学科，课程设置要充分体现经济史学的功能，或者说，应根据"三求"功能需要设置课程。经济史学本科专业的课程由三大部分组成：通识课程、专业核心课程、专业选修课程。通识课程主要设置政治、数学、英语三类课程。专业核心课程应该包括经济史学理论与历史、经济史学研究方法、经济学原理、统计学、计量经济学、中国通史、世界通史、历史文选与要籍介绍、中国经济史、世界经济史、社会学等。专业选修课程由各培养单位根据自身的特色自主开设。在研究生教育阶段，中（高）级西方经济学、经济史学理论、统计学、中国经济史专题、世界经济史专题、经济史料学等课程应成为经济史学硕（博）士点主干课程。当然，系统的课程设置需要进一步的讨论。对硕士研究生入学考试科目也建议做相应的调整。如果授予经济学学位，政治、外语、统计学、经济史综合可成为考试科目；如果授予历史学学位，政治、外语、历史学综合、经济史综合可列为考试科目。

按照上述设想所培养出来的经济史学人才，应能系统地掌握经济史学、历史学、经济学、统计学、社会学等学科的理论与方法，具备发挥经济史学"三求"功能的学术素养。

二　学会和机构通过举办各种研讨会来提高经济史学者的素养

中国经济史学会于 1986 年成立，下设中国古代经济史、中国近代经济史、中国现代经济史和外国经济史四个专业委员会。目前，已经基本形成了每隔两年举办一次全国性大会、每年各专业委员会举办若干次学术会议的惯例。学会所举办的会议以文会友，论文来源非常广泛，每一次大会都起到了交流学术、碰撞思想、传递信息的作用。各专业委员会举办的会议一般都围绕某个主题展开，讨论比较深入，与会者多有收获。学会所举办的会议，对于提高经济史学者的素养很有作用。今后，学会的会议不但要坚持下去，而且要进一步提高会议质量。

国内的一些高校和研究机构近年来积极举办培训班，最有影响的是由陈志武、马德斌和龙登高三位教授于 2013 年发起的量化历史讲习班。截至 2019 年已经举办七届。讲习班以推动量化方法在经济史研究中的应用为目的，为青年经济史学者提供了一个计量经济史学的交流平台，得到了学界的高度评价。

三　个人刻苦钻研，完善自身知识结构

近代的著名经济史学家大都通过刻苦钻研，完善自身结构。例如，梁方仲、汤象龙、方显廷、傅筑夫等人是学习经济学出身的，投身于经济史学研究之后，刻苦钻研历史学的知识与方法，成为一代大家。傅衣凌、谷霁光、何兹全、张荫麟、李埏是学习历史学出身的，后来刻苦钻研经济学、社会学的理论与方法，在社会经济史等领域颇有建树。[1] 人类的大多数知识是通过自学获取的。只要勤奋刻苦，再加上方法得当，每一个有志于经济史学研究的学者都可通过自学提升素养。一般而言，出身于历史学的学者，应先补充经济学、统计学的理论与方法方面的知识。经济学理论与方法五花八门，即使是从事西方经济学研究的专家也不可能穷尽经济学所有流派的理论与方法。经济学无论怎么变，根子是经济学原理，即我们今天所见到的微观经济学和宏观经济学。所有的经济学理论都是在经济学原理基础之上发展起来的。所以，自学经济学应从经济学原理开始。有些历史学者在没有掌握经济学原理的情况下，就去学习制度经济学、区域经济学、金融学、财政学等。通过这种方法，也可以学到相关的知识，但不易形成经济学思维方式。如果没有经济学思维方式，写出的经济史论著就不可能实现经济学与历史学的融合，两者难以兼容在一篇论著之中，就会出现"两张皮"的现象，即前一段是经济学的，后一段又是历史学的。现代经济学方法中统计以推断统计为主，

---

[1] 赵德馨：《经济史学思维方式的特征与养成》，载赵德馨：《经济史学概论文稿》，经济科学出版社，2009，第 531 页。

第十章　经济史学者的素养

计量以做模型为主。对出身于历史学经济史学者而言，统计与计量方法的门槛较高，但随着计算技术的发展，基础层次的统计与计量通过统计软件就可以完成。只要掌握了计量分析方法的基本要领和统计软件的使用方法，就可以开展计量分析。[①] 出身于经济学的经济史学者，需要沉下心去补充历史学的知识与方法。首先是要补充历史知识，避免犯常识性错误。补充历史知识的途径就是精读中国通史和世界通史，然后再读中国经济通史和世界经济史，把重大历史事件、朝代更迭顺序、重大人物熟记于脑海中。在掌握了历史知识之后，掌握史料学的基本理论与方法。这样，历史学的功底就基本上打扎实了。出身于其他学科的学者需要同时补充历史学和经济学的知识、理论和方法，补充之法与上文所提的基本一致。

上文列举了很多成功的经济史学家，他们有各自的成功经历。学习他们的传记，能使我们领悟到提高素养和成才的要领，这里仅以傅筑夫为例。[②]

傅筑夫1902年9月出生于读书人家，幼年在家背诵启蒙读物。9～13岁念私塾，读四书、《诗经》和古文。14～19岁读完小学、中学。20～21岁就读于北京高等师范学校（毕业时该校改名为北京师范大学）理化预科，22岁入本科理化系，半年后转入国文系，学习文字学、音韵学、训诂学和哲学等课程。24岁，在鲁迅的建议和指导下，做了半年的中国古代神话资料的搜集工作，[③] 查阅先秦文献资料。23岁（1925年下半年），把攻

---

① 刘巍所著的《计量经济史研究方法》（社会科学文献出版社，2016）一书系统地考察了计量经济史（cliometrics）的研究方法，并提供了作者近年来尝试研究的案例，可供计量经济史爱好者、经济史学研究者和理论经济学等其他学科研究者参考。这本书正文共9章，分为上下两编。上编讨论研究方法，基本上遵从实证主义研究路线：前提假设——逻辑推理——实证检验。这本书将"前提假设"分为上位前提（总供求态势）、下位前提（制度安排、习俗和发展阶段特征等）和技术性前提（为分析方便而做的暂时假设），并分别做了讨论。在"逻辑推理"部分，这本书简要考察了经济学逻辑和前提假设的关系，总结了几种常用的逻辑推理工具。在"实证检验"部分，这本书总结了计量经济学应用的基本原则和需要注意的一些问题。此书还讨论了计量经济史的"研究链"——经济史研究的相互连接的三个层次，并对研究者的定位问题提出了建议。

② 关于傅筑夫的研究成果，参见本书第七章第二节。

③ 《鲁迅文集》中存有《关于神话的通信——致傅筑夫、梁绳祎》一篇。

读方向转到了经济学。为了阅读日本学者河上肇的《经济学大纲》而学习日文，并从日本邮购了英文译本的《资本论》。至此，掌握了古汉语和英文、日文的阅读能力（后来又学了德文），对中国历史有一个大概的了解，初步掌握了搜集与整理历史资料的方法。

27～30岁（1930年上半年到1932年）先后任河北大学、安徽大学教授，讲授经济学概论、经济学原理、农业经济学课程，内容主要是西方经济学说，也介绍马克思的经济学说。1932～1936年任中央大学教授，主讲中国经济史。1937～1939年赴英国伦敦政治经济学院研修，先在罗宾斯（L. Robins）教授指导下研究经济理论，又在陶尼（H. Tawney）教授指导下研究欧洲经济史。至此，傅筑夫在理论上既懂西方经济学，又懂马克思主义经济学；在专业上，既懂中国经济史，又懂欧洲经济史，并深入地了解西方最先进的经济史学理论与研究方法。这为以后在教学上、在南开大学和中国人民大学讲授中国经济史和外国经济史、在科研上开展中西比较经济史研究奠定了深厚的基础。

1940年到1945年7月，在国立编译馆主持中国古代经济史料的整理工作（配备4个助手、8名抄写员，另有王毓瑚教授的协助），搜集了大量资料。后来在南开大学、北京经济学院（现为首都经济贸易大学，该校又为他配了10位助手协助工作），继续这项工作20多年，形成了一套纲目清晰的中国经济史资料长编。直到今天，对中国古代经济史的资料，还没有其他人做过这样长期、大规模的搜集与整理工作。这项工作使他掌握了充足的、系统的史料，并在此基础上形成了对中国古代经济史成熟的看法，能顺利地开展专题研究、概括出历史过程，并抽象出概念与理论，实现了"成一家之言"的夙愿。

结　语

开展经济史学研究，要求经济史学者具有精神和学术两个层面的素养。在精神层面，经济史学者首先要有敢于坚持真理的情操。写历史必须写信史，这是史家之基本史德。古代的史家为写一部真实的历史不惜牺牲生命，到今天，历史学家无须为写信史而献出生命，但历史学家不能失去敢于坚持真理的情操。经济史学不是显学，外界的诱惑很多，经济史学者要以经济史学为志业，并为此甘于坐冷板凳。只有这样才能做出真正的学问。写出传世的精品，还需经济史学者具有精益求精的工匠精神。传世之作都是经过经济史学者精心雕琢而成的，仓促之间草就之作只会昙花一现，甚至成为学界之笑柄。

　　经济史学者的学术素养主要包括两个方面。一是思维层面的素养，每一个独立学科的思维方式都是由其研究对象及相应的研究方法决定的。经济史学的研究对象包括经济、时间和空间三要素，"经济"要素决定经济史学者必须具有经济学的思维方式，"时间"要素决定经济史学者必须具有历史学的思维方式，"空间"要素决定经济史学者必须具有地理学的思维方式。所以，经济史学者必须具备经济学、历史学、地理学及其他相关学科的思维方式。二是研究能力层面的素养。充分发挥经济史学的"三求"功能，要求经济史学者必须具备三项学术能力：史料考证能力、统计分析能力、理论分析能力。

　　全面提升经济史学者的学术素养，需要政府、学会和机构、个人的共同努力。在政府层面，当务之急就是重新调整经济史学科定位，把经济史学从目前的二级学科提升为与理论经济学、应用经济学并列的一级学科。同时设置经济史学本科专业，根据经济史学的功能，设计经济史学本科课程体系和研究生课程体系，以此给经济史学者提供全面的学术训练。在学会和机构层面，要组织各种研讨会、学习班，为经济史学者提供学术交流的平台。个人层面就是要根据"三求"功能刻苦钻研，完善自身知识结构，对于出身于历史学的经济史学者而言，应以补充经济学原理、统计和计量分析方法为根本，对于出身于经济学的经济史学者而言，应以补充中外历史和史料学为根本。

参考文献

[1] 〔英〕埃里克·霍布斯鲍姆:《史学家:历史神话的终结者》,马俊亚、郭英剑译,上海人民出版社,2002。

[2] 〔法〕埃马纽埃尔·勒华·拉杜里:《蒙塔尤:1294~1324 年奥克西坦尼的一个山村》,许明龙等译,商务印书馆,1997。

[3] 〔美〕艾克纳主编《经济学为什么还不是一门科学》,苏通等译,北京大学出版社,1990。

[4] 〔英〕爱德华·霍列特·卡尔:《历史是什么》,吴柱存译,商务印书馆,2009。

[5] (汉) 班固撰、颜师古注:《汉书》,中华书局,1962。

[6] 〔日〕坂入长太郎:《欧美财政思想史》,张淳译,中国财政经济出版社,1987。

[7] 〔英〕保罗·汤普森:《过去的声音:口述史》,覃方明等译,辽宁教育出版社、牛津大学出版社,2000。

[8] 〔苏〕鲍里斯·尼古拉耶维奇·米罗诺夫:《现代俄罗斯的史学研究方法》(上),《史学月刊》2017 年第 12 期。

[9] 北京大学哲学系外国哲学史教研室编译:《十六—十八世纪西欧各国哲学》,生活·读书·新知三联书店,1958。

[10] 〔英〕彼得·伯克:《历史学与社会理论》,姚朋等译,上海人民出版社,2001。

[11] 卞僧慧:《陈寅恪先生年谱长编 (初稿)》,中华书局,2010。

[12] 《财经大辞典》第 2 版编委会编《财经大辞典》,中国财政经济出

版社，2013。

[13] 沧水：《对于银行法规修订会先进一言》，《银行周报》第 4 卷第 31 号，1920 年。

[14] 陈德溥编《陈黻宸集》（下），中华书局，1995。

[15] 陈锋：《与时代同行——中国经济史研究 70 年》，《光明日报》2019 年 11 月 18 日，第 14 版。

[16] 陈锋、张建民：《中国经济史纲要》，高等教育出版社，2007。

[17] 陈绍闻：《略论经济史的分期和中国现代经济史的起点问题》，《复旦月刊》1960 年第 2 期。

[18] 陈雪、高平：《落雁胡塞，昭君自有千秋在》，《光明日报》2015 年 8 月 31 日，第 5 版。

[19] 陈真编《中国近代工业史资料》第 4 辑，生活·读书·新知三联书店，1961。

[20] 陈振汉：《步履集》，北京大学出版社，2005。

[21] 陈振汉：《社会经济史学论文集》，经济科学出版社，1999。

[22] 陈振汉：《西方经济史学与中国经济史研究》，《中国经济史研究》1996 年第 1 期。

[23] 陈自芳：《试论中华人民共和国经济史的研究对象和方法》，《兰州大学学报》1988 年第 1 期。

[24] 〔美〕道格拉斯·C. 诺思：《经济史上的结构和变革》，厉以平译，商务印书馆，1992。

[25] 〔美〕道格拉斯·C. 诺思：《理解经济变迁过程》，钟正生等译，中国人民大学出版社，2008。

[26] 〔美〕道格拉斯·C. 诺思、张五常等：《制度变革的经验研究》，罗仲伟译，经济科学出版社，2003。

[27] 邓辉：《土家族区域经济发展史》，中央民族大学出版社，2002。

[28] 《邓小平文选》第 3 卷，人民出版社，1994。

[29] 丁日初：《关于中国近代、现代经济史的分期问题》，《学术月刊》

1961 年第 2 期。

［30］董志凯：《经济史与经济学的"源"、"流"之辩》，《中国经济史研究》2006 年第 1 期。

［31］〔荷〕F. R. 安克施密特：《叙述逻辑：历史学家语言的语义分析》，田平、原理译，大象出版社，2012。

［32］范文澜：《关于〈中国通史简编〉》，《新建设》1951 年第 2 期。

［33］方苞：《方望溪先生全集》（上），商务印书馆，1912。

［34］〔法〕费尔南·布罗代尔：《资本主义论丛》，顾良、张慧君译，中央编译出版社，1997。

［35］风笑天：《社会学方法二十年：应用与研究》，《社会学研究》2000 年第 1 期。

［36］冯金朋：《识读历史和历史学》，《南方周末》2015 年 12 月 17 日，第 E32 版。

［37］〔德〕弗里德里希·李斯特：《政治经济学的国民体系》，陈万煦译，商务印书馆，2017。

［38］〔美〕福格尔：《经济史学与经济理论的再整合》，《美国经济评论》1965 年第 1~2 期。

［39］〔美〕福格尔：《历史学和回溯计量经济学》，王薇译，《国外社会科学》1986 年第 8 期。

［40］复旦大学经济学系编《复旦经济论丛》第一集，上海社会科学院出版社，1985。

［41］复旦大学经济学系编《复旦经济论丛》第二集，上海社会科学院出版社，1986。

［42］傅斯年：《历史语言所工作之旨趣》，《国立中央研究院历史语言研究所集刊》1928 年第 1 期。

［43］傅衣凌：《傅衣凌治史五十年文编》，厦门大学出版社，1989。

［44］傅筑夫：《进一步加强经济史研究》，《天津社会科学》1982 年第 6 期。

［45］傅筑夫：《有关中国经济史的若干特殊问题》，《经济研究》1978 年第 7 期。

［46］傅筑夫：《中国古代经济史概论》，中国社会科学出版社，1981。

［47］傅筑夫：《中国经济史论丛》，生活·读书·新知三联书店，1980。

［48］高德步：《经济史与经济学》，《经济学家》1998 年第 5 期。

［49］高德步：《经济学中的历史学派和历史方法》，《中国人民大学学报》1998 年第 5 期。

［50］高王凌：《人民公社时期中国农民"反行为"调查》，中共党史出版社，2006。

［51］高毅：《年鉴学派走向哪里》，《中国社会科学报》2016 年 1 月 21 日第 1 版。

［52］格拉斯：《经济史的兴起》，鞠清远译，《食货》第 2 卷第 3 期，1935 年。

［53］葛剑雄：《中国人口发展史》，福建人民出版社，1991。

［54］耿元骊：《帝制时代中国土地制度研究》，经济科学出版社，2012。

［55］顾公燮：《消夏闲记摘抄》（上卷），1923。

［56］顾海良：《"一论二史"：中国特色"系统化的经济学说"的学理依循》，《光明日报》2017 年 7 月 11 日，第 13 版。

［57］顾颉刚编著《古史辨（一）》，上海古籍出版社，1982。

［58］顾颉刚编著《古史辨（三）》，上海古籍出版社，1982。

［59］关永强：《从历史主义到计量方法：美国经济史学的形成与转变（1870~1960）》，《世界历史》2014 年第 4 期。

［60］关永强、张东刚：《英国经济学的演变与经济史学的形成（1870~1940）》，《中国社会科学》2014 年第 4 期。

［61］郭广迪：《诺贝尔经济学奖得主谈马克思》，《中国社会科学报》2013 年 10 月 21 日。

［62］郭圣铭编《西方史学史概要》，上海人民出版社，1983。

［63］郭士征：《计量经济史的兴起和发展》，《外国经济与管理》1986 年第 3 期。

［64］郭庠林：《关于中国现代经济史的几个问题》，《复旦月刊》1960 年第 2 期。

［65］国家统计局编《中国统计年鉴（1992）》，中国统计出版社，1992。

［66］韩毅：《经验归纳方法、历史主义传统与制度经济史研究》，《中国经济史研究》2007 年第 2 期。

［67］韩毅：《西方制度经济史学的历史演进：评价与思考》，《中国经济史研究》2002 年第 3 期。

［68］何俊编《余英时学术思想文选》，上海古籍出版社，2010。

［69］何盛明主编《财经大辞典》，中国财政经济出版社，1990。

［70］何兆武：《对历史学的若干反思》，《史学理论研究》1996 年第 2 期。

［71］何兹全：《何兹全文集》第 1 卷，中华书局，2006。

［72］洪永淼：《经济统计学与计量经济学等相关学科的关系及发展前景》，《统计研究》2016 年第 5 期。

［73］侯建新主编《经济—社会史：历史研究的新方向》，商务印书馆，2002。

［74］胡绳主编《中国共产党的七十年》，中共党史出版社，1991。

［75］胡适：《四论问题与主义——论输入学理的方法》，《每周评论》1919 年第 37 期。

［76］黄淳、李黎力：《用历史的智慧开创中国经济学的未来："经济与历史：在中国经济学中如何加强历史研究和教学学术研讨会"纪要》，《中国社会科学报》2015 年 11 月 26 日，第 8 版。

［77］黄敏枝：《宋代佛教社会经济史论集》，学生书局，1989。

［78］黄耀能：《中国古代农业水利史研究：中国经济史研究之一》，六国出版社，1978。

［79］黄英伟：《工分制下的农户劳动》，中国农业出版社，2011。

［80］黄宗智：《中国经济史中的悖论现象与当前的规范认识危机》，《史学理论研究》1993 年第 1 期。

参考文献

[81] 〔法〕J. 勒高夫等主编《新史学》，姚蒙编译，上海译文出版社，1989。

[82] 季陶达主编《资产阶级庸俗政治经济学选辑》，商务印书馆，1963。

[83] 贾根良：《李斯特经济学的历史地位、性质与重大现实意义》，《学习与探索》2015 年第 1 期。

[84] 贾俊民：《技术—经济—社会史：重铸经济史辉煌的新学科》，《中国经济史研究》2011 年第 3 期。

[85] 翦伯赞：《历史哲学教程》，新中国书局，1949。

[86] 见声（徐建青）：《建国 60 年来中国近代经济史学科与研究》，《中国经济史研究》2009 年第 4 期。

[87] 蒋大椿：《关于史论关系的讨论简介》，《人民日报》1985 年 3 月 11日，第 6 版。

[88] 蒋天枢：《陈寅恪先生编年事辑》，上海古籍出版社，1981。

[89] 蒋学模主编《政治经济学教材》，上海人民出版社，2005。

[90] 〔英〕杰弗里·巴勒克拉夫：《当代史学主要趋势》，杨豫译，上海译文出版社，1987。

[91] 〔英〕杰拉德·M·库特：《英国历史经济学：1870～1926——经济史学科的兴起与新重商主义》，乔吉燕译，中国人民大学出版社，2010。

[92] 〔英〕杰文斯：《政治经济学理论》，郭大力译，商务印书馆，1984。

[93] 经君健：《加强中国经济史研究是发展经济学科的一项重要战略任务》，《经济研究》1983 年第 10 期。

[94] 瞿宁武：《傅筑夫传略》，《晋阳学刊》1983 年第 6 期。

[95] 〔英〕卡尔·波普尔：《二十世纪的教训：卡尔·波普尔访谈演讲录》，王凌霄译，广西师范大学出版社，2004。

[96] 〔意〕卡洛·M. 奇波拉：《世界人口经济史》，黄朝华译，商务印书馆，1993。

[97] 〔意〕卡洛·M. 奇波拉主编《欧洲经济史》第 1 卷，徐璇译，商务印书馆，1988。

［98］〔英〕柯林伍德：《历史的观念》（增补版），何兆武等译，北京大学出版社，2010。

［99］〔英〕科尔曼、巴克等：《历史分支学科论坛：什么是经济史》，王建华译，《现代外国哲学社会科学文摘》1986 年第 6 期。

［100］〔英〕克拉潘：《现代英国经济史》上卷第 1 分册，姚曾廙译，商务印书馆，2011。

［101］〔英〕克拉判（潘）：《经济史的纪律》，连士升译，《食货》第 2 卷第 2 期，1935 年。

［102］〔美〕兰斯·E. 戴维斯、〔美〕道格拉斯·C. 诺思：《制度变迁与美国经济增长》，张志华译，格致出版社、上海人民出版社，2019。

［103］黎澍：《马克思主义与中国历史学》，《历史研究》1983 年第 2 期。

［104］李伯重：《回顾与展望：中国社会经济史学百年沧桑》，《文史哲》2008 年第 1 期。

［105］李伯重：《理论、方法、发展趋势：中国经济史研究新探》，浙江大学出版社，2013。

［106］李伯重：《历史上的经济革命与经济史的研究方法》，《中国社会科学》2001 年第 6 期。

［107］李伯重：《史料与量化：量化方法在史学研究中的运用讨论之一》，《清华大学学报》（哲学社会科学版）2015 年第 4 期。

［108］李干、周祉征、李倩：《土家族经济史》，陕西人民教育出版社，1996。

［109］李根蟠：《唯物史观与中国经济史学的形成》，《河北学刊》2002 年第 3 期。

［110］李根蟠：《中国经济史学百年历程与走向》，《经济学动态》2001 年第 5 期。

［111］李怀印：《乡村中国纪事：集体化和改革的微观历程》，法律出版社，2010。

［112］李良玉：《史料学的内容与研究史料的方法》，《安徽大学学报》

2001 年第 1 期。

［113］李埏：《〈史记·货殖列传〉时代略论》，《思想战线》1999 年第 2 期。

［114］李树青：《中国农民的贫穷程度》，《东方杂志》1935 年第 19 期。

［115］李炜光、任晓兰：《财政社会学源流与我国当代财政学的发展》，《财政研究》2013 年第 7 期。

［116］李文海：《"求真"才能"致用"》，《史学月刊》2001 年第 4 期。

［117］李向民：《中国艺术经济史》，江苏教育出版社，1995。

［118］李昕升：《中国南瓜史》，中国农业科学技术出版社，2017。

［119］李运元：《试论国民经济史的研究对象：兼评孙健同志对这个问题的看法》，《经济研究》1957 年第 6 期。

［120］李振宏、刘克辉：《历史学的理论与方法》，河南大学出版社，2008。

［121］李振宏：《论史家主体意识》，《历史研究》1988 年第 3 期。

［122］李仲生：《世界人口经济史》，清华大学出版社，2018。

［123］李子奈：《计量经济学模型方法论的若干问题》，《经济学动态》2007 年第 10 期。

［124］〔英〕理查德·琼斯：《论财富的分配和赋税的来源》，于树生译，商务印书馆，2017。

［125］梁方仲：《梁方仲遗稿·新拾文存》，广东人民出版社，2019。

［126］梁启超：《王静安先生纪念专号序》，《国学丛刊》1927 年第 3 期。

［127］梁启超：《中国历史研究法》，东方出版社，1996。

［128］〔苏〕梁士琴科：《苏联国民经济史》第一卷，中国人民大学编译室译，人民出版社，1959。

［129］《列宁全集》第 3 卷，人民出版社，2013。

［130］《列宁选集》第 1 卷，人民出版社，2012。

［131］《列宁选集》第 2 卷，人民出版社，2012。

［132］《列宁选集》第 4 卷，人民出版社，2012。

［133］ 林岗、张宇主编《马克思主义与制度分析》，经济科学出版社，2001。

［134］ 刘佛丁：《齐波拉经济史学思想述评》，《中国经济史研究》2000年第3期。

［135］ 刘福寿：《中国经济学患有"贫史症"》，《经济学家茶座》2004年第1期。

［136］ 刘家和：《史学、经学与思想：在世界史背景下对于中国古代历史文化的思考》，北京师范大学出版社，2013。

［137］ 刘兰兮、陈锋主编《中国经济史论丛》2014年第1期，社会科学文献出版社，2014。

［138］ 刘兰兮：《门德尔斯原始工业化理论简述》，《中国经济史研究》1988年第3期。

［139］ 刘勉玉主编《中国共产党经济政策发展史》，湖南人民出版社，2001。

［140］ 刘巍：《第一次世界大战期间中国GDP下降之影响因素研究》，《民国研究》2009年第1期。

［141］ 刘巍：《对"经济史应当成为经济学之源"理念的思考：谨以此文纪念吴承明先生》，《广东外语外贸大学学报》2015年第2期。

［142］ 刘巍：《对中国1913～1926年GDP的估算》，《中国社会经济史研究》2008年第3期。

［143］ 刘巍：《经济运行史的解释与经济学理论的检验：1996年以来中国近代计量经济史研究评述》，《中国经济史研究》2013年第1期。

［144］ 刘巍、刘丽伟：《1927～1936年中国柯布—道格拉斯生产函数初探》，《求是学刊》1998年第3期。

［145］ 刘巍、徐颖：《近代中国货币需求理论函数与计量模型初探（1927～1936）》，《中国经济史研究》1999年第3期。

［146］ 刘晓春编著《中国少数民族经济史概论》，知识产权出版社，2012。

［147］刘啸：《论傅筑夫的知识构成、治学方法及学术思想》，《社会科学战线》1986 年第 4 期。

［148］（唐）刘知几：《史通》，上海古籍出版社，2008。

［149］（唐）刘知几：《史通通释》，上海古籍出版社，2009。

［150］刘志伟编《梁方仲文集》，中山大学出版社，2004。

［151］鲁力：《傅筑夫学术思想及其学术成就述略》，《石家庄经济学院学报》2014 年第 5 期。

［152］路新生：《论治学求真与政治间的背反现象——以历史学为例》，《河北学刊》2009 年第 5 期。

［153］〔英〕罗纳德·哈里·科斯、王宁：《变革中国：市场经济的中国之路》，徐尧等译，中信出版社，2013。

［154］罗荣渠：《现代化新论：世界与中国的现代化进程》，商务印书馆，2004。

［155］罗章龙：《中国国民经济史》，湖南大学出版社，2016。

［156］罗仲言：《经济史学原论》，经济新潮社，1947。

［157］罗仲言：《中国国民经济史》（上），商务印书馆，1944。

［158］〔法〕马克·布洛赫：《历史学家的技艺》，张和声等译，上海社会科学院出版社，1992。

［159］《马克思恩格斯全集》第 20 卷，人民出版社，1971。

［160］《马克思恩格斯全集》第 23 卷，人民出版社，1972。

［161］《马克思恩格斯全集》第 25 卷，人民出版社，2001。

［162］《马克思恩格斯全集》第 34 卷，人民出版社，2008。

［163］《马克思恩格斯全集》第 37 卷，人民出版社，1971。

［164］《马克思恩格斯全集》第 43 卷，人民出版社，2016。

［165］《马克思恩格斯全集》第 44 卷，人民出版社，2001。

［166］《马克思恩格斯文集》第 1 卷，人民出版社，2009。

［167］《马克思恩格斯文集》第 5 卷，人民出版社，2009。

［168］《马克思恩格斯文集》第 9 卷，人民出版社，2009。

[169] 《马克思恩格斯选集》第2卷，人民出版社，1995。

[170] 《马克思恩格斯选集》第2卷，人民出版社，2012。

[171] 《马克思恩格斯选集》第3卷，人民出版社，2012。

[172] 《马克思恩格斯选集》第4卷，人民出版社，2012。

[173] 〔英〕马歇尔：《经济学原理》（上卷），朱志泰译，商务印书馆，2017。

[174] 〔英〕马歇尔：《经济学原理》（下卷），陈良璧译，商务印书馆，2017。

[175] 《毛泽东年谱（一九四九——一九七六）》第4卷，中央文献出版社，2013。

[176] 《毛泽东文集》第6卷，人民出版社，1999。

[177] 《毛泽东选集》第2卷，人民出版社，1991。

[178] 《毛泽东选集》第3卷，人民出版社，1991。

[179] 茅家琦：《读"关于中国近代国民经济史的分期问题"》，《学术月刊》1960年第8期。

[180] 〔奥〕门格尔：《经济学方法论探究》，姚仲秋译，新星出版社，2007。

[181] 〔苏〕米罗诺夫：《历史学家和社会学》，王清和译，华夏出版社，1988。

[182] 〔美〕米切尔：《经济学的定量分析》，《美国经济评论》1925年第1期。

[183] 倪玉平：《我们需要什么样的经济史？——评〈民生与家计：清初至民国时期江南居民的消费〉》，《近代史研究》2011年第1期。

[184] 牛力达：《傅筑夫的〈中国古代经济史概论〉读后感》，《福建师范大学学报》（哲学社会科学版）1982年第4期。

[185] 〔美〕诺思：《关于麦克洛斯基、科恩和福斯特论文的评论》，《经济史杂志》1978年第1期。

[186] 〔美〕诺思、托马斯：《西方世界的兴起》，厉以平等译，华夏出

版社，1999。

［187］〔奥〕庞巴维克：《资本实证论》，陈端译，商务印书馆，1964。

［188］〔英〕培根：《新工具》，许宝骙译，商务印书馆，2017。

［189］彭卫：《试说历史学的实践性》，《史学月刊》2016年第4期。

［190］彭卫：《再论历史学的实践性》，《清华大学学报》2016年第3期。

［191］彭泽益：《提高理论修养，更新知识结构》，《中国经济史研究》
1990年第1期。

［192］钱理群《寻找北大》，长安出版社，2008。

［193］钱穆：《国史大纲》，商务印书馆，1996。

［194］钱益汇：《论考古学与历史研究》，《南开学报》2006年第4期。

［195］〔英〕乔治·皮博迪·古奇：《十九世纪历史学与历史学家》，耿
淡如译，商务印书馆，1989。

［196］庆先友：《为国著书矢志不移——访中国经济史专家傅筑夫教授》，
《今日中国》（中文版）1981年第5期。

［197］〔苏〕琼图洛夫：《外国经济史》，孟援译，上海人民出版社，1962。

［198］〔法〕萨伊：《政治经济学概论：财富的生产、分配和消费》，陈
福生、陈振骅译，商务印书馆，2017。

［199］〔德〕桑巴德：《经济理论与经济史》，《食货》第1卷第8期，
1935年。

［200］桑兵：《从眼光向下回到历史现场：社会学人类学对近代中国史学
的影响》，《中国社会科学》2005年第1期。

［201］邵东方：《崔述与中国学术史研究》，人民出版社，1998。

［202］盛洪：《新制度经济学在中国的应用》，《天津社会科学》1993年
第2期。

［203］盛洪：《制度经济学在中国的兴起》，《管理世界》2002年第6期。

［204］石潭：《计量史学研究方法评析》，《西北大学学报》（哲学社会科
学版）1985年第1期。

［205］时磊、杨德才：《"分权计划经济"时期的普通教育发展：经济史的

再考察》，《南京大学学报》（哲学、人文科学、社会科学）2014 年第 1 期。

[206] 史蕾：《学有定规与史无定法——访问赵德馨先生》，《中国社会经济史研究》2014 年第 1 期。

[207] 《史学理论丛书》编辑部编《八十年代的西方史学》，中国社会科学出版社，1990。

[208] 《斯大林选集》（下），人民出版社，1979。

[209] 四川大学经济系 1956 级同学集体编写《外国国民经济史讲稿：近代、现代部分》（上），高等教育出版社，1959。

[210] 宋士云：《浅谈希克斯的经济史观与研究方法——希克斯〈经济史理论〉解读》，《理论学刊》2005 年第 6 期。

[211] 宋则行：《对中青年经济史学者的希望：在中国经济史学会首届年会上的闭幕词》，《中国经济史研究》1991 年第 3 期。

[212] 苏国勋、刘小枫主编《社会理论的知识学建构》，上海三联书店，2005。

[213] 苏星：《苏星自选集》，学习出版社，2002。

[214] 隋福民：《创新与融合：美国新经济史革命及对中国的影响（1957～2004）》，天津古籍出版社，2009。

[215] 隋福民：《经济学、历史学、社会学对经济史产生和发展的影响：一种历史角度的考察》，《江西财经大学学报》2009 年第 3 期。

[216] 孙健：《国民经济史的对象、方法和任务》，《经济研究》1957 年第 2 期。

[217] 孙圣民：《对国内经济史研究中经济学范式应用的思考》，《历史研究》2016 年第 1 期。

[218] 孙圣民：《国内经济史研究中经济学范式应用的现状——基于〈中国社会科学〉等四种期刊的统计分析》，《中国社会科学评价》2016 年第 1 期。

[219] 孙圣民：《历史计量学五十年：经济学和史学范式的冲突、融合与

发展》,《中国社会科学》2009 年第 4 期。

[220] 孙涛、张蕴萍:《历史计量学:经济史学研究的进展》,《文史哲》2005 年第 5 期。

[221] 汤明燧、黄启臣主编《纪念梁方仲教授学术讨论会文集》,中山大学出版社,1990。

[222] 汤在新、颜鹏飞:《近代西方经济学》,上海人民出版社,2002。

[223] 陶孟和等主编《中国近代经济史研究集刊》第一册,国家图书馆出版社,2008。

[224] 陶希圣:《编辑的话》,《食货》第 1 卷第 1 期,1934 年。

[225] 陶希圣:《食货学会本年六项工作草约》,《食货》第 1 卷第 6 期,1935 年。

[226] 陶一桃:《科尔内与短缺经济学的产生》,《特区经济》2000 年第 6 期。

[227] 〔英〕W. H. 沃尔什:《历史哲学导论》,何兆武、张文杰译,北京大学出版社,2008。

[228] 〔美〕W. W. 罗斯托:《经济增长的阶段:非共产党宣言》,郭熙保、王松茂译,中国社会科学出版社,2001。

[229] 王成吉:《一本有独特见解的书——读傅筑夫〈中国古代经济史概论〉》,《经济研究》1983 年第 2 期。

[230] 王国维:《王国维先生全集》,大通书局,1976。

[231] 王红曼:《新经济社会学与社会经济史研究》,《贵州财经学院学报》2004 年第 1 期。

[232] 王宏昌、林少宫编译:《诺贝尔经济学奖金获得者讲演集:1978 ~ 2007》,中国社会科学出版社,2008。

[233] 王尚殿:《中国食品工业发展简史》,山西科学教育出版社,1987。

[234] 王学典:《从"历史理论"到"史学理论":新时期以来中国史学理论研究的回顾与展望》,《江西社会科学》2005 年第 6 期。

[235] 王学典:《近五十年的中国历史学》,《历史研究》2004 年第 1 期。

［236］ 王亚南：《中国经济原论》，商务印书馆，2017。

［237］ 王亚南：《中国经济原论》，生活·读书·新知三联书店，1950。

［238］〔德〕威廉·罗雪尔：《历史方法的国民经济学讲义大纲》，朱绍文译，商务印书馆，1981。

［239］〔德〕维尔纳·桑巴特：《现代资本主义》第1卷，李季译，商务印书馆，1958。

［240］ 魏明孔、高超群、王小嘉主编《经济史研究之跨世纪历程》，社会科学文献出版社，2016，。

［241］ 魏明孔：《构建中国经济史话语体系适逢其时》，《光明日报》2015年12月6日，第7版。

［242］ 魏永理：《略论国民经济史的研究对象》，《兰州大学学报》1982年第2期。

［243］ 魏永理：《中国近代经济史的分期问题》，《兰州大学学报》1980年第1期。

［244］ 吴承明：《关于研究中国近代经济史的意见》，《晋阳学刊》1982年第1期。

［245］ 吴承明：《经济史：历史观与方法论》，上海财经大学出版社，2006。

［246］ 吴承明：《经济史：历史观与方法论》，《中国经济史研究》2001年第3期。

［247］ 吴承明：《经济史学的理论与方法》，《中国经济史研究》1999年第1期。

［248］ 吴承明：《经济学理论与经济史研究》，《经济研究》1995年第4期。

［249］ 吴承明：《经济学理论与经济史研究》，《中国经济史研究》1995年第1期。

［250］ 吴承明：《论历史主义》，《中国经济史研究》1993年第2期。

［251］ 吴承明：《谈谈经济史研究方法问题》，《中国经济史研究》2005年第1期。

[252] 吴承明:《中国的现代化:市场与社会》,生活·读书·新知三联书店,2001。

[253] 吴承明:《中国经济史研究的方法论问题》,《中国经济史研究》1992年第1期。

[254] 吴承明:《中国资本主义与国内市场》,中国社会科学出版社,1985。

[255] 吴家国:《谈谈培根归纳法》,《北京师范大学学报》(社会科学)1963年第3期。

[256] 吴杰:《中国近代国民经济史》,人民出版社,1956。

[257] 吴杰:《中国现代经济史的研究和教学问题》,《学术月刊》1959年第7期。

[258] 吴景超:《近代都市的研究法》,《食货》第1卷第5期,1935年。

[259] 吴远庆:《谈陈寅恪先生治史求真之精神》,《烟台教育学院学报》2004年第4期。

[260] 武建国等编《永久的思念——李埏教授逝世周年纪念文集》,云南大学出版社,2011。

[261] 习近平:《在省部级主要领导干部学习贯彻党的十八届五中全会精神专题研讨班上的讲话》,人民出版社,2016。

[262] 夏鼐:《什么是考古学》,《考古》1984年第10期。

[263] 《现代史学的挑战:美国历史协会主席演说集(1961~1988)》,中国美国史研究会、王建华等译,上海人民出版社,1990。

[264] 向燕南、尹静:《中国社会经济史研究的拓荒与奠基:陶希圣创办〈食货〉的史学意义》,《北京师范大学学报》2005年第3期。

[265] 萧国亮、隋福民:《中华人民共和国经济史(1949~2010)》,北京大学出版社,2011。

[266] 〔美〕熊彼特:《从马克思到凯恩斯》,韩宏等译,江苏人民出版社,1999。

[267] 〔美〕熊彼特:《经济发展理论:对于利润、资本、信贷、利息和

经济周期的考察》，何畏等译，商务印书馆，2017。

[268] 熊德基：《略谈"史"与"论"的关系》，《光明日报》1981年6月8日。

[269] 〔古希腊〕修昔底德：《伯罗奔尼撒战争史》（上），谢德风译，商务印书馆，2017。

[270] 〔古希腊〕修昔底德：《伯罗奔尼撒战争史》（上），徐松岩译注，上海人民出版社，2017。

[271] 徐浩：《英国经济—社会史研究：理论与实践》，http://www.sdzkw.com/ziliao/lunwen/200612/4782.html。

[272] 许涤新、吴承明主编《中国资本主义发展史》第一卷，人民出版社，2003。

[273] 许涤新、吴承明主编《中国资本主义发展史》第二卷，人民出版社，1990。

[274] 许涤新、吴承明主编《中国资本主义发展史》第二卷下册，人民出版社，2003。

[275] 许涤新、吴承明主编《中国资本主义发展史》第三卷上册，人民出版社，2003。

[276] 许涤新、吴承明主编《中国资本主义发展史》第三卷下册，人民出版社，2003。

[277] 〔法〕雅克·勒高夫、皮埃尔·诺拉主编《史学研究的新问题新方法新对象：法国新史学发展趋势》，郝名玮译，社会科学文献出版社，1988。

[278] 〔美〕亚历山大·格申克龙：《经济落后的历史透视》，张凤林译，商务印书馆，2012。

[279] 严中平：《科学研究方法十讲——中国近代经济史专业硕士研究生参考讲义》，人民出版社，1986。

[280] 杨豫、胡成：《历史学的思想和方法》，南京大学出版社，1996。

[281] 杨祖义、冯兵兵：《走出"欧洲中心论"：罗章龙的经济史思想探

研》，《湖北大学学报》（哲学社会科学版）2019 年第 2 期。

[282] 杨祖义：《罗章龙经济史学思想述评》，《聊城大学学报》（社会科学版）2005 年第 6 期。

[283] 杨祖义、赵德馨：《梁方仲经济史学思维方式的特征》，《中国经济史研究》2009 年第 2 期。

[284] 叶坦：《中国经济史学的演进与方向》，《人民日报》2015 年 12 月 6 日。

[285] 易剑东：《把历史的内容还给历——体育经济史杂议》，《体育文史》1997 年第 2 期。

[286] 易剑东、谢军：《中国体育经济史的理论构架》，《山东体育学院学报》1999 年第 4 期。

[287] 易棉阳：《从〈白银资本〉硬伤看经济史学》，《学术界》2009 年第 1 期。

[288] 易棉阳：《金融统制与战时大后方经济：以四联总处为中心的考察》，北京大学出版社，2016。

[289] 易棉阳：《近代中国农业合作金融制度的演进：基于国家与社会之间关系视角的研究》，《财经研究》2016 年第 4 期。

[290] 易棉阳：《论经济史与经济学的关系》，《湖南工业大学学报》2008 年第 6 期。

[291] 易棉阳：《民国时期金融监管演进的新比较经济学分析》，《云南财经大学学报》2012 年第 5 期。

[292] 易棉阳：《生产队集体劳动中的社员机会主义行为：表现形式与形成机理》，《学术月刊》2018 年第 1 期。

[293] 易棉阳、罗拥华：《农业合作化运动中的农民行为：基于行为经济学的研究视角》，《中国经济史研究》2016 年第 6 期。

[294] 易棉阳、赵德馨：《中国经济发展学论纲》，《求索》2017 年第 10 期。

[295] 应望江主编《诺贝尔经济学奖之路》第 2 版，上海财经大学出版社，2017。

［296］雍桂良：《〈资本论〉中引证了多少书刊资料》，《社会科学战线》1984 年第 1 期。

［297］游彪：《宋代寺院经济史稿》，河北大学出版社，2003。

［298］游修龄、李根蟠、曾雄生：《苏诗"红薯"名物考辨》，《古今农业》2010 年第 3 期。

［299］于沛：《史学理论研究与新时期中国史学的复兴》，《学习与探索》2001 年第 1 期。

［300］苑成存、周广智：《谈归纳法的职能》，《佳木斯师专学报》1994 年第 4 期。

［301］〔德〕约恩·吕森：《我对历史哲学的几点认识》，《历史研究》2016 年第 3 期。

［302］〔英〕约翰·托什：《史学导论：现代历史研究：目标、方法、新方向》，赵干城等译，五南图书出版公司，1999。

［303］〔英〕约翰·希克斯：《经济史理论》，厉以平译，商务印书馆，2017。

［304］〔美〕约瑟夫·熊彼特：《经济分析史》第一卷，朱泱等译，商务印书馆，1991。

［305］〔美〕约瑟夫·熊彼特：《经济分析史》第二卷，杨敬年译，商务印书馆，1992。

［306］〔美〕约瑟夫·熊彼特：《经济分析史》第三卷，朱泱等译，商务印书馆，1994。

［307］〔美〕约瑟夫·熊彼特：《经济分析史》第三卷，朱泱等译，商务印书馆，2017。

［308］张崇旺：《明清时期江淮地区的自然灾害与社会经济》，福建人民出版社，2006。

［309］张广翔：《苏联学术界关于苏联经济史研究述要》，《西伯利亚研究》1999 年第 3 期。

［310］张广智：《西方古典史学的传统及其在中国的回响》，《史学理论研究》1994 年第 2 期。

［311］张广智：《西方史学史》，复旦大学出版社，2018。

［312］张汉如：《学贯中西　博通古今：傅筑夫的学术道路和思想研究》，南开大学出版社，2009。

［313］张君荣：《历史学缘何重回"长时段"研究》，《中国社会科学报》2016 年 1 月 21 日，第 1 版。

［314］张培刚、谭崇台、夏振坤主编《发展经济学与中国经济发展》，经济科学出版社，1996。

［315］张世明：《"治史如断狱"：历史考据学与律学渊源的知识史考察》，《光明日报》2015 年 3 月 25 日，第 14 版。

［316］张文杰：《历史哲学综论》，《江海学刊》1999 年第 1 期。

［317］张宇：《论马克思主义经济学的本质与理论框架》，《学习与探索》2012 年第 3 期。

［318］张宇：《中国特色社会主义政治经济学》，中国人民大学出版社，2016。

［319］张云华：《做学问不要跟风》，《中国社会科学报》2012 年 10 月 8 日，第 A04 版。

［320］张振龙主编《中国军事经济史》，蓝天出版社，1990。

［321］张仲礼：《理论研究资料开拓和选题调整》，《中国经济史研究》1990 年第 1 期。

［322］张作耀：《勇于探索不囿成说——评傅筑夫著〈中国经济史论丛〉》，《历史研究》1980 年第 2 期。

［323］章安祺编订：《缪灵珠美学译文集》第一卷，缪灵珠译，中国人民大学出版社，1987。

［324］赵德馨：《重提经济史学科研究对象的问题》，《中国社会经济史研究》1992 年第 3 期。

［325］赵德馨：《断限、分期记述与史志关系》，《湖北方志》1996 年第 6 期。

［326］赵德馨：《对 GDP 增速的四点认识——学两会文件的发言提纲》，

《湖北老教授》2019 年第 1 期。

[327] 赵德馨：《发扬面向现实、反思历史的优良传统》，《中国经济史研究》1990 年第 1 期。

[328] 赵德馨：《方志学与经济史学》，《湖北方志》1989 年第 1 期。

[329] 赵德馨：《关于经济史学历史问题的一点补充意见》，《中央电大经济》1984 年第 1 期。

[330] 赵德馨：《关于中国近代国民经济史的分期问题》，《学术月刊》1960 年第 4 期。

[331] 赵德馨：《简论国史分期问题》，《当代中国史研究》2010 年第 1 期。

[332] 赵德馨：《"经济史学概论"教学大纲》，1984 年校内铅印本。

[333] 赵德馨：《经济史学概论文稿》，经济科学出版社，2009。

[334] 赵德馨：《经济史学科的发展与理论》，《中国经济史研究》1996 年第 1 期。

[335] 赵德馨：《经济史学科的分类与研究方法》，《中国经济史研究》1999 年第 1 期。

[336] 赵德馨：《论商兴国兴》，《中国经济史研究》2003 年第 3 期。

[337] 赵德馨：《社会科学研究工作程序与规范》，湖北人民出版社，2016。

[338] 赵德馨：《市场化与工业化：经济现代化的两个主要层次》，《中国经济史研究》2001 年第 1 期。

[339] 赵德馨：《四个幸福的源泉》，未刊稿。

[340] 赵德馨：《太平天国财政经济资料汇编》，上海古籍出版社，2017。

[341] 赵德馨：《我们想写一部怎样的〈中国经济通史〉》，《中国社会经济史研究》1997 年第 3 期。

[342] 赵德馨：《学科与学派：中国经济史学的两种分类——从梁方仲的学术地位说起》，《中国社会经济史研究》2009 年第 3 期。

[343] 赵德馨：《"之"字路及其理论结晶》，《中南财经大学学报》1999 年第 6 期。

[344] 赵德馨：《中国近现代经济史》，高等教育出版社，2016。

[345] 赵德馨：《中国近现代经济史（1842～1949）》，河南人民出版社，2003。

[346] 赵德馨：《中国近现代经济史（1842～1949）》，厦门大学出版社，2013。

[347] 赵德馨：《中国近现代经济史（1949～1991）》，厦门大学出版社，2017。

[348] 赵德馨：《中国历史上城与市的关系》，《中国经济史研究》2011年第4期。

[349] 赵德馨：《中华人民共和国经济史的分期》，《青海社会科学》1986年第1期。

[350] 赵德馨、彭传彪：《苏东坡吃的是芋头》，《农业考古》1982年第2期。

[351] 赵德馨、周军：《中国需要一门中国经济发展学》，《经济评论》1997年第1期。

[352] 赵德馨、周军、陶良虎：《开设"中国经济发展学"课程刍议》，《云南财贸学院学报》1998年第4期。

[353] 赵德馨主编《中华人民共和国经济史纲要》，湖北人民出版社，1988。

[354] 赵冈：《中国城市发展史论集》，新星出版社，2006。

[355] 郑友揆：《中国的对外贸易和工业发展（1840～1948）》，程麟荪译，上海社会科学院出版社，1984。

[356] 中共中央马克思恩格斯列宁斯大林著作编译局编译：《摩尔和将军：回忆马克思和恩格斯》，人民出版社，1982。

[357] 中国大百科全书出版社编辑部编《中国大百科全书·经济学》，中国大百科全书出版社，1988。

[358] 《〈中国社会经济史研究〉发刊词》，《中国社会经济史研究》1982年第1期。

［359］《中国现代学术经典·陈寅恪卷》，河北教育出版社，2000。

［360］ 钟祥财：《关于经济史学的几个问题》，《上海经济研究》2015 年第 1 期。

［361］ 仲伟民：《史学应面向现实和人生》，《中国社会科学》1995 年第 6 期。

［362］ 朱凤瀚：《论中国考古学与历史学的关系》，《历史研究》2003 年第 1 期。

［363］ 朱富强：《经济学为何没了"历史"的交椅》，《中国社会科学报》2016 年 3 月 1 日，第 1 版。

［364］ 朱英：《晚清经济政策与改革措施》，华中师范大学出版社，1996。

［365］《资治通鉴》，中华书局，1956。

［366］ Ashley, W. J. , "The Place of Economic History in University Studies", *The Economic History Review* , 1927, 1（1）.

［367］ Ashley, W. J. , *The Progress of the German Working Classes in the Last Quarter of the Century* , Longmans, Green, and Co. , 1904.

［368］ Bridenbaugh, C. , "The Great Mutation", *American Historical Review* , 1963, 68（2）.

［369］ Cairncross, A. K. , "In Praise of Economic History", *Economic History Review* , 1989, 42（2）.

［370］ Chalkin, C. , "Economic and Social History", in Hudson, P. , ed. , *Living Economic and Social History* , Economic History Society, 2001.

［371］ Chaloner, W. H. , Richardson, R. C. , *British Economic and Social History*：*A Bibliographical Guide* , Manchester University Press, 1996.

［372］ Charlton, T. L. , Myers, L. E. , Sharpless, R. , eds. , *Handbook of Oral History* , Alta Mira Press, 2006.

［373］ Coats, A. W. , "Sociological Aspects of British Economic Thought（ca. 1880 – 1930）", *Journal of Political Economy* , 1967.

［374］ Cullen, M. , *The Statistical Movement in Early Victorian Britain*：*The*

Foundation of Empirical Social Research, Harvester Press, 1975.

[375] Cunningham, W. , *Hints on the Study of Economic History*, W. Dawson, 1919.

[376] Cunningham, W. , "The Perversion of Economic History", *Economic Journal*, 1892, 2 (7).

[377] Davis, L. , " 'And It Will Never Be Literature': The New Economic History: A Critique", *Explorations in Economic History*, 1968, 6 (1).

[378] Desai, M. , "Some Issues in Econometric History", *The Economic History Review*, 1968, 21 (1).

[379] Di Vaio, G. , Weisdorf, J. L. , "Ranking Economic History Journals: A Citation-based Impact-adjusted Analysis", *Cliometrica*, 2010, 4.

[380] Fogel, R. , Engerman, L. , *Time on the Cross The Economics of American Negro Slavery*, Little Brown and Company, 1975.

[381] Fogel, R. , *Railroads and American Economic Growth: Essays in Econometric History*, John Hopkins University Press, 1964.

[382] Fogel, R. W. , "A Quantitative Approach to the Study of Railroads in American Economic Growth: A Report of Some Preliminary Findings", *Journal of Economic History*, 1962, 22 (2).

[383] Fogel, R. W. , "Discussion: Paper and Proceedings of the Seventy-sixth Annual Meeting of the American Economic Association", *American Economic Review*, 1964, 53 (3).

[384] Fogel, R. W. , Elton, G. R. , *Which Road to the Past? Two Views of History*, Yale University Press, 1983.

[385] Fogel, R. W. , "The New Economic History: Its Findings and Methods", *The Economic History Review*, 1966, 19 (3).

[386] Glassburner, B. , "Alfred Marshall on Economic History and Historical Development", *Quarterly Journal of Economics*, 1955, 69 (4).

[387] Goldberger, S. , *Econometric Theory*, Wiley & Sons, 1964.

[388] Goldin, C., "Cliometrics and the Nobel", *Journal of Economic Perspectives*, 1995, 9 (2).

[389] Greif, A., "Cliometrics after 40 Years", *American Economic Review*, 1997, 87 (2).

[390] Greif, A., "Contract Enforceability and Economic Institutions in Early Trade: The Maghribi Trades Coalition", *American Economic Review*, 1993, 83 (3).

[391] Greif, A., *Genoa and the Maghrebi Traders: Historical and Comparative Institutional Analysis*, Cambrige University Press, 1998.

[392] Greif, A., "Microtheory and Recent Developments in the Study of Economic Institutions Through Economic History", in Kreps, D., Wallis, K., eds., *Advances in Economic Theory*, Cambridge University Press, 1997.

[393] Greif, A., *Self-Enforcing Political System and Economic Growth: Late Medieval Genoa*, Stanford University Press, 1997.

[394] Hartwell, R. M., "Good Old Economic History", *Journal of Economic History*, 1973, 33 (1).

[395] Hicks, J. R., Hart, A. G., *The Social Framework of the American Economy: An Introduction to Economics*, Oxford University Press, 1945.

[396] Leslie, T., "The Political Economy of Adam Smith", in *History of Economic Thought Articles*, McMaster University Archive for the History of Economic Thought, 1870.

[397] Moggridge, D. E., "Method and Marshall", in Koslowski, P., ed., *Methodology of the Social Sciences, Ethics, and Economics in the Newer Historical School*, Springer, 1997.

[398] North, D. C., "Cliometrics - 40 Years Later", *American Economic Review*, 1997, 87 (2).

[399] North, D. C., "Comment on McCloskey, Cohen, and Forster Papers",

Journal of Economic History, 1978, 38 (1).

[400] North, D. C., Davis, T., *Institutional Change and American Economic Growth*, Cambrige University Press, 1973.

[401] North, D. C., *Institutions, Institutional Change and Economic Performance*, Cambridge University Press, 1990.

[402] North, D. C., "Sources of Productivity Change in Ocean Shipping, 1600 – 1850", *Journal of Political Economy*, 1968, 76 (5).

[403] North, D. C., "Sources of Productivity Change in Ocean Shipping, 1600 – 1850", *Journal of Political Economy*, 1968, 76 (5).

[404] North, D. C., *Structure and change in Economic History*, Little Brown and Company, 1981.

[405] North, D. C., *The Economic Growth of the United States, 1790 – 1860*, Prentice Hall, 1961.

[406] North, D. C., "The State of Economic History", *American Economic Review*, 1965, 55 (1/2).

[407] North, D. C., Thomas, R. P., *The Rise of the Western World: A New Economic History*, Cambridge University Press, 1973.

[408] Pollard, S., "Economic History: A Science of Society?" *Past and Present*, 1965, 30 (1).

[409] Postan, M. M., *The Historical Method in Social Science: An Inaugural Lecture*, Cambridge University Press, 1939.

[410] Price, L. L., "Economic Theory and Fiscal Policy", *Economic Journal*, 1904, 14 (55).

[411] Price, L. L., "The Economic Possibilities of an Imperial Fiscal Policy", *Economic Journal*, 1903, 13 (52).

[412] Redlich, F., "New and Traditional Approaches to Economic History and Their Interdependence", *Journal of Economic History*, 1965, 25 (4).

［413］ Solow, R. M. , "Economic History and Economics", *American Economic Review*, 1985, 75 (2).

［414］ Solow, R. M. , "Economics: Is Something Missing?", in Parker, W. , *Economic History and the Modern Economist*, Blackwell, 1983.

［415］ Unwin, G. , *Studies in Economic History: The Collected Papers of George Unwin*, Royal Economic Society, 1927.

［416］ Whaples, R. , "A Quantitative History of the Journal of Economic History and the Cliometric Revolution", *The Journal of Economic History*, 1991, 51 (2).

［417］ Wilson, R. G. , Hanwin, J. F. , "Economic and Social History at Advanced Level", *The Economic History Review*, 2008, 38 (4).

图书在版编目（CIP）数据

经济史学：历史与理论 / 赵德馨，易棉阳著. --
北京：社会科学文献出版社，2023.12（2025.3 重印）
ISBN 978 - 7 - 5228 - 2168 - 9

Ⅰ.①经… Ⅱ.①赵… ②易… Ⅲ.①经济史 - 史学
理论 Ⅳ.①F119

中国国家版本馆 CIP 数据核字（2023）第 134162 号

经济史学：历史与理论

著　　者 / 赵德馨　易棉阳

出 版 人 / 冀祥德
组稿编辑 / 陈凤玲
责任编辑 / 宋淑洁　武广汉
责任印制 / 王京美

出　　版 / 社会科学文献出版社·经济与管理分社（010）59367226
　　　　　地址：北京市北三环中路甲 29 号院华龙大厦　邮编：100029
　　　　　网址：www.ssap.com.cn
发　　行 / 社会科学文献出版社（010）59367028
印　　装 / 唐山玺诚印务有限公司

规　　格 / 开　本：787mm × 1092mm　1/16
　　　　　印　张：26.25　字　数：374 千字
版　　次 / 2023 年 12 月第 1 版　2025 年 3 月第 2 次印刷
书　　号 / ISBN 978 - 7 - 5228 - 2168 - 9
定　　价 / 128.00 元

读者服务电话：4008918866